동아시아 발전국가의
자본주의 시장경제에 대한 도전

동아시아 발전국가의
자본주의 시장경제에 대한 도전

인 쇄 | 2020년 9월 7일
발 행 | 2020년 9월 11일

저 자 | 국민호
발행인 | 정병석
발행처 | 전남대학교출판문화원

등록 | 1981. 5. 21. 제53호
주소 | 61186 광주광역시 북구 용봉로 77
전화 | (062) 530-0571~2 마케팅 530-0573
팩스 | (062) 530-0579
홈페이지 | http://www.cnup.co.kr
이메일 | cnup0571@hanmail.net

값 21,000원

ISBN 978-89-6849-735-3 (93300)

이 도서의 국립중앙도서관 출판예정도서목록(CIP)은
서지정보유통지원시스템 홈페이지(http://seoji.nl.go.kr)와
국가자료종합목록 구축시스템(http://kolis-net.nl.go.kr)에서 이용하실 수 있습니다.
(CIP제어번호 : CIP2020037862)

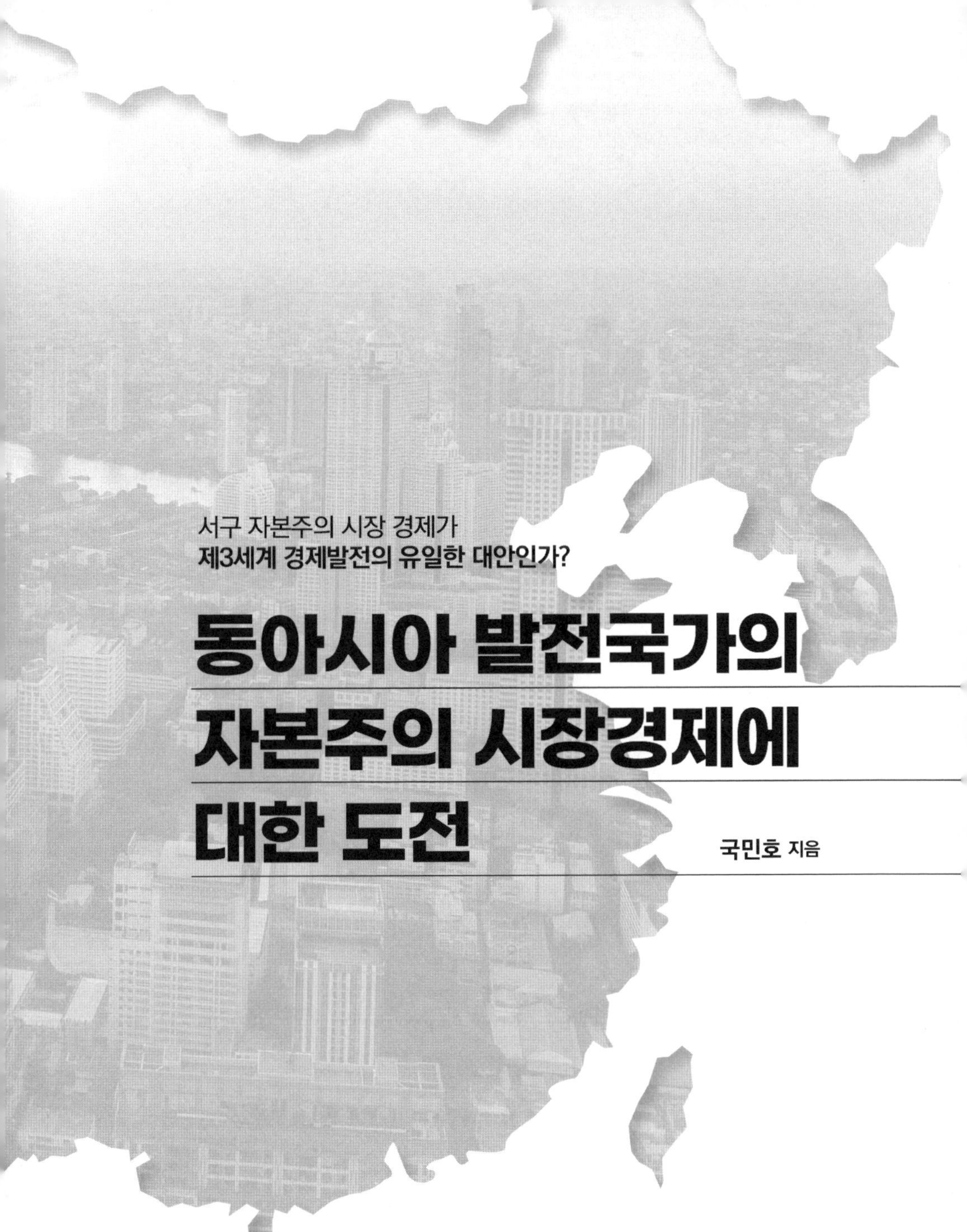

서구 자본주의 시장 경제가
제3세계 경제발전의 유일한 대안인가?

동아시아 발전국가의 자본주의 시장경제에 대한 도전

국민호 지음

전남대학교출판문화원

지난 30여 년 동안 동아시아를 연구하는 사회과학자로 있으면서 줄곧 고민하여왔던 주제가 지난 수 세기를 지배해왔던 서구 열강의 독무대였던 국제사회에서 어떻게 하면 동아시아 국가들이 열세를 극복하고 당당하게 서구 국가들과 경쟁할 수 있겠는가 하는 문제였다. 필자는 1987년 학위를 받은 직후부터 동아시아 국가들의 발전경험의 독자성을 설명하는 발전국가론을 중심으로 이 문제를 풀어보려 하였다. 발전국가론은 일본을 필두로 하여 한국, 대만, 싱가포르, 홍콩의 경제발전을 설명해보려는 이론이었다. 당시에 중국은 아직 사회주의 체제를 유지하면서 자본주의 체제와 접목을 시도하던 초기 단계였던 만큼 관심의 영역 밖에 있었다. 그리고 1997년 홍콩이 중국에 반환되었고 싱가포르는 도시국가로서 독특한 특성이 있었던 만큼 필자의 연구 관심은 주로 일본과 한국, 그리고 대만에 국한되었다.

당시 동아시아 발전국가들을 살펴보면 모두 동아시아에 위치해 있었고 모두 유교 문화권에 속하는 국가들이었다. 그리고 비서구권 국가들 중에서 서구와 경쟁할 정도로 산업발전을 이룬 국가들은 이들 동아시아 발전국가들이 유일했다. 세계 180개가 넘는 많은 비서구 국가들 중에서 오직 이들 소수 동아시아 국가들만이 유일하게 서구 국가들과 경쟁할 수 있는 산업적 기반을 닦을 수 있었던 이유를 어떻게 설명할 수 있을 것인가? 필자와 일군의 학자들은 그 원인을 이들이 공통적으로 갖고 있는 문화적 유산인 유교에서 찾아보고자 하였다. 물론 저명한 학자인 막스 베버의 저서 『The Protestant Ethic and the Spirit of Capitalism』과 『The Religion of China』,

『The Religion of India』 등에서 기독교는 자본주의 발전에 긍정적인 영향을 미친 반면 유교와 힌두교를 비롯한 동아시아 종교들은 자본주의 발전에 부정적으로 작동했다는 이론이 학계에 널리 보편화 되었지만, 필자는 오늘날 보편화된 시장 경제 하에서 유교 문화적 요소들이 도리어 이들 국가들의 경제·사회 발전에 경쟁력이 있음을 보여주려 하였다. 이러한 주장은 21세기에 중국이 유교 문화적 전통과 사회주의 체제를 결합한 중국적 특색을 지닌 사회주의라는 기치 아래 급속한 경제성장을 이룩하고 G2 국가가 됨으로써 유교 문화적 요소들과 시장경제 발전의 상관관계에 더욱 관심이 커지고 있다. 개혁개방 이후 중국의 경제발전 과정은 발전국가적 요소를 다분히 지니고 있어 필자는 중국을 넓은 범위의 동아시아 발전국가군에 포함시키고자 하였다.

동아시아 발전국가론은 비서구 국가들이 서구 자본주의 시장논리에 충실하게 따르기만 한다면 이들은 항상 서구 발전국가들의 뒤만 쫓아가게 되고 결국에는 이들에게 서구를 능가하거나 서구와 경쟁할 만한 기회가 생기지 않을 것이라는 점에 주목했다. 실제로 서구 자본주의 발전 논리에 충실했던 남미 국가들은 모두가 경제적 좌절을 겪으면서 오늘날에도 선진산업국가의 대열에 동참하지 못하고 있다. 비서구 국가들이 선진화된 서구 산업국가들과 경쟁하려면 무언가 모멘텀이 있어야 하는데 자본주의 시장경제에 모든 것을 맡겨서는 기술과 규모로 앞선 서구 기업들과 결코 경쟁할 수 없다. 비서구 국가들이 서구와 경쟁할 수 있는 발전된 산업국가로 성장하는데 대안이 될 수 있는 것은 서구 자본주의가 강조하는 약한 국가가 아니라 도리어 국가 전반의 산업 발전 방향을 계획하고 지원할 수 있는 강한 국가라는 것이 필자의 생각이었다. 실제로 동아시아 발전국가들은 기업들의 경쟁력 강화와 시장경제를 창출할 수 있는 실제적 기제로 자유 시장 경제에 앞서 시장 경제를 제대로 운영할 수 있는 강력한 국가를 우선한 것이다. 결국 시장보다 강력한 기구인 국가가 전면에 나서 책임지고 경쟁력 있는 기업들을 창출하고 시장 경제를 만들어간 것이 동아시아 발전국가들이 추구한 대안이었다.

문제는 언제까지 강력한 국가의 역할이 지속될 수 있느냐 하는 것과 또 이러한 강력한 국가가 자칫 권위주의적 독재 국가로 전락할 위험을 안고 있는 것이다. 다행히 한국과 대만은 경제성장을 이룩한 후 정치적 민주화를 추진해 이를 성공적으로 성취함으로써 경제성공과 정치적 민주주의의 두 마리 토끼를 잡은 비 서구 국가의 대표적인 성공사례가 되었다.

오늘날 가장 큰 주목을 받고 있는 것은 중국이다. 중국은 지난 20여 년간 국가 주도의 산업화로 급속한 경제성장을 이룩하여 2011년 G2국가가 되었다. 이후에도 중국은 고도 경제성장을 지속해 오늘날 미국을 위협할 수준의 경제성장을 이룩하였다. 서구 국가들은 중국의 경제성장이 중국의 민주화를 가져와 중국이 자유민주주의 세계의 당당한 일원이 될 것을 기대하였다. 그러나 중국은 서구가 중국을 침탈한 지난 2세기 동안의 역사를 결코 잊지 않고 있었다. 중국은 언제라도 서구를 넘어서서 세계의 패권국이 되어 과거의 제국 시대의 영광을 재현하는 꿈을 꾸고 있다. 당연히 그들은 서구 중심의 이념 체계인 자유민주주의 체제에 대해 거부감을 갖고 있고 자유민주주의 체제를 중국이 지향할 이상주의적 미래로 생각하지도 않는다. 중국은 서구 발전모델과는 다른 중국 나름의 발전모델을 제시하고 있다. 이러한 중국의 독자적 발전모델은 베이징 컨센서스에서 구체화 되었고 중국은 이를 '중국적 특색을 지닌 사회주의 시장경제'라고 부르고 있다. 즉, 중국은 서구 국가들과 국제 시장에서 경쟁하는 시장경제 체제에는 적극적으로 동참하겠지만 정치 체제는 공산당 일당 독재의 사회주의 체제를 지속하겠다는 것이다. 그리고 중국은 권위주의적 독재 국가 체제에서의 시장경제 발전이라는 중국 모델을 아프리카, 남미, 서남아시아 등 비서구 국가들에게 경제적 지원이란 이름으로 수출함으로써 중국 모델의 보편화를 시도하고 있다. 그러나 세계 경제에 글로벌 공장으로서의 중국의 중요성과 영향력이 계속 확대되는 가운데 중국의 패권 전략이 노골화되자 중국을 경계하는 목소리도 커지고 있다. 오늘날 미중 무역 분쟁을 넘어선 미중 패권경쟁은 자유 시장 경제의 앞날에 커다란 먹구름을 드리우고 있다.

이 책은 세계화와 신자유주의가 가져오는 극심한 불평등과 민주적 정치체제의 후퇴를 바라보면서 과연 아직도 서구 자본주의 시장 경제가 제3세계 경제발전의 유일한 대안인가를 염려하면서 쓴 책이다. 또한 서구 근대화론으로 나타난 서구 자본주의 시장경제 정책을 충실하게 수행한 국가들 중에서 과연 어떤 제3국가가 서구 자본주의 국가와 경쟁할 만한 경제성장을 이룩했는지에 대한 의문을 제기하는 글이기도 하다. 필자는 서구 중심의 자본주의 시장경제에 대항하여 국가의 역할을 강조하여 서구와 경쟁할 만한 경제성공을 이룩한 동아시아 발전국가의 성립 및 발전과정을 살펴보면서 차후 세계경제를 전망해보고자 하였다. 일본을 비롯해 한국과 대만은 경제성장과 안정적인 정치적 민주화를 이룩하고 발전국가 단계를 넘어 서구 자본주의 체제에 경쟁할 만한 경제체제를 갖춘 유일한 비서구 국가들이다. 최근 중국이 급속한 경제성장을 이룩하면서 미국의 패권적 지위까지 넘보고 있다. 중국은 비록 경제적으로는 자유주의 시장경제를 적극 수용하면서도 정치적으로는 사회주의 체제를 지속하면서 서구 자본주의 국가들과의 차별을 보이려고 노력하고 있다. 이 책에서는 중국을 포함한 동아시아 발전국가들의 급속한 경제성장 과정에서 나타난 국가의 안정적이면서도 강력한 정치적 지도력과 효율적인 경제정책을 유교 문화적 유산과 결부시켜 설명함으로써 경제발전에 국가의 역할 및 문화적 유산이 중요함을 보여주려 하였다. 최근 발생한 코로나19 사태는 지난 2세기 동안 세계를 지배해 온 서구적 시스템에 대한 반성을 해보는 좋은 계기가 되고 있다.

이 책의 내용 중 일부는 지난 몇 년 동안 발표한 논문들을 현재 상황에 맞게 수정하고 재구성 한 것이지만 또 많은 부분은 책의 주제에 맞게 새로 쓴 글들이다. 이 책의 구성과 내용을 간단히 설명해보고자 한다. 이 책은 국가를 중심으로 크게 세 부분으로 나누어 설명한다. 1부는 중국에 대한 것으로 현대 중국의 성립과 발전, 그리고 현안 문제에 대한 분석을 한 글이다. 1부 내용 중에서도 1장에서 4장 까지는 발전국가적 특성을 지닌 중국특색을 지닌 사회주의 시장경제의 내용을 설명하는 것이고, 5장부터 7장 까지는 주제별로 현대 중국의 현안 문제를 살펴보았다. 2부는 일본에 대한 것으로 발전국가 일본의 성공과 좌절을 설명한 글로 제2차 세계 대전 이후의 일본의 발전 과정과 현안 문제를 분석하였다. 3부는 대만에 대한 것으로 1949년 대만 성립 이후의 대만 민주화 과정과 의미, 중국과 대만의 양안관계와 대만 독립 문제를 살펴봄으로써 발전국가 대만의 현실과 미래를 분석하였다. 마지막 장은 보론으로 한국의 발전국가적의 특성과 발전과정 그리고 발전국가의 한계에 대해 설명함으로써 동아시아 발전국가 전반에 대한 이해에 보조를 맞추고자 하였다.

이 책의 1장은 2006년 "유교문화와 중국의 정치·경제"라는 제목으로 『유교문화와 동아시아 경제』(경북대학교출판부)에 실린 글에서 일부 편집·수정한 글이다. 이 부분은 필자가 중국의 통일국가 사상과 국가 중심주의의 중추가 되는 유교 문화를 이해하는데 핵심이 되는 부분이라 생각하여 자주 인용하는 부분으로 이 책에서도 이를 한 장으로 소개하였다. 2-4장은 개혁개방 이후 중국식 특색을 지닌 중국식 사회주의 발전과정을 설명하는 부분이다. 2장은 1949년 중국이 사회주의 국가를 건설한 후 마오쩌둥에 의해 시도된 중국식 사회주의 실험을 조명했다. 이 장에서 중국식 사회주의의 최초 실험이 어떻게 시도되었고 어떻게 실패했는지를 살펴보았다. 3장은 중국식 사회주의 실험 2기로 덩샤오핑으로부터 장쩌민, 후진타오로 이어지는 사회주의 시장경제를 완성해가는 시기다. 필자는 이 기간 초기에 중국은 동아시아의 발전국가론을 적극 수용하여 발전 전략을 수행했으며 중국 경제의 규모가 커지면서 좀 더 중국적 특색을 지닌 사회주의 시장경제로 발전해 갔다고 본다. 4장은 현 집권자인 시진핑의 발전 전략을 조망하였다. G2 국가로 올라선 중국 사회의 모순과 위기를 시진핑이 어떻게 극복해왔는지를 시진핑 개혁을 통해 살펴보았고, 시진핑 개혁의 백미인 부패와의 전쟁을 자세히 소개하였다. 5장은 시진핑이 위대한 중국의 영광을 되살리기 위해 시동을 건 중국몽의 내용과 실체를 자세히 분석해보고 그 실천 행로로 제시한 일대일로의 진행과정과 한계를 분석하였다. 말미에 최근 일어난 미중 무역 분쟁을 조망해보면서 중국몽의 실현 가능성을 타진해보았다. 6장은 지난 30여 년간의 중국 발전 과정을 중국만의 독특한 발전모델로 볼 수 있는 것인지, 더 나아가 그것이 서구의 자유민주주의 발전모델을 대신하는 보편적 발전모델로 발전할 수 있는지에 대해 논의하였다. 이 글은 2017년 "중국모델의 세계화 가능성에 대한 탐구"라는 제목으로 『동양사상과 문화』(20권 1호)에 실린 것을 수정 보완하였다. 7장은 현대 중국이 지향하고 있는 사회주의 시장경제 체제가 중국의 민주화와 경제발전을 이룩하는 진보적 방향으로 갈 것이지 아니면 현 체제를 강화시키는 보수적 방향으로 갈 것인지에 대해 논의한 글이다. 시진핑 체제에 들어와 더욱 강조되는 중국적 특색을 지닌 사회주의는 유교 문화적 전통을 더욱 중시하였고 그 결과 중국은 체제변환을 이룩해 민주적이고 개방적인 사회로 가기보다는 현 체제 유지를 강조하는 보수주의적 체제로 변모해가고 있다고 보여진다. 이 글은 2017년 "중국 '사회주의 시장경제'의 보수주의적 성격과 유교 문화적 유산"이라는 제목으로 『아시아 연구』(20권 3호)에 실린 글을 수정 보완한 것이다.

2부는 일본의 전후 발전국가적 경제성공, 갑자기 불어 닥친 경제 불황, 20년 넘게 이어진 경제 침체, 그리고 이에 대한 대안으로서의 신자유주의 체제로의 전환 과정을 다루었다. 8장은 일본의 발전국가가 어떻게 경제적 성공을 이룩했으며 어떤 계기로 거품경제로 변모해 잃어버린 20년을 겪게 되었는지를 살펴보았다. 특히 이 글은 발전국가의 신화를 이끈 일본 금융시스템의 성격을 자세히 분석하여 일본의 번영 과정을 이해하였다. 이 글은 2008년 "발전국가 일본 시스템: 금융-산업 복합체의 융성과 한계"라는 제목으로 『현상과 인식』(32권 4호)에 실린 글을 수정 보완한 글이다. 9장은 일본 발전국가 체제가 거품경제로 무너지게 되자 그 이후 고이즈미가 실시한 신자유주의로의 전환, 그리고 미국발 경제위기로 다시 경제위기가 가시화되는 과정, 그리고 위기 속에서 정권교체로 집권한 민주당의 복지국가 실험, 그리고 아베의 등장과 아베노믹스의 내용과 성과를 다룬 글이다. 이 글은 2016년 "전후 일본의 신자유주의 실험과 경제위기"라는 제목으로 『현상과 인식』(40권 3호)에 실린 부분의 내용을 중심으로 재구성하여 쓴 글이다. 10장은 일본의 30년 장기 불황과 쇠약해진 국력을 일신하고자 한 새로운 일본 만들기의 전략 속에서 나타난 혐한론에 대한 분석이다. 과거 역사 기록을 왜곡하여 사죄하지 않는 나라 일본을 만들기 위해 고군분투하는 일본 극우세력이 어떻게 혐한론을 조작하고 정치적으로 이용하고 있는지를 분석하였다. 특히 아베 정권 하에서 더욱 심화된 한일 갈등과 한국혐오론의 실체를 아베의 정치적 배경을 중심으로 살펴보았다.

3부는 발전국가의 또 하나의 축인 대만의 민주화와 양안관계 그리고 대만 독립 문제를 중심으로 대만을 어떻게 이해할 것인가를 살펴보았다. 11장은 민진당이 정권교체를 이루기까지의 대만의 민주화 과정을 자세히 다루고 민주화 이후 다시 국민당에게 정권이 이양되는 과정을 자세히 설명하였다. 이 글은 2015년 "대만의 민주화와 경제성장의 딜레마"라는 제목으로 『현상과 인식』(39권 3호)에 실린 글을 원문 거의 그대로 다시 수록하였다. 12장은 중국과 대만 간의 양안관계의 역사를 분석한 후 2016년 다시 국민당에서 민진당으로 정권 교체가 이루어지는 과정과 2020년 민진당 총통 후보가 재선하여 민진당이 정권을 재창출하는 과정을 설명했다. 정권교체 과정에서 중국과 홍콩이라는 국외적 상황 변수가 국내적 요인 못지않게 선거에 결정적 요인으로 작용하였는데, 특히 홍콩과 중국 간의 1국가 2체제가 흔들리는 모습에서 대만의 독립의지가 강화되고 이것이 대만 독립을 주장하는 민진당 정권에게 유리하게 작용해왔음을 보여주었다. 이 글은 2016년 "국민당의 친親중국 정책 실패와 대만의 정권교체"라는 제목으로 『디아스포라연구』(10권 1호)에 실린 글을 수정 보완한 글이다. 마지막 장은 보충의 장으로 발전국가 한국에서 어떻게 국가가 시장과 기업을 창출하고 경제발전을 이룩했는가를 설명함으로써 한국에서의 발전국가의 발전과 한계를 보여주었다. 이 부분은 2011년 "국가주도에서 기업주도로:

IMF 외환위기 이후 국가와 재벌과의 관계 변화"라는 제목으로 『현상과 인식』(35권 3호)에 실린 글에서 일부를 발췌하여 수정 보완한 것으로 발전국가 한국의 경제적 성공 스토리가 잘 정리되어 있고 김영삼 정권 시기에 세계화 과정에서 발전국가의 역할이 종료된 후 한국이 어떻게 IMF 경제위기를 맞게 되었는지를 설명해준다.

오늘날 갑자기 불어 닥친 코로나19의 발흥으로 앞으로 사회가 어떻게 변화해갈지 예측하기가 더욱 어려워졌다. 하늘 길이 막히고 수출 길이 막히면서 끝없이 뻗어나가던 세계화가 급속히 위축되고 기존 제조업 생산이 급격히 위축됨으로써 생산 체계가 급변하고 생활 자체도 급변하고 있다. 코로나 사태 이후에 산업구조가 어떻게 변화할지, 동아시아 나아가 세계가 코로나 사태를 어떻게 극복하고 이후에 어떤 세계가 전개될지 예측이 힘든 상황이다. 코로나19 발생시 동선 추적과 같은 국가적 통제에 쉽게 순응하는 모습을 보여준 동아시아 국가들의 집단주의적 특성과 개인의 통제에 대해 극단적으로 반항함으로써 통제에 어려움을 보여준 서구 개인주의적 특성은 차후 이들의 문화적 차이가 경제발전에 어떻게 영향을 미칠지를 조망해보는 것도 매우 흥미로운 일이 될 것이다.

2020년 9월

용봉동 캠퍼스에서 저자 씀

차례

Ⅱ부 일본의 발전과 전망

Ⅲ부 대만의 발전과 전망

I부

중국의 발전과 전망

1장. 유교 문화적 전통으로 살펴본 중국 사회의 성격

오늘날 중국은 광대한 영토와 14억 이상의 거대한 인구를 갖고도 조화로운 중앙집권적 통일국가를 이룩해 정치적 안정을 이룩하였다. 나아가 중국은 지속적인 경제성장을 이룩함으로써 G2 국가로 성장하였고 이를 바탕으로 미국과의 패권 전쟁에 뛰어듦으로써 미중 무역 분쟁의 불씨를 당겼다. 이제 중국은 수 세기 동안 지속되어온 북미 및 서구로 대표되는 서구 중심적 세계관에 대해 도전할 수 있는 하나의 대안적 세력으로 급부상하고 있다. 이러한 중국의 급속한 성장의 배경에는 5천년의 문화적 유산이 자리 잡고 있다. 중국의 정치적 안정과 정치 지도자의 결정에 대한 국민들의 자발적 순응, 그리고 급속한 경제성장을 이해하기 위해서는 무엇보다도 먼저 중국을 규정하는 사회·문화적 성격을 살펴 볼 필요가 있다. 중국 사회에 대한 이해는 수천 년 동안 중국 사회를 규정하고 지배해온 유교 문화적 특성을 살펴보는 데에서부터 시작하여야 할 것이다.

유교 문화에 나타난 차별적 인권과 지도자의 품격

중국의 사회·문화적 배경은 유교다. 중국인들은 수천 년 동안 유교 문화의 영향 속에서 살아왔다. 유교는 단지 종교로서의 유교를 말하는 것이 아니다. 유교는 수백 년 동안 중국 및 동아시아 사회를 지배하고 통치해온 정치이념이자 사회·문화적 가치를 구성해온 뿌리다. 따라서 비록 종교로서의 유교는 더 이상 존재하지 않지만 유교적 가치와 문화는 동아시아 사람들의 삶 곳곳에 스며들어 있으면서 그들의 일상생활에서의 사고와 행동 및 판단을 규정하는 기초적인 배경이 되고 있다. 이러한 문화적 영향력은 사회주의 하에서도 크게 변하지 않았다. 중국의 사회주의적 특성이 소련과 크게 다른 것은 바로 이러한 문화적 영향의 차이에서 비롯된 것이라 볼 수 있다.

유교는 그 시작부터 현세에 있는 긴장과 대립을 절대적으로 극소화시킨 합리적인 종교이다. 유교의 교리에 의하면 현세는 있을 수 있는 세계 중 최선의 사회이며, 이 세계 속에서 인간본성은 윤리적으로 선하며, 인간은 원칙적으로 서로 동일한 성질을 지닌 것으로 간주된다. 따라서 현세에 대한 적극적인 긍정과 현세에의 적응이 유교윤리의 주된 내용이다. 이렇듯 현세에 대한 긍정과 현세 지향적 성격이 유교적 가치의 우선적 특징이다.

유교인이 지향하는 바는 궁극적으로 '올바른 인간'이 되는 것이다. 유교의 가르침에서 가장 중요한 내용은 '참된 인간'을 만드는 것이다. 유교에 따르면, 인간은 아무리 돈이 많고 권세가 높고 인기가 많아도 그보다 먼저 인간이 되어야 한다고 가르친다. 유교의 가장 핵심적인 부분은 인仁이란 개념의 이해로부터 시작할 수 있다. 인은 유학의 가치체계에서 가장 높은 등급의 덕목으로 간주하는 것으로, 인은 유교 사회에서 통합적 기능을 수행하면서 다른 모든 윤리 규범에 '의미'를 심어준다.

일찍이 공자는 "너 자신을 이기고 예禮로 돌아가는 것이 인이다克己復禮爲仁"라고 했다. 여기서 극기克己란 자신의 욕망과 투쟁하라는 뜻이기 보다는 윤리적 절차에 따라 자신을 실현하라는 말로, '자기 수양修身'과 동일한 의미이다. 복례復禮란 예절에 복종하라는 의미의 수동적 복종이 아니라 자신을 예에 동일화 시키겠다는 의미로 능동적 참여를 뜻하는 말이다. 송대 이후에 발달한 신유학에서 인은 형이상학적 정당화에 사용되며, 예는 기본적으로 사회적 관계를 나타낸다고 말할 수 있다. 인과 예는 상호 독립적일 수 없는 것으로, 인은 항상 예보다 우선한다.

유학자는 항상 사회적 맥락에서 자기 수양을 실천한다. 그는 세상과의 관련성을 무시할 수 없다. 유학자가 나아갈 방향은 현 세상이고, 이 세상에서의 활동이 자기 달성에 본질적인 가치가 있다고 생각한다. 인은 자신을 외부 세계로 드러내기 위한 창이 필요하다. 창이 없다면 인은 질식당할 것이다. 인과 떨어질 수 없는 불가분의 관계를 갖는 덕목이 예이다. 예는 인을 특정한 사회적 맥락 안에서 외부로 구체화시키는 것이다. 인은 추상적인 것으로, 존재론적 필요에 의해 다양한 세계로 차등화되어 나타난다. 신유학자들은 주어진 사회적 조건에서 자신의 내적 역량을 실천해야만 했다. 인이 실생활에서 구체적으로 드러나는 것이 예인데, 예의 진정한 의미는 실천성과 실용성에 있다.

유교사회에서 예는 조상숭배에서 사회윤리에 건전한 영향력을 발휘한다. 유학자들은 인간이 근본의 중요성을 이해하지 못하면 결코 지엽적인 것을 이해할 수 없다고 보았다. 자신의 부모와 처자식을 사랑하지 못하는 사람이 어떻게 이웃과 국가를 사랑하다고 말할 수 있는가? 이러한 유학의 분파주의적 경향은 실천가능성을 염두에 둔 것이다. 유학의 이상인 인은 분파주의적이기 보다는 보편적인 성격을 지니지만, 인이 구체적으로 실현되는 실제 과정에서는 차별을 추구하는 사상이 예안에 들어 있다. 따라서 예는 인이 어떤 과정을 통해 현실화되는지를 드러내는 차별의 원리로 생각할 수 있다. 유학자는 항상 사회적 관계의 맥락에서 도덕적 자기 수양을 실천하게 되는데 이것이 예로 나타나는 것이다.

인간은 모든 사람을 똑같이 폭넓게 사랑할 수는 없다. 우리는 친소 관계에 따라 사랑을 차별적으로 하는 것이 당연하다. 유교에서 인간은 부모와 처자식을 가장 사랑한다. 형제에 대한 사랑은 그보다 약간 적을 것이다. 인간의 사랑은 동심원적으로 퍼져 나가서 모르는 사람에 대한 사랑은 더욱 더 적어진다. 이런 식으로 사랑은 자기와 친한 정도에 정비례 한다. 이런 관점에서 볼 때 유교는 기독교 문화권의 보편적 사랑, 즉 박애博愛와는 다른 관점을 갖고 있다. 유교에서는 세상의 모든 사람을 두루 동등하게 사랑하기보다는 사람을 사회적 관계에 따라 구별하는 별애別愛가 더 크게 받아들여지고 있다. 즉 유교에서도 모든 사람에 대한 사랑을 말하고 있으나 그 사랑의 정도가 친소관계에 따라 차이가 나는 것을 당연시 하고 있다. 그러나 유학자들은 이러한 차별주의가 보편주의와 상반된다고 생각하지는 않는다. 사회적인 관계를 중시하는 유교적 입장에서 보편주의는 실천가능성이 희박한 것으로, 도리어 차별화의 원리를 통해 동심원적으로 사랑을 확장시켜 결국에는 대동大同 사회에 이르게 된다고 본다. 따라서 유교에서 예의 실천은 차별화의 원리를 통해 잘 드러난다고 볼 수 있다.

이상에서 보듯이, 유교의 핵심 교리인 인의 주된 내용은 克己復禮로 우선적으로 자신의 인격을 닦고 다음으로 예에 맞는 실천을 통해 남을 편안하게 해주는 것이다. 즉 유교인은 자기의 인성을 가꾸는 것을 제일의 목표로 삼았다. 유교는 현실세계에서 자기 계발 및 자기 수양을 추구하는 종교였다. 유교인은 자기 수양을 통한 내적 깨달음을 추구하였다. 하늘이 준 선한 성품(맹자의 성선설)을 온전하게 보존하기 위해 절대적으로 필요한 것이 교육이었다. 따라서 유교에서는 교육과 배움이 특히 강조되었다. 유교에서 결정적으로 중요하게 여기는 것은 출생성분이 아니라 이러한 배움과 수양의 차이, 나아가 교양의 차이였다. 오래된 고전에 입각한 철학적·문헌적 교양은 자기완성을 위한 보편적 수단이었으며, 교양의 부족은 모든 부덕의 근원이었다. 이렇듯 유교 문화에서는 교육이 특히 강조되었다.

유교의 핵심 교리인 인의 실천 덕목은 효孝와 의義이다. 이 가운데 효는 특히 중요하다. 동아시아에서 도의道義의 핵심은 바로 효이며, 유교의 참된 이상은 부모에 대한 효를 가족, 이웃, 남에게까지 확장시켜 결국에는 사해 모든 사람들을 사랑하여 그 안에 편안한 대동 사회를 만드는 것이다. 유교의 또 다른 측면은 의義의 준수이다. 의는 도덕적으로 옳게 해야 함을 말한다. 그러나 의가 아무리 엄격하고 공평하다 할지라도 가족, 특히 부모와 관계될 때는 부모가 먼저다. 이러한 바탕 하에서 유교문화에 효를 정점으로 하는 독특한 가족주의가 형성되었다.

전통적 유교 윤리적 측면에서 볼 때, 사람이 살아가는 올바른 길은 이 세계의 영원한 질서, 즉 도道에 순응하는 것이며, 따라서 우주의 조화로부터 생기는 공동생활이라는 사회적 요구에 순응하는 것이다. 이것은 특히 세속적 권력의 확고한 질서에 경건하게 따르는 것을 의미한다. 유교에서 죄를 구성하는 것 중 가장 중요한 것은 전통적인 권위, 즉 부모, 조상, 직급상의 상급자에 대한 위반이었다. 전통적인 권위에 대한 위반, 전통적인 관습과 의식 및 확고한 사회적 인습에 대한 침해가 죄를 구성하는 주된 내용이었다. 이 가운데 부모에 대한 불효는 가장 큰 죄악이었다.

이러한 전통과 예절에 대한 강조는 사람들을 윤리적으로 행동하고 사회질서에 순응하도록 하는 전통으로 작용했다. 이러한 전통과 예절에 대한 강조는 인간사에서 관계를 중시하는 결과를 가져왔다. 유교 윤리는 인간을 주어진 정의적 관계 속에 넣고 단지 이 관계만을 윤리적으로 빛나게 하였기 때문에 결국 인간과 인간 간의 관계, 즉 왕과 신하, 상관과 부하, 아버지와 아들, 남편과 아내, 형과 아우, 스승과 제자, 친구 간의 정의적 관계에 의해 만들어진 인간적인 공손 의무 이외의 다른 어떠한 사회적 의무도 등한시되는 경향이 있다.

관계를 중시하는 유교의 근본 가르침은 직분職分에 충실하고 그에 맞는 행동을 할 것을 강조한다. 각자의 상황에 따라 주어진 직분에 충실할 때 원만하고 조화로운 인간관계가 이루어진다고 본다. 이것이 궁극적으로는 국가와 사회 질서를 지키는 초석이 된다. 유교에서 바람직한 사람은 상황에 따라 자기의 직분에 맞게 처신할 줄 아는 사람이다. 한 사람이 여러 가지 직분을 가질 수 있는데 상황에 따라 적절한 행동을 하기 위해서는 이를 열심히 배워 익혀야 한다. 유교의 선비는 평상시에 전체 돌아가는 상황을 잘 파악하고 상황에 따라 거기에 합당한 행동을 하길 기대된다. 이러한 직분을 수행하는 구체적인 과정이 예라고 볼 수 있다. 유교의 근본적인 질서체계에서 사람들은 각자의 직분에 따라 고유한 성분이 부여되며, 이러한 성분은 분별의 기준이 된다. 예의 본질은 명분에 있고, 예의 내용은 명분에 입각한 질서의 정립에 있으며, 예절을 생활화하는 사람들의 목표는 극기克己하여 복례復禮하는 것에 있다. 이를 통해 사람들은 사회적 관계 속에서 '우리'를 실현한다. 예의 기능은 각자의 직분을 확실히 해줌으로써 인간 사이의 관계를 올바로 정립시켜주는 데 있다. 이러한 가운데 사람들은 자신과 남의 차별성을 인식하고 상대에 대해 존경의 마음을 표시하게 된다. 이는 결국 자신의 한계를 자각하는 겸양의 감정의 표현으로, 이를 통해 공동체 내의 도덕과 신뢰가 보존되며 사회적 조화가아루어지게 된다. 예를 통해 사람들은 다른 사람에 대한 배려를 할 둘 아는 덕이 함양되고, 이를 통해 조화로운 공동체적 삶이 이루어질 수 있는 것이다.

실천적 참여를 강조하는 아시아적 가치를 잘 대변하는 말이 '아시아적 인권'이다. 아시아에서 인권을 논할 때 이를 서구 사상에서 강조하는 보편적 인권으로 이해해야 하는 것인가 아니면 아시아의 특수한 역사 및 경제 상황을 감안하여 이해해야 하는가의 문제가 대두된다. 아시아 가치 논쟁의 핵심에는 보편성과 특수성의 문제가 놓여 있다. 이러한 문제의식은 인권의 보편성과 특수성에 관한 논의에서 크게 쟁점화 되었다. 아시아적 가치는 1993년 40개 아시아 국가들이 모여 채택한 '방콕 인권선언'에 잘 나타나 있다. 선결조건 없는 민주주의의 즉각 실시를 주장하는 서구 인권단체들과는 다르게 방콕 선언문에 조인한 아시아 국가들은 민주주의에도 선결 조건이 있을 뿐만 아니라 정치적 권리는 중산층의 성숙, 정치제도와 정치과정 등이 성숙된 후에야 가능한 것이라고 주장했다.

서구에서는 주변 상황이나 인간관계에 관계없는 보편적인 민주주의와 인권을 주장하고, 인권 유린은 정부에 의해서만 용인되거나 자행되는 것으로 보았다. 따라서 개인적인 인간관계에서 나타나는 범죄 행위는 인권유린 범주에 들어가지도 않는다. 그러나 사회질서와 인간관계를 중시하는 아시아에서는 국가의 역할을 중시하고 개인적인 인간관계에서 나타나는 범죄와 마약문제 등을 심각한 인권유린 행위로 보는 것이다. 따라서 보편적 인권을 주장하기 보다는 사람의 행위와 그 결과에 따라 차별적으로 인권이 적용되어야 한다고 주장한다. 즉, 인권은 타고난 것이 아니라 살아가면서 개인의 노력에 따라 획득되어야 하는 것으로 인식되었다. 유교적 관점에서 볼 때, 인권은 획득되는 것으로 그의 행동여하에 따른 것이다. 인간은 기본적인 인간의 존엄성과 가치를 갖고 태어났다. 그러나 그러한 가치의 실현은 끊임없는 노력과 자기 수양에 의해서만 이룩된다. 따라서 유교적 관점에서 볼 때 인권은 그가 단지 인간이라고 하여 갖추어지는 것은 아니다. 인권은 인간이 끊임없이 노력하는 가운데 갖추어지는 것이다. 따라서 모든 인간은 결코 동등한 것이 아니며 사람에 따라 큰 차이가 있다. 즉, 개인의 노력과 성취 정도에 따라 더욱 가치 있는 사람이 될 수 있는 것이다. 더욱 가치 있는 사람이 되기 위해서 개인들은 끊임없이 자기 수양을 할 것이 강조된다. 여기서 정치 지도자나 학자 관료는 이러한 노력과 수양을 통해 성취를 이룬 사람으로 간주된다.

유교 문화적 전통과 국가

유교적 가치에서 가장 중요한 것은 도덕적 인간이다. 특히 중국의 지도자들은 어느 누구도 이러한 도덕적 가치에서 자유롭지 못했다. 도덕적 인간에 대한 자각은 타인과의 관계 속에서 존재의 의미를 갖는다. 각 개인은 개인적 이해에 우선해서 인간으로서 기본적으로 지켜야 하는 가치와 덕목을 우선적으로 상정한다. 여기서 절대적인 인권, 신성불가침한 개인의 영역이란 있을 수 없다. 서구적 가치와는 다르게 중국에서 인간관계와 사회를 매개하는 것은 권리가 아니라 도덕이다. 인간은 끊임없는 수양과 노력을 통해 도덕을 완성해간다. 유교에서 지도자는 이러한 도덕적 지식을 터득하고 이를 실현시킬 수 있는 도덕적 인간으로 간주된다.

국가란 바로 이러한 도덕적 인간인 지도자가 운영하는 것으로, 국가란 사회적 기강을 세우고 국민을 도덕적으로 계도하는 주체라고 여겨진다. 유교적 정치사상에서 국가는 근본적으로 선한 것으로 간주되고 이 세상의 궁극적 가치는 국가를 통해서 실현될 수 있다고 본다. 국가와 정치 지도자는 위민사상과 민본주의에 입각해서 국민들의 안위와 복지를 보장해줌은 물론, 도덕적·윤리적 모범으로 덕치德治로 국민을 위해 봉사한다고 여겨진다(함재봉, 1998: 120-123).

이러한 유교 문화적 전통에서 중국 특유의 국가와 국민과의 관계가 정해진다. 국가와 정치 지도자는 국민의 일상에 적극 간섭하는 것이 용인된다. 국가는 국민들의 일상에 적극 간섭할 수 있고 국민도 국가에 대해 각종 요구를 할 수 있다. 또한 국민 개개인은 국가의 정당한 요구에 대해 기꺼이 희생을 감내할 준비가 되어 있는 것이다. 중국의 마오쩌둥毛澤東과 덩샤오핑鄧少平의 카리스마적인 절대적인 권위는 바로 이러한 국가관에서 창출된 것이다.

관료가 지배하는 사회

중국은 오랜 역사 속에서 그 어떤 체제보다도 강력한 통치체제를 구축해왔다. 중국 통치의 핵심에는 카리스마적인 정치 지도자 외에도 국민들에게 절대적인 권위를 가진 관료계층이 존재한다. 제국시대 중국에서는 신사紳士로 알려진 응집적인 사회 엘리트 집단이 정치권력을 독점하고 경제를 지배하였다. 신사는 국가 관료와 지주 및 학자로 구성된 사회적 지도층으로 사회의 모든 권력을 독점했다. 중국 관료들의 대부분은 바로 이들 신사계층에서 배출되었다.

상업과 산업이 발달하지 못한 전근대 중국에서 유일한 부의 수단은 토지였다. 농촌 토지의 대부분은 신사계층인 지주가 통제하였다. 지주는 토지를 농민에게 소작 주어 경작하면서 농촌 지역의 신용을 통제하고, 존경받는 학자이자 지역의 어른으로 여론을 주도하며, 관료를 배출함으로써 기성 정치를 지배했다. 그러나 지주가 안정적으로 소작제를 유지하고 농민의 불만과 봉기를 막기 위해서는 국가 권력의 암묵적인 지지와 권위 유지가 절대적으로 필요했다. 실제로 중국 사회를 유지한 것은 국가 권력이었으며 관료가 되어 국가 권력에 동참하는 것이 부와 특권의 궁극적인 원천이었다. 따라서 관료가 되는 것은 부와 특권을 획득하는 지름길이었다. 실지로 중국에서 관료는 지주보다 훨씬 더 많은 소득을 올렸다. 일반적으로 신사 계급은 소득의 절반 이상을 정부 관료로서 벌어들였으며 지주로 소작에 의한 소득은 전체 수입의 삼분의 일 정도에 지나지 않았다. 따라서 지주들이 자신의 영향력과 재산을 유지하기 위해서는 가족이나 친족을 국가 관료로 만드는 것이 절대적으로 필요했다(마크 블래치, 2001: 31-32).

이처럼 국가 엘리트 계층인 관료, 지주, 학자 집단은 역할과 이익을 서로 강화시켜주는 복합적인 관계망으로 연결되어 있었다. 그들은 사회 전반에 걸쳐 토지, 재산, 정치권력, 사회적 이념 등을 공유하고 통제했다. 그들은 유교문화의 재생산과 친족조직, 그리고 수많은 문화적 상징을 통해 사회적 지위를 강화시켰다(마크 블래치, 2001: 33-39).

그렇다면 중국을 지배해온 유교 사상과 관료적 지배의 핵심은 무엇일까? 관료정치의 수단으로서 유교는 천도天道설, 대일통大一統 관념, 그리고 강상교의綱常敎義의 세 가지 항목의 내용을 이용하고 있다.

천도설을 살펴보면, 유교에서는 귀신을 말하지 않고, 신을 말하지 않으며, 오직 하늘天만을 강조하였다. 유교에서 천 또는 상제上帝는 그 의지를 마음대로 행할 수 있는 존재다. 그러나 천의 행위는 반드시 천자天子나 제왕帝王의 손을 빌어 행할 수 있다. 천자나 제왕은 바로 하늘을 빌어 도를 행하는 것이다. 그러나 그 일이 너무 광범위하고 지나치게 번잡하여 천자나 제왕 혼자서는 도저히 다 감당할 수가 없기 때문에 관료들이 그를 대신하여 일을 처리해야 했다. 천자나 제왕이 이들 관료들로 하여금 통치적 정치질서를 유지하게 한다는 것이 천도설이다(왕야난, 2002: 127-130).

천자는 여전히 천지天地나 천하天下의 최고 주권자로 하늘의 명을 받아 세상을 모두 차지하고 다스리는 천하의 임금이었다. 따라서 온 천하는 왕토가 아닌 곳이 없으며 전국의 방방곡곡에 왕의 신하가 아닌 사람이 없다는 것이다. 이러한 천명의 최고 주권을 불가분의 명제에서 출발하여 존왕尊王을 주장하였으며, 형식적으로 서주西周의 대일통을 주장하였다. 즉, 하나의 통일된 강산 혹은 하나로 통일된 정치가 없으면 창업은 반밖에 이루어지지 않았다고 평가되었다. 따라서 중국인들에게는 나누어 통치하거나 연합하여 통치한다는 말 자체가 존재하지 않는다(왕야난, 2002: 130-132). 이런 전통 속에서 '통일된 하나의 중국'은 다른 어떤 것보다 중요한 사항이 되어 왔다.

마지막으로 강상교의란, 천하를 획득하는 방법이 강탈이든 찬탈이든 일단 황제의 자리에 오르게 되면 그가 획득한 천하는 황제가 되기 이전과는 상반된 대의명분을 제시한다는 것이다. 황제가 된 그는 신하들이 강탈 혹은 찬탈을 본받는 것을 방지하려고 애쓴다. 강상의 가르침의 핵심은 삼강 즉 군위신강君爲臣綱, 부위자강父爲子綱, 부위부강夫爲婦綱으로 이것은 군권君權, 부권父權 그리고 부권夫權의 확립을 의미한다. 표면적으로는 군신관계는 단지 정치와 관련이 있고, 부자 및 부부의 관계는 가족과 관련이 있는 것처럼 보인다. 그러나 중국에서 강상교의의 진정한 의미는 오히려 그들 사이에 있어서의 정치관계다. 덕이 있는 군자는 부모를 섬김에 있어서 효행을 다하는데 부모를 섬기는 효행을 그대로 옮겨 천자를 섬기면 그것이 곧 천자에 대한 충성이 된다. 또 형에 대한 아우의 도를 옮겨 널리 이웃을 섬기면 그것이 곧 윗사람에 대한 순종이 된다(왕야난, 2002: 132-135).

유교에서는 효도하고 우애하는 것이 곧 정치라고 보았다. 이는 한편으로는 가족의 정치화이고 다른 한편으로는 국가의 가족화를 뜻하는 것으로, 이것이 윤리 정치의 목적이다. 그러나 이러한 윤리 정치의 목적은 전국의 사람들 모두가 한 가족처럼 서로 사랑하는데 있지 않고, 전국의 피지배계급인 인민들로 하여금 모두가 마땅히 국가에 순종하게 하려는데 있었다(왕야난, 2002: 127-136).

중국의 관료정치는 사회 체제 자체와 밀접히 결합하여 발전하였다. 중국은 가부장을 중심으로 하는 가족제도와 종법조직을 갖고 있다. 국가와 가정은 서로 통하였고, 국권과 부권은 상호간에 소통하였다. 또한 법은 독립되어 있는 것이 아니라 정치와 매우 밀접하게 연관되어 있다. 중국의 사회질서는 법률에 의해 유지된 것이 아니라 종법宗法, 강상綱常, 상층과 연장자에 대한 절대 복종僕從 등의 유교 규범에 의해 유지되었다. 따라서 인치人治와 예치禮治가 법치法治를 대신하여 널리 찬양되었다. 나아가 학문과 정치가 하나로 통일되었다. 도와 정치와 학문이 하나로 합쳐져 학술, 사상, 교육까지도 완전히 정치의 도구로 작동하였다. 따라서 관료들에 의해 행해지는 정치의 역할과 침투력은 인민들 생활의 모든 영역에 영향을 미쳤다 (왕야난, 2002: 79-81).

통일된 중앙집권 국가와 절대 권력을 지닌 정치 지도자

중국은 그 거대한 인구와 광대한 영토에도 불구하고 오랜 세월 동안 하나의 통일된 국가를 이루어 왔다. 중국 역사의 경이로움은 바로 강력하게 통일된 중앙집권 국가를 그 오랜 세월 동안 유지해온 데 있다.

중국인들에게 과거 지도자들의 모든 깨어진 약속은 끊임없이 나타나는 새로운 지도자의 밝은 미래를 계속 수용함으로써 계속 잊혀졌다. 유교는 매우 현세지향적인 종교다. 그리고 중국인들은 현재를 중시한다. 덩샤오핑의 실용주의에 대한 약속을 열광적으로 환영한 중국인들은 과거의 우상이었던 마오쩌둥의 과오에 대해서 과감하게 비판한다. 그러나 사회주의 일당지배체제가 지속되는 현 시점에서 중국인들은 중국 사회주의의 근간이 되는 마오쩌둥 사상이나 현재의 정치적 문제점에 대해서는 비판하지 않는다. 중국인들의 정치적 태도는 법이나 객관적인 사실에 의한 판단 속에서 이루어지기 보다는 정치적 권위 속에서 결정된다. 이는 거의 마술과 같은 권력에 대한 신념에 의해 결정된다(Pye, 1985: 183).

전통적으로 중국 지방정부의 권력은 전적으로 제국 황실의 대행자 역할을 했고, 사회주의 정권 하에서의 지방 행정장관과 간부의 권위는 전적으로 중앙권력의 신분 증명에 달려있었다. 유사하게 과거는 물론 현재의 관료적 위계에서도 하급 관료들은 상급자의 지령에 따라 행동하도록 기대되었다. 모든 권력이 중앙권력에 달렸다는 중국인들의 확신은 중국 역사를 구성하는 가장 강력한 요소가 되었다. 그것은 중국에서 통일된 국가를 유지시키는 원동력이 되었다. 중국에서는 대립되는 다양한 정치권력의 존재를 불편하게 여겨왔다. 지방권력의 상대적 취약성은 역사적으로 중앙권력이 정책 결정 시에 지방 간 차이를 무시하도록 만든 데 있다. 지역적 특성들의 현저한 차이에도 불구하고 중앙정부는 지역적 차이를 염두에 두지 않았다. 중요한 정치적 결정은 거의 모두 중앙에서 중앙의 의지대로 이루어졌다. 만약 중앙 이외의 지역에서 정치적 압력이 나타나면 이는 즉시 진압되거나 중앙정부로 인계되어 전 국가적인 문제가 되었다(Pye, 1985: 183-184).

중앙권력 관념을 보존하는 중국의 비결은 유교 문화적 전통에서 나온다. 우선적으로 가장 중요한 것은 정치 지도자로서의 위대한 사람에 대한 과장된 전형인데 이는 가족 내에서 절대적인 권위를 가진 가장을 확대 적용한 유교적 모델이다. 가족 내에서 아버지의 권위가 절대적인 것처럼 정치적 지도자의 권위도 국가 내에서 절대적이다. 가족 내에서 아버지의 권위에 대한 어떠한 도전도 허용되지 않는 것처럼 국가 지도자의 권위에 도전하는 어떠한 세력도 지도자의 자비를 기대할 수 없다. 절대적 지도자에 못 미치는 사람이 특정 권위를 주장하기 위해서는 절대 권력의 위대함을 더욱 크게 주장함으로써 그 자신을 보호해야 한다. 중앙의 간부들과 지방의 지도적 간부들은 자신이 스타 플레이어가 되기 위해 노력하기보다는 위대한 지도자의 참모를 자청함으로써 자신을 보존할 수 있었다. 즉 그들은 지도자가 전능하다는 것을 인정하고 그를 추종한다는 것을 증명한 후에라야

안전하게 자신의 이해관계를 주장할 수 있었다(Pye, 1985: 195).

중국에서의 중앙권력 집중 현상은 중국적 의미의 강력한 인종적 정체감에 의해 강화되었다. 역사적으로 여러 민족이 정권을 잡았지만 중국인들은 오랫동안 무엇보다도 우선적으로 단일민족漢族 의식을 강화하였다. 한 조상의 자손이라는 인식은 모든 중국인들을 한 핏줄이라고 느끼게 함으로써 중국인들을 강력하게 결속시켜 왔다. 또한 장구한 중국 역사와 문화의 위대함에 대한 중국인들의 의식은 강력한 민족주의 감정으로 변화되었다. 과거 역사의 국가 분열 과정에서 겪은 재앙과 혼란은 중국인들로 하여금 거의 병적으로 파벌주의와 국가 분열을 두려워하게 하였다. 중국인들은 형제끼리 싸우거나 마을 간에 불화가 일어나거나 정치가 분열되면 큰 재앙이 뒤따른다는 강한 믿음을 갖고 있다. 이것이 통일된 국가와 강력한 중앙권력 이념을 떠받치는데 중요한 역할을 하고 있다. 중국인들은 안정과 조화를 중시하는데 이는 강력한 통일된 국가 아래에서만 가능한 것이다(Pye, 1985: 185-186).

중국인들은 정치가 도덕적 이념 안에서 행해져야 한다는 오랜 동안 잘 정립된 유교적 전통을 갖고 있다. 이는 유교적 가족주의에 근거한 절대 권력에 대한 신념과 깊게 연관된 것으로, 중국에서의 정통성은 언제나 단 하나의 국가적 권위를 정당화했다(Pye, 1985: 186-187). 따라서 중국인들은 중앙집중화된 형태의 권력을 선호하고 다양한 형태의 정당한 권력들이 공존하는 것을 좋아하지 않는다. 특히 20세기 전반기의 군벌의 경험은 이러한 사고를 더욱 강화시켰다. 군벌 시기는 중국 역사에서 지역 권력구조를 포함한 다양하고 경쟁적인 권력 투쟁의 시험기라고 볼 수 있었는데 이 기간 동안의 경험은 중국인들에게 지울 수 없는 좌절과 상처를 안겨주었고 중국은 결국 서구의 반식민지로 전락하는 수모를 겪었다. 이는 다시 한 번 중국인들에게 통일된 중앙집권적 권력을 추구하도록 하였다.

그러므로 사회주의 정권 하에서도 중국인들은 다양하고 지방화된 권력을 수용하는 데에 대해 강한 거부감을 보였다. 개혁개방이 급속도로 진행되고 사회주의 시장경제가 커다란 성과를 보이는 상황에서도 중앙권력은 사회주의 일당 독재를 더욱 굳건히 하였으며 중국 인민들도 정치적 안정을 바라는 마음에서 이를 마지못해 수용하고 있는 것이다.

권력 분권에 대한 중국인들의 불편함은 '혁명' 개념에 대한 흥미로우면서도 독특한 중국식 설명에서 잘 알 수 있다. 일반적으로 혁명은 사람들을 해방시키고 더 큰 자유를 얻기 위해 전통적 권위를 파괴하는 것과 연관된다. 그러나 중국에서 혁명 완수란 말은 언제나 더 강력하고 더 잘 싸여진 중앙권력의 창출을 의미했다. 중국적 관점에서 이상적인 혁명의 내용은 '우리가 우리의 일을 할 수 있도록 절대자를 몰아내자'는 것이 아니라 도리어 '우리는 더욱 강력하고 더 좋은 절대자를 원한다'는 것이었다. 예를 들어 국민당의 장제스蔣介石의 이념적 지향이 어떠했던 간에 그는 그의 군대가 '혁명을 수행한다'고 믿어 의심치 않았고, 마오쩌둥毛澤東은 이념적으로 장제스의 반대자였지만 그들 둘의 이념과 관계없이 그들은 모두 자신들을 '혁명가'라고 언명했다. 중국인들에게 있어서 혁명이라는 개념은 진정한 지배적 권위를 창출하는 것이었다. 정치 지도자의 정치 성향이 반동적이든 급진적이든 간에 중국인들은 혁명을 원했고, 혁명을 통해 이룩한 더욱 강력한 권력과 '중국에 가장 좋은'이라는 도당적 견해를 '도덕적'이라는 말로 치장했다(Pye, 1985: 189-190). 이러한 전통 속에서 앞으로 중국 사회에 다시 혁명이 일어난다 해도 이는 또 다른 강력한 중앙집권적 권력과 지도자를 창출하는 방향으로 진행되기 쉽다.

마오쩌둥 시대에 당은 강력한 권위를 갖고 지방정부를 통제하는데 매우 성공적 이었다. 지방정부 간부들은 모든 지방민에게 중앙정부의 메시지를 전달하였다. 그 메시지의 내용은 국민들에게 중앙정부의 행동지침에 순응할 것과 최고 지도자의 지시에 복종할 것을 요구했다는 점에서 전통적인 중국의 정치문화와 일치했다. 마오쩌둥의 혁명 이념은 합의와 순응을 존중하는 유교 문화적 전통을 고수한 것이다.

사회주의 중국의 국민적 신앙은 마오쩌둥 사상에 의해 집대성되었으며,

마오쩌둥 사상의 파괴는 사회주의 중국 자체의 사상적 몰락을 의미하게 되었다. 덩샤오핑鄧小平의 개혁개방 정책도 마오쩌둥 사상을 전면 부인하고는 설 자리가 없다. 덩샤오핑이 문화대혁명을 비난하면서도 마오쩌둥 사상의 이미지를 손상시키지 않도록 노력한 이면에는 이러한 배경이 깔려 있다.

마오쩌둥 사상으로 대변되는 중국식 사회주의의 특징은 '주체적 능동성' 또는 '혁명적 의식'을 강조하는 것이었다. 비록 중국 공산당이 공자 사상을 강력하게 비판해왔음에도 불구하고 마오쩌둥 사상에는 전통적인 유교 사상이 강하게 남아 있다. 공자는 도덕적 수양을 쌓은 지식인들이 사회를 이끌어야 한다고 보았다. 공자는 궁극적으로 인간의 주관적, 윤리적 의지에 의해 사물들이 처리되고 평가되어야 한다고 보았다. 즉, 유교적 금욕주의를 통한 자연과의 조화를 이루기 위해서는 구체적으로 필요한 물질적 조건의 개선보다는 오히려 인간의 심리적, 도덕적 수양과 시적, 예술적 정신의 함양을 통해 도덕적 정신 훈련과 주관적인 심성을 연마해야 한다고 보았다(송영배, 1992: 476). 마오쩌둥도 모든 상태를 의식의 차원에서 개선하기를 바랬다. 이는 물질적 조건이 의식을 결정한다고 주장한 마르크스와는 매우 대치되는 관점이었다. 마오쩌둥의 혁명적 의식의 요체는 결국 중국의 후진적 경제상황을 타파하기 위해 전통적 유교사상과 마르크스 사상을 결합시킨 것이라고 볼 수 있다(송영배, 1992: 453-455).

이러한 마오쩌둥의 권위는 어디에서 나오는가? 중국 사회에서 지도자는 어떠한 지위를 갖고 있는 것인가? 중국인들의 사고에 있어서 모든 권력은 위로부터, 중앙정부로부터, 하나의 절대적인 지도자로부터 나온다고 본다. 유교 문화적 전통 속에서 중국인들은 계속적으로 그들의 최고 지도자를 실제 이상의 거대한 인물로 만들어 왔다. 최근 역사에서 쑨원孫文, 장제스, 마오쩌둥, 덩샤오핑이 중국을 지배한 거대한 정치 지도자들이다. 이들 절대 지도자의 주위에는 언제나 추종적인 관료집단이 존재했고, 이들 주변 권력의 지위는 중앙의 절대 권력에 복종하는 대리인에 불과했다. 중국에서 온정주의적 권위를 수행하는 아버지는 초월적인 권력과 권위를 지니고 있다. 그는 그의 근심을 남과 함께 할 필요가 없고 과거 잘못을 가슴에 품고 영원히 은퇴하도록 기대되지도 않았다. 그들이 커다란 과오를 범하면 일시적으로 은퇴하여 고독을 즐기면서 문제를 다른 사람에게 넘긴다. 그러면 그의 과오는 용서된다. 그러다가 적당한 시기가 오면 그는 다시 권력의 중추에 서서 권력을 휘둘렀다. 그러므로 지도자의 권위는 일시적으로 무대에서 은퇴할 때도 있지만 궁극적으로 죽는 순간까지 전능하였다. 따라서 중국에서 최고 지도자가 은퇴하였을 때 후계자들은 새로운 일을 시작하기 보다는 일상적인 관례를 지속할 것이 기대되었다. 왜냐하면 권력은 공유되는 것이 아니고 권력의 위임이란 있을 수 없기 때문이다(Pye, 1985: 198).

중국에서 지도자와 인민과의 관계는 유교의 가족모델에 근거한다. 아버지의 결정에 도전하는 것은 단지 아버지의 판단에 의문을 제기하는 것이 아니라 그의 가족과 조상에 대해 불충하는 것으로 간주되었다. 중국의 어린이들은 배움의 초기부터 권위가 논리적 이성보다는 감성에 의해 형성되어짐을 배워왔다. 지도자의 권위는 합리적인 이성적 판단과 냉철한 계산에 의해 형성되는 것이 아니라 좀 더 인간적인 차원의 관계 속에서 형성되어졌다(Pye, 1985: 200). 중국의 지도자들은 단순히 그들이 원하는 것을 이념적으로 옳다고 보았으며 일관성과 논리적 문제를 종종 무시했다. 그러면서도 그러한 지도자들의 언행이 사회에서 그대로 수용되었다. 중국인들은 지도자들의 정책과 결정이 그들의 일상생활에 커다란 문제를 야기 시키지 않는 한 지도자들의 정책에 의문을 제기하거나 도전하지 않았다. 따라서 지도자들은 종종 초법적인 행동을 하였고, 지도자의 한 마디가 법이 되기도 하였다.

개혁개방을 추진하는 초기 과정도 결국은 최고 지도자의 의지를 실천에 옮기는 형식으로 시작되었다. 개혁개방 초기에 당 지도부에서 국력 증강과 경제성공을 이룩하는 형태의 근대화를 추구한다는 데에 대한 합의는 이루어졌지만 그 목적을 추구하는 구체적인 방법에 대한 진지한 토의는 없었다. 더욱 중요하게는, 중국의 전통에 따라 가치와 권력에 대한 공개적인 경쟁과 도전은 철저히 억압되었다. 모든 결정은 당 지도부에 의해 이루어졌고 인민들은 그저 그들의 결정에 따르기만 하면 되었다. 따라서 중국은 민주화를 위한 정치적 노력과 정치과정의 개혁 없이 경제발전을 위한 근대화를 시도할 수 있었다. 다시 말하면 중국의 경제발전에서 국가와 지도자의 역할이 크게 작용한 반면 인민들의 역할은 매우 수동적이었다는 것이다.

그 결과는 극심한 빈부격차와 불평등의 심화 현상이다. 개혁개방 과정에서 자신들의 의견을 적극적으로 개진할 수 없었던 대다수 중국 인민들의 수동성은 그 결과로 나타나는 극심한 부의 불평등 및 정치적 소외를 수용할 수밖에 없었다. 오늘날 중국 경제의 급성장과 빈부격차 및 공산당 일당 지배라는 독특한 중국적 발전 현상을 설명할 때 이러한 중국의 유교 문화적 전통은 중요한 설명 요소의 하나임이 분명하다.

2장. 마오쩌둥의 중국적 특색을 지닌 사회주의 성립과 발전

중국은 그 시작부터 매우 독특한 사회주의 혁명의 길을 걸었다. 중국 혁명은 마르크스의 예견과는 다르게 무산 노동자계급에 의해 주도되기 보다는 농민 동원에 의해 이룩되었다. 중국 공산당이 사회주의 혁명을 이루기 위해 투쟁하던 시기의 중국 대륙은 서구와 일본 세력의 침탈로 국가 독립이 유린되고 있었고 또한 대륙 내 정치 세력도 여러 파벌로 나뉘어져 있었다. 대륙 내부에서는 전근대적 봉건제도가 횡행하고 있었고 외부 제국주의의 압박은 민족 존립 자체를 위협하고 있었다. 당시 중국은 의회를 조직하여 민주정치를 수행할 수 있는 상황도 아니었고 노동자들을 중심으로 합법적으로 자본가들에 대해 투쟁할 수 있는 상황도 아니었다. 공산당사에는 1949년 공산주의 정권이 수립되기 이전까지의 중국을 자본주의 국가가 아니라 경제와 문화가 매우 낙후된 '반식민지반봉건국가'로 규정하였다(중국공산당 중앙문헌연구실, 1990: 482). 즉 중국의 사회주의 성립은 마르크스의 발전단계설과 다르게 자본주의 모순에 따른 것이 아니라 자본주의 이전의 봉건사회에서 사회주의로 전환된 특이한 경로를 따른 것이다.

이런 상황에서 마오쩌둥을 중심으로 한 중국 공산당 지도부는 중국에서의 혁명투쟁의 주요 형식은 무력투쟁으로 이는 결코 평화적일 수 없다고 보고, 무력으로 정권을 탈취하고 전쟁으로 문제를 해결할 것을 강조했다(중국공산당 중앙문헌연구실, 1990: 484). 따라서 중국 공산당의 투쟁방식은 장기적인 합법 투쟁 양식인 도시봉기를 통한 도시 점령 후 농촌을 점령해

가는 것이 아니라 먼저 농촌을 점령하여 해방의 근거지로 만든 후 도시를 포위해가는 것이었다(중국공산당 중앙문헌연구실, 1990: 482).

그 결과 사회주의 국가 탄생 이후 당 중앙 지도부는 군중동원을 중시하게 되었고 이러한 경험 속에서 중국 특유의 '중국식 사회주의'가 탄생되었다. 이 장에서는 개혁개방 이전 마오쩌둥에 의해 시도된 중국식 사회주의적 실험의 내용과 성패에 대해 논의해보기로 한다.

사회주의적 개조의 완성(1949-1956)

국공내전에서 승리하여 중국 전토를 장악한 중국공산당은 1949년 10월 1일 북경을 수도로 정하고 '중화인민공화국'(중국)의 성립을 선포하였다. 1949년 중국 대륙에 사회주의 국가인 중화인민공화국이 설립된 이래 중국은 마오쩌둥의 강력한 영도 아래 중국적 특색을 지닌 사회주의 국가를 건설했다. 중국 건설 과정에서 집약된 조직화되고 헌신적인 인민 대중의 힘에 대한 신념은 마오쩌둥이 대약진 운동이나 문화대혁명과 같은 중국식 사회주의 실험을 할 수 있는 원동력이 되었다.

중국공산당사에서는 1949년 중화인민공화국 성립부터 1956년에 이르는 7년을 사회주의적 개조를 기본적으로 완성한 기간으로 보고 있다(중국공산당 중앙문헌연구실, 1990: 25). 마오쩌둥을 중심으로 한 당 중앙 지도부는 사회주의적 개조 완성기 시기의 중국혁명의 단계를 '신민주주의 혁명'과 '사회주의 혁명'의 두 단계로 나눠 설명하고 있다. 신민주주의란 반제국주의·반봉건주의·반관료주의를 모토로 1949년 이전의 반식민지반봉건사회적 요소를 일소하고 사회주의를 준비하는 시기를 말한다(중국공산당 중앙문헌연구실, 1990: 175). 다시 말하면 신민주주의 혁명은 '자산계급 민주주의 혁명'이라 할 수 있다(육정균, 1991: 52).

앞서 언급했듯이 중국 사회주의 혁명은 도시의 프롤레타리아트 무산계급이 혁명 역량을 총결집하여 자본주의 세력을 파괴하고 정권을 탈취하여 새로운 생산관계를 건립하는 고전적 형태의 계급혁명이 아니라 농촌에 혁명 근거지를 결성하고 무장된 농촌의 혁명적 무장 세력이 도시를 포위 점령하는 전략에 의해 이룩된 혁명이었다(육정균, 1991: 51-52). 신민주주의 혁명이라는 주장이 나온 배경은 중국의 특수한 역사적 상황으로 인해 사회주의 건설 과정에 과도기가 존재함을 인정하는 것이었다.

신민주주의 혁명은 기존의 자본주의적 생산관계를 무너뜨리지 않는 가운데 전면적 계급투쟁보다는 자산계급에 의한 민주주의 혁명을 지속시키면서 계급협조를 통해 반제·반봉건 사회주의로의 이행 단계를 준비하는 시기였다(육정균, 1991: 55-57). 중국 혁명 과정에서 내부로부터의 봉건적 착취와 외부의 제국주의 침략에 대항하기 위해서는 전민적인 혁명 역량의 총 결합이 요구되었고, 이 과정에서 민족자본가, 수공업자, 부농·중농 등 모든 민족 세력이 혁명 수행에 중대한 공헌을 하였다. 『모택동 선집』에 따르면, 중국의 새 정권의 사회적 토대는 4개의 혁명 계급인 노동자, 빈농 및 중농, 쁘띠 부르주아지, 민족자본가의 연합으로 정의되었고, 이 역사적 집단을 조직하고 한데 합친 것이 바로 중국 공산당이었다(르 바르비에 외, 1982: 50). 신민주주의 시기의 경제건설의 방향은 노동자, 농민, 쁘띠 부르주아지, 그리고 민족 자본가들에게는 상호 이익이 되지만 국민당과 관련 있는 지주, 관료 자본가 및 금융업자들에게는 철퇴가 가해지는 방향으로 전개되었다. 따라서 소생산자나 중농 등의 소규모 자산 계급에 대해서는 큰 제재가 가해지지 않았다. 이 과정에서 민족 자본가들과의 정치적 동맹 유지는 이 불안정한 과도기에 필수적인 것이면서도 이후 사회주의 개혁에 큰 문제를 야기하는 것이었다.

이러한 전략 하에 1950년부터 1952년 사이에 세 차례에 걸쳐 토지개혁이 이루어졌다. 토지개혁의 목표는 "지주계급의 봉건적 토지소유제를 폐지하고 농민적 토지소유제를 실행하여 농촌의 생산력을 향상시켜 농업생산을 발전시킴으로써 신중국 공업화를 위한 길을 마련하는"것이었다(희전광의 외, 1984: 428). 토지개혁에서 중요한 부분은 몰수와 분배 차원인데 그 방법은 무조건 몰수와 획일적 무상분배가 아니라 세심한 정책적 배려 하에서 부농 및 중농의 생산력을 보존시켜 농촌경제를 조속히 회복시키는 방향으로 전개되었다(중국편람, 1992: 60).

상공업적 측면을 살펴보면, 중국은 사회주의 정권 초기에 국민당 정부가 운영하고 있던 공영기업을 몰수한 반면 중국 혁명에 협조한 사영 공상기업에 대해서는 공사합영의 방식을 통한 주문생산제를 실시해 그들의 이익을 보존해주었다. 그러나 한국전쟁으로 제품 품귀현상이 일어나자 자본주의적 속성을 지닌 소생산자들은 주문생산을 기피하고 가격 인상을 꾀하는 등 각종 위법 및 탈법을 자행했다. 이에 당 중앙은 1952년 초 '삼반오반三反五反 운동'[1]을 전개하여 이를 철저히 탄압했다(중국편람, 1992: 62).

삼반오반 운동은 관료화 경향과 자본주의의 새로운 등장을 퇴치하려는 운동이었다. 삼반 운동은 1950년 10월 증산운동을 벌였으나 당정기관 간부들 중에서 독직, 낭비, 관료주의의 삼해三害 현상이 나타나자 1952년 1월 모택동에 의해 이에 대한 투쟁으로 전개된 것이다. 오반 운동은 그동안 과도기적으로 합법적 이윤을 보장받고 있던 사기업 내부와 당정 간부들의 부패에 의한 증회, 탈세, 국가 자재의 절취, 노력과 시간과 재료의 속임, 국가 경제 정보의 절취 등 이른바 오독五毒을 제거하자는 운동으로 1953년부터 시행되는 5개년계획의 정비작업이라 할 수 있다. 삼반오반 운동은 관료주의에 대한 투쟁과 부르주아지에 대한 투쟁이 결합한 대중 캠페인으로 법의 강제력을 동원하여 간부들을 해고하고 투옥시켰으며 자본가들에게

1 증산 절약운동의 최대 적은 "오직·낭비·관료주의"라는 인식에서 처음에는 국가기관원의 '삼해三害'에 반대하는 '삼반'운동을 중심과제로 하였다. 그러나 이 삼해는 이미 보아 온 자본가의 '오독五毒'행위와 결부되어 있다는 사실이 폭로되어 1952년 전반에 '삼반' '오반'운동이 증산운동의 전제조건으로 취급되어 왔다. 이 운동이 구체적으로 목표하는 바는 자본가의 투기적·전기적 성질에 기초한 오독 행위의 적발에 한정하는 것이지 자본주의 공상업의 소멸은 아니었다. 이렇듯 이 삼반오반 운동은 이론과 실천 양면에서 애매하고 모순된 운동으로 1952년 6월에 종료되었다(희전광의 외, 1984: 434-435).

벌금을 몰리고 재산을 몰수했다. 그러나 이 운동은 이후 실행된 1차 5개년 계획의 기술자 및 관리자 우선정책을 실질적으로 변경시키지는 못했다(르 바르비에 외, 1982: 64-65).

정리해볼 때, 건국 후 초기 3년은 사회주의적 개조를 위한 과도기 단계로 국민당 잔존 세력과 토비를 일소하고 각급 인민정부를 수립하였으며 신해방구의 토지개혁을 완수하고 관료자본기업을 몰수하여 사회주의 국영기업으로 개조한 시기였다(중국공산당 중앙문헌연구실: 25). 이렇게 하여 중국은 해방 후 처음 3년 동안 신민주주의 정치체제와 경제체제를 건설했다. 이 기간 동안 구 중국 때 격심하게 파괴되었던 국민경제를 조속히 회복하였으며 1952년 말에는 전국의 공·농업생산이 사상 최고 수준에 이르렀다(중국공산당 중앙문헌연구실, 1990: 25). 그리고 1953년부터 시작된 제1차 5개년계획(1953-1957)을 시작으로 본격적인 사회주의적 개조와 사회주의 건설 사업에 착수하였다.

1953년에 이르러 중국은 5개년계획을 착수하기에 충분할 정도로 재건 작업이 진척되었고 경제활동도 높은 수준에 도달하였다. 당시 중국은 정치적, 경제적 모델로 소련을 선택함으로써 1차 5개년계획은 소련 모델을 가장 확고하게 따랐다. 5개년계획에서 우선권은 경제성장에 주어지고, 경제성장은 그 자체가 하나의 목적이 되었다. 소련 모델에 따라 고위 당국자들이 계획한 전문적인 과학기술 및 경영이 계획을 주도했다. 이 계획의 성패는 주로 기술관료 및 경영자 등의 최고급 엘리트 계급에 달려 있었다. 이들 고도의 전문직 관료들은 어떤 단계에 있어서나 구체적인 결정을 내리고 권력을 행사했다. 그것이 바로 "책임 경영"제도 즉, 소련 방식이었다. 여기서 노동자들은 프로그램을 세우거나 기술혁신 제동 및 지휘 감독에 거의 참여하지 못했다(르 바르비에 외, 1982: 72).

원칙적으로 이 계획은 스탈린의 전통에 따라 중공업 특히 생산재 생산 공업을 장려했으며, 이를 위해 거대한 단위 공사, 즉 "대규모 사업"들에 편중했다. 당시 지배적인 마르크스 이론에 대한 해석은 주요 모순이 "선진"

사회체제와 "후진" 생산력 사이에 존재한다는 것으로, 이것은 류사오치劉少奇, 천윈陳雲, 덩샤오핑鄧少平 등과 같은 고위 관료들의 공통된 신념이었다(르 바르비에 외, 1982: 72-73).

1차 5개년계획의 절차들은 중국의 소련과의 특권적 유대관계들에 의해 결정되었다. 목표는 매 해 14%의 생산을 증대하여 목표 기간 내에 산업생산을 배가하는 데에 있었다. 5개년계획에 배당된 총 420억 위안 중에서 58%는 공업에 투하되고 7%만이 농업에 투하되었다. 공업에 투자된 지출의 88%를 생산재 생산의 중공업에 할당하였다. 또한 이러한 체제는 엄청난 수의 간부들을 그 토대로 하고 있다. 여기서 군도 관리자나 경영자 혹은 기술자가 되었다. 군대도 소련과의 기술적 유대를 강화하면서 점차 직업화되고 전문화되어 근대화, 전문화, 기술상의 발전 그리고 중장비에 역점을 두었다(르 바르비에 외, 1982: 73-78).

중국에서 1차 5개년계획에 의해 확립된 지극히 관 주도적이며 생산 지향적인 전통은 이후에도 상당히 강력하게 존속했다. 이것은 60년대와 70년대에도 되풀이되었다. 특히 1976년 마오쩌둥毛澤東의 죽음 직전과 그 이후의 시기에 지배적이었다. 그러나 5개년계획은 대규모 생산 단위들과 중소규모 단위들 간의, 중공업과 경공업 간의, 선진 발전 지역과 보통 지역 간의, 도시와 농촌 간의 불균형을 점차 노정시켰다. 생산 우위 정책은 성장 속도의 가속화와 노동 시간의 연장 및 규율 강화를 요구하였다. 생산 우위 정책으로 인해 1953-55년 사이에 공업생산성이 42% 증가한 데 반해 평균 임금은 15%, 구매력을 나타내는 실질임금은 7%밖에 상승하지 못했다(르 바르비에 외, 1982: 79-82). 공업 발전을 위해 인민들이 철저히 희생된 것이다.

특히 이 기간 동안에 농촌 지역의 희생은 컸다. 농산물 가격은 정책적으로 공산품 가격보다 훨씬 낮은 수준에서 동결되었다. 노동자는 공업우선정책으로 인해 싼 가격으로 식량을 구입했으나 농민들은 도시에서 만든 농기구와 소비재 구입에 점점 더 많은 돈을 지불하게 되었다. 농업발전은 공업발전에 비해 훨씬 뒤쳐졌다. 불만을 느낀 급진적 노선의 농촌 지지자들은 경쟁력 강화를 목적으로 곳곳에 농업 합작사를 세웠다. 계급투쟁과 빈농들의 전투적 주도권과 부농의 특혜에 대한 반발은 합작사를 극도로 확산시켰다. 그러나 1955-56년의 상승기류를 타고 출현한 농촌의 합작사들은 규모에 따른 경쟁력 약화로 유별나게 단명했으며 1958년 이후 대부분 더 큰 단위인 '인민공사'로 대체되었다(르 바르비에 외, 1982: 82-86).

대약진운동과 농촌인민공사화 운동

이 모든 불균형들은 1958년의 갑작스런 전환에 크게 기여했다. 1956년과 1957년에 이르러, 1차 5개년계획의 정치적·경제적 선택들의 유효성, 즉 소련 모델의 타당성이 문제시되기 시작했다. 이러한 문제는 1958년의 근본적인 전환점을 위한 준비작업 이었다. 스탈린의 죽음이 미친 영향이 뒤늦게 나타나고 또 1956년 전체 사회주의를 뒤흔든 위기에 따른 불확실성과 중·소 마찰도 전환의 주요 요인이 되었다.

1956년 9월 제8차 전국인민대표대회(전대)에서 중국 공산당 지도부는 중국에서는 이미 사회주의 제도가 기본적으로 건설되었기 때문에 자본주의적 착취제도가 최종적으로 소멸되었다고 보고, 국내의 주요 현안은 더 이상 노동자계급과 자산계급 간의 계급투쟁이 아니라 경제와 문화의 급속한 발전을 바라는 인민의 요구와 이러한 요구를 채워주지 못하는 현재의 경제·문화 현상에 가로놓인 모순을 조속히 해결하는 것이라고 보았다(중국공산당문헌연구실, 1990: 28).

그러나 혁명 투쟁 기간 동안 일치단결된 모습을 보여주었던 중국 공산당 지도부는 혁명이 완성된 이후 보다 나은 사회주의의 건설이라는 대명제 하에서 점차적으로 의견 대립과 갈등이 확산되면서 분열된 모습을 보이기 시작했다. 이러한 의견 상충은 이념적인 사회주의 건설과 낙후된 경제적 현실 사이에 존재하는 모순을 풀어가는 과정에서 자연적으로 발생한 의견 상충이었다. 문제의 핵심은 중국이 이미 이룩한 선진 사회주의 생산관계와 이를 따라가지 못하는 낙후된 생산력 간의 격차를 어떻게 풀어 가느냐 하는 것이었다. 이러한 견해차는 이후 생산력과 생산관계 사이의 모순으로 발전하여 생산력과 생산관계 중 어느 것을 더 중시하는가에 대한 실천의 문제로 발전하였다[2](육정균, 1991).

1957년 초, 지극히 불명확한 이유로 세력 균형이 역전되었다. 마오쩌둥의 계급투쟁으로의 사상 변화는 1957년의 반反우파 투쟁 이후에 발생했다. "홍紅과 전專"이라든가 "간부들에 대한 사회주의 교육" 등과 같은 표현이 떠돌기 시작했다. 1957년 4월에는 정치적 정풍이 공식적으로 시작되었다. 이것은 "삼해三害" 즉 관료주의, 종파주의, 주관주의를 표적으로 삼았다. 좌파에 의한 이러한 정면 공격은 신장된 사회적 분위기 속에서 발생했다(르 바르비에 외, 1982: 93). 1957년의 정풍운동 과정에서 각자가 자유롭게 의견을 제출케 한 '대명대방大鳴大放'에서 일부 자산계급과 우경적 인사들이 당과 신생 사회주의를 비판하자 마오쩌둥은 위기의식을 갖게 되었다. 나아가 비판받은 당 간부들의 무능과 부패가 사실로 드러나자 마오쩌둥은 공산당 정권을 지키는 정치적 선택을 할 수밖에 없었다. 그 결과 정상적이고 선의의 비판적 건의를 한 많은 지식인과 애국적 인사 및 당내 간부들을

2 생산력 낙후를 주된 모순으로 보는 견해는 사회주의 혁명이 완성된 현 시점에서도 생산기술 혁명은 시작단계에 머물러 있는 만큼 점증하는 국민들의 경제·문화적 욕구를 채워주기 위해서는 무엇보다도 먼저 생산력 증대가 요구된다는 주장이다. 이는 류사오치劉少奇를 중심으로 한 과거 당권파의 주장이며 동시에 덩샤오핑을 중심으로 한 개혁개방파 지도부의 의견으로 이를 흔히 '전專의 노선'이라 불렀다. 반면에 생산관계가 주요 모순이라는 주장은 중국 사회주의 건설은 아직 완결된 상태가 아니고 생산력 발전의 저해 요소가 도처에 상존해 있기 때문에 이를 끊임없이 개조해 나가는 것이 우선 과제라고 보는 것이다. 이는 인간의 정치사상과 의식이 생산력 발전에 결정적인 작용을 한다고 보고 이를 위해 노동자의 교육과 훈련이 무엇보다 중요하다고 보는 것이다. 또한 이러한 정신적 자극은 단기간에 끝나는 것이 아니라 부단히 지속되어야 한다고 보았다. 이러한 주장은 마오쩌둥과 문화대혁명 기간 동안 4인방이 주장하던 것으로 이는 '홍紅의 노선'이라 불렀다(육정균, 1991: 36-48).

우파로 몰아 추방하는 ‘좌경오류’가 행해졌다(중국공산당 문헌연구실, 1990: 30, 31, 293).

1957년 6월 6일 『인민일보』의 사설 “이 모든 것들의 이유는?” 이후 공격 대상은 “우파”였고, 가장 큰 구호는 “공산당 없이는 인민 공화국도 있을 수 없다”는 것이었다. 마오쩌둥 그룹은 이 운동의 가장 큰 목적을 관료주의의 멍에로부터 대중들을 해방시키는 데에 두었다. 이러한 반우파 운동에 의해 총서기 덩샤오핑과 같은 고위 당직자들은 그 영향력을 상실했다. 그해 여름 내내 반우파 운동은 대중의 공청회, 고발, 자아비판, 신문에 공개된 우파 명단, 문화 기구들의 인사이동 등으로 계속되었다. 수십만 명의 지식인들과 간부들은 노동을 통한 재교육을 위해 하방 형식으로 농촌으로 보내졌다. 그러나 당시 투옥까지 된 사람은 극히 소수였다(르 바르비에 외, 1982: 94).

이후 20년 동안은 마오쩌둥의 중국식 사회주의 실험의 시기라고 볼 수 있다. 마오쩌둥의 좌경오류는 이후 실시된 1958년의 ‘대약진운동’과 ‘농촌인민공사화운동’에서 더욱 심해졌으며 1966년에 실시된 ‘문화대혁명’에서 그 절정에 이르렀다. 대약진운동과 인민공사화운동은 전문가나 기술자의 역할보다는 군중의 주관적 능동성만을 강조함으로써 비체계적으로 진행되었다. 그 결과 무책임한 평균주의와 과도한 집중, 가족의 파괴, 무임승차적인 공산풍조를 가져와 농민들의 노동의욕 저하와 생산량 감소를 가져왔다(중국공산당 문헌연구실, 1990: 31-32, 312-313).

1958년을 전후해 전개된 “대약진운동”을 경계로, 중국의 사회주의 건설은 모든 측면에서 제1차 5개년계획기와는 전혀 다른 양상을 나타냈다. 이는 중·소 대립이 표면화되고 소련 모델이 부정되면서 시작되었다. 이제 균형 있는 발전보다도 불균형을 고려치 않고 대중의 에너지를 끌어들이는 발전 방식이 긍정되었으며, 노동력의 대량 투입에 의한 생산력의 비약적인 증대가 목표가 되었다. 즉, 대중의 주관적 능동성에 전면적으로 의존하는 ‘대중노선’이 강조된 것이다(희전광의 외, 1984: 456).

대약진 운동은 소련식의 경제 우위 방식과는 결별한 것으로, 그것은 중국식 사회주의의 기초가 되었다. 소련 모델에 대한 비판자들은 소련의 실패 즉 농업 실패의 원인과 중국의 제1차 5개년계획의 문제점을 검토한 후, 사고방식의 급진적인 변화가 필요함을 주장하였다. 마오쩌둥과 그 지지자들은 모든 인민의 역량을 농촌의 후진성과 싸우고 그 근원을 척결하는데 투입해야 한다고 주장했다. 마오쩌둥은 “10대 주요 관계에 대하여”라는 연설에서 대약진 운동의 근거가 되는 비판을 담았다. 이 연설문에는 중공업과 후진 경공업 간에 나타난 심각한 불균형과 해안지대의 공업 역량이 과소평가됨으로써 야기되었던 지역 간의 불균형이 강조되었다. 마오쩌둥은 다음과 같이 결론을 내렸다 “인민의 생활수준을 고려하지 않는 중공업 편중의 발전은 …. 결과적으로 불만을 야기시키며 …. 중공업 자체도 발전할 수 없게 된다. 이렇게 되면 중공업 발전은 그 속도가 떨어지다가 나중에는 불가능하게 되어버린다.”마오쩌둥은 과도하게 중앙집권화 된 관료주의 하에서는 대다수의 사람들이 실질적인 역할을 수행하지 못하고 수동적으로 변화에 따를 수밖에 없음을 직시하였다(르 바르비에 외, 1982: 103).

대약진은 반우파 투쟁 과정에서 시작되었는데 1958년 5월의 중공 8전대회 제2차 회의 이후 본격화되었다. 마오쩌둥은 중·소 균열이 심화되는 가운데 수정주의로 전락하고 있는 소련에 대신하여 세계에서 유래가 없는 고도성장을 이룩하여 소련에 대신할 사회주의 건설 모델을 만들어 내고자 하였다. 대약진은 무엇보다도 우선적으로 건설 속도의 비약적인 증대를 요구했다(희전광의 외, 1984: 469-461). 회의에서 마오쩌둥은 ‘대약진’을 말할 때 지표가 너무 높아 동의하지 않는 의견들을 비판하면서 지금 중앙에서 지방에 이르기까지 ‘기회주의자’, ‘사후 청산파’가 존재한다고 주장했다. 이 회의 이후, 1958년 6월에 철강공업에서 대약진 목표를 설정하여 1958년의 철강생산량을 1957년의 2배로 올릴 것을 검토했다. 그렇게 하여 1959년에 3천만 톤을 초과한다면 1962년에는 8.9천만 톤 이상이 될 것이라고 가상하였다. 각 농업 합작구에서도 농업회의를 개최하고 농업의 ‘대약진’ 목표를 제기하였다. 각종 신문에 '생산고 신기록'을 끊임없이 선전하고 '농업성장유한론'을 비판하였다. "우리가 필요로 하고 생산하려고 하면 그만큼 식량을 생산할 수 있다"는 등의 과장된 구호가 유행하였다(중국공산당 중앙문헌연구실, 1990: 295).

이처럼 농업생산에 대한 과대한 평가에 기초하여 1958년 8월에 열린 중앙정치국 확대회의는 각 성·자치구의 당위원회에 대하여 중점을 농업에서 공업으로 옮기라고 요구했다. 동시에 1958년의 철강생산량을 1957년의 두 배, 즉 1,070만 톤으로 올린다고 정식으로 결정·공포하였다. 이것은 당시의 실재 채광과 야금 등의 능력으로 볼 때 실현 불가능한 것이었다. 이 업무를 억지로 달성하기 위해 강철 제련 대운동이 모든 중심 임무를 압도하여 모든 업종이 '철강 증산 우선'을 지원하였다. 강철제련 운동과 더불어 모든 사업에서도 "전 인민이 대대적으로 힘을 쏟는" 운동을 전개했다. 이처럼 철강을 기본으로 하는 방침이 가져온 일련의 '대대적인 힘 쏟기'는 대약진운동을 더욱 고조시켰다(중국공산당 중앙문헌연구실, 1990: 296).

비약적으로 증대한 도시 노동자를 위한 식량공급원을 확보하고 농업건설의 규모를 확대하기 위해 합작사의 합병이 추진되어 '인민공사'가 만들어졌다. 합작사의 합병을 위한 '인민공사화운동'은 1958년 8월부터 시작되었다. 이는 농촌에 공사 또는 대형 합작사를 건설하는 것으로 그 주된 특징은 '크고', '공평한' 것이었다. 1958년 여름부터 몇 개월 동안의 짧은 기간에 전국 74만여 개의 농업생산합작사를 2만8천여 개의 인민공사로 개조하였다. 공사에 참가한 농민은 1억2천만 여 호로 전국 농민 총 수의 99% 이상을 차지했다(중국공산당 중앙문헌연구실, 1990: 301).

인민공사는 경쟁과 생존을 위해 규모를 더 크게 하고 농촌에서 보다 집산적인 조직을 세움으로써, 합작사에서 제기된 문제를 해결해보려 한 것이다. 인민공사는 향鄕이나 2,000여 세대를 기반으로 한 합작사들이 결합하여 형성되었다. 토지, 설비, 주거 그리고 가축은 공사 성원의 공동 재산 이었다. 이 과정에서 과거의 어떠한 사유재산도 다른 이권이나 보상 없이 포기되었다. 특히 사유 토지는 더 이상 존재하지 않았다. 작업은 생산대 단위로 조직되었고 이것이 모여서 생산대대가 형성되는데, 대대는 대체로 이전의 합작사에 해당되었다(르 바르비에 외, 1982: 106-107).

그러나 이러한 농촌의 인민공사화운동은 대중의 요구와 각성 수준을 훨씬 넘어선 것으로 변화가 너무 빠르고 급격하며, 그 작업이 엉성하며, 형식이 지나치게 단순하고 획일화되었다. 이 과정에서 원래의 농민문제는 전혀 해결되지 않은 가운데 다시 더 큰 문제를 만드는 결과를 가져왔다(중국공산당 중앙문헌연구실, 1990: 302). 인민공사는 물질적 인센티브를 이념적·정치적 인센티브로 대치하였고, 소비물자와 식량을 일률적으로 평균분배 하였으며 생산대의 자산을 무단으로 차출하였고(1平2調: 첫째 공평, 둘째 징벌과 배치), 경영 규모가 크며 생산수단을 공유하는 것과 내부에서의 평균주의(1大2公)만을 강조하였다. 그 결과, 생산에서의 책임제가 없어진 관계로 노동 기율이 해이해지고 이익이 크게 줄어드는 결과를 가져왔다(중국공산당 중앙문헌연구실, 1990: 302).

인민공사는 '필요에 따라 배분한다'는 원칙을 적용하였으며, 여기서 개인주의는 철저히 배제되었고 일상생활은 집단화 되었다. 이것은 모든 노동자 특히 여성 노동자의 동원을 더욱 쉽게 할 수 있게 하였으나, 이는 동시에 고유의 가족제도를 크게 위협했다. 식사는 수백 명이 함께 공동식당에서 하였으며 만혼이 장려되었고 "낭만적인 관계"는 비난받았다. 이를 통해 많은 수의 여성들이 가족의 예속과 속박에서 벗어나 생산에 참여하였다. 그러나 공산주의가 곧 도래할 것이라는 믿음 속에서 의욕이 넘친 간부들의 과도한 작업 요구에 오래지 않아 모든 사람들이 탈진 상태에 이르게 되었다(르 바르비에 외, 1982: 110).

결국 인민공사화운동은 무책임한 평균주의와 과도한 집중, 가족의 파괴, 그리고 다른 사람의 노동성과를 무상 점유하는 공산풍을 가져와 농민들의 노동 의욕을 크게 저하시키고 생산량을 크게 감소 시켰다. 이에 놀란 당중앙은 1959년 5-6월에 개인보유지 제도 및 개인의 가축 사유를 허용하고 집 근처의 자잘한 나무는 사유로 돌리는 결정을 하였다(중국공산당 중앙문헌연구실, 1990: 313).

'대약진운동'과 '농촌인민공사화운동'은 실제를 초월하는 너무나 높은 목표를 설정하여 이를 모험적이면서도 조급하게 달성하려고 하였기 때문에 전 과정에서 합리적이기 보다는 맹목적적이고 과장적인 경향이 대두되었다. 또한 대약진운동과 농촌인민공사화운동은 전문가나 기술자의 역할보다는 군중의 주관적 능동성만을 강조함으로써 이념적이고 비체계적으로 진행되었다(중국공산당 중앙문헌연구실, 1990: 31-32). 대약진운동으로 대표되는 좌익 노선은 일시적으로 다수의 지지를 받았을 뿐이다. 이러한 지지는 최초의 어려움이 생기자마자 불확실해졌고 곧바로 한계를 드러냈다. 대약진운동의 결과로 식량 부족이 현실화되자 곧바로 우파가 되살아났다. 우파는 마오쩌둥과 좌익 모험주의를 공격할 충분한 힘이 있었다. 많은 공산당 간부, 지식인, 기술자, 노동자 계급의 일부, 그리고 더 중요하게는 많은 수의 중농들이 대약진운동의 반대 진영과 같은 입장에 서 있음이 드러난 것이다. 그러나 다른 한편에서 대부분의 빈농들은 대약진운동에서 직접적인 이익을 얻고 있어 이들과 함께 하지 않았다(르 바르비에 외, 1982: 118). 이러한 지지 속에서 좌파도 완전히 힘을 잃지는 않았다.

1959년 초가 되자 대약진운동에 엄청난 과장이 있었다는 것과 생산량이 매우 부족하다는 것이 명백해졌다. 1959년의 수확은 평년작 이하였으며 식량부족은 매우 심각한 상태였다. 그 상태는 1960년이 되어도 나아지지 않았다. 유례없던 혹독한 한발과 홍수로 전년에 단지 도시에만 영향을 주었던 식량부족이 이제 전국적으로 확산된 것이다. 공업생산도 비슷한 어려움으로 고전하였다. 무리한 생산 독려로 많은 생산물의 품질이 조악해졌으며 전국적으로 기계와 운송장비가 부실하여 마모가 심화되었다(르 바르비에 외, 1982: 119-120).

1958년의 희망에 비추어볼 때 1959-60년의 이러한 엄청난 재앙은 어떻게 설명될 수 있을까? 그것은 결코 날씨나 순수한 경제적 요인 때문만은 아니었다. 물론 소련과의 관계 악화라는 대외적 요인도 있었지만 결국 근본적인 문제는 정치적인 것이었다. 대약진운동은 이상주의로 가득 찬 것이었다. 1958년 가을의 좌경적 분위기 속에서 인민공사가 계기가 되어 공산주의에로의 전환이 임박한 것처럼 보였다. 공사들은 임금을 폐기하고 식량, 의약품, 의류, 이발 등에 대한 자율 분배 방식을 도입했다. 그러나 이는 비용이 많이 들고 낭비적인 것으로 드러났다. 중국 공산당의 호소에도 불구하고 불충분한 분배와 장시간 노동은 심한 불균형을 야기하고 생산 감소를 가져왔다(르 바르비에 외, 1982: 120-122).

운동에 차질을 빚은 원인의 일부는 농민들의 태도가 계급에 따라 분화된 것이었다. 많은 중농들은 처음에는 수동적으로 저항했지만 점차 공격적으로 전환했다. 그들은 자신의 소유물을 감추어두거나 빼앗기기 보다는 아예 먹어치웠다. 그들의 저항은 운동 동력을 저하시키는 것으로, 공공 분배가 나태를 조장한다는 부정적인 견해로 표출되었다. 대약진운동은 전반적으로 빈농과 중빈농의 지지를 받았다. 그러나 수많은 여성들이 생산에 참여하여 그들의 전통적인 가사 의무를 돌보지 않게 된 데 대하여는 빈농들도 크게 반발하였다(르 비르비에 외, 1982: 123-124).

1959년 7월부터 마오쩌둥은 모든 영역에서의 과대평가와 대중의 능력에 대한 당의 오판, 그리고 경험미숙을 비판하였다. 1960년에는 중·소 관계의 분열과 대약진운동에서의 어려움에 더해 자연재해까지 일어나 매우 심각한 경제위기가 발생했다. 재조정은 불가피했고, 1961년 이것은 좌파와 우파간의 적대적인 상태를 더욱 확고하게 했다. 온건한 지식인 집단은 대약진운동에 적대적인 파벌의 지지를 받아 1961년 다시 표면에 나서게 되었다. 1961년 당 중앙은 농촌지역이 이전의 상태로 돌아가는 것을 공식적으로 승인했다. 정책을 통해 소규모 개인보유지 소유가 가능해졌고 자유시장도 나타났다(르 바르비에 외, 1982: 125-126).

대약진운동과 노동자들의 경험 의존에 대한 지식인들의 저항은 1961년에 이르러 공공연해지고 거의 극단적이 되었다. 마오쩌둥의 좌경오류는

1960년대에 들어와 비판되었고 그동안 우파분자로 낙인찍힌 사람들도 복원되었다. 좌파들은 류샤오치에 의해 공개적으로 지도되는 우파의 활동에 대해 간섭할 수 없었다. 류샤오치는 1962년 7월 중국공산당 중앙확대공작회의에서 7천명의 간부들 앞에서 대약진운동을 공격했다. 그는 공업과 농업의 규모를 축소시키는 방안을 제안했으며 계획의 우선순위와 각 부문 간의 균형을 농업, 경공업, 중공업 순으로 규정했다(르 바르비에 외, 1982: 124-126).

1960-1961년의 고난과 좌절로 간부들은 사기가 저하되고 이념적으로 해이해졌다. 특히 좌파의 영향력이 전통적으로 강했던 농촌에서도 "자생적인 자본주의화" 경향이 나타났다. 당 총서기인 덩샤오핑이 "생산만 증대된다면 우리는 개인 기업으로 환원할 수도 있다. 좋은 고양이는 검은색이냐 흰색이냐가 문제가 아니다. 쥐를 잡는 것이 좋은 고양이다"라고 선언한 것도 바로 이 시기였다(르 바르비에 외, 1982: 133).

1962-1965년에 두 노선 사이의 정치적, 이념적 투쟁이 다시 시작되었다. 교육, 문화, 보건 같은 영역에서는 엘리트주의와 보수주의가 성숙하여 지도부와 피지도부, 지식인과 대중, 이론과 실천 사이의 간격을 더 넓혔다. 한편 상대 진영인 좌파에서는 이에 대항하여 이념적인 역공세를 시작하였다(르 바르비에 외, 1982: 131).

양 진영에서는 대약진운동에 대해 서로 다른 평가를 내리고 향후 진로에 대해서도 다른 생각을 가지고 있었다. 우파 노선에서는 대약진운동은 무엇보다도 경제적인 운동이며 그것은 비참하게 실패했다고 보았다. 이러한 경제관념은 당시 농촌지역에서 꽤 널리 유포되어 있던 계급모순을 부정하는 경향에 입각해 있었다. 농촌 생산대에서 지주가 더 이상 사유 토지를 소유할 수 없는데 어떻게 계급투쟁이 존재할 수 있는가 하는 입장이었다. 좌파의 입장에서는 대약진운동이 3대 모순(정신 대 육체, 노동자 대 농민, 도시 대 농촌)에 결정적인 타격을 가할 수 있는 새로운 발전모델이라고 보았다. 1962년 9월 8일의 10중전회에서 마오쩌둥은 "계급투쟁을 잊지 말라"라고 호소했다. 이 호소는 사회주의의 이념적·경제적 후퇴에 대한 경고의 소리였다(르 바르비에 외, 1982: 134-135).

철저히 시정되지 않았던 좌경오류는 경제면에서 시작하여 점차 정치, 사상, 문예면으로 확산되어 갔다. 마오쩌둥은 사회주의에서도 계급투쟁이 존재한다는 생각을 점차적으로 발전시켜 중국에서의 주요 모순은 아직 무산계급과 자산계급 사이의 모순이라고 보고 이를 해결하기 위해서는 계급투쟁을 전개해야 한다고 주장했다. 이는 이후 문화대혁명으로 표출되었다(중국공산당 중앙문헌연구실, 1990: 32).

2년여 동안 계속된 두 노선 간의 활발하고 복잡한 투쟁은 모순들을 첨예화시킨 가운데 그 차이가 명확히 드러났다. 1964년 말까지 당 내부에서 이미 반관료주의적이고 반수정주의적인 제동의 씨앗이 싹트고 있었다. 1958년 대약진운동기에 시작되었지만 1959년 반대파에 의해 중단되었던 계획들이 1964년 이후 특히 1965년에 집중적으로 부활됨과 함께 교수법의 혁명으로 진행되었다. 이것은 반공반학半工半學 체계였다. 이 체제 하에서는 정신노동과 육체노동의 차이를 축소시키고 농촌과 도시의 차이를 축소시키려는 의도 하에서 지역적으로 실험이 이루어졌다. 특히 철학은 "토론과 철학 책에서 벗어나야" 하며 "대중들이 손에 쥘 수 있는 예리한 무기로 바뀌어져야"한다고 주장이 강하게 등장했다. 10중전회 노선에 따라 "모택동 사상"을 학습하고 적용하는 운동이 시작되었다(르 바르비에 외, 1982: 141-146).

문화대혁명

1964년 12월 말 정치국에서 소집했던 전국규모의 노동자회의에서 마오쩌둥 개인의 지시에 기초한 "23개 조항"이라는 짤막한 문서가 채택되었다. 이 문서의 중요한 내용은 그것이 사실상 문화혁명 전야의 성격을 가지고 있었다는 점이다. 제2항은 그 공격 대상을 평이하게 "자본주의의 길을 걷는 당내 실권파"라고 규정했다. 1962-65년의 4년 동안의 첨예화된 긴장기에 좌파는 기층에서 일거에 논쟁을 결말지으려는 "조반造反"사상을 서서히 발전시켰다. 1962-65년 사이에 좌파는 자신들의 경험 미숙에 의해 좌절을 맛보았을 뿐 아니라, 적대자의 수중에 확고하게 장악된 공식적인 정치기구와 치열한 투쟁을 하고 있었다(르 바르비에, 1982: 148-150). 이것이 문화대혁명으로 표출되었다.

문화대혁명은 마오쩌둥이 일으키고 영도한 것으로 지도사상은 "무산계급 독재 아래에서의 계속혁명 이론"이었다. 즉 무산계급이 정권을 획득하고 사회주의 제도가 건립된 후에도 자산계급이 존재하기 때문에 하나의 계급이 다른 계급을 뒤집어엎는 정치 대혁명이 계속 진행되어야 하며 문화대혁명은 이러한 계속혁명의 가장 중요한 방식이라는 것이었다(중국공산당 중앙문헌연구실, 1990: 353-354).

일찍이 1956년 제8차당대회에서 당 중앙은 생산수단 사유제에 대한 사회주의 개조가 기본적으로 완성되었다고 천명한 이후, 국내의 주요모순은 더 이상 노동자계급과 자본가계급 사이의 모순은 아니며 전 국민의 주요 임무는 모든 국민역량을 집중하여 생산력을 발전시키는 것이라고 지적하였고, 마오쩌둥도 여러 번 이를 천명한 바 있다(중국공산당 중앙문헌연구실, 1990: 353). 그러나 이후 여러 사건을 경험하면서 마오쩌둥은 점차 원래의 관점에서 벗어났고 그것을 변경하였다. 1957년 10월 그는 제8기 중앙위원회 제3차 전체회의(8기3중전회의)에서 무산계급과 자산계급 사이의 모순, 사회주의의 길과 자본주의의 길 사이의 모순이 여전히 사회의 주요 모순임을 지적하여 제8차 당 대회의 정확한 방침을 근본적으로 수정하였다. 1958년 8월 여산에서 그는 이러한 투쟁이 계급투쟁이며 적대계급인 자산계급과 무산계급 사이의 생사를 건 투쟁의 연속이라고 보았다. 특히 1962년 8기10중전회의에서 마오쩌둥은 "사회주의 사회의 전 역사단계에서 자산계급이 존재하며 자본주의 부활의 위험이 있다"고 단정했다(중국공산당 중앙문헌연구실, 1990: 363). 나아가 마오쩌둥은 당내의 관료계층을 하나의 계급으로 간주하고 이를 철저히 배격하고자 하였다. 마오쩌둥과 관료계층과의 모순과 투쟁은 곧 "평민"과 "대관"(大官: 정치적 지위가 높고 특권도 누리고 있는 관리를 말함)의 계급투쟁이었다(루이링거, 1995: 194).

문화대혁명은 1965년 11월 문예비평가인 요문원의 "신편 역사극 「해서파관」을 평함"이라는 비평을 상해 『문회보』에 게재한 것이 도화선이 되어 시작되었다. 이 글의 발표와 그 후 문예와 학술 영역에서 일어난 비판운동이 직접적으로 '문화대혁명'의 서막이 되었다(중국공산당 중앙문헌연구실, 1990: 348). 문화대혁명은 1966년 5월 16일 한 회의에서 마오쩌둥이 제정한 "5.16 통지" 발표 후 북경시당위원회를 공격하면서 급격히 확산되었다(중국공산당 중앙문헌연구실, 1990: 358). "5.16 통지"에서 당 중앙위원회는 적을 "당과 정부의 군대에 침투한 부르주아 후계자"로서 "반혁명적인 수정주의자들"로 규정했다. 이것은 다분히 류사오치를 염두에 두고 한 말이었다. 마오쩌둥이 보기에 혁명은 정부와 당 조직을 넘어서는 것으로 기층에서부터 출발해야 했고, 일부 지도적 간부를 철저히 비판해야 했다(르 바르비에 외, 1982: 159-160).

문화혁명에 제일 먼저 영향을 받은 집단은 학생들로 대학의 학생들과 고등학교 학생들 사이에 "홍위병紅衛兵"이 결성되었는데 그들은 특히 교육방법에 문제를 제기했다. 그들은 수정주의 사회의 엘리트가 되는 기술교육專敎을 정신교육紅敎으로 대치할 것을 요구했으며, 이를 위해서는 정치가 가장 우선권을 가져야 한다고 주장했다. 이에 대해 당 기구에서는 류사오치 주도로 결성되어 상부의 지휘를 받는 공작조를 통해 기존 체제를 방어하려 하였다. 1966년 6월 류사오치와 당 총서기 덩샤오핑이 문화혁명의 전진을 방해하기 위해 공작조를 포진시켰다. 그들은 공공연히 홍위병의 활동을 반혁명이라고 비난했다. 이에 대해 학생들은 모든 것을 위로부터 통제하려고 하는 공작조들의 경향과 소위 '백색 테러'에 대해 반기를 들었다

(르 바르비에 외, 1982: 161-162).

마오쩌둥은 공개적으로 공작조에 대항하는 입장을 취하면서 홍위병 운동을 공식적으로 지지했다. 마오쩌둥은 1966년 8월 1-12일에 열린 8기11중전회의에서 대중노선에 반대하는 실권파와 그들의 활동을 비난하고, 당 지도력을 장악하려는 수정주의자의 기도를 막기 위해 프롤레타리아 독재를 공고히 할 것을 요구하였다. 그 회의에서 채택된 "16개 조항 선언"은 문화혁명의 목표와 방법을 확고하게 규정하였다. 특히 제1항은 문화혁명이 타도하고자 하는 대상을 '당에 해독을 끼치고도 지도적 지위에 있는 주자파와 부르주아 이념을 퍼뜨리는 저명한 학자들'로 명확히 규정하였다(르 바르비에 외, 1982: 163).

1966년 말이 되자 분열은 확실해졌다. 일부 홍위병은 "모든 것을 비판하게 되어" 모든 간부들을 불신하는 데에 이르게 되었다. 문화대혁명은 온건한 행정 간부, 공산당 기구, 간부들의 주요 지지기반인 보다 특권이 있는 노동자 집단들과의 투쟁으로 이어졌다. 문화대혁명이 대도시에서 성공함으로써 장기간의 사회적 불안정이 시작되었다. 이에 질서를 회복하려는 "대연합"정책의 실행이 요구되었는데, 이 시도는 홍위병의 난폭한 행동, 무분별한 간섭, 비타협적인 비판에 의해서, 특히 중앙 관서에서 무시되었다(르 바르비에 외, 1982: 165-167).

이후 전국적으로 무장풍조가 유행했으며 대부분의 산업체는 생산을 중단하거나 생산량을 줄였다. 1967년 봄에 그들은 이념투쟁을 포기하고 무력투쟁으로 접어들었다. 여론은 들끓었다. 곳곳에서 주로 대자보를 통해 수정주의적 경향과 "흑색 노선"에 책임이 있는 간부들이 비판되었다. 1967년 초부터 문화대혁명은 이른바 '권력탈취 단계'로 들어가 린뱌오林彪와 4인방[3]의 좌경오류 속에서 전 사회적인 광란적 파괴로 이어졌다. 결국

[3] 1973년 8월의 제10차 전국대표대회에서 문화대혁명의 주도세력인 장칭江靑, 장춘차오張春橋, 야오원위안姚文元, 왕홍원王洪文이 1969년 4월의 제9차당대회의 좌경오류를 계승하고 중앙

은 '일체 타도' 및 '전면 내전'의 혼란 상태로 들어가 공안기관을 비롯해 법원, 검찰 등 당과 모든 정부조직이 마비 및 반半마비의 상태에 빠져 그 기능을 거의 상실했다. 전 지역에서 전투가 벌어지고 수많은 사상자가 나왔다. 이러한 폭동은 그 자체로서도 심각한 문제일 뿐 아니라 결국에는 중앙에서 조차 체계적인 관여가 불가능하게 되었다(르 바르비에 외, 1982: 168-169). 마침내 당정의 기능이 완전히 마비되고 사회가 극도의 혼란과 무질서 상태로 빠져들자 마오쩌둥은 1967년 최후의 수단으로 인민해방군의 개입을 요구하기에 이르렀다. 이는 결과적으로 군과 인민, 또 군대 내부에 불신의 벽을 만들어 인민군대의 명예를 손실시키는 결과를 가져왔고 문화대혁명 이후 군의 권위가 크게 실추되는 결정적 계기가 되었다(중국공산당 중앙문헌연구실, 1990: 385).

문화대혁명은 어떤 유형의 사회를 선택할 것인가에 관한 기본적인 결정을 둘러싼 긴장과 분쟁의 표현이었다. 즉, 중국이 어떤 종류의 사회주의를 택할 것인가에 대한 고민이었다. 문화대혁명의 목표는 연안 시기와 대약진 운동에서의 공약이었던 정치 우선주의의 대중노선과 집단적인 결정을 공고히 하고 추구하는 것이었다. 그에 따라 기술적인 면, 물질적 동기, 즉 사회발전에 있어서의 생산력의 역할은 덜 강조되었다. 문화대혁명은 중국 좌파 공산주의자들이 어떠한 사회주의 사회에서도 자연적으로 나타난다고 생각한 자본주의로의 복귀 경향을 우려하고 이를 막으려는 필사적인 시도였다. 다시 말해, 사회주의 퇴조와 수정주의의 출현, 그에 따른 돈과 기술, 특권에 기반을 둔 사회로의 후퇴를 막으려 한 것이다. 문화대혁명의 주창자들은 당시 중국 사회주의는 아직 과도기에 있으므로 경제적인 체력을 그대로 내버려두면 필연적으로 자본주의로 복귀할 것임을 우려했다. 좌파는 크게 고민했고, 대안으로 엄청난 충격 요법이 필요했다. 그리고 그들은 혁명적 변화를 청년층 다수와 홍위병에 의존했다(르 바르비에 외,

---

정치국에서 4인방을 결성한 후 이들을 4인방이라 불렀다.

1982: 173-175).

이미 언급했듯이 운동의 기본적인 목적을 실현하기 위해서는 근본적인 변혁이 필요했다. 그러나 그것은 '사회주의 건설'의 영속성을 붕괴시킬지 모르는 위험한 변혁으로 특권층에 대한 무자비한 도전으로 특정 사회계급에 대한 공격이었다. 따라서 문화대혁명은 권력투쟁이었으며 그 파괴는 무자비했다. 결국 1949년 이후 구축된 위계와 통치 체제가 전복되었으며, 특히 1967년의 생산과 수송은 완전히 붕괴되었다.

문화대혁명 중에 각종 시비혼돈, 적아혼돈, 무한無限 원칙, 난비난투亂飛亂鬪, 인격모독이 횡행하였다. 옛것은 부수어 졌으나 새것은 세워진 것이 없었다. 사회기풍 및 도덕 수준이 무너졌으며, 무정부주의, 자유주의, 극단적 개인주의와 각종 사악한 기풍이 넘쳐났다. 이 과정에서 당풍과 우량한 혁명 전통이 파괴되었다(중국공산당 중앙문헌연구실, 1990: 368). 이로 인해 당의 정책은 철저히 파괴되었으며 인민민주주의 독재제도는 극히 쇠약해졌다. 전국은 심각한 정치 및 경제 위기에 빠져들었다. 창당 이래 지금까지 이룩해온 공산 정권의 성과가 거의 훼멸될 지경에 이르렀다. 1949년 건국 이래 1966년 까지 17년간 이룩한 방침·정책·성과가 부정되는 가운데 국민들은 극심한 사상적 혼란을 경험하였으며 무정부주의와 극도의 개인주의가 범람하게 되었다. 군중이 마음대로 고위 간부, 모범 노동자 등 아무나 비판·체포·숙청하는 가운데 당의 기풍과 행정기율이 문란해졌고 당과 군대에 대한 신뢰가 급속히 감소되었다, 정상적인 생산 질서, 직업 질서, 학습 질서가 모조리 파괴되고 혼동되었다(중국공산당 중앙문헌연구실, 1990: 372-373). 특히 홍위병에 가담한 많은 청년들이 문혁 말기에 해당분자로 배척받음으로써 정치 및 사회에 강한 불신을 갖게 되었고, 이들은 이후 지속적인 사회불안의 고질적인 요인이 되었다(중국편람, 1992: 71-72).

마오쩌둥의 중국식 사회주의 실험의 실패와 정권교체

1966년 문화대혁명의 발발로부터 시작되어 1976년 모택동 사망까지의 10년 동안은 마오쩌둥이 주장한 '홍의 노선'을 실험한 시기였다. 그러나 당내 계급투쟁이라는 마오쩌둥의 이론은 실천 과정에서 실패했다. 이 이론은 계급투쟁을 더 확산시켰고 당내 투쟁이 더 참혹한 양상으로 전개되는 결과만을 초래했다(루이링거, 1995: 207-210). 이러한 실패는 경제면에서 더욱 두드러졌다. 마오쩌둥이 주창한 대중노선 식 정치방식은 이전의 제국주의적 중국의 중앙집권적 정치문화 유산과 레닌주의적 정치의 기본 방식인 엘리트주의와 권위주의가 결합된 것으로 개인의 권리는 철저히 무시된 채 오로지 중앙의 결정에 순종할 것만이 요구되었다. 이는 사회 전반에 경제의 비효율성과 경직성이 증대한 반면 민간의 창의성은 극감하였다. 이러한 잘못된 정책 실험은 중국의 사회발전을 20년간 정체시켰을 뿐 아니라 이전의 사회주의 성과마저 위태롭게 만드는 결과를 가져왔다. 문화대혁명은 이후 '내란'으로 규정되었다(중국공산당 중앙문헌연구실, 1990: 372). 문화대혁명은 이론에서부터 실천에 이르기까지 모두 잘못된 것으로 철저히 부정해야 한다는 것이 당 중앙의 공식적 견해다(중국공산당 중앙문헌연구실, 1990: 370).

문화대혁명을 통해 권력의 핵심에 등장한 사람은 린뱌오林彪와 소위 말하는 4인방으로 이들은 문혁을 주도한 당중앙위원회의 극좌파 핵심인물들이었다. 그러나 린뱌오는 모택동 타도를 위한 쿠데타를 일으켰다가 실패한 후 1971년 9월 소련으로 탈출하던 중 비행기 사고로 사망했으며, 4인방도, 1976년 9월 마오쩌둥이 사망한 이후, 화궈펑華國鋒에 의해 제거되었다.

1977년 7월 공산당 10기3중전회에서 주석으로 취임한 화궈펑은 1978년 2월 공산당 11기2중전회에서 10개년 경제개발계획의 개요를 확정하는 등 의욕적인 경제건설 방향을 제시하였다. 그러나 화궈펑의 경제건설 방향은 이전의 좌경적 지도사상을 방치하고 문화대혁명 이래 산적되어온 정치·사회 문제의 해결을 등한시하고 문화대혁명의 잘못된 이론과 정책구호를 바로잡지도 않는 가운데 진행되었다. 화궈펑은 근본적으로 마오쩌둥의 정책과 사상을 계승하려고 하였다. 화궈펑의 지도사상은 '양개범시兩個凡是'로 압축된다. '양개범시'란 "무릇 마오 주석이 결정한 정책은 모두 적극적으로 지지하며, 무릇 마오 주석의 지시라면 모두 빠짐없이 따르는 것"이다(초효흠, 1989: 145). 이에 따라 화궈펑은 정치적 차원에서 프롤레타리아 독재하의 계속혁명론을 견지하고 문화대혁명은 계속되어야 한다고 보았으며, 경제적 측면에서도 제2차 대약진계획이라 할 수 있는 '양약진洋躍進'[4]을 추진하였다(중국편람, 1992: 75; 초효흠, 1989: 146).

이러한 화궈펑의 노선은 저우언라이周恩來 노선을 계승한 덩샤오핑 등의 실무파와 갈등관계를 노정하였다. 이후 화궈펑이 주도한 경제정책인 '양약진'과 '4개 현대화계획'이 지나치게 중공업에 치중하는 등 무모하고 비현실적인 내용으로 실패하게 되자[5] 중국의 대외신용도는 크게 실추되었고, 동시에 화궈펑은 실사구시를 주창하는 덩샤오핑 등 실무파로부터 거센 비판을 받았다.

마침내 1978년 12월에 열린 11기3중전회에서 덩샤오핑을 중심으로 한 실무파의 구상이 받아들여져 사회주의적 현대화와 중국적 특색을 지닌 사회주의 건설이라는 방침이 채택되었다. 덩샤오핑 등 실무파 등장 이후 중국 공산당의 공식 견해는, 사회주의 사회에서는 무산계급이 정권을 장악한

4 양약진의 주된 내용은 인민공사를 기본 단위로 해서 1980년대 말까지 농업의 기계화를 실현하고, 식량, 철강, 원유를 비약적으로 증대시키며, 강철·비철금속의 생산시설과 탄광, 유전 및 가스전, 발전소, 철도, 항만시설 등 120개의 대형 프로젝트를 추진하여 선진국 수준으로 끌어올린다는 야심적인 계획이다(중국편람, 1992: 75).

5 화궈펑이 추진한 양약진과 4개 현대화계획은 계획 자체부터가 너무나 무모하고 비현실적이었다. 우선 120개 대형 프로젝트 계획이 너무 중공업에 치중되어 아전의 대약진운동과 같이 농업 분야의 파탄을 야기하였다. 따라서 농업현대화 이전에 막대한 양의 양곡을 수입해야 했으며, 경공업 분야의 투자부족은 생활품 품귀현상을 야기했다. 더 나아가 농업과 경공업의 희생 위에 진행된 중공업 우선 정책은 기술 부족 및 전문 관료의 부족으로 성과를 거두지 못하고 정체에 빠져버렸다(중국편람, 1992: 75-76).

후 생산수단의 사유제가 사회주의적으로 개조된 만큼 착취계급은 이미 소멸되었다고 보는 것이었다(중국공산당 중앙문헌연구실, 1990: 356). 무산계급이 이미 장악한 권력을 공고히 하기 위해서는 다방면의 공작에 의거해야지 계급투쟁에만 의거할 수 없다. 이들 무산계급의 정권을 공고히 하는데 가장 기초가 되는 것은 빠른 경제건설이다. 그러므로 사회주의 단계에서 가장 중요한 임무는 생산력을 발전시키는 것이다. 이러한 주장은 이후 개혁개방으로 나타났다(중국공산당 중앙문헌연구실, 1990: 355-357).

3장. 개혁개방 이후의 중국식 사회주의

덩샤오핑의 중국식 사회주의: 사회주의 시장경제의 성립

중국식 사회주의의 변화는 1978년 12월에 열린 중국 공산당 11기3중전회에서 덩샤오핑 체제가 출범하면서 새로운 이론적 구상으로 제시한 '중국적 특색을 지닌 사회주의 건설'에서 시작되었다. 덩샤오핑 지도부는 중국 사회주의 지도원칙을 계급투쟁에서 사회주의 현대화로 전환했다(마크 블래치, 2001: 149-151). 이를 위한 실천적 프로그램이 바로 '개혁개방'이었다. 개혁개방은 '대내 개혁, 대외 개방'의 줄임말로 중국 경제 개혁의 상징이 되었다.

덩샤오핑의 새로운 통치이념은 이데올로기 중심적 지배에서 벗어나 실리를 추구하는 것이었다. 덩샤오핑이 개혁개방을 추진하기 위해서는 정치적 측면에서 사회주의 중국을 완성한 마오쩌둥의 업적을 인정하면서도 경제적 측면에서의 변화를 이끌 새로운 이념적 토대가 필요했다. 덩샤오핑은 마오쩌둥이 강조했던 인간의 주관적 의지보다는 경제발전이나 과학기술과 같은 실천적 표준이 필요했다. 덩샤오핑이 말하는 중국식 사회주의는 인간의 정신과 의지보다는 실사구시에 바탕을 둔 객관적 환경의 변화, 즉 낙후된 경제문제의 해결을 보다 중시하는 것이었다. 덩샤오핑이 주장한 중국식 사회주의는 생산력 발전을 강조하는 것으로 경제 결정주의를 기본전략으로 하고 있다. 이는 계급투쟁을 우선시하는 정치 결정주의를 추구한 마오쩌둥의 중국식 사회주의와 대조를 이룬다. 덩샤오핑의 개혁개방은 일반적으로 중국식 사회주의와 사회주의 시장경제라는 말로 표현된다.

우선적으로 덩샤오핑의 중국식 사회주의가 무엇을 의미하는가를 살펴보자. 1976년 마오쩌둥 시대가 막을 내린 후, 1978년 8월에 열린 중국공산당 제11차 전국대표회의에서 화궈펑을 중심으로 하는 새로운 당 지도부는 4인방을 적발·비판하고 당을 현대화된 사회주의 강국 건설에 동원하고자 하였다. 그러나 당 지도자 화궈펑의 영도 아래 당은 문화대혁명의 좌경오류를 시정하기는커녕 도리어 그것을 시인하는 꼴이 되어 당의 우수한 전통을 회복하는 것이 불가능해졌다. 이에 1978년 12월 18일에 개최된 제11기 중앙위원회 제3차회의(11기3중전회)에서 중국은 역사적 대전환을 이루는 결정을 하였다. 이 회의에서 덩샤오핑을 중심으로 한 실용주의자들이 덩샤오핑 체제를 출범시키면서 이론적 구상으로 제시한 것이「중국적 특색을 지닌 사회주의」이다. 이는 문화대혁명을 비롯한 이전의 좌경오류를 전면적이고 진지하게 수정하는 동시에 문화대혁명의 중심 구호인 '무산계급 독재 하의 계속적인 계급혁명론'을 단호히 배격하고 사업 중심을 사회주의 건설로 옮기는 전략을 말한다(중앙공산당 중앙문헌연구실, 1990: 43-44).

그러면 마오쩌둥 사상과 덩샤오핑 사상의 근본적 차이는 무엇인가? 마오사상은 근본적으로 계급투쟁을 우선시하는 '정치 결정주의'를 기본전략으로 하고 있는데 반해 덩샤오핑의 중국식 사회주의는 생산력 발전을 강조하는 '경제 결정주의'를 기본전략으로 하고 있다. 이는 현재 중국을 사회주의 건설이 기본적으로 달성된 상황으로 보고 중국의 시급한 당면과제는 생산력의 향상을 통해 인민의 낙후된 물질·문화적 생활을 개선하는 것이라는 인식(專의 노선)이다. 이는 마오쩌둥이 제기한 계급투쟁에 의한 계속혁명론(紅의 노선)을 사실상 포기하는 것을 의미한다(국민호, 1997: 104). 덩샤오핑이 주장하는 중국식 사회주의는 매우 실용적·실리적 노선으로 모택동이 강조한 인간의 주관적 의지보다는 경제발전이나 과학기술의 향상과 같은 물질적·객관적 요인, 특히 낙후된 중국의 경제문제 해결을 우선하고 있다.

1978년 12월 11기3중전회를 계기로 정권을 장악한 덩샤오핑은 4개현대화와 개혁개방의 실현을 당면한 급선무로 내세웠다. 4개현대화란 1975년 1월 저우언라이周恩來가 전국인민대표대회에서 "금세기 중에 농업, 공업, 국방, 과학기술의 분야에서 현대화를 실시한다"는 요지의 4개현대화 정책을 보고한 데서 유래한다(육정균, 1991: 375). 그러나 4개현대화 정책은 저우언라이 사망 이후 화궈펑 체제에서 현실을 무시한 무리한 정책추구와 권력투쟁으로 실패를 경험했다. 이후 정권을 잡은 덩샤오핑은 사회주의가 자본주의보다 노동생산성 면에서 뒤떨어짐을 인정하고 자본주의 경제운영 방식과 선진과학기술을 적극 도입하여 다시 한 번 4개현대화의 실현을 국가의 최우선 과제로 채택한 것이다(월간중앙, 1993: 229-231).

경제개혁의 목표는 경제 내부에 활력을 불어넣는 것으로 그 구체적인 목표는 과거의 생산수단의 전인민적소유에서 다원화된 소유제 구조로 전환하고, 소유와 경영을 분리시키며, 경제활동에 대한 의사결정권을 국가, 기업, 노동자 단위로 분산시켜 다원화하는 것이었다. 또한 경제계획의 측면은, 과거 지령성 계획을 지도성 계획 위주로 전환하여 시장 메커니즘을 운용하는 방향으로 나아가는 것이었다. 분배 측면에서도 기업의 경영성과와 개인의 노동생산성에 따른 분배 차이를 인정함으로써 평균주의를 극복한다는 것이었다(중국편람, 1992: 209-212).

그러나 이러한 경제개혁이 정치체제의 변화와 개혁을 수반하는 것은 아니다. 덩샤오핑은 경제적 개혁개방에 대한 경계 심리로 다른 한편에서 사회주의 체제를 유지하였다. 이로써 중국적 특색을 지닌 사회주의가 출현하게 되었다. 덩샤오핑은 누차 사회주의에는 불변의 모델이 있을 수 없음을 역설하면서 중국 특색의 사회주의 노선을 '1개 중심, 2개 기본점(1中心2基本點)'으로 하는 총노선으로 확정했다. 1개 중심은 경제 건설을, 2개 기본점은 개혁개방과 '4항의 기본원칙' 견지를 지칭한다. 여기서 '4항의 기본원칙'이란 사회주의 견지, 프롤레타리아 독재 견지, 공산당의 영도, 마르크스-레닌주의 및 마오쩌둥 사상 견지를 말한다(정동근, 2007: 76). 이는 개혁개방 하에서 중국이 사회주의를 고수하기 위한 안전판으로 작용하였다.

덩샤오핑은 중국이 역사적으로 낙후되었던 이유를 생산력 발전에 대한 소홀과 대외개방을 취하지 않은 두 가지로 들었다. 그리고 낙후성을 탈피하기 위한 방법으로 첫째, 중국을 외향형의 경제로 발전시켜 대외무역 확대와 외국자본 유치를 통해 중국에 맞는 선진 기술과 현대화 관리경험을 중국이 수용해가며, 둘째, 중국의 실정에 맞는 경제모델을 추구하며, 셋째, 반드시 사회주의를 견제해야지 자본주의를 견제해서는 안 된다는 것이며, 마지막으로, 사회주의 건설의 기본 전제로 '4항의 기본원칙'을 들었다(장송자, 1993: 9-10). 결론적으로 덩샤오핑이 말하는 '중국 특색의 사회주의'란 경제는 좌경으로 가지 않고 정치는 우경으로 가지 않는다는 이른바 '경제반좌 정치반우經濟反左 政治反右'로의 정책 옵션을 의미하였다(장송자, 1993: 10).

이러한 정경분리 원칙은 '흑묘백묘론'에서 잘 나타난다. 이는 "검은 고양이든 흰 고양이든 쥐를 잡는 고양이가 좋은 고양이다"라는 말로, 덩샤오핑은 획일화한 사회주의 이념을 버리고 유연하지만 강력한 의지로 경제건설을 우선하자고 주장하였다(정동근, 2007: 74-75). 이후 덩샤오핑은 실천만이 진리를 검증하는 유일한 표준이라는 '치국전략'으로 1980년 4월 선전深圳, 주하이珠海, 산터우汕頭, 샤먼廈門 등 4개 도시를 경제특구로 지정하고 '일부가 먼저 부자가 되자'는 선부론先富論을 실행에 옮겼다(정동근, 2007: 77). 이는 지역적으로 동남 연해를 먼저 개발하면 자연스럽게 내륙 지방도 발전한다는 논리였다. 덩샤오핑은 선부론을 과감하게 내걸어 그동안 개혁에 걸림돌이 되어 왔던 사회주의 분배 문제를 해결하고자 하였다. 또한 이는 개혁개방에서 나타난 지역 간 그리고 개인 간 불평등 문제를 수용하고 해결하는 근거가 되었다.

1984년 10월에 열린 중국공산당 제12기 중앙위3차전체회의(3중전회)에서 채택된 「경제체제개혁에 관한 결정」은 중국식 사회주의 개념을 보다

명확하게 보여주고 있다. 도합 10장으로 이루어진 이 문건은 경제 활성화를 위한 상품경제와 시장경제 메커니즘을 도입하고 기업경영에 대한 정부 간섭을 대폭 축소하며, 기업과 개인 간의 경제체제를 확립하는 것을 주요 골자로 하고 있다. 여기서 경제체제 개혁의 목표는 대외 개방을 촉진시켜 사회주의 상품경제를 힘껏 발전시키는 것임을 명확히 제시하였다(최익만, 1995: 200).

1978년 재집권한 덩샤오핑 체제는 개혁개방을 통한 경제건설을 위한 체제 개혁 과정에서 비사회주의적 요소를 도입함에 따라 필연적으로 마르크스-레닌주의에 대한 재평가를 할 수밖에 없었다. 마르크스는 "사회주의 공동소유를 실현한 뒤에는 공동소유의 우월성을 발휘하여 생산력을 발전시켜 인민들의 날로 늘어나는 물질문화 수요를 충족시켜야 한다"(홍만호, 1988: 26)고 주장하였으나, 중국에서의 경험은 이와 전혀 다르게 전개되었다. 덩샤오핑은 건국 후 이어진 일련의 공산당 정책 오류가 바로 생산력 발전에 소홀한 결과라고 인식하였다. 덩샤오핑의 당 지도부는 후진 농업국가로부터 공산주의 사회를 건설해야 하는 중국적 현실에서 증가하는 인민들의 물질적 욕구와 이를 충족시켜주기 어려운 낙후된 생산력 간의 차이가 중국 사회의 가장 큰 모순임을 인지하였다. 당 지도부는 현재의 낙후된 생산력 문제를 해결하기 위해서는 자본주의적 요소를 도입하여 상품경제를 발달시키고 노동생산성 제고를 통한 4개 현대화를 이룩하여 정치 및 경제를 개혁해야 한다고 보았다(중국편람, 1992: 78-79).

이러한 일련의 생각들이 정리된 것이 1987년 10월 중국공산당 제13기 전국대표대회에서 자오쯔양趙紫陽 총서기가 당의 공식 입장으로 발표한 「중국적 특색을 지닌 사회주의 노선에 따라 전지하자」라는 보고서에 나타난 '사회주의 초급단계론'이다. '사회주의 초급단계론'은 1981년 6월의 11기6중전회에서 「건국이래 당의 약간의 역사문제에 대한 결의」에서 처음 제기되었다. 이후 1982년 9월의 제12기 전국대표대회와 1986년 9월의 12기6중전회에서 구체화 된 후, 1987년 10월 제13기 전국대표대회에서 공식 입장으로 발표된 것이다(방려지, 1992: 111; 중국편람, 1992: 78-79).

사회주의 초급단계란 "생산수단의 공유제와 인민민주주의를 근간으로 하는 사회주의 정치·경제제도와 마르크스-레닌주의에 입각한 지도이념 확립 등으로 사회주의 하부구조는 형성되었으나 생산력이 낙후되어 상품경제가 발전하지 못한 중국이 사회주의를 건설해나가는 과정에서 반드시 거쳐야 하는 특정 단계"를 말한다(중국편람, 1992: 79). 이는 두 가지 의미를 지니는데 하나는 중국사회가 엄연히 사회주의 사회라는 것이고, 다른 하나는 중국의 사회주의가 아직 기초단계에 있다는 것이다. 즉, 중국은 성숙된 자본주의 단계를 거치지 않은 상태에서 직접 사회주의로 넘어왔기 때문에 생산력 수준이 낮다는 솔직한 시인이었다. 따라서 '사회주의 초급단계론'이 지향하는 바는 경제적 빈곤과 낙후에서 탈피하여 현대화된 공업국으로 전환하여 날로 늘어나는 인민들의 욕구를 충족시키겠다는 것이었다(중국편람, 1992; 79; 홍만호, 1988: 27). 이는 지금까지 공산당이 시행해온 사회주의 정책이 중국에서 실패했다는 것을 정식으로 인정하고 한 걸음 뒤로 물러서는 한편(방려지, 1992: 118), 앞으로 경제건설과 생산력 증대를 모든 사업의 중심으로 삼겠다는 것을 의미하였다(홍만호, 1988: 28). 이후 개혁개방은 중국의 새로운 이데올로기 및 신념체계로 변화하였고, 이에 따른 시장경제로의 변화 및 발전은 더 이상 거스를 수 없는 대세가 되었다. 개혁개방 이후 중국 경제와 사회는 하루가 다르게 변화했다. 생산력 해방이라는 구호 속에서 경제개혁을 시도한 중국의 경제발전 속도는 더욱 빨라졌다.

개혁개방 후 1980년대 초 덩샤오핑을 비롯한 중국의 지도부는 정치체제 개혁의 중요성을 지적했고, 이는 중국 사회에서 경제개혁과 정치개혁의 병행 추진에 대한 구체적인 논의를 촉발시켰다. 이런 분위기에 편승하여 1986년 안후이성 하페이시에서 지방정부의 정치개혁을 요구하는 학생시위가 발생했다. 그리고 이에 대한 책임을 지고 후야오방胡耀邦 당시 총서기가 사임하는 사건이 발생했다. 정치적 민주화의 불길이 중국사회에 번지기 시작한 것이다. 그러나 이러한 민주적 정책 기조를 근본적으로 변화시킨 것이 1989년 6월에 발생한 천안문 사건이다. 1989년 4월 후야오방 전 서기의 죽음을 애도하던 북경 시민들이 대학생들을 중심으로 천안문 광장에 모여 당 간부들의 부정부패에 대한 비판을 제기하며 정부 개혁을 요구하는 시위를 장기간 지속하였다. 이는 각지에 파급효과를 불러 일으켰다. 이의 해결을 둘러싸고 당내 격렬한 논쟁과 갈등이 야기되었고, 급기야 다수의 보수 세력에 의한 무력진압이 결정되어, 동년 6월 4일 군대가 이를 강제적으로 진압한 것이 천안문 사건이다. 그 후 일련의 사건에 대한 책임을 지고 당시 자오쯔양 총서기가 사임했다.

덩샤오핑의 개혁개방을 통한 중국식 사회주의 만들기 노력은 천안문 사건으로 커다란 위기에 봉착하였다. 천안문 사건은 중국 지도부에게 부정부패와 같은 개혁의 부작용이나 경제발전에 따른 시민사회의 성장, 그에 따른 민중의 정치참여 욕구와 반정부 정서의 증대 등은 시장화 개혁의 직·간접적인 효과로서 여러 형태의 사회 불안정 현상이 촉발할 수 있음을 단적으로 보여주었다. 이는 중국 지도부에게 개혁의 '체제붕괴적 효과'에 대한 경각심을 불러 일으켰다. 이후 중국 지도부는 정치·사회적 안정이 모든 것을 능가하는 가장 중요한 원칙임을 깨달았다. 천안문 사건을 경험한 중국 지도부는 경제발전이 중요한 국가 목표지만 그것은 기존 정치·사회질서를 유지하는 전제 하에서 이루어져야 한다는 사실을 자각했다. 중국 지도부는 이제 경제발전과 정치적 안정은 별개의 것으로서 오히려 경제발전을 위한 개혁개방이 체제에 위협을 초래할 수 있음을 인식하게 되었다. 이는 경제발전 외에 정치 안정을 또 하나의 국가 목표로 설정할 것을 요구하는 것이었다.

이로써 중국 지도부는 사실상 경제발전과 정치적 안정이라는 두 개의 국가 목표를 동시에 추구하였다. 경제발전은 현상타파를 의미하는 것이지만 정치적 안정은 현상유지를 그 전제로 하는 것이라는 점에서 발전과 안정은 상호 모순되는 목표였다. 이런 모순을 타파하기 위해서 중국 지도부는 경제적 측면에서는 '체제 외적 개혁'을, 그리고 정치적 측면에서는 '체제 내적 개혁'을 각기 다르게 추구하는 전략을 추구하였다.

덩샤오핑은 천안문 사건을 수습하고 5개월이 지난 후 모든 공직에서 물러났다. 그는 이후 한동안 공식 석상에 모습을 드러내지 않으면서 칩거했다. 그리고 장쩌민이 공산당 총서기, 국가주석, 중앙군사위원회 주석에 오르면서 표면적으로 개혁개방 정책을 진두지휘했다. 당시 중국 공산당 내부에서는 개혁개방의 방향을 둘러싸고 3가지 의견이 맞섰다. 다시 계획 경제로 회귀하자는 주장과 아예 자본주의를 하자는 주장, 그리고 지속적으로 개혁개방을 추진하자는 견해가 충돌했다. 격론 끝에 개혁개방을 계속 추진하자는 쪽으로 결론이 내려졌다. 당시 이 같은 갈림길에서 결정적인 역할을 한 것은 덩샤오핑이 개혁을 설득한 남순강화南巡講話였다. 1992년 1월 덩샤오핑은 88세의 노구를 이끌고 돌연 광둥성 선전에 나타났다. 당시 덩샤오핑의 한 마다 한 마디는 남순강화라는 표현으로 신문을 장식했다. 덩샤오핑은 "시장경제는 자본주의에만 있는 것이 아니라 사회주의에도 있으며 계획과 시장은 모두가 경제수단"임을 강조하면서 개혁개방의 일백 년 불변을 천명하였다(장송자, 1993: 11) 이는 두 가지 '부등우不等于'에 대한 명제로 정리되었다. 즉 계획경제가 사회주의와 동일한 것이 아니며, 시장경제가 자본주의와 동일한 것이 아니라는 것이다. 이 명제는 중국식 사회주의 시장경제론의 이론 및 사상적 기초가 되었다(한중사회과학연구회, 2003: 61).

선전에 이어 우한, 주하이, 상하이 등을 방문한 덩샤오핑은 잇따라 남순강화를 발표하여 장쩌민을 위시한 중국 공산당 간부들에게 개혁 드라이브를 계속 추진하도록 독려하고 압박했다. 남순강화는 '다시 개혁개방의 깃발을 올리자'는 말로 요약된다. 덩샤오핑의 지침에 따라 중국은 다시 한 번 문을 활짝 열고 성장 제일주의 경제노선을 추진하면서 개혁개방의 불꽃이 재개되었다.

이후 정부의 모든 관리들과 공산당 간부들은 지위고하를 막론하고 외국

자본을 끌어들이기 위해 뛰었다. 덩샤오핑이 주장한 '선부론'을 모토로 '먼저 부자가 되라'고 부추겨졌으며, 사회주의 국가에서는 전례가 없었던 불평등과 불균형 발전이 함께 용인되었다. 덩샤오핑의 발언은 물불 가리지 말고 모든 노력을 다해 경제발전을 이룩하자는 구호에 다름없었다. '잘 살아보자'라는 구호 아래 모든 노력을 경주하였고 곳곳에 공장이 세워졌고 경제가 하루가 다르게 발전하였다(정동근, 2007: 79).

경제특구와 경제개방구의 경제성장과 그 속도에 자신을 얻은 당 지도부는 이윽고 1992년 10월 12-18일에 개최된 제14차 중국공산당 전국대표대회(14全代)에서 전면적인 경제개방을 예고하는 '사회주의 시장경제'를 천명하였다. 이는 21세기 중국의 향방에 대한 청사진을 제시하는 것이었다. '1백 년 계획'을 천명한 14전대는 문화혁명의 종결을 선언한 1977년의 11전대와 개혁개방 출범을 선언한 1978년 11기 3중전회와 비견되는 역사의 분수령으로 여겨지고 있다(오룡, 1993: 168).

14전대는 첫째, 자본주의적 시장경제의 전면 도입을 승인함으로써 중국 사회주의 체제에 역동성을 부여하였고, 둘째, 혁명 제4세대로의 세대교체와 개혁 주도세력의 전면 부상으로 요약되는 지도부 인사개편을 단행했다. 특히 개혁을 정치적으로 지지하고 실질적으로 이끌어 나갈 기술관료, 군부, 지방정부의 진출이 두드러졌다. 셋째, 경제개혁이 핵심 기조를 이룬 가운데 개혁에 따른 부정부패 척결 등 사회주의 정치·행정체계의 개혁이 강조됐다. 넷째, 그럼에도 불구하고 정치개혁과 법률·제도분야의 민주화는 개혁의 효율성을 보장하고 경제건설에 긴요한 정국 안정을 확보하는 범위 안에서만 이루어질 것임을 분명히 했다(오룡, 1993: 171).

여기서 특히 주목할 점은 향후 5년간의 경제정책으로 중국식 '사회주의 시장경제'를 기본강령으로 공식 채택한 점이다. 이로써 10여 년간 지속되어온 계획시장의 논쟁이 종결되었고, 시장 중심의 경제 운영을 공식화하게 되었다. 그러나 그것은 사회주의의 포기가 아니라 중국식 특성을 바탕으로 한 사회주의의 강화를 위한 것이라는 점이다(장송자, 1993: 11). 전반적으로 이는 마르크스주의 원칙을 중국 특유의 사회주의 건설에 결합시키는데 맞추어졌다. 즉, 중국 당 지도부는 생산력 발전의 가속화를 위해서는 자본주의 요소의 거의 무제한적인 도입을 허용하되 당의 영도 아래 사회주의 건설의 길로 나아간다는 원칙은 바뀌지 않았음을 공식 확인한 것이다(오룡, 1993: 172).

1993년 3월에 열린 제8기 전국인민대표대회全人代 제1차회의는 '사회주의 시장경제'를 국시로 수용하기 위한 헌법 개정과 국가 및 정부 지도부의 개편을 통해 21세기 초까지 개혁개방 노선을 이끌어갈 지도체제를 구성하는 것이었다. 이는 정치 및 사회적 안정을 유지하는 가운데 개혁개방 정책을 가속화하려는 의도에서 취해진 결정이다. 수정헌법의 구체적인 내용을 살펴보자. 첫째, 헌법 전문에는 중국이 현재 처해 있는 상황이 '사회주의 초급 단계'임을 명확히 했다. 또한 중국 특색의 사회주의 건설이론에 입각해 사회주의 현대화를 실현해 나가는 것이 국가의 근본 임무임을 명시했다. 둘째, 국영경제와 국영기업이라는 개념을 '국유경제'와 '국유기업'으로 수정하여 국가의 소유권과 기업의 경영권을 분리하고, 기업의 자주적인 경영을 보장하기 위해 국가소유 경제라는 용어를 국가관리 경제로 개정했음을 뜻한다. 셋째, 헌법 제8조 1항에 명시되어 있는 '농촌인민공사', '농업생산 합작사'라는 용어를 삭제하고 그 대신 개정헌법 6조에 "농촌의 가정 청부제 위주로 하는 책임제"의 실시로 수정했다. 이에 따라 농촌에서 추진되어 왔던 개별농가 중심의 경제 청부제 등의 개혁제도가 법적인 보호를 받게 되었다. 넷째, 헌법 15조의 "국가는 사회주의적 공유제의 기초 위에서 계획경제를 실시한다"는 부분이 개정헌법 제7조에 "국가는 사회주의 시장경제를 실행한다"로 변경되었다. 이는 국가 경제체제를 계획경제에서 사회주의 시장경제로 전환시킴으로써 시장경제의 확립을 법적으로 보장함을 의미했다. 다섯째, 헌법 제17조의 "집단경제조직은 국가계획의 지도를 받고 관련 법률을 준수한다는 전제 하에 독립적으로 경제활동에 종사할 자주권을 가진다"는 내용이 개정헌법 제9조에서 "집단경제조직은 관련 법률을 준수한다는 전제 하에 독립적으로 경제활동에 종사할 수 있는 자주권을 가진다"로 수정됨으로써 "국가계획의 지도를 받고"라는 부분이 삭제되었다. 이는 집단경제소유제가 경영상 자주권을 행사한다는 것을 뜻한다. 이렇듯 헌법 개정은 차후 '사회주의 시장경제'가 국가 경제체제의 근간이 될 것임을 보여주었다(장송자, 1993: 7-13).

사회주의 시장경제를 추구하는 중국의 발전방향은 경제적 측면에서 볼 때 자본주의적 발전방향을 의미하는 시장경제를 지향하는 것이 분명하다. 따라서 경제적 측면에서 볼 때 자본주의냐 사회주의냐에 대한 시비가 큰 의미를 갖지 못한다. 그러나 정치적 측면에서 볼 때 사회주의 시장경제 체제가 사회주의의 본질을 해쳐서는 안 된다는 것 또한 분명히 하고 있다. 공산당 지도부의 입장에서 볼 때 사회주의 체제 유지는 무엇보다도 우선적인 것으로 결코 정치적 흥정의 대상이 될 수 없는 것이다. 따라서 시장경제체제와는 결코 조화를 이룰 수 없는 계급투쟁과 4항 견지원칙에는 손을 대지 않고 있는 것이다. 이로서 자본주의 체제의 핵심인 시장경제와 사회주의 정치체제의 기본원칙을 공존시키는 '경제반좌 정치반우經濟反左政治反右'라는 중국 특유의 절충론적 체제가 나타난 것이다(장송자, 1993: 20-27).

종합해볼 때, 중국 특유의 중국식 사회주의 체제인 '사회주의 시장경제'는 사회주의와 자본주의 중 어느 하나를 택일하기 보다는 두 체제 특성 중에서 중국 현실에 적합한 장점만을 추출하여 유효적절하게 활용하는 절충식 자세다. 중국 지도부는 중국이 당면한 가장 큰 문제를 물질·문화에 대해 높아져가는 인민들의 요구에 비해 상대적으로 크게 낙후되어 있는 생산력이라 자각하고 생산력 증대를 위한 개혁을 최우선 과제로 잡았다. 이를 위해 1992년의 14차 전대에서 생산력 발전을 위한 사회주의 시장경제 건설을 공식적인 당 노선으로 채택하였다. 그러나 이러한 개혁개방 노력도 어디까지나 공산당 1당 독재가 유지되는 사회주의 체제를 전제로 한 것이다. 생산력 증가가 아무리 중요하더라도 이러한 경제적 발전을 위한 바탕은 안정된 정치체제를 유지하는 것이었으므로 덩샤오핑 등 당 지도부는 공산당의 권력 기반인 사회주의 체제를 강하게 유지하고자 하였다. 이러한 노력은 경제적으로는 우右를 지향하지만 정치적으로는 좌左를 고수하는 독특한 체제로 이어졌다. 사실상 중국이 급속한 경제발전을 이뤄내고 원만한 개방정책을 지속하기 위해서는 무엇보다도 정치·사회적 안정이 필요하였고 이를 위해서는 강력한 중앙집권체제가 필요하였다. 이를 위해 현실적으로 중국에서 공산당 정권을 대신할 만한 대안은 없었다고 보여 진다.

장쩌민 체제: 사회주의 시장경제의 발전과 삼개대표론

중국에 있어 공산당은 행정부를 영도하며以黨領政, 정부의 정치행위를 대신하고以黨代政, 군사를 관장黨指揮槍하는 등 중국 내 모든 정치권력의 원천이자 핵심이다. 공산당 독재가 지금까지 흔들리지 않고 지속되는 이유가 여기에 있다(장공자·박민순, 2010: 272). 중국에서 당대회는 특별한 의미를 지닌다. 매 5년을 주기로 개최되는 전국대표대회全代는 중국 공산당의 최고 통치기관이다. 전대에서는 최고 권력기구인 총서기, 중앙위원회, 정치국, 정치국 상무위원회, 서기처, 중앙군사위원회의 지도부에 대한 인사와 향후 5년간 중국 공산당이 추진할 국정 전반에 대한 정책노선을 결정한다. 전대의 중요한 결정으로 1987년의 13기 전대에서는 덩샤오핑의 '사회주의 초급단계론'이, 1997년 15기 전대에서는 '사회주의 시장경제론'이 확정되었으며, 2002년 16기 전대에서는 장쩌민江澤民의 '삼개대표론三個代表論'이 제시되었다(정동근, 2007: 54).

천안문 사태로 실각한 자오쯔양을 대신해 총서기로 선출된 장쩌민은 1992년 10월에 열린 중국공산당 14기 전대에서 "개혁개방과 현대화 건설의 발걸음을 빠르게 하여 중국특색의 사회주의 사업의 더 큰 승리를 쟁취하자"는 보고를 통해 '중국식 사회주의 시장경제'를 기본 강령으로 공식 채택했다. 이로써 10여 년간 지속되어 온 계획경제와 시장경제의 논리가 종식되고 시장 중심의 경제운영이 공식화되었다. 이는 사회주의의 포기가 아니라 시장 자본주의와 마르크스 원칙을 중국 특유의 사회주의 건설에 결합시킨 것이다(오룡, 1993: 169-172).

장쩌민은 여러 종류의 소유제경제를 공동으로 발전시킬 것을 주장하였다. 나아가 비공유경제도 사회주의 시장경제의 중요한 구성부분이므로 개체, 사영 등 비공유제 경제를 계속 장려하여야 한다고 주장했다. 이는 사회주의 경제의 본질에 대한 인식전환을 표명한 것이다. '사회주의 시장경제'는 사회주의 국가의 거시조절 통제 하에서 시장으로 하여금 자원배치에 대한 기초적인 작용을 일으키게 한다는 것으로 이는 정치는 좌左를 지향하고 경제는 우右를 지향한다는 것이다. 즉, 정치는 공산당 일당 독재를 유지하면서도 경제는 경쟁적 시장원리를 도입해 발전시켜 나간다는 것이다. 이는 중국이 추구하는 시장경제는 어디까지나 수단이며, 궁극적인 목표는 사회주의체제 및 공산당 일당 독재체제를 유지하면서 국력과 국민 수준의 향상을 발전시키겠다는 계획이다(장공자·박민순, 2010: 278). 1997년 덩샤오핑 사후에 개최된 중국공산당 15기 전대에서 덩샤오핑의 중국식 사회주의 이론을 '덩샤오핑 이론'으로 명명하고 이를 중국공산당 당장黨章에 당의 공식 지도사상으로 삽입하였고, 다른 한편, 헌법 개정을 통해 '사적 소유'를 법적으로 보장하였다.

중국 공산당은 2002년 11월에 열린 16기 전대에서 중국 지도체제의 전면 개편과 함께 "샤오캉사회의 건설과 삼개대표론을 중국공산당의 공식 지도사상으로 확립"한다는 것을 당장에 삽입하였다(장공자·박민순, 2010: 273). 샤오캉사회는 복지사회로 번역되는데, 이번 회의를 기점으로 당 지도부는 중국 공산당이 노동자와 농민 등 무산계급의 이익을 대변해온 혁명당에서 착취계급인 자본가까지 포용하는 전 인민의 정당이 되었음을 선언했다(장공자·박민순, 2010: 278-279).

장쩌민은 2000년 2월 광둥성을 비롯한 남부지방을 시찰하면서 한 연설에서 "현재 사영기업은 150만 개에 달하고 개체호는 3,100만 호를 넘어서고 있으며 근로자 수는 1억 3천만 명에 달한다. 이들 사영부문은 중국 국내총생산의 50%에 달할 정도로 경제적 공헌이 컸다. 비공유제기업은 우리 사회주의 시장경제의 중요 구성부분이다. 이는 우리에게 어떻게 이 영역에서 당의 영도를 강화하여 이 영역의 군중을 당의 주의에 단결시키고 조직할 것인가라는 새로운 문제를 제기한다"면서 당과 사영 경제 영역과의 관계조정의 필요성을 언급했다.

이는 '삼개대표론'에 관한 논쟁을 불러왔다. 자본가 계급이 공산당의 적대세력으로 변하기 전에 체제 내로 포용, 중국공산당의 대중 정당화를 시도하려는 것이 '삼개대표론'의 핵심 의도였다(장공자·박민순, 2010: 286). 이후 장쩌민은 2001년 7월 1일 공산당 창당80주년 행사에서 '삼개대표론'을 재차 강조했다. '삼개대표론'은 중국 공산당이 '선진 생산력', '선진 문화', '광범한 인민'을 대표한다는 게 주요 내용인데, 선진 생산력은 자본가, 선진 문화는 지식인, 광범한 인민은 노동자·농민을 뜻했다. '삼개대표론'을 통해 자본가의 공산당 입당의 정당성이 제공되었고, 공산당은 무산 계급의 이익을 대변하는 계급 정당에서 중국 인민 전체를 대변하는 전 인민을 대변하는 정당으로 변모하였다(정동근, 2007: 82).

'삼개대표론'은 2002년 중국 공산당 16전대에서 중국공산당의 당장에 삽입, 당의 지도사상으로 승격시켜 중국공산당의 변신을 정당화할 수 있는 근거를 마련했다. 당의 성격 변화 작업을 구체적으로 명시하는 중국공산당 당헌 총강 첫머리에 "… 중국공산당은 마르크스 레닌주의, 마오쩌둥 사상, 덩샤오핑 이론 및 삼개대표의 중요사상을 주요한 행동지침으로 삼는다. 삼개대표의 중요 사상은 당이 오랫동안 견지해야 할 지도사상이다"라고 명시했다(정동근, 2007: 81; 장공자·박민순, 2010: 287).

이는 당의 계급적 기초를 노동계급에 국한시키지 않고 민간 기업인들을 포함한 전 중국 인민을 대표하는 집권정당으로 변화하는 계기가 되었고 중국의 경제발전에 커다란 기여를 해 온 시장경제의 주역인 민간 기업인들을 공산당 내부로 끌어들임으로써 이들이 독자 세력화하는 것을 방지하는 효과도 있었다(장공자·박민순, 2010: 288). '삼개대표론'은 정치적 민주화와 정치적 다원주의가 인정되지 않는 중국의 현실에서 공산당이 선택한 현실적 대안이었다. 즉 공산당 일당 체제를 유지하면서도 다양한 계급이나 집단을 공산당 내부로 흡수하여 이들의 이해관계를 정책 결정에 반영하고자 한 것이다. '삼개대표론'은 2003년 3월 전인대에서 마르크스·레닌주의, 마오쩌둥 사상, 덩샤오핑 이론과 함께 헌법 전문에 삽입되었다.

후진타오 체제: 과학적 발전과 화해사회

후진타오胡錦濤는 2002년 11월 16기 전대에서 공산당 총서기, 2003년 10기 전국인민대표대회 1차 회의에서 국가 주석, 그리고 2004년 9월 16기 4중전회에서 공산당 국가군사위원회 주석을 승계함으로써 명실 공히 당·정·군을 장악했다. 그러나 장쩌민에 비해 카리스마가 부족한 후진타오는 집단지도체제를 구성하여 국가적으로 중요한 정책 결정을 지도부의 집단적 협상과 논의를 거쳐 확정했다(정동근, 2007: 132-135).

후진타오가 집권할 당시 중국의 상황을 살펴볼 필요가 있다. 개혁개방 이후 지난 20여 년간의 눈부신 경제발전을 통해 중국은 2004년 말 일본을 제치고 미국, 독일에 이어 세계 3위의 무역 대국으로 성장했다. 중국은 개혁개방 이후 연평균 10% 안팎의 경이로운 경제성장률을 기록했다. 중국은 1990년대 중반 이후 대규모 외자를 유치함으로써 부족한 자본과 기술을 해외에서 충당해 성장의 계기를 마련했다. 중국의 성공적인 경제발전은 시장 발전과 효율적인 외자 유치 및 기술 흡수 전략에 따라 이룩되었다.

그러나 이러한 급속한 고도 경제성장은 예상치 못했던 결과로 극심한 빈부격차와 사회적 불평등을 창출했다. 지금까지 중국의 경제발전은 덩샤오핑이 제기한 선부론에 입각하였다. 이는 사회 여러 부분의 동시적이고 균형적인 발전을 고려한 것이 아니라 한정된 기술과 자원을 특정 지역과 부문에 집중하여 성장을 이루어 낸 것이다. 이런 성장방식으로 단시간에 이룩된 고도 경제성장은 다양한 사회적, 경제적 문제를 발생시켰다. 중국 사회과학원 사회학연구소가 2005년도 가구소득을 표본 조사한 결과 중국의 지니 계수는 0.496으로 위험 경계선인 0.4를 훨씬 초과하였다. 중국의 지니 계수는 1978년 개혁개방 당시 0.2였으며, 1981년 0.3, 2000년 0.417에 이어 2005년 0.496으로 가파른 상승세를 보였다. 지닌 계수란 소득 불평등 정도를 나타내는 수치로 0.3을 넘으면 불평등 상태, 0.4를 넘으면 상당히 불평등한 상태, 그리고 0.6을 넘으면 매우 불평등하 상태를 나타낸다(정동근, 2007: 123).

중국의 소득 양극화는 매우 독특한 양상으로 나타났다. 중국에는 중산층의 존재가 미미하다. 중국의 중산층은 중국 전체 인구의 5%에 불과하여 소득 양극화로 인한 충격을 흡수할 능력이 크게 떨어진다. 소득 양극화는 개혁개방 이후 부익부 빈익빈 현상에 의해 주도되었다. 중국의 부유층은 당 관료들과 사영계층 중심으로 이루어졌으며 이들은 개혁개방 이후 새롭게 등장한 계층이다. 이들은 국가 주도의 개혁과 급속한 경제성장의 최대 수혜자로 덩샤오핑이 주창한 불균등 발전론인 선부론의 과실을 독점한 사람들이다. 삼성연구소의 '2006년 중국 보고서'에 따르면 중국 전체 인구의 0.3%인 390만 명이 전체 은행 예금의 삼분의 일 이상, 그리고 전체 소득의 30% 이상을 차지하고 있다(정동근, 2007: 123-125). 짧은 시간에 이룩한 고도 경제성장의 후유증으로 중국은 극심한 빈부격차, 소득의 양극화, 지역 간 불균등 발전, 도농 간 발전 격차, 농민공과 도시 빈민으로 대변되는 빈곤층의 급증 등 경제·사회의 불평등 문제가 사회의 안전을 위협하는 수준으로 급증하였다.

후진타오 정부의 가장 우선적인 과제는 경제의 급속한 발전에 따른 인민들의 반발을 효율적으로 무마시키는 것이었다. 이러한 문제를 타개하기 위해 중국 공산당은 2003년 16기 3중전회에서 '과학적 발전관'을 제기했다. 과학적 발전관은 장쩌민을 대체하는 후진타오 체제의 지도 이념이자 현 중국이 처한 경제·사회적 문제점들에 대응하기 위한 방책이었다. 과학적 발전관은 이전 정부의 성장 최우선 정책과 달리 사회 경제적 문제점과 농민공, 농민, 도시빈민, 노인 등과 같은 사회적 약자에 대해 관심을 갖겠다는 의지의 표명이었다. 과학적 발전관의 핵심 내용은 도시와 농촌 사이의 균형 발전, 지역 간 균형 발전, 경제와 사회의 균형 발전, 인간과 자연의 조화와 발전, 그리고 국내 발전과 대외 개방 사이의 조화로운 관계 구축의 5가지다. 그리고 과학적 발전관의 5가지 핵심 원칙은 사회주의 시장경제의 견지, 대중의 솔선수범 정신 강화, 개혁·발전·안정의 3가지 요소의 상호 균형 견지, 다방면에 대한 통일적 계획 수립, 그리고 인간 본위의 지속 가능한 발전이다(정동근, 2007: 165-166).

과학적 발전관을 구성하는 세 가지 핵심 개념은 '지속 가능한 발전관', '인간 위주의 발전관', 그리고 '균형발전'이다. '지속가능한 발전관'은 인구, 자원, 환경, 과학기술, 사회 등 요소들의 조화로운 발전을 추구하는 것이다. 이는 국가나 민족의 협소한 이익에 그치지 않고 인류 사회의 이익을 고려하는 발전관이다. '인간 위주의 발전관'은 인류 생존과 발전의 필요를 만족시키는 것을 출발점으로 삼는다. 이는 인간의 전면적인 발전을 실현하는 것이 사회 발전의 궁극의 목표라고 파악한다. '균형발전'은 성장모델이 불균형 발전을 추구하기 때문에 발생한 문제들에 대한 것이다. 도시와 농촌, 계층과 계층, 동남부 연해와 내륙, 사회 각 부문 사이의 소득 격차의 심화는 이 같은 불균형 발전이 심화된 직접적인 결과라고 볼 수 있다(정동근, 2007: 168-171).

장쩌민은 '삼개대표론'을 통해 계급, 계층 사이에 평화 공존할 것을 언급했다. 후진타오는 모든 인민이 협동하여 발전을 지속하면 생활이 풍족해지고 이상적인 사회에 가까워질 수 있을 것이라고 보았다. 이와 같은 배경 속에서 후진타오의 '화해사회론'이 탄생했다. 후진타오는 집권 3년

차인 2004년 21세기 중국이 나아가야할 새로운 방향으로 '화해사회론'을 제기했다. 중국 지도자들에 대한 직설적인 표현이 있다. 즉, 마오쩌둥은 왼쪽 깜박이를 켜고 좌회전할 것을 주문하였고, 덩샤오핑은 왼쪽 깜박이를 켜고 우회전하라고 한 반면, 후진타오는 비상 깜박이를 모두 켜고 우회전 하라고 말했다는 것이다. 후진타오가 주문한 비상 깜박이를 모두 켜는 것이 바로 '화해사회론'이다. '화해사회론'은 2004년 중국 공산당 16기 4중전회에서 최초로 언급되었고, 2005년 중국 공산당 16기 5중전회에서 본격적으로 제기된 후, 2006년 16기 6중전회에서 공산당의 지도이념으로 확정됐다. '화해사회론'은 '삼개대표론'에 조응하는 이데올로기로, 심각해지는 사회 경제적 위기에 대한 대응책이라 볼 수 있다(정동근, 2007: 176-177).

후진타오에 의해 '화해사회론'이 제기된 이유는 당시 중국의 상황과 직접 연관이 된다. 중국은 21세기에 들어 도시와 농촌 사이의 격차, 발전한 동부 연해 지역과 낙후된 대륙 지역 사이의 격차, 계층 간의 격차 등과 함께 이들 격차에서 파생한 사회적 갈등을 극복해야 하는 도전에 직면해 있었다. 후진타오의 공산당 제4세대 지도부에게는 화해사회를 기치로 중국 내부의 화합을 이끌어 냄과 동시에 중국의 급속한 경제성장을 경계하는 주변국과의 관계를 갈등 아닌 조화로 풀어가야 하는 과제가 맡겨졌다. 후진타오가 처방으로 내민 것이 '화해사회론'으로, 핵심은 균형과 발전이다. 즉, 균형을 맞춰 발전하자는 것이다.

'화해사회론'의 구성 요소는 공평, 효율, 정의, 법치의 4가지다. '공평'은 '화해사회론'을 구성하는 기본 전제다. 이는 중국의 개혁개방 과정에서 일부 사회집단이 사회적 기회를 독점했다는 사실을 인정하고 경제성장 과정에서 소외됐던 대다수 인민들이 사회적 기회에 평등하게 참여할 수 있는 기회를 넓히는 것이다. '효율'은 '화해사회론'을 구성하는 물질적 전제로 효율적 경제성장만이 화해사회를 구성하는 물질적 기초를 제공할 수 있다는 것이다. '정의'는 '화해사회론'의 도덕적 기초다. 사회의 경제 구조가 인민에게 공정하고 평등한 기초를 제공하고 다양한 경제 주체는 합리적으로 선택할 수 있는 이성의 기초를 지녀야 한다. '법치'는 '화해사회론'의 제도적 기초이다. 법치는 예측 가능성의 보장이 중요한 특징으로 이를 정착시키면서 법은 장기적이고 안정적인 경제발전에 필요한 통치규범으로 작동하였다(정동근, 2007: 172-174).

후진타오 정부의 새로운 국가전략은 2004년 3월 정치협상회의와 전국인민대표대회를 계기로 그 기본적인 틀이 완성되고 구체적인 정책으로 표출되었다. 후진타오 체제는 사유재산 보호, 자본가 계급의 공산당 입당, 삼개대표 중요사상, 인권 등을 헌법에 삽입했는데 사유재산 인정과 자본가 계급 입당의 헌법 수정은 새로운 중국식 발전에 대한 방법론을 도출한 것이다. 삼개대표의 중요 사상을 헌법에 명문화한 것은 공산당 주도의 중국 정치체계를 공고화했다는 의미인 동시에 장쩌민 체제의 영향력을 극복하고 정리했다는 의미다. 또한 인권 등의 내용을 수정한 것은 덩샤오핑이 3보三步전략에서 제시한 의식주문제 해결, 샤오캉사회의 단계를 지난 복지사회 즉 전면 샤오캉사회, 굴기단계로 진입할 기반이 마련되었다는 의미다(이정태, 2005: 232).

개혁개방과 시장화의 진전에 따라 중국의 신지도체제가 당면하게 된 가장 심각한 도전과 위기는 중국공산당 통치의 합법성의 기반이 심각하게 와해되고 있는 현상이었다. 당의 통치능력 강화를 위한 논의는 두 가지 방향으로 제시되었다. 하나는 당내 민주주의의 확대이고 다른 하나는 중국공산당의 반 부패정책과 효율적인 감독체제의 구축에 관한 것이었다(장공자·박민순, 2010: 303).

후진타오는 한편으로는 통치의 합리성과 효율성을 높이기 위해, 다른 한편으로는 자신들의 권력기반을 강화하기 위해 법치를 더욱 강조했다. 법과 제도를 강조할 경우 국가 주석과 당 총서기, 국무원 총리라는 최고 공식 직위를 가지고 있는 사람에게 유리하기 때문이다(조영남, 2004: 231-232). 후진타오는 당내 민주개혁을 통해 적극적으로 부패문제를 해결하려고 했다. 당내 민주개혁의 핵심 내용은 당원 참여 확대와 당 대의기구 활성화를 통한 권력 집중의 완화, 법규 및 제도정비를 통한 당내 감독체제 정비, 공산당과 국가기관, 사회단체 간의 합리적 직능분리를 통한 당 지도 체제 강화 등이다. 비록 2007년에 열린 중국 공산당 17전대에서 국민의 기본권을 보장하는 획기적인 방안이나 직접선거의 확대 등이 제시되지는 않았지만, 처음으로 중앙정치국원 선출에서 민주추천제와 비밀투표방식이 도입되었으며 중앙위원회에서는 차액선거가 적용되었는데 이는 본래 지방당 인사에 적용되던 것이었다(장공자·박민순, 2010: 304-305).[6]

중국 정치개혁의 가장 중요한 특징은 공산당 지배 체제의 유지를 전제로 개혁이 추진된다는 점이다. 후진타오 체제도 여기서 벗어나지 않았다. 즉 공산당의 통제를 벗어난 어떤 정치개혁 논의나 세력 형성도 허용되지 않았다(조영남, 2004: 227-228). 따라서 후진타오 정부의 중국 공산당의 체질 개선이나 성격 변화는 어디까지나 공산당 일당 지도체제의 제도적 개선일 뿐, 공산당 권력 독점의 약화를 뜻하지는 않았다. 중국 공산당은 개혁개방에서 오는 변혁을 최소화하고 당의 기본원칙을 고수하려고 하였을 뿐이다. 중국에서의 정치개혁은 4항 기본원칙 하에서의 개혁을 뜻했다. 그것은 곧 사회주의제도를 공고히 하면서 경제력을 향상시키고, 동시에 사회주의적 민주화와 법제화를 실현시키는 것을 말한다. 그러므로 사회주의의 이데올로기와 체제를 유지·발전시키면서도 반 사회주의적인 요소인 민주적 정치개혁을 한다는 것은 발생 자체부터가 모순인 것으로 애초에 실현 불가능한 것이었다(장공자·박민순, 2010: 309-310). 공산당 일당 체제가

6 민주추천제는 중앙위원급 400여 명이 사전에 상무위원회가 마련한 정치국원 예비후보들을 대상으로 추천투표를 하고 이를 토대로 대상자 명단이 작성되어 중앙위원회 회의에서 최종적으로 결정되게 한 과정과 제도다. 그 결과 중앙위원회에서는 후보지 탈락률이 16차 당대회의 5%에서 7%대로 증가되었다. 차액선거란 정원보다 많은 수의 후보자를 지명해 그에 대한 투표를 실시하여 낮은 득표율 순으로 탈락시키는 방식인데 중앙위원회와 함께 중앙기율검사위원회 인선도 차액선거 방식에 의했다(장공자·박민순, 2010: 304-305).

중국 정치 개혁의 근본적인 걸림돌인 상황에서 당내 민주화를 아무리 추진한다고 해도 중국 정치가 민주화될 수 있는 것은 아니다. 일당 권력 독점체제 하에서 추진되는 당내 민주화란 공산당 지배체제를 공고화하기 위해 일부 문제점을 개선하는 것에 불과하기 때문이다. 특히 공산당이 주도하는 개혁 정책은 더 크게 문제가 된다. 당의 지도자들이 언론 보도 및 학술 활동의 자유를 억압하여 건전한 비판과 대안 모색을 막기 때문이다(조영남, 2004: 231).

따라서 후진타오 체제가 기존의 체제에서 벗어나 통치의 정당성을 확보하는 것은 매우 어려운 상황이었다. 일반적으로 사회주의는 자본주의의 경제적 모순을 공격하는데서 정당성이 확보되는 만큼 중국 공산당도 통치의 정당성을 경제적 업적, 즉 경제성장과 국민생활의 향상에서 찾고 있다. 후진타오 집권 이전 지난 20여 년 동안 중국은 매년 평균 10% 전후의 고도 경제성장을 해왔고, 정치는 안정되었으며, 인민들의 생활수준도 크게 향상되었다. 이러한 안정된 상황에서 집권한 후진타오 체제가 갑자기 방향을 틀어 정치적 민주화를 통해 통치의 정당성을 높이려는 시도를 할 이유가 없다. 경제가 지속적으로 발전하는 현 상황에서 그러한 정치적 모험을 할 이유가 없다. 특히 후진타오 집권기처럼 일반 국민과 지식인이 중국의 민주화에 큰 관심이 없고 이를 강력히 요구하지도 않는 상황에서는 더욱 그랬다(조영남, 2004: 234).

2002년 새로운 지도부로 등장한 후진타오 지도체제는 법치국가 건설을 중심으로 한 사회주의 정치제도의 완비와 발전을 정치개혁의 내용으로 제시하였다는 점에서 이전 시기와 본질적인 차이가 없었다. 후진타오 지도부는 등장 초기부터 서구식 정치개혁을 반대하고, 공산당 영도 하의 정치개혁 추진하였으며, 정치개혁을 법에 의한 통치 및 사회주의 정치제도의 완비와 발전임을 강조하였다. 후진타오 시기 정치개혁의 주요 내용은 법치에 기초한 정치제도 정비와 당내 민주화, 그리고 기층민주주의의 추진이라는 측면으로 요약할 수 있다(이정남, 2013: 88).

사회주의 시장경제의 성공과 한계

지난 10년 동안의 후진타오 체제는 중국 사회 발전에 나름대로 커다란 공헌을 했다. 가장 부각되는 공헌은 일본을 제치고 중국을 G2국가 반열에 올려놓아 국제사회에서 중국이라는 국가를 잠재력이 강한 국가로 부상시켰다는 점이다. G2국가로 부상하는데 가장 핵심적인 역할을 한 것은 경제발전이다. 후진타오 정부는 지속적인 양적 경제성장뿐만 아니라 질적인 성장을 같이 병행함으로써 내실화된 초고속 경제성장을 달성하여 GDP 기준으로 일본을 제치고 미국 다음가는 경제대국으로의 입지를 강화했다(박광득, 2013: 167).

후진타오 정부는 대내적으로 지속적인 사회건설을 통한 도시화 전략의 점진적인 추진을 시행함으로서 서부 개발과 국토 건설에 시동을 걸었으나 개혁개방 정책의 태생적 한계라고 할 수 있는 지역 간, 도농 간 균형발전에 실패했다. 다른 한편, 후진타오 체제 자체는 높은 경제성장을 이룩했지만 경제구조에 대한 조정이 미흡하여 내수 주도형의 사회를 만들지 못했다. 아울러 소득분배에 대한 개혁도 미흡했다는 평가다. 이는 개혁개방 정책을 시행하는 과정에서 불가피하게 나타날 수밖에 없는 부분이기도 하다. 또한 농민공에 대한 호적제도 개혁도 미흡하였다. 후진타오는 농촌 발전을 위한 신농촌운동을 전개하여 왔지만 농민들에 대한 처우 개선보다는 농촌의 도시화 운동에 역점을 두는 쪽으로 진행함으로써 농민공 문제를 개혁하지 못한 채 과제를 시진핑 체제에 넘겨주었다. 인구정책 개선도 미흡한데, 개혁개방 이후 지속적으로 산아제한 정책을 실시함으로써 인구의 대폭적인 증가를 막는데 성공했지만 인구 구조의 고령화로 인한 산업발달의 폐해가 심각한 수준으로 진행되었음에도 불구하고 이에 대한 대처가 미흡하였다(박광득, 2013: 170).

중국 정치가 안고 있는 가장 큰 문제는 부패와 빈부 격차, 그리고 이로 인한 각종 사회적 시위가 일상화되고 있다는 점이다. 중국 공산당 정부는 신뢰에 대한 위기와 통치 정당성의 위기에 직면해 있다. 이러한 문제가 발생한 주된 이유는 그동안 중국 정부가 민주화 없는 제도화 중심의 정치 개혁을 추진한 때문이다. 동시에 당정 지도부에 권력이 과다하게 집중되었지만 당정 엘리트에 대한 적절한 감독과 견제를 이끌어낼 수 있는 민주적인 메커니즘의 부재로 정치엘리트의 부정과 부패를 통제할 수 없다는 것도 또한 중대한 이유다. 또한 공산당으로 일원화된 중앙집권적인 통치는 대중들에게 적절한 정치 참여와 의사표출 기회와 통로를 제공해주고 있지 못해, 이에 대한 불만으로 매년 수십 만 건의 불법시위로 이어졌다. 중국의 대중시위는 1990년 이래 폭발적으로 증가하였다. 1993년 10,000건, 2005년 87,000건, 2010년 180,000건 등 극적으로 증가해 왔다. 또한 시위 수의 증가뿐만 아니라 참가 인원 수, 규모, 대항 방식 등이 확대되고 더욱 체계적이고 조직적으로 진행되었다. 부정부패와 빈부 격차의 문제로 대중들의 불만이 증가하고 있음에도 불구하고 민주적인 정치 참여의 기회가 보장되지 못한 대중들은 가두시위나 인터넷을 통한 정치적인 의사표출을 진행하고 있는 것이 현실이었다. 더욱 심해지는 빈부 격차와 불평등에 대한 인민들의 불만이 공산당 통치의 정당성을 약화시키는 중요한 정치적 압력 요인이 되고 있었다. 국민들은 점점 더 관리하기 어렵게 변하고 있고 동시에 사회의 안정과 질서 유지 비용이 높아짐에 따라 중국의 정치 엘리트들 사이에 정권에 대한 위기감이 높아지고 있었다(이정남, 2013: 91-96).

후진타오는 집권 기간 동안 '정치적 안정'을 최상의 가치로 여기고 인정적인 사회 관리에만 초점을 맞추어 온 반면에 이러한 경제·사회적 문제를 해결하기 위한 근본적이고 실질적인 개혁은 추진하지 않았다. 즉, 후진타오 지도부는 민주화 없는 법치와 제도화 중심의 정치 개혁을 추진함으로써 권력에 대한 감시·감독의 부재를 가져 왔다. 따라서 후진타오 지도부는 중국 사회에 만연한 심각한 권력 부패, 지역과 계층 간의 이익 갈등 격차의 확대로 인한 대중들의 불만을 표출할 수 있는 정치참여의 통로를 마련해주지 못했다. 일상화된 가두정치는 중국 공산당 통치의 위기를 상징적으로 보여주었다(이정남, 2013: 97-98).

후진타오는 기층선거와 중국식 민주주의를 강조했다. 그러나 후진타오 집권 10년 동안을 살펴보면 선거 범위를 확대하는 등 선거민주주의 확대를 위해 노력한 바가 거의 없다. 후진타오 체제에서 추진된 정치개혁은 법에 의한 통치와 이를 가능하게 하는 제도개혁, 당내 민주화를 위한 모색, 기층 민주주의의 실행 등 그 이전 시기에 정치개혁의 내용과 동일선 상에 있었다(이정남, 2013: 90). 정치개혁과 민주화에 대한 추진과정에서 가장 큰 문제는 공산당 내부의 문제로 집약된다. 공산당이 중국 사회의 모든 권력의 근간인 관계로 민주화로의 개혁은 현재의 권력을 포기하지 않는 한 실현되기 어렵다. 따라서 공산당 지도부가 중국의 민주화와 정치적인 개혁을 위해 현재까지 누려온 특권과 같은 정치권력을 포기할 수 있을 것인가는 중국의 민주화에 매우 중요한 변수가 되었다(박광득, 2013: 171).

자유주의 학자들은 지난 후진타오 체제 하의 10년을 '정체된 10년'으로 규정짓는다(이정남, 2013: 90). 비록 고도 경제성장을 이룩했지만 그와 함께 증가된 각종 문제점, 즉 부정부패, 지역 간 격차 및 빈부격차 등으로 인한 심각한 위기상황은 시진핑 정부에게 넘겨진 주요 과제가 되었다.

4장. 시진핑 체제와 부패와의 전쟁

시진핑 체제의 성립

2012년 11월 14일 18기 전대全代가 막을 내리고 곧바로 진행된 18기 공산당 중앙위원회 전체회의에서 공산당 정치국 상무위원, 정치국원, 중앙위원회 위원과 후보위원이 결정되면서 새로운 공산당 지도부가 구성되었다. 중국의 공산당은 당 총서기를 정점으로 하여 정치국 상무위원, 정치국원, 중앙위원과 후보위원 순으로 피라미드형의 수직적인 조직 구조를 형성하고 있다. 이들 중 당 총서기를 대표로 한 정치국상무위원회가 실질적인 최고 집행기구로 집단지도체제를 구성하여 중국을 이끌어간다. 민주적인 선거제도가 실시되지 않는 중국 상황에서 국가 영도자와 공산당 수뇌부의 결정은 줄곧 국가의 최고 기밀사항이다.

2012년 중국 공산당 18기 전대를 통하여 후진타오가 당 총서기뿐만 아니라 당중앙군사위원회 주석 직까지 한꺼번에 사임함으로써, 노인 정치의 영향력을 단절하고 지도자의 당내에서의 지위와 역할이 일치되는 지도체제의 제도화의 길이 열렸다. 18기 전대에서 중국 최고 지도자가 된 시진핑은 당권과 군권을 동시에 장악했다.

시진핑으로 대변되는 중국 제5세대 지도부는 과거 지도부가 가지고 있던 공산혁명, 국공합작 등과 같은 투쟁 경험이 없는 새로운 세대로 단지 문화대혁명 때 하방으로 고통을 받은 이력만을 갖고 있을 뿐이다. 실지로 이들은 개혁개방의 혜택을 제일 많이 입은 세대에 속한다. 제5세대 지도부는 중국 사회주의 역사상 처음으로 원로 정치인이 아닌 당에서 직접 선출한 지도자들로 구성되었다. 과거 장쩌민과 후진타오 등 제3, 4세대 지도부는 덩샤오핑이 사전에 지명하여 구성된 지도자였다(이정남, 2013: 80). 제5세대 지도부는 개혁개방의 색체가 훨씬 강한 정책적 성향을 지니고 있으며, 중국 개혁의 중점이 어디인지 또 어디로부터 개혁을 해야 할지를 누구보다도 잘 알고 있는 세대였다. 결국 시진핑은 집권 초기부터 독립적이고 주도적으로 정국을 장악하고 국가의 안정과 단합을 강조함으로써 과거 어느 집권 세력보다 더욱 노련하고 효과적으로 개혁개방 정책을 추진해 나갈 수 있었다(이정남, 2013: 85).

그렇다면 시진핑의 정치노선은 후진타오 정권과 얼마나 차별적인가? 18차 당대회 보고에 나타난 정치개혁의 방향은 그동안 중국 공산당이 일관되게 주장해온 대로, 공산당의 지도하에 점진적이고 안정적으로 서구식 민주화나 극좌의 어느 길도 아닌 중국특색의 정치발전의 길을 가는 것이었다. 추진되어야 하는 개혁의 내용도 법치와 이를 가능하게 하는 제도개혁, 그리고 당내 민주화의 추진을 위한 대안을 제시하는데 초점을 맞추고 있다(이정남, 2013: 98).

18기 전대 보고는 과거와 마찬가지로 마르크스 레닌주의, 마오쩌둥 사상, 덩샤오핑 사상, 3개 대표론, 과학적 발전관을 여전히 중국의 지도사상으로 규정하였다. 그리고 중국이 나아가야 할 실천 경로로서 '중국 특색의 사회주의 길', 행동 지침으로서 '중국 특색의 사회주의 이론체계', 근본적인 보장 수단으로서 '중국 특색의 사회주의 제도' 등 3가지 구성요소로 구분하여 '중국 특색의 사회주의'를 이론적으로 체계화하여 제시했다. 또한 정치개혁의 방향으로, 중국이 극좌적 과거로의 회귀나 자유주의적인 개혁의 길이 아닌 중국 특색의 정치발전의 길을 갈 것임을 분명히 하고 있다. 이를 통해 알 수 있는 것은 중국 공산당이 구상하는 정치개혁의 내용은 공산당의 주도하에 법에 의한 통치가 제대로 작동할 수 있는 정치제도를 정비하고 완비하는 데 초점이 두어져 있음을 알 수 있다. 결국 시진핑이 말하는 중국 특색의 정치발전의 길은 현재 중국의 정치제도에 대한 근본적인 변화가 없이 구체적인 정치제도를 부분적인 수정을 가하고 개선하는 것이었다(이정남, 2013: 99-104). 이러한 측면에서 볼 때, 시진핑의 정채개혁 방향은 과거 정권들과 큰 차이가 없음을 알 수 있다. 전반적으로 초기 시진핑 체제는 외정보다는 내정에 주력하였다. 시진핑 체제는 중국의 현대화에서 가장 중요한 경제적인 발전과 분배에 대한 문제를 가장 중요한 이슈로 제기하고 이에 대한 불평등, 빈곤, 부패 등에 대한 문제 해결에 주력하였다(박광득, 2013: 167).

시진핑 체제 이행기 전후의 경제 현황

시진핑 체제를 이해하기 위해 시진핑 집권 이전까지 중국의 경제발전 상황을 조망해볼 필요가 있다. 중국은 2001년 WTO 가입조건으로 국내 금융시장 개방을 약속하였다. 2006년 12월 WTO 가입 당시 설정되었던 금융시장 개방의 유예 기간이 완료된 현 시점에서 중국은 당초 약속했던 시장 개방수준을 달성했다. 이에 따라 중국 내 영업지역, 위안화 업무, 지점 설립 등에 대한 외국계 금융기관의 제약은 기본적으로 철폐되었다. 하지만 금융 산업별로 현지법인 설립이나 중국 금융사의 지분 인수에 대한 제약은 여전히 존재하고 있었으며, 위안화 업무의 경우도 일부 업무에서는 중국계 금융사와는 차별이 존재하고 있었다(서봉교, 2012: 8).

당시 중국정부에게 경제성장의 지속은 절대적으로 양보할 수 없는 과제였다. 이미 중국내 임금인상과 점진적인 위안화 절상으로 중국 내 많은 수출기업들이 어려움을 겪고 있고, 실업문제가 발생하고 있는 상황에서 대폭적인 위안화 절상은 중국경제에 심각한 타격이 될 것이었다. 중국정부는 위안화를 점진적으로 절상하는 대신 금융 시장 개방 확대 및 규제완화를 양보하는 정책을 선택할 수밖에 없는 상황이었다. 반면 미국 정부는 표면적으로 위안화 절상을 가장 중요한 이슈로 제시하고 있었으나 위안화 절상 문제로 중국정부를 지속적으로 압박하면서 실질적으로는 금융시장 진출 확대나 중국 금융업의 해외진출 확대 등의 실질적인 이득을 취하는 정책으로 나아갔다(서봉교, 2012: 12). 미국은 중국 금융시장의 추가적인 개방과 각종 규제철폐를 지속적으로 요구해 왔으며 중국은 자국 금융 산업의 안정적인 발전을 위해 점진적이고 단계적인 시장개방 원칙을 강조해왔다. 하지만 중국정부는 기본적으로 개방 확대를 통해 중국 금융 산업의 발전을 추진한다는 원칙은 변함이 없었다. 하지만 글로벌 금융위기 이후 중국 금융시장 개방의 상황은 급변했다. 미흡한 금융규제 및 금융 감독이 금융위기를 초래했다는 비판이 제기되면서 금융규제를 강화하는 움직임이 전 세계적으로 대두되었다. 이런 움직임 속에서 중국 역시 금융시장개방 및 금융규제 완화의 속도를 늦추는 모습을 보이면서 미국과의 갈등이 확대되었다(서봉교, 2012: 8).

매년 10% 이상의 고도 경제성장을 구가하던 중국경제는 2008년 하반기에 들어서 미국발 경제위기로 큰 타격을 받았다. 이러한 상황은 수출기업의 몰락, 민간투자의 둔화, 농민공의 실직 급증과 귀농 등의 현상으로 나타났다. 이에 대한 중국정부의 대응은 경기부양을 통해 국가가 주도하는 투자의 비중을 늘리고 지방 중소도시를 발전시키는 것이었다. 특히 지역 간 격차 해소라는 명분으로 '서부 대개발'을 추진했는데, 그 중심 도시가 바로 충칭이다. 지방 정부들은 개발업자와 손을 잡거나 스스로 개발자가 되어 도시 주변을 개발하고 그 수익을 지방정부 재정으로 운용했다(이정구, 2011: 82). 그러나 지방정부는 무분별한 개발에 열을 올리다가 막대한 빚만 지게 되었다. 보시라이薄熙來가 부임했던 2007년 충칭시의 부채규모는 1,620억 위안이었지만 2012년에는 3,460억 위안으로 두 배 이상 증가했다. 충칭모델의 실패는 2008년 세계 경제위기에 대처한 중국정부의 경기부양책이 낳은 실패라 할 수 있다(이정구, 2011: 83).

중국 경제가 험난한 길에 접어들었음을 알리는 또 다른 요소는 미국발 세계 경제위기로 중국 제품에 대한 수요가 급격히 하락했다는 점이다. 중국은 수출 주도형 개발전략을 쓰고 있었기 때문에 세계경제의 위축은 내수가 취약한 중국에게는 선진국들에 비해 상대적으로 큰 타격이 되었다(이정구, 2009: 27). 중국은 원재료와 1차 가공제품을 아시아 국가들과 호주로부터 들여오고, 자본과 기술 그리고 고품질 부품들을 일본과 한국 그리고 대만으로부터 수입하며, 홍콩과 싱가포르로부터는 각종 금융 및 상업 서비스를 제공받았다. 이렇게 해서 중국은 제품을 가공·생산하여 미국과 EU 및 세계 곳곳에서 판매하여 경제성장을 이룩하였다(이정구, 2009: 29). 2004년 6월에 중국 TV 제조업체들은 국내 소비의 네 배나 되는 생산시설을 보유하고 있었고, 에어컨과 전자레인지의 경우도 비슷했다. 2005년 중국 상무부는 600개 소비재에 대한 조사에서 70% 이상이 과잉공급 상태에 있다고 지적했다. 이런 소비재 수요는 노동자들의 임금과 같은 민간소비 증대를 통해 해결해야 하는데, GDP에서 중국 노동자들의 임금이 차지하는 비중은 1992년에 53%에서 2006년에는 40% 이하로 하락했다. 또 민간소비도 같은 시기에 47%에서 36%로 하락했다. 중국에서는 시장개혁으로 부의 불평등이 심화한 결과 부자들의 수가 크게 늘어났고, 이들을 겨냥한 명품시장은 발전해 왔지만, 소위 대중소비라 할 수 있는 민간소비는 계속 줄어들었다(이정구, 2009: 31).

중국 경제 당국은 미국발 세계경제 위기가 중국에 본격적으로 나타나기 전까지 과열된 경기를 연착륙시키고 인플레를 억제하는데 집중했다. 2008년 중반까지 중국의 경제 정책은 이바오이콩(一保一控: 경제성장 유지와 통화팽창 억제)으로 대변되었다. 2008년 중반까지 비록 인플레이션은 심각한 수준이었지만(7월의 소비자 물가는 6.3%, 생산자 물가는 10% 증가를 기록했다) 수출 증가세는 계속 유지되었기 때문이다. 2008년 초반부터 주택 판매가 줄어들기 시작했지만 이것은 자산시장의 과열을 냉각시키는 정책당국의 개입 때문이라고 여겨졌다(이정구, 2009: 17). 하지만 2008년 글로벌 금융위기 이후 이러한 중국의 수출주도형 성장모델은 한계에 직면하게 되었다. 주요 수출 대상국인 미국과 유럽 시장이 글로벌 금융위기의 영향으로 심각한 경기침체를 겪고 있기 때문이다. 또한 미국경제에 대한 해외투자가들의 신뢰가 약화되면서 글로벌 불균형을 가능하게 했던 달러 환류還流recicling구조[7]가 지속되기 어려운 상황에 직면하였다(서봉교, 2012: 2).

2008년 10월 말에서 11월 초에 이르는 시기에 중국 경제 당국의 정책 변화가 급속히 전개되었다. 2008년 10월 이후 중국의 경제정책은 바오쩡장(保增長: 전면적인 경제성장 유지)으로 요약될 수 있다. 이를 위해 중국 정부는 2008년 11월 5일 2007년 GDP인 25조 위안의 16%에 해당하는 4조 위안의 대대적인 경기부양책을 발표했다. 전례 없는 중앙정부의 계획에 따라 지방정부도 앞 다투어 경기부양책을 발표했는데, 그 총액은 2008년 중국 GDP의 절반이 넘는 18조 위안이나 되었다(이정구, 2009: 18-19). 중국정부가 발표한 경기부양책 4조 위안 중 지진 등 재해복구 지원비로 책정한 1조 위안은 이미 그 이전부터 확정된 것이므로 경제위기에 따른 경기부양책은 3조 위안으로 볼 수 있다. 경기부양책의 특징은 복잡한 인프라 투자계획이 축소된 반면 가계 소득을 높일 수 있고 또 소비로 이어지는 계획이 증액되었다는 점이다. 즉, 환경 투자는 대폭 줄어들었지만 주택 개량이나 보건 및 교육 부문은 대폭 늘어났다(이정구, 2009: 20).

금융위기 직후 글로벌 신용경색을 완화하고 경기를 부양하기 위해 전세계적인 확장적 통화정책이 실시될 때 중국 역시 확장적 통화정책과 대규모 경기부양책을 실시한 것이다. 이는 중국이 기존에 추진했던 긴축적 통화정책의 방향을 전면적으로 재조정하는 것이었다. 중국은 2006년 이래 경기과열과 물가상승을 억제한다는 쌍방정책을 채택하였고 예금과 대출 금리를 빠르게 높이기 시작했다. 예금 금리의 경우 2006년의 2.25%에서 2007년 12월 4.14%로 상향조정되었다. 이는 2006, 2007년의 경제성장률이 각기 12.7%, 14.2%로 과열 양상을 보였고, 소비자물가상승률도

7 미국의 경상수지 적자로 유출된 달러가 중국과 같은 경상수지 흑자국의 미국 금융자산 투자로 다시 미국으로 유입되는 구조를 말한다.

4%대로 높아지기 시작했기 때문이다(서봉교, 2012: 3). 그러나 금융위기가 본격화된 2008년 10월에는 다시 성장위주로 정책기조가 변화되었다. 이에 따라 은행금리를 하향 조정하기 시작하였고, 2008년 12월에는 다시 2006년 이전 수준인 2.25%까지 인하하였다. 이외에도 대규모 내수 확대를 위한 경기부양 정책이 추진되었고, 통화량M2도 빠르게 늘어났다(서봉교, 2012: 3).

2008년 말 세계 경제위기의 조짐이 뚜렷이 나타나자 중국정부는 4조 위안에 이르는 대규모 경제부양책을 편 외에도 4대 국유상업은행을 통해 9조 위안이 넘는 대출을 시행했다. 그 덕분에 2009년 4 사분기부터 10%를 넘는 성장률을 달성했으나 이러한 부양책은 몇 가지 부작용을 낳았다. 첫째, 낮은 금리의 돈이 시장에 많이 풀리면서 과잉투자가 나타났다. 문제가 되는 것은 값싼 자금이 부동산으로 흘러들면서 형성된 부동산 거품이다. 베이징과 상하이의 부동산 가격이 30% 이상 하락했고, 건설 붐을 타고 대거 건설된 지방의 중소도시는 유령처럼 변해갔다. 2011년 현재 중국에서는 한적한 공항과 고속철도, 그리고 텅 빈 아파트를 쉽게 볼 수 있었다. 중국의 부동산 개발업자들은 보통 자기자본보다 훨씬 더 많은 자금을 빌려서 투자하는데, 부동산 가격이 하락하면서 이들에게 자금을 공급한 대출자들이 연쇄적으로 부도를 맞을 위기에 처했다(이정구, 2011: 84-85).

정부의 대규모 경기부양책이 낳은 부동산 거품이 꺼지면서 금융시장이 불안정해지고 지방 정부들은 파산할 위험이 높아졌다. 중국 기업대출의 80% 이상을 담당하는 4대 국유상업은행(공상은행, 건설은행, 중국은행, 농업은행)은 2009년부터 낮은 금리로 9조 위안 이상을 기업들에게 대출해 줬지만 암울한 경기전망 때문에 기업들은 설비투자를 하지 않고 대출받은 자금의 일부를 더 높은 이자로 민간사채시장에 공급했다. 이 때문에 그림자 금융이라고 불리는 민간 사채시장의 규모가 17억 위안으로 커졌다(이정구, 2011: 86).

중국정부의 부담을 가중시키는 또 다른 요소는 지방채와 융자 등으로 지방 정부의 부채가 급격히 증가하였다는 점이었다. 지방정부는 부동산 거래세로 재정수입의 30% 이상을 충당하기 때문에 사실상 부동산 개발 업자와 함께 부동산 거품을 키우는 구실을 했다. 지방 정부의 부채는 급격히 증가했고, 부동산 가격이 하락하면서 이를 상환할 능력은 급속히 줄어들었다. 이에 따라 중국의 지방 정부들은 부도 위기에 몰려 있었다. 지방 정부의 부채도 결국에는 중앙정부가 최종 담보자 구실을 해야 하므로, 중국의 국가부채가 GDP의 60-70%에 이른다는 보고가 나왔다(이정구, 2011: 87).

중국정부가 추진하는 경기부양책 중 국가 재정 지출보다 더 중요한 역할을 하는 것은 오히려 은행 신용부문이다. 특히 구조조정 기금이 주로 은행의 부실을 메우는데 사용된 미국과는 달리 중국의 은행들의 신용 확대의 주요 내용은 경기부양책에 맞추어졌다. 2009년 1 사분기에만 중국의 은행들은 4.6조 위안의 신용대출을 하였는데, 이는 2008년 10월부터 2010년 12월까지 이루어질 것으로 계획된 대출금 4조 위안보다 많은 액수였다. 2002년부터 2008년까지 중국의 신용대출 증가율은 매년 5.3%로 안정적인 상태를 유지해왔다. 하지만 2009년에 들어 1 사분기에만 이미 15.3%가 증가했다. 중국 은행들의 신규 대출은 가계 소비가 아니라 자금 사정이 약화된 기업에게로 흘러갔다(이정구, 2009: 21).

이 외에도 국유기업에 대한 정부 지원이 확대되었다. 국무원 산하 국유자산감독관리위원회SASAC가 감독하는 대형 국유기업, 예를 들어 남방항공과 동방항공 등에 대한 세금감면이나 자금 공급이 이루어졌다. 중앙 정부는 1,000억 위안을 정책은행에 투입하는 것뿐 아니라 중소기업들의 회사채 발행, 부동산 투자신탁 펀드 설립, 사모펀드 운용에서 규제를 완화하는 등의 통화 및 금융 정책을 준비하였다(이정구, 2009: 21). 중국 정부가 서둘러 마련한 4조 위안의 경기부양책 외에도 다양한 경기부양책들이 계속 제시되었다. 이런 정책에 힘입어 중국경제가 급락하는 추세에서 잠시 정체하거나 약간의 회복 기미를 보일 수 있었다(이정구, 2009: 21).

중국의 경제발전의 특징은 자본집약적 성장이라는 점이다. 지본축적이 GDP에 기여한 바는 매우 크고, 또 급하게 성장했지만 노동이 성장에 기여한 바는 완만하고 온건했다. 중국 경제성장에서 노동에 비해 자본의 증가가 더 큰 역할을 했다는 사실은 임금의 상승이 위기를 초래한 원인이라고 말할 수 없음을 의미한다. 오히려 임금 인상보다는 과잉 투자와 그로 인한 불균형 확대가 미국발 세계 경제위기와 맞물려 중국 경제위기를 심화시키고 있었다(이정구, 2009: 23). 1978-2011년 중국의 GDP는 연평균 10% 이상 고도성장했으나, 2012년에는 7%대로 급락했다. 유럽 채무위기와 미국 재정문제 등 선진국 경제의 불확실성으로 인해 2010년 31.3%였던 수출증가율이 2011년에는 20.3%로, 그리고 2012년은 7.9%에 그쳤다(신종호·이수행, 2013: 1). 반면에 중국의 투자율(고정자산투자/GDP)은 2000년 37.3%에서 2010년과 2011년에는 각각 69.3%와 65.8%로 상승하는 등 과잉투자에 대한 우려가 증대했다(신종호·이수행, 2013: 2). 호황기 속에서 중국 경제는 높은 투자와 점점 줄어드는 소비 사이의 양극화 현상이 갈수록 두드러졌다.

중국 경제의 구조적 모순으로 도농 간, 지역 간, 계층 간 소득불평등 수준 확대로 사회불안정성 증대하고 있다. 도농 간 소득격차는 2000년대 이후 악화되기 시작하여 2010년 3.3배로 확대되었다. 2012년 도시주민 1인당 가처분소득은 24,565위안, 농촌은 7,917위안이었다. 또한 동부와 중서부 지역 간 임금격차가 갈수록 확대되어 2011년 중서부 간쑤성(32,092위안), 후난성(34,586위안)의 평균임금은 상하이(75,591위안), 베이징(75,482위안)의 40% 수준에 불과하였다. 국가 통계국에 따르면 2012년 중국의 소득불평등은 심각한 수준으로 지니계수가 0.47에 이르렀다. 그러나 민간기관이 조사한 바에 따르면 2010년의 지니계수는 이미 사회 불안정 수준인 0.61을 기록하였다(신종호·이수행, 2013: 3).

2010년 중국 지방정부의 부채는 약 10.7조 위안으로 GDP의 26.6% 수준이었다. 그러나 지방 정부는 재정 수입의 절반 이상을 차지하는 토지양도세 수입 감소로 채무불이행 가능성이 증대하고 있었다. 지방정부의 자금을 융통해 온 지방정부금융기관채권LGFV에 대한 디폴트 리스크 증대 및 '그림자 금융'으로 금융의 부실화가 우려가 커졌다. 신용평가기관 피치에 따르면, 중국의 은행 부채는 2012년 말 기준 GDP의 135.7%이고, 여기에 그림자 금융을 더하면 부채 비율이 GDP의 198%로 추산되었다. GDP 대비 지방 정부 부채 역시 2011년 말 23.4%에서 2012년 말 25.1%(약 12조 8,500억 위안)로 증가한 것으로 추정된다(신종호·이수행, 2013: 5). 중국 금융당국의 감독을 받지 않는 '그림자 금융' 규모는 약 20조 위안으로 추정되며 이는 중국 GDP의 40% 규모였다(신종호·이수행, 2013: 6). 나아가 중국 주요 도시의 주택평균가격 상승으로 부동산 과열 재연이 우려되었다. 특히 통화 완화 조치에 따른 유동성이 실물경제가 아닌 부동산 시장으로 유입됨으로써 정부 통화정책의 여력을 제한하였다(신종호·이수행, 2013: 6).

중국의 1인당 GDP가 2011년 5,443 달러로 '중등소득 함정' 구간에 진입했다.[8] 이에 따라 중국은 '중등소득 함정'에 돌입한 것 같아 보이는데 2010년부터 노동가능 인구 비중이 하락하고, 소득분배 불균형이 심각한 수준으로 심화되고 있다. 그러나 시진핑 정권으로의 권력 이양기에 중국은 '중등소득 함정'보다 더 심각한 '체제이행의 함정'에 빠져 있었다. '체제이행의 함정'이란 개혁 및 체제이행 과정에서 형성된 기득권세력이 진일보한 변혁을 저지함으로써 경제사회발전이 왜곡되고 빈부격차가 확대되고 환경파괴가 심각해지는 현상을 말한다(신종호·이수행, 2013: 12). 어떻게 체제이양의 함정을 극복하고 중등소득을 달성해 샤오캉 사회를 이룩하느냐가 시진핑에게 주어진 우선적인 과제였다.

8 '중등소득 함정'이란 신흥경제국의 1인당 국민소득이 중진국 수준(5,000-10,000달러)에 이르면 산업고도화 정체, 노동력 부족, 빈부격차 확대, 부패와 같은 요인들로 인해 발전이 장기간 정체되는 현상을 말한다(신종호·이수행, 2013: 12).

시진핑의 개혁과 부패와의 전쟁

시진핑의 개혁과 문제점

시진핑은 새로운 권력의 정당성을 위해 후진타오 정권과는 차별되는 다른 정책을 보여주어야 했다. 후진타오 정부는 취임 초부터 그동안 개혁개방의 지속적인 추진 과정에서 중국 사회에 발생한 빈부격차 등 각종 사회 문제를 개혁할 것을 기치로 내걸었지만 집권 10년 동안 과감한 개혁보다는 합법적인 차원에서 중국이 변화하길 희망하는 보수적인 정치 성향을 보여 왔다. 후진타오는 혼란과 논란이 예상되는 정치 개혁보다는 경제 개혁에 치중하였던 것이다. 후진타오는 진보적인 개혁보다는 공산당의 이념과 체제 내의 변화를 추구하는 방향을 선호했다. 과거 후진타오는 그가 내세우는 '화해사회론'의 취지와는 다르게 앞만 바라보고 달려가는 성장위주의 경제정책을 감행해 왔다. 따라서 후진타오시기에 중국이 비록 G2 국가로 성장했으나 내면에 불균형 성장의 후유증과 사회적 갈등이 심각한 수준으로 커졌다. 중국 인민들은 개혁개방 과정에서 많은 희생을 감수했으나 서구 자본주의를 경험하면서 소득 불평등 해소와 사회보장에 대한 목소리가 점점 커져갔다. 특히 부정부패와 빈부격차에 따른 경제·사회적 불평등은 심각한 수준에 이르러 체제 유지에 위협이 되는 상황까지 와 있었다. 이러한 문제를 해결해야 하는 것이 시진핑 정부에게 남겨진 과제였다.

중국이 개혁개방 이후 실시한 지속적인 성장위주의 경제정책은 각 부문에서의 불균형 성장이라는 결과를 가져와 사회 전반에 갈등과 불신이 폭증하였다. 이미 그 정도가 심각한 수준에 와 있다는 것을 인지한 시진핑 정부는 이러한 문제를 개선하기 위한 경제정책을 강구하고 있다. 현재 중국 국내문제 중 가장 시급한 문제는 소득격차에 따른 불균형 해소이다. 따라서 시진핑은 민생 개선이라는 기치 아래 중국 사회에 만연되어 있는 지역 간, 계층 간, 도농 간, 업종 간의 불균형을 해소할 수 있는 방향으로 4가지 격차를 줄이겠다는 의지를 표명하고 있다. 4가지 격차는 동부와 서부

간의 지역 간 격차, 도시와 농촌 간 격차, 계층 간 소득격차, 그리고 독점 및 국유기업과 민영기업간의 불균형이다. 이를 위한 시진핑의 구체적인 경제정책 방향은 수출위주의 정책에서 내수위주로, 제조업보다는 서비스업, 투자보다는 소비, 성장보다는 분배 위주의 정책으로 전환하는 것이다(박광득, 2013: 173).

그러나 무엇보다도 어려운 점은 시진핑 정부의 개혁 정책은 기득권의 양보와 배려가 전제되지 않는 한 성공할 수 없다는 데 있다. 빈부격차 해소, 도시화 전략, 내수 위주 정책 등 시진핑 정부가 추진하는 주요 정책들은 모두 기득권의 협조가 필요하다. 기득권층인 공산당과 관료들의 협조 및 의식 변화가 어느 정도까지 가능할 것인가? 개혁개방 정책으로 가장 많은 혜택을 본 것이 공산당 간부와 관료들인데 이들은 이미 사유화된 것을 포기하려 하지 않을 뿐 아니라 더욱 더 확대 유지하려는 성향이 강하기 때문에 이들을 어떻게 설득할 것인가에 성패가 달려 있다 해도 과언이 아니다(박광득, 2013: 185). 또한 저소득층의 사회보장 확대와 실질적 소득 향상을 위한 재원을 마련하기 위해서는 증세를 포함한 기득권층의 희생과 양보가 필수적인데 이 또한 기득권층을 설득해야 하는 만만치 않은 문제다.

시진핑 체제의 과제를 살펴볼 때 우선적으로 재정·환율·금융 개혁을 통한 선진적이고 혁신적인 공정사회로 진입하는 것이 필요하다. 이를 위해 중국지도부는 시장결정 기능 확대 의지를 천명하고 공정경쟁의 능력주의 사회를 천명함으로써 사회불안을 해소하고 경제발전을 촉진할 필요가 있다. 아울러 기업에 유리한 임금·금리·환율 구조 조정, 시장에 대한 정부규제 완화, 금융제도 개선, 사회안전망 구축 등을 통한 소비여건 개선 등이 필요하다(신종호·이수행, 2013: 14). 그러나 시진핑 정부의 소비확대 정책은 기업, 은행, 지방정부 같은 기득권 집단의 저항에 직면할 가능성이 있다. 이는 과잉 설비 투자의 배경이 되는 저임금·저금리정책의 변화를 가져올 수 있다는 점에서 기업과 은행의 반발 가능성이 있다. 또한 지방 정부 입장에서는 단기간에 성장률을 제고할 수 있는 투자 확대에 좀 더 관심을 두고 있기 때문에 재정 부담이 야기되는 호구제 개혁 추진에 어려움이 예상된다. 서비스 확대는 소득재분배 성격도 있기에 농촌지역 및 저소득층 소비 촉진 정책에 도시지역 및 고소득층 주민의 반발 가능성도 상존한다(신종호·이수행, 2013: 15).

시진핑 정부는 우선적으로 신형도시화와 소득재분배를 추진했다. 시진핑 정부는 변화된 대내 환경을 고려하여 '성장과 분배의 조화'를 통한 중국의 구조적 문제 해결 및 체질 개선을 위해 새로운 전략을 제시하였다(신종호·이수행, 2013: 8). 신형도시화는 '사람 중심' 도시화를 통해 도시화가 소비를 확대하고 내수가 성장을 견인함으로써 도시화의 질을 제고하는 것을 목표로 하였다. 향후 10년간 40조 위안(약 7,200조 원)을 투자하여 현재 51.3%인 도시화율을 2020년에 60% 달성하는 게 목표다. 이는 농촌 주민의 실질적인 도시민화 및 도시화를 통한 소비 진작의 토대를 마련한다는 것이다. 그러나 신형도시화는 호구제도 및 사회보장제도 개선이 전제조건이다(신종호·이수행, 2013: 8).

중국의 도시화 정책은 체제의 구조적 모순을 타파한다는 의미에서 커다란 반향을 이끌어낼 수 있는 전략이다. 그동안 도시와 농촌 간의 격차와 갈등은 중국 사회 발전의 커다란 걸림돌이었다. 도농 간의 갈등은 소득의 갈등 이외에도 태생적인 한계를 가지고 있는 호적 문제에 직결된다고 할 수 있다. 농민은 태어날 때부터 도농 간 공고화된 호적제도로 인하여 태생적으로 평생 불평등한 처우를 감수하면서 희생하여 왔다고 할 수 있다. 후진타오도 도농 간 도시화 전략을 강구하지 않은 것은 아니다. 그러나 이에 대한 적극적인 추진 의지 및 전략의 나약성으로 인하여 성과를 보지 못했다. 시진핑 이전까지의 도시화 전략은 도시의 범위를 확장시켜 나가는 '토지의 도시화' 전략이었다면, 시진핑 체제는 도시에 거주하는 실제 구성원들의 도시민화를 추구하는 '인구의 도시화' 전략이다(박광득, 2013: 177).

현재 중국의 도시에 거주하는 인구의 약 40%에 해당하는 사람은 도시 호적을 갖고 있지 않은 농민공으로 구성되어 있고, 이들은 도시에 거주하고 있지만 불법 이민자로 취급받아 최저생계비에도 못 미치는 낮은 임금을 받고 있다. 시진핑의 정책은 이러한 농민공들이 합법적으로 도시에 거주하고 정착할 수 있도록 하는 도시화를 추진하는 것이었다. 시진핑이 제시하는 인구의 도시화 정책은 불법적인 농민공 문제를 합법적인 농민공으로 유도하는 전략의 일환으로 농민공의 호적 제도의 개선을 통하여 농민공을 도시민으로 유입시키겠다는 전략이다(박광득, 2013: 176-177). 이는 장기적인 측면에서 농민공들이 도시에 거주하면서 기존의 도시민들과 차별 없는 사회보장을 받을 수 있도록 하지 않으면 도시 속에서 또 다른 계층이 형성되어 계층 간의 차별화 및 불균형이 형성될 수 있다는 발상에서 기인한 전략이라고 할 수 있다(박광득, 2013: 177). 이는 농민공의 신분상의 문제를 현실적으로 해결할 수 있는 정책이다. 시진핑 정부는 이들의 주거 환경 문제를 해결하기 위해 부동산 건설에 박차를 가하고 있는데 이는 2008년 미국발 경제위기 이후 과잉 투자된 생산설비를 생산적으로 소비함으로써 일석이조의 효과도 거둘 수 있다.

시진핑 정권의 소득분배 개혁의 방향은 국민소득에서 가계소득 및 노동소득 분배 몫을 늘림으로써 '나라는 부자, 국민은 가난'이라는 딜레마를 해소하는 것이다. 목표는 2020년까지 도시 농촌 주민의 가계 실질소득을 2010년의 2배로 증대하고, 저소득층의 임금을 인상하고, 중등 소득계층을 확대하고, 고소득층의 임금 상승을 억제하는 것이다. 시진핑은 정책 수단으로 2015년까지 최저임금 표준을 도시근로자 평균임금의 40% 이상으로 올리고, 누진세율이 적용되는 개인소득세 과세 대상을 제반 소득으로 확대한다는 계획을 제시했다(신종호·이수행, 2013: 8).

그러나 이러한 정책은 그 자체로 많은 문제점을 노정하고 있다. 우선 이 정책에는 농민공들의 주거 및 사회보장제도에 대한 혜택이 결핍되어 있다. 또한 현재의 열악한 지방재정으로는 지방 정부가 이러한 문제를 해결할 수 없다. 나아가 농민공이 도시민으로 전환할 경우 이들은 농민공의 유일한 재산인 토지사용권을 포기해야하기 때문에 농민공 자신들이 도시민으로의 호적 변경을 반기지 않을 여지도 있다.

시진핑 경제정책의 또 다른 측면은 국가위주의 정책에서 민생위주의 정책으로 전환하고 있다는 점이다. 그 동안의 중국 경제정책의 특징은 국가가 정책을 제시하고 인민은 무조건 수동적으로 따라와야만 하는 정책으로 일관하면서 인민의 희생을 강요하는 정책이었다. 그러나 이러한 정책 강요는 더 이상 인민들에게 먹히지 않고 있다. 경제가 발전하고 생활이 안정화되자 인민들의 목소리가 더욱 다양해지고 점점 커져가고 있다. 이러한 현실에 직면하여 시진핑 체제는 민생의 희생을 강요하는 정책에서 민생을 중시하는 정책으로 전환하고 있다(박광득, 2013: 174-175). 그러나 최근 불거진 미중관계의 악화와 그에 따른 보호무역주의 경향의 강화는 신진핑 정부가 공언한 국유기업을 개혁해 경제체질을 바꾸겠다는 애초의 계획에 역행하여 국유기업을 더욱 강화하는 방향으로 나아감으로써 민생위주 정책으로의 전환은 더욱 요원한 과제가 되고 있다.

시진핑의 부패와의 전쟁

시진핑이 집권할 당시 중국 사회가 당면해 있는 가장 큰 문제는 부패와 빈부격차, 그리고 이로 인한 각종 사회적 시위가 일상화되고 있었다는 점이었다. 이로 인해 공산당은 심각한 신뢰의 위기와 통치 정당성의 위기에 직면해 있었다. 이러한 문제가 발생한 주된 이유는 그동안 중국정부가 정치적 민주화 없이 제도 개선 중심의 정치 개혁을 추진한 때문이었다. 중국의 공산당 일당독재 체제에서는 당과 지도부에 권력이 과다하게 집중되어 있지만 당정엘리트에 대한 적절한 감독과 견제를 이끌어낼 수 있는 민주적인 메커니즘이 부재한 관계로 당 내부에서 당 관료와 정치엘리트의 부정·부패를 통제할 수단이 부재하였다. 또한 공산당으로 일원화된 중앙집권적인 통치는 대중들에게 적절한 정치 참여와 의사표출의 기회와 통로를 제공해주고 있지 못해, 매년 수십 만 건의 불법시위로 나타나는 '가두시위정치'가 일상화되었다(이정남, 2013: 91). 그 결과 중국 사회에 관료부패나 빈부격차 등에 대한 사회적 불만이 사회 불안을 가중시킬 뿐만 아니라, 경제발전과 시장화로 인한 이익과 가치가 급속히 다원화되면서 통치 엘리트와 인민들 사이의 가치와 인식의 통일이 더욱 요원해졌다. 따라서 빈부 격차와 불평등에 대한 인민들의 불만이 공산당 통치의 정당성을 약화시키는 주요한 정치적 압력 요인이 되어 왔다(이정남, 2013: 92-93).

이러한 현실에 대한 시진핑의 개혁 구상은 '18기 3중전회' 회의 내용에서 잘 나타났다. '18기 3중전회'는 2012년 시진핑 체제를 탄생시킨 18차 당 중앙위원회가 출범한 뒤 3번째로 개최되는 회의였다. '18기 3중전회'의 논의 내용은 회의에서 통과된 「결정」과 폐막 직후 시진핑의 「결정」에 대한 설명에서 잘 나타나 있다. 이 「결정」은 시진핑 시대 향후 10년 중국개혁의 이정표이자 행동 강령이라고 볼 수 있다. 「결정」 전문에서 개혁의 총체적인 설계와 발전을 지휘할 중추적 기구로 '중앙전면심화개혁 영도소조'를 설립할 것을 밝혔다. 여기서 '전면'이란 개혁의 분야가 경제, 정치, 문화, 사회, 생태문명과 더불어 군사·국방과 군대건설, 그리고 당 건설 등을 망라하는 전면적이고 종합적이며 균형적인 개혁을 선언하고 있음을 의미하고, '심화'라는 표현은 개혁의 심도와 수위의 정도를 말한다. 「결정」은 '전면심화개혁'의 최종 목표를 "국가의 거버넌스治理 체계 정립과 거버넌스 역량의 현대화"로 못 박고 있어 전반적인 국가통치시스템의 제도화에 방점을 두고 있음을 의미하였다(이춘복, 2014: 137). 회의 주제는 '시장을 통한 개혁의 심화'이고 핵심은 "부와 시장의 관계 재정립 및 자원 배분에서 정부의 역할을 최소화하고 시장이 결정적 역할을 하게 한다"는 것이었다. 전반적으로 과거의 개혁의 방향이 경제 쪽에 치중되어 있던 것과 달리 '18기 3중전회'에서는 사회와 제도적 개혁에 초점이 맞추어져 있다. 특히 민생 개선과 사회 개혁을 통한 사회 안정에 주안점을 두었다(이춘복, 2014: 137).

구체적으로, 정부기능의 전환을 가속화하여 정부는 관리, 감독의 역할을 충실히 함으로써 실질적으로 '간정방권簡政放勸'(정부조직을 간소화하고 권한을 아래로 이양)'을 이룩하도록 선언했다. 이로써 궁극적으로 정부 기능을 '만능형'에서 '서비스형'으로 개편한다는 것이었다. 소유제 개혁과 관련하여 사회주의의 특징인 공유제와 더불어 다양한 종류의 소유제 경제를 발전시키고 이를 보장할 수 있는 재정·조세체재 개혁을 단행함으로써 정부 독점 영역에 대한 민간 진출을 확대하는 방안도 포함되었다(이춘복, 2014: 138).

'18기 3중전회' 「결정」의 '기초준비공작소조'는 시진핑 주석이 조장을 맡고, 정치국 상무위원인 류원산劉雲山과 장가오리張高麗가 부조장을 맡았다. 또한 전방위적 개혁 의제를 걸머지고 나갈 실행 주체의 사령탑으로 '개혁영도소조'를 신설하였다. 중국에서 개혁개방 노선이 시작된 지 35년이 지났지만 개혁을 총괄하는 사령탑이 구성된 것은 이번이 처음이다(이춘복, 2014: 139-140). 사회주의 중국의 개혁 추진에 있어서 가장 큰 어려움은 각 이해당사자 간의 마찰과 기득권에 익숙한 내부 저항이다. 중국 공산당 지도부는 이러한 개혁의 장애물을 제거하고 개혁 추진에 속도를 내기 위해 일종의 개혁 전담 팀을 꾸렸다. 당 중앙이 설립한 '개혁영도소조'는 현재 국무위원 소속의 정부기관인 경제체제개혁위원회보다 급이 높고, 더욱 권위가 있다고 볼 수 있다. 이는 개혁이 심화됨에 따라 관련 개혁 정책에 대한 내부 마찰이 거세지자 중앙 차원의 '정리정돈'이 필요하다는 인식에서 취해진 조치로 풀이된다(이춘복, 2014: 140).

'중앙개혁영도소조'의 조장은 총서기가 맡고, 부조장으로 국무원 총리, 이데올로기와 조직선전담당 상무위원인 류윈산, 당기율검사위원회 수장으로서 반부패를 책임지고 있는 왕치산王岐山 그리고 중앙과 국무원의 관련 부서(국가발전개혁위 등) 책임자들로 구성되었다. 중요한 것은 지방의 '전면심화개혁영도소조'의 조장을 누가 맡느냐에 따라 개혁의 폭과 강도가 결정된다는 것이다. 지방의 '전면심화개혁영도소조'는 최고영도자에게 직접 보고할 수 있음으로써 전국적으로 개혁을 진두지휘하는 최고국가영도기구가 되었다(이춘복, 2014: 141).

18기 당대회 보고를 통해 중국의 정치변화를 설명할 수 있는 키워드를 찾아낸다면, 권위주의 체제의 개선, 민주화가 아닌 법치의 제도화, 당내 민주화를 통한 당의 통치능력 제고, 중국 특색의 사회주의론 견지 등으로 집약할 수 있다. 이를 통해 정치개혁은 공산당 영도 하에 당내 민주주의와 법치 및 이를 가능하게 하는 정치제도 개혁에 초점을 둔 제한된 개혁을 통해 점진적으로 추진될 것임을 전망할 수 있다. 이러한 시진핑 개혁의 핵심적 내용이 부패 청산이다. 시진핑은 개혁개방을 지속적으로 추진함으로써 부강한 중국을 건설하겠다는 의지를 분명히 드러내면서, 이를 위해서 당에서부터 부패 척결을 통해 정치적인 변화를 이끌어가겠다는 구상을 드러냈다(이정남, 2013: 107-108).

중국의 부패문제에 대해 서방 언론이나 기관들의 보도는 다양한 자료를 공개하고 있다. 미국 워싱턴에 있는 부패 돈세탁 전문연구기관인 글로벌 파이넨셜 인테그리티GFI는 2012년 11월 5일 지난 11개월 간 중국에서 불법으로 국외로 유출된 돈이 3조 8천억 달러(4천 2백조 원)에 달한다고 발표했다. 그 중에 5% 가량인 1,900억 달러(약 200조 원)이 부패와 관련된 돈 일 것이라고 추정하였다(이정남, 2013: 95). 이러한 부패와 빈부격차의 문제로 대중들의 불만이 증가하고 있음에도 불구하고, 민주적인 정치참여의 기회가 보장되지 못한 대중들은 가두시위나 한정된 인터넷 공간을 통해 정치적인 불만을 표출하고 있다. 이로 인해 가두시위는 일상화된 정치참여의 형태가 되어 왔다. 중국의 대중시위는 1990년 이래 폭발적으로 증가하여 1993년 10,000건, 2005년 87,000건, 2010년 180,000건 등 극적으로 증가해 왔다. 또한 시위 수의 증가뿐만 아니라 참가인원수, 규모, 대항방식 등에서 확대되고 더욱 체계적이고 조직적으로 진행되었다(이정남, 2013: 95).[9]

9 그럼에도 불구하고 후진타오 정부는 집권 기간 동안 정치·사회적 '안정'을 최상의 가치로 강조하면서 안정적인 사회 관리에만 초점을 맞추어 왔으며, 경제·사회적 불평등과 정치적 불만을 해결하기 위한 근본적이고 실질적인 개혁을 추진하지 않았다. 즉, 후진타오 지도부는 민주화 없는 법치와 제도화 중심의 정치 개혁을 추진함으로써 권력 중심에 대한 감독의 부재와 이로

개혁개방 이후 진행된 중국의 반부패 운동은 크게 세 시기로 대별된다. 첫 번째 시기는 개혁개방 초기인 덩샤오핑 시기(1980-1989)로 이 시기에 한편으로는 개혁개방과 경제발전을 촉진하고 다른 한편으로는 경제범죄를 엄단하고 민주법제를 추진하였다. 그러나 이 시기 중국 지도부의 주된 관심사는 경제성장과 현대화였던 만큼 민주법제 건설이나 경제범죄 엄단은 정치적 수사로 그쳤다. 따라서 이 시기에 반부패 운동은 형식에 그쳐 제대로 실시되지 못했다. 두 번째 시기는 장쩌민-후진타오 시대(1989-2012)로 이 시기에 반부패 운동은 좀 더 체계적으로 발전되었다. 이 시기에 부패에 대해 개별 사안에 대한 처벌위주 정책과 근본적인 문제에 대한 제도적인 개혁을 동시에 진행한다는 방침을 정식화했다. 그러나 이 시기에도 반부패 운동의 실질적인 진전은 없었고 이는 단지 예방적 차원의 캠페인에 머무르는 한계를 보였다. 이 시기에 반부패 운동은 효과적으로 수행되지 못했고 개별사안에 대한 처벌도 미온적이었으며 근본문제 해결을 위한 제도화에도 큰 진전이 없었다. 이러는 와중에 중국 사회의 부패문제는 더욱 악화되었고 인민들의 당과 관료에 대한 불신과 반감은 증폭되었다(이문기, 2015: 58-60).

세 번째인 시진핑 시기(2012-현재)에는 개별 사안에 대한 처벌을 통해 부패에 대한 근본적인 문제 해결을 촉진하는 방침으로 변모하였다. 시진핑은 '선 처벌 후 제도화'를 기조로 택했다(이문기, 2015: 60). 시진핑 정부는 다른 어느 때보다도 반부패 운동을 강력하게 또 장기간 지속해서 진행하고 있는데 이는 무엇보다도 시진핑 자신의 부패척결에 대한 강력한 의지를 반영한다. 시진핑의 부패 척결 의지는 당 중앙으로의 권력 집중으로 잘 나타났다. 시진핑은 반부패 운동을 총지휘하는 당 기율검사위원회의 권한을 강

인한 심각한 권력부패를 조장하였으며, 지역과 계층 간의 불평등 확대로 인한 대중들의 불만을 표출할 수 있는 정치 참여의 기회를 제공해주지 못했다. 그 결과 가두정치가 일상화되면서 심각한 통치 위기를 맞게 된 것이다(이정남, 2013: 97-98).

화하고 반부패 사건의 핵심 업무를 담당하는 '기검감찰실'을 대폭 강화했다. 기율위 기능 중 중앙기율위 산하에 '중앙순시조'의 사찰을 강화하여 주로 장·차관급 간부 및 기관을 대상으로 대대적인 사찰을 진행하는 한편 일반 공직사회는 '8항 규정'을 두어 강력한 공직기강을 확립하였다. 또한 언론과 지식인 사회에 대해서는 '당9호 문건'으로 사상적 통제를 한층 강화했다(이문기, 2015: 70-72).

시진핑 집권 초기부터 간부들의 기강을 바로잡고, 체제에 대한 충성도를 높인다는 의도로 정풍운동과 반부패 투쟁이 동시에 전개되었다. 시진핑 체제 정풍운동의 핵심 내용은 '군중노선'의 교육과 실천이다. 중앙정치국은 2012년 12월 4일 '8항 규정'을 발표했다.[10] 시진핑은 잘못된 네 가지 업무풍토(四風: 관료주의, 형식주의, 향락주의, 사치풍조)의 폐단을 없애기 위해서는 먼저 고위간부와 공직자부터 솔선수범하는 자세가 필요하다고 말하고 이른바 '8항 규정'이라는 가이드라인을 제시했다. 이 4대 풍조는 공산당 간부들이 군중과의 괴리현상을 심화시키는 대표적인 것들로 인식되었다(이문기, 2015: 72-74).

그 결과, 형식주의 차원에서 진행되어온 각종 회의와 문건이 각각 24.6%, 26.7% 감소되었다. 11만 4천대의 관용차가 정리되었고, 2천 227만 평방미터의 당정기관의 사무실이 정리되었으며, 출장비 등 당정간부의 활동 경비도 약 530억 위안 감소되는 등 사치풍조 극복에도 성과를 나타냈다. 향락주의와 관련해서는 도박 혐의자 7천 162명, 10만 위안 이상의 선물을 수령한 자 2천 550명, 준조세 등 부당 세금 징수자 8천 519명, 불법 기업 겸직 간부 6만 3천여 명이 처벌을 받는 등의 조치가 향락주의 근절

10 '8항 규정'의 주요 내용으로는 '공공기관의 신축과 장식 제한', '각종 공개회의 간소화,' '경축행사 및 경조사 제한,' '접대성 식사 및 음주 금지,' '개인 통신료 등 제 비용 공비처리 금지,' '정부의 각종 규제활동에서 형식주의 타파,' '공무용 차량 이용의 규정 준수,' '공비이용 국내외 여행 금지' 등이다. 이는 중하위 공직자들의 공직기강 확립을 위한 것으로 관행적으로 용인되었던 모든 일탈행위를 금지하는 고강도 정풍운동이었다(이문기, 2015: 72-74).

차원에서 진행되었다(주장환, 2015: 142). 이는 이전 정풍운동과 크게 차이를 보이고 있고, 이로 인해 중국의 간부 사회가 크게 동요하고 부패의 정도가 줄어든 것은 틀림없는 사실이다.

한편 반부패 투쟁의 경우, 그 범위와 수준 그리고 방식의 차원에서 예전과 달리 진행되었다. 우선 그 범위와 수준이 비약적으로 높아졌다. 이전의 관례였던 금기와 성역을 넘어서서 고강도로 반부패 운동이 진행되었다. 즉 고위 당정간부에 대한 조사와 처벌이 대폭 강화된 것이다. 반부패 척결의 핵심기구인 기율검사위원회는 "호랑이와 파리를 불문하고 때려잡겠다"고 언명한 후 반부패 운동을 본격화 했다(이희옥, 2015: 29). 2012년 11월 제18차 중국 공산당 전국대표대회 이후 2014년 10월까지 약 2년 동안 모두 18만여 명의 당원이 각종 부패혐의로 처벌받았다. 지난 2년 동안 한국의 장·차관에 해당하는 부장과 부부장급 간부 중 모두 55명이 부패혐의로 처벌받았는데 이는 2007년부터 2012년까지 매년 평균 6명이 처벌받은 것에 비하면 약 4배가 증가한 것이다. 특히 시진핑 체제의 반부패 투쟁의 강도를 가늠할 수 있는 예는 바로 저우융캉周永康 전 공산당 중앙위원회 상무위원과 쉬차이호우徐才厚 전 중앙군사위원회 부주석에 대한 조사와 처벌이다. 저우융캉은 중화인민공화국 건국 이후 최초로 정치국 상무위원 출신이 부패로 조사받는 사례가 되어 중국 공산당의 반부패 투쟁 역사에서 한 획을 긋는 사건으로 평가되고 있다(주장환, 2015: 142-30). 저우융캉은 2015년 6월 반부패 혐의로 종신형을 선고받았다. 이렇듯 시진핑의 반부패 청산은 전사회적인 공포통치와 결합되어 진행되면서 강력한 효과를 발휘하였다.

시진핑 체제의 반부패 투쟁은 범위와 수준 뿐 아니라 방식에서도 주목받고 있다. 바로 일회성이 아니라 상례화, 제도화를 진행하고 있기 때문이다. 가장 중요한 것은 중국 공산당 내에 존재하는 감찰기구인 중앙기율검사위원회의 실제 권한 강화이다. 첫째, 기율검사위원회 체계의 독립성이 제고됐다. 기율위원회는 오직 상급 기율위원회의 지도만을 수용한다. 둘째, 기율검사위원회의 조직이 강화됐다. 셋째, 기율검사위원회에 대한 자체 감찰을 강화했다. 이로 인해 상시적인 반부패 투쟁이 진행될 수 있게 됐다. 이를 바탕으로 시진핑은 2014년 10월에 개최된 제18기 공산당 중앙기율검사위원회 제4차 전체회의에서 '강력한 반부패 투쟁의 일상화'를 선언했다. 즉 향후에도 전과 같은 강도 및 속도로 반부패 투쟁을 지속적으로 진행하겠다는 것이다(주장환, 2015: 144).

그러나 이러한 반부패 운동에는 근본적인 문제점과 부작용도 크게 나타났다. 시진핑이 고강도 반부패 운동의 과정으로 지식인과 언론에 대한 사상통제를 강화한 것이다. 대표적인 것이 2013년 4월에 발표한 '당중앙 제9호 문건'이다.[11] 이 문건은 언론과 지식인의 중국의 현 체제와 지도부에 대한 비판을 금지한 것으로 언론과 표현의 정치적 자유를 철저히 억압한 것이다. 대안으로 당 중앙은 인민민주주의, 혼합적 경제, 사회주의 핵심가치, 중국문화 전통 등 중국식 사회주의 가치를 다룰 것을 강조했다(이문기, 2015: 74). 모든 개혁에는 문제점이 따르기 마련이다. 따라서 철저한 개혁을 위해서는 끊임없는 비판과 반성이 필요하다. 그러나 시진핑의 부패와의 전쟁은 반대 세력과 언론을 철저히 침묵시키고 진행하는 만큼 많은 무리수가 따를 것이고 이는 차후에 커다란 후유증과 반발로 이어질 수 있다.

시진핑 개혁의 한계

시진핑의 반부패 운동은 철저하게 사회주의 가치의 틀 내에서 진행되었고 이 가치를 통해 당면 위기를 극복하여 '중화문명의 위대한 부흥'을 열겠다는 소명의식과 맞물려 있다(이희옥, 2015: 40). 시진핑 정부는 부패문제를

11 '당 중앙 제9호 문건'의 구체적 내용은 '서구식 입헌 민주주의,' '보편적 (인권)가치,' '신자유주의 경제이념,' '언론 독립,' '시민사회,' '당의 역사에 대한 허무주의,' '개혁개방과 중국특색 사회주의에 대한 회의적 인식' 등 언론과 지식인이 확산을 저지해야 할 일곱 가지 위험사조를 구체적으로 명시한 것이다(이문기, 2015: 74).

해결하기 위해 '모든 권력을 제도의 틀 속에 집어넣어' 감독과 제약을 강화하고자 하였다.

그러나 중국에서 부패가 만연하는 근본 원인은 결국 당에 의한 권력 독점과 이에 따른 정치의 불투명성에 기인하는데 시진핑이 제기한 '법치'는 이를 전혀 해결하지 못하고 있다. 중국의 법치는 공산당의 통치 정당성을 강화하는 것으로 당이 모든 국가권력을 독점하는 '당치'를 넘어설 수 없는 한계를 지니고 있다. 중국에서 부패문제를 근본적으로 해결하는 길은 정치과정의 투명성 제고와 감독기제를 강화하는 것이다. 그러나 당이 모든 권력을 독점하고 법 위에 군림하는 한 실질적인 청렴정부 건설과 제도화된 반부패 기구의 설립은 현실적으로 어렵다(이문기, 2015: 77-84). 절대적인 당의 권력을 등에 업고 시진핑의 의지로 진행되는 반부패 운동은 제도로 고착되어 항시적인 견제와 균형으로 작동되지 않을 여지가 많다. 당의 절대 권력을 배경으로 시진핑 개인 또는 지도부의 의지와 소신에 의해 진행되는 정책은 이들 집권층의 의지에 따라 얼마든지 변화될 수 있는 여지가 생긴다. 부패 척결에 대한 시진핑의 의지가 아무리 선하다 해도 권력에 대한 객관적인 견제와 균형 장치가 없다면 그 행위는 시간이 지남에 따라 결국 왜곡되고 타락된다는 것이 일반적 상식이다.

모든 국가권력을 장악하고 있는 당의 초법적 행위를 넘어설 수 있는 법제도 개선과 이에 따른 객관적이고 투명한 법과 제도가 만들어져 모든 사람에게 평등한 법 집행이 이루어질 때 시진핑의 반부패 운동이 인민들의 공감대를 형성하면서 성공할 수 있을 것이다. 그러나 공산당 일당 독재체제 하에서 강도 높게 진행되는 시진핑의 반부패운동은 현 집권층의 절대 권력을 견제할 만한 장치가 결여된 만큼 일정한 한계를 지닐 수밖에 없다. 시진핑 개혁의 성공여부에 대한 논의는 결국 얼마나 효율적으로 절대 권력에 대한 견제와 균형 장치를 마련할 수 있는가 하는 논쟁으로 넘어갈 수밖에 없다. 그러나 지금까지의 진행 상황으로 미루어 보건대 시진핑 지도부는 권력의 견제 장치를 마련하기 위해 노력하기 보다는 절대 권력을 더욱 강화하는 쪽으로 나아가고 있는 것으로 보인다. 최근 중국과 홍콩에서 체제 비판적 지식인들이 하루아침에 사라지는 현상, 언론과 학계에 대한 정치적 탄압 강화, 주변국들과의 영토 분쟁 및 영유권 분쟁 강화, 호주를 비롯한 주변국들과의 정치적 마찰에 대한 경제적 보복 강화, 국제적 반대에도 불구하고 강행한 홍콩보안법 통과, 국진민퇴國進民退의 논란을 일으킨 국유기업의 강화 등의 일련의 사건들은 시진핑 정부가 민주적 제도 개혁보다는 강압적인 독재 권력을 더욱 강화하고 있음을 상징적으로 보여주고 있다.

5장. 중국몽과 일대일로

들어가는 글

2017년 시진핑 체제의 제2기를 시작할 때 중국은 미국 중심의 세계체제에 대한 유일한 대안으로 전 세계적으로 정치, 경제, 군사적인 측면에서 막강한 힘을 과시하고 있었다. 시진핑은 개혁개방 이후 과거 어느 정권보다도 강력한 언론 및 사상 통제로 공산당 중심의 체제 안정을 이룩하였고, 막강한 경제력을 바탕으로 서남아시아, 남미 및 아프리카 국가들에게 적극적인 경제지원을 함으로써 국제 세계에서의 영향력을 더욱 확대하였으며, 강화된 군사력을 바탕으로 동·남중국해의 영유권 분쟁을 주도하였다. 한마디로 2017년 시진핑 2기 체제에 들어서면서 중국은 과거 굴욕의 역사를 청산하고 세계적 강대국으로 거듭나고 있었다.

2017년 10월 23일 시진핑 체제 2기를 알리는 중국 공산당 정치국 신임 상임위원단 소개 자리에서 시진핑은 샤오캉사회(小康社會: 국민들이 기본적인 복지를 누리는 사회) 실현 약속을 재확인했다. 이러한 언급은 시진핑 새 지도부의 최우선 과제가 경제 성장을 통한 민생 개선임을 강조한 의미로 해석되었다(매일경제, 2017. 10. 27). 샤오캉사회의 실현은 시진핑이 집권 목표로 제시한 "중국몽(中國夢: 중국의 꿈)"의 핵심 실천 내용이었다.

중국몽은 시진핑 체제의 핵심 정책구상이다. 2012년 말 차기 중국의 새 지도자로 선출된 시진핑은 '중국의 위대한 부흥"이라는 의미로 중국몽이라는 매우 추상적이고 모호한 용어를 처음으로 언급했다(Callahan, 2015a: 221). 이후 중국 제5세대 지도부의 시작을 알리는 2013년 3월의 양회兩會

폐막 기자회견에서 시진핑이 중국몽이라는 단어를 여러 번 언급하면서 중국몽은 시진핑 체제 외교정책의 특성을 가장 잘 대변하는 핵심 용어가 되었다(홍건식, 2018: 116).

이렇듯 중국몽은 시진핑이 집권하면서 본격적으로 거론되기 시작한 것으로 집권 초기부터 그 개념적 구상이 명확히 정립된 것은 아니었다. 양회 종료 이후 중국몽에 대한 다양한 주석과 해석이 이루어지면서 내용과 실천 방향이 조금씩 정리되어 갔다(김태만, 2013: 5). 그리고 2015년부터 시진핑 정부가 정권의 모든 역량을 투입해 '일대일로一帶一路' 사업을 적극적으로 추진하면서 일대일로가 중국몽의 구체적인 실천 전략으로 가시화되기 시작했다.

중국몽의 내용은 시진핑 정부의 집권 과정에서 조금씩 구체화 되었고 집권 2기가 출범하는 2017년에 이르러 그 내용과 실천방법이 좀 더 명확해졌다(김태식, 2015: 49). 시진핑은 "모든 개인에게 기회가 공평하게 주어져 있으니 개인이 노력하기만 하면 국가는 정책적 조건을 제공한다"고 주장하였는데 이는 당시 경제성장의 결과 나타난 부정과 부패를 청산하고 각종 격차를 시정하여 '반부패 공정사회'로 개혁을 이룩하겠다는 시진핑의 강력한 의지를 천명한 정책이라 할 수 있다(김태만, 2015: 22).

실제에 있어서 전 세계적으로 국가의 꿈이 공식적으로 거론된 경우는 미국의 아메리칸 드림American dream이 유일했다. 중국몽은 아메리칸 드림을 벤치마킹한 것으로 중국이 미국에 이어 과감하게 국가 차원의 비전을 제시한 것이라 볼 수 있다. 이렇듯 시진핑이 집권하면서 중국몽을 공식화한 것은 지난 30여 년간 중국의 지속적인 고도 경제성장과 G2로의 진입으로 고무된 시진핑이 자신감과 사명감을 갖고 세계 유일 강대국인 미국의 패권에 대해 도전한 것으로 이해될 수 있다.

그러나 좀 더 자세히 들여다보면 중국몽은 그 추구하는 바가 아메리칸 드림과 크게 다름을 알 수 있다. 아메리칸 드림은 문자 그대로 '미국인의 꿈'으로 번역되며, 국민 개개인의 번영과 행복을 추구하는 것으로 이해된다. 반면에 중국몽의 영어 번역은 '중국인들의 꿈'Chinese dream이 아닌 '중국의 꿈'China dream이다(Callahan, 2015a, 2015b, 2017). 이러한 번역이 갖는 의미는 중국몽이 아메리칸 드림과 다르게 중국 인민 개개인들의 번영과 행복 추구가 그 목표가 아니라 중국이라는 국가의 번영과 부강을 추구하는 것이 최종 목표라는 것을 말해준다.

사실상 중국몽은 시진핑 지도부가 정책적 의제로 창출한 개념으로 이는 21세기에 경제적으로 급부상한 중국의 자부심을 대변하고 있다. 시진핑은 과거 중국이 가장 번성한 시기인 당나라의 황금시대를 재현하여 서구 제국주의 열강에 당했던 굴욕적인 근대화를 극복하고 세계적 강국이 될 것을 목표로 하고 있다. 그리고 그 내용도 서구 민주주의와 자본주의라는 서구 중심적 프레임에서 벗어나 세계적 표준이 아닌 중국적인 것, 중국적인 특색을 갖춘 표준의 중국 부흥을 구상하였다.

아메리칸 드림과는 다른 중국적 특색을 가진 중국의 꿈을 구현하기 위해 시진핑은 세 가지 전제조건을 제시하였다. 첫째, 중국몽은 반드시 "중국의 길中國道路"을 걸어야 한다는 것이다. 중국의 길이란 "중국 특색의 사회주의"를 일컫는 말로 이는 "공산당 일당독재를 유지한 가운데 시장경제를 추구하는 노선"을 말한다. 둘째, 중국몽은 "중국의 정신中國精神"을 선양해야 한다는 것이다. 중국정신은 "민족정신"과 "개혁·창신"을 핵심으로 하는 시대정신을 말하는데, 전자는 중화민족을 단결시키는 정신적인 힘이고 후자는 개혁개방을 지속하는 정신적인 힘을 말한다. 마지막으로 중국몽은 "중국의 역량中國力量"을 결집하여 개인보다는 집단으로서 국가의 부흥을 실현해야 한다는 것이다. 이렇듯 중국 특색을 강조하다보니 중국몽에서 개인의 꿈의 영역은 민족의 꿈, 나아가 국가의 꿈과 같은 집단의 꿈으로 변화·승화되었다(전인강, 2013: 95; 최경식, 2104: 16-17).

이 장에서는 시진핑이 제시한 중국몽의 내용을 좀 더 구체적으로 분석하여 중국몽이 과연 실현 가능한 꿈인지 아니면 단순히 중국 공산당 지도부의 의욕이 부른 공허한 외침에 불과한지를 살펴보고자 한다. 이를 위해 먼저 중국몽이 제시하는 구체적인 목표와 내용이 무엇이며 이것이 어떤 역사·문화적 배경에서 나오게 되었는지, 특히 중화중심 사고에서 발현된 '중국 예외주의'가 어떻게 중국몽에 영향을 미치고 있는지에 중점을 두고 살펴볼 것이다. 그리고 이러한 중국적 사고에서 발현된 중국몽이 또 다른 국가의 꿈인 아메리칸 드림과 어떻게 같고 다른지를 비교 고찰함으로써 중국몽의 성격을 좀 더 명확히 규정해보고자 한다.

다음으로 중국몽의 실천적 차원을 살펴볼 것이다. 우선 중국 사회 내부에서 중국 인민들은 중국몽을 어떻게 인식하고 받아들이는지를 살펴본 후 중국몽의 대외 실천과제로 제시된 "일대일로"一帶一路: One-Road One-Belt 사업의 내용과 진행과정을 통해 중국몽의 실현가능성과 문제점을 진단해볼 것이다.

중국몽에 대한 이해

중국몽의 목표와 샤오캉사회

시진핑은 막대한 외환보유고, 세계의 공장이라고 불리는 생산능력, 순식간에 한국을 따라잡은 기술발전, 급속도로 강해지는 군사력 속에서 칭화대학 후안강 교수가 주장하는 '슈퍼 파워 차이나'를 바탕으로 미국에 대한 도전을 과감하게 시도했다(뉴 데일리, 2018. 8. 21). 시진핑은 집권과 함께 덩샤오핑 이후 중국 지도부가 국가진략으로 삼아온 '도광양회'와 '회평굴기'를 과감히 던져버리고 더욱 호전적인 국가전략인 '대국굴기'와 '중국몽'을 주창했다. 시진핑은 특히 중국몽을 강조했는데 이는 당나라 시대와 같은 '중화'의 번영을 이룩하겠다는 뜻이다(뉴 데일리, 2018. 8. 21).

중국몽은 아메리칸 드림을 벤치마킹 한 것으로 궁극적으로 세계 최고의 강대국인 미국을 능가하는 사회를 만들어 과거 중국 제국의 영광을 재현하겠다는 구상이다. 시진핑은 중국몽을 "중화민족이 근대 이래 꿈꿔온 가장 위대한 꿈"으로 "중화민족의 위대한 부흥을 실천하는 것"이라고 정의하면서 이 꿈은 반드시 실현될 수 있다고 강하게 주장하였다. 시진핑은 중국공산당 창립 100주년인 2021년까지 "샤오캉사회를 전면적으로 건설"하는 목표를 반드시 실천하고, 신 중국 성립 100주년이 되는 2049년이 될 때까지 "중화민족의 위대한 부흥"의 꿈을 반드시 실현하겠다고 말했다(최경식, 2014: 13). 여기서 "중화민족의 위대한 부흥"이란 중국이 미국을 넘어서는 세계적인 최강대국이 되어 전 세계에 영향력을 미치겠다는 말이다. 실천적 측면에서 볼 때, 2050년이 되면 중국의 종합국력이 미국을 뛰어넘어 중국이 세계 최강대국이 되겠다는 다짐이다(동아일보, 2017. 10. 19).

이렇듯 시진핑은 중국몽의 궁극적인 목표를 미국을 넘어서는 부유하고 강한 국가를 건설하여 과거의 영광을 되살리고 국민을 행복하게 만드는 것으로 제시하고 있다(Callahan, 2015a: 221). 시진핑이 제시하는 중국몽의 목표는 단기적으로 임기 내에 전면적인 샤오캉사회 건설을 완성하고 장기적으로는 더욱 부강하고, 문명화되고, 현대화되어 미국을 능가하는 위대한 중국을 건설하는 것이다(홍건식, 2018: 117-119).

중국몽 자체가 현존 세계의 유일한 강대국인 미국을 대상으로 이에 대한 도전을 시사하는 만큼 시진핑은 차후 그 구체적인 실천 과정에서 가장 크게 마찰과 갈등을 일으킬 나라가 미국임을 강하게 인식하였다. 따라서 중국 공산당 지도부는 미국을 크게 경계함과 동시에 미국과 주변국에 대해 서로 다르게 대하는 이중적 전략을 구사하였다. 시진핑은 미국을 크게 경계하여 미국과의 관계에서는 "신형대국관계"를 제시하였다. 이는 미국과 중국 간의 수평적 관계를 구축하여 가능한 한 미국과의 이해충돌을 피하고 상호 이익을 위한 공동 인식을 형성하자는 것이다. 반면에 지역 내 주변국들에게는 중국의 우월적 지위를 명확히 하는 전략을 구사하고 있다. 즉, 국제사회에서 중국의 제 위치 찾기, 즉 새롭게 추진되는 '중국식' 강대국 외교 전략을 강하게 밀어붙여 국제사회에서 중국의 위치와 위상을 명확히 하겠다는 전략이다(한국경제, 2018. 8. 29).

여기서 중국몽의 핵심 실천전략인 '샤오캉사회'라는 말은 1980년대 덩샤오핑鄧小平이 당시 극히 낙후된 중국 경제 및 사회 발전의 청사진을 그릴 때 제기된 전략적 구상이었다. 샤오캉사회가 그리는 기본적인 복지 기준의 모호함에 대한 중국 인민들의 이해를 돕기 위해 샤오캉의 기준이 경제적인 수치로 표현되었는데 이 기준은 경제가 발전하면서 조금씩 변화되었다. 중국 경제가 상대적으로 낙후되었던 시기인 1991년에 덩샤오핑이 제시한 '샤오캉'의 구체적인 수치는 1인당 GDP 900달러, 엥겔지수 50%, 문맹률 15% 등이었다. 그런데 이 목표가 초과 달성되자 2002년 가을에 열린 중공 16차 당대회에서는 "전면적인 샤오캉사회 건설"에 목표를 두고 구체적인 기준으로 1인당 GDP 3000달러 이상을 제시하였고, 2007년 중공 17차 당대회에서는 구체적인 기준을 2020년 1인당 GDP를 2000년의 4배로 상향 조정했다. 이는 약 4000달러 수준이었다. 그리고 시진핑 체제가 출범하던 2012년 중공 18차 당대회에서는 "전면적인 샤오캉사회 완성"을 목표로 다시 상향 조정하여 1인당 GDP를 2010년의 2배로 증가시켰는데 이는 약 1만 달러에 해당한다. GDP 1만 달러 달성은 중진국으로의 진입을 의미한다. 따라서 1인당 GDP 1만 달러가 돌파되는 2020년이 되면 중국의 모든 인민이 중진국의 풍요로운 삶을 누리게 되는 샤오캉사회가 된다는 것이다(최경식, 2014: 14-15). 시진핑은 2017년 시진핑 체제 제2기 출범을 알리는 시점에서 이의 실천 약속을 재확인했다.

중국몽과 유교 문화 전통

중국 정부가 중국몽에서 "중국의 위대한 부흥"을 말하는 것의 한편에는 과거 중국의 정체성이 서구 열강에 의해 유린당했던 굴욕의 역사를 회복하겠다는 의지가 담겨 있다. 따라서 중국몽에는 과거 아시아의 맹주였던 당나라 제국의 황금시대를 재현하여 중국의 자존심을 회복하겠다는 강한 의지가 투영되어 있는 것이다.

중국 근대사의 경험은 외국인과 서구에 대해 부정적인 가치를 심어주었다. 중국몽이라는 미래에 대한 열망은 굴욕의 과거에 대한 보상과 함께 한다. 따라서 중국몽은 국가적 열망에 대한 긍정적 표현인 동시에 또한 반反-서구, 반反-일본이라는 중국의 정체성을 표현하는 것이다. 중국몽 속에는 한편으로는 개인의 성공과 국가의 번영이라는 희망을 포함하면서 다른 한편으로는 서구식 자유주의에 대한 거부와 외국인을 혐오하는 민족주의까지 다양한 스펙트럼이 존재한다(Callahan, 2015a: 222). 중국몽은 중국인들에게 번영의 꿈을 말해주지만 다른 한편으로는 중국적인 것과 비 중국적인 것, 특히 서구적인 것을 구분하고 서구의 개인적인 꿈인 아메리칸 드림과 구분되는 중국 국가의 꿈, 집단적인 민족적 꿈을 제시한다(Callahan, 2015a: 224-225).

지난 30년 동안의 고도 경쟁성장 이후 중국이 직면하고 있는 가장 큰 문제는 물신 숭배 사상으로 변해가고 있는 중국의 도덕적 위기다. 이러한 위기의 타개책으로 중국 지도부는 전통의 재발견으로 관심을 선회했다. 전통이란 중국의 전근대 유교 문명만이 아니라 근대의 개혁적이고 혁명적인 사회주의 이데올로기도 포함한다. 현 중국 지도부가 강조하는 전통이란 사회주의 이데올로기와 유교 문명 모두를 말하는 것이다. 이는 매우 미묘한 결합인데 애초에 사회주의는 근본적으로 과거를 혁명적으로 청산하고 새로운 근대의 창출을 설명하는 이데올로기로 전통과 질서를 존중하는 유교적 전통과는 전혀 길이 다른 이념체계였다. 그런데 경제성장과 국력신장으로 중국의 위상이 커지자 중국에서는 민족 및 국가 정체성 문제가 주요 과제로 등장했다. 중국 지도부는 중국의 정체성을 찾고 미래 발전을 설명하기 위해 중국 문화를 대변하는 유교 전통의 재도입을 결정했다. 이렇게 해서 사람들 간의 평등을 강조하는 근대 사회주의 이념과 위계와 질서를 강조하는 유교 문명의 독특한 결합이 이루어졌다. 이로써 평등과 위계가 통합하여 국제 경쟁력을 갖춘 새로운 형태의 사회 발전 모델인 중국식 '국가주의statism'가 창출된 것이다(Callahan, 2015b: 984-986).

중국식 국가주의는 '중국 특색의 사회주의'라는 말로 표현된다. 이는 중국의 독특한 역사·문화적 특성과 사회주의적 근대화의 결합을 표현하는 말이다(Callahan, 2005a: 221). 중국의 역사·문화에 대한 중국인들의 인식은 국제 환경의 변화에 따라 매우 가변적이었다. 중국 역사를 돌이켜 볼 때, 19세기 말 청일전쟁의 패배와 이후 계속되는 서구 제국주의의 침략은 5천년 역사와 문명 그리고 아시아의 맹주를 자부하던 중국의 자존심에 결정적인 타격을 주었다. 19세기 말 중국 지식인 사회는 이러한 굴욕에서 벗어나고자 유교 문화의 강점을 살려 낡은 중국을 타파하고 새로운 중국을 건설하기 위해 부단한 노력을 하였다. 그러나 유교 문화적 질서가 갖고 있는 한계와 체제 변화에 대한 거부감 속에서 그 해답을 찾기가 어려워지자 2015년 당시 진보적 지식인들은 유교 문화적 위계와 질서의 타파 없이는 중국의 변화가 요원하다고 보고 『청년잡지』를 중심으로 급진적인 신문화 운동을 전개하였다. 당시 중국의 신지식인들은 유교 전통과 가치를 하나의 우상偶像으로 간주하고 이를 과감히 던져버렸다. 그들은 대안으로 서구의 민주주의적 전통과 과학 문명을 받아들이며 급진적이고 전면적인 서구화를 추진하였다(최연식, 2002: 219-221). 그러나 제1차 세계대전 후 중국인들의 의사를 무시하고 산둥반도를 일본에게 양도한 서구 열강의 처사는 서구 문명의 이중성과 위선적인 성격을 중국인들에게 깊이 각인시키는 계기가 되었으며 서구식 발전과 정의관에 대한 중국인들의 낙관적인 기대도 짓밟아 버렸다.

이런 상황에서 러시아 혁명을 통해 등장한 사회주의는 곧 새로운 대안으로 대두되었다. 그러나 중국의 마르크스주의는 전통의 극복이라는 윤리적 문제를 안고 있었다. 마오쩌둥은 중국의 현실과 괴리된 탁상공론을 거부하고 중국의 현실과 역사적 경험에 부합하는 중국 특색에 맞는 새로운 사회주의를 모색했다. 마오쩌둥은 전통과의 공존을 모색하고 마르크스주의를 중국적 전통의 관점에서 재해석하여 '중국적 사회주의'라는 새로운 패러다임을 개척했다. 마오쩌둥은 실천 개념을 매개로 중국 전통의 실체와 마르크스주의의 보편성을 결합하려 하였다(최연식, 2002: 226). 그러나 실천 개념은 상황 변화에 따르는 매우 유동적인 개념이었다. 마오쩌둥은 점차 실천의 정당성에 대한 판단을 독점하여 실천이 갖고 있는 탄력성을 경직시켜 중국의 현실적 조건을 무시하고 마르크스주의에 대한 교조적 해석과 계급투쟁만을 지나치게 강조하였다. 이는 경제적 위축과 침체를 초래하였고, 문화파괴의 소용돌이 속에서 중국의 유교 전통 역시 정치투쟁의 희생양이 되었다(최연식, 2002: 227).

1978년 마오쩌둥 사후 정권을 잡은 덩샤오핑은 현실의 변화를 반영하지 못하는 경직된 사회주의 이념으로부터의 해방을 과감히 추진했다. 마르크스주의의 보편성과 중국의 특수성을 결합하려고 했던 마오쩌둥의 시도는 덩샤오핑 시대에 이르러 사회주의라는 이념적 보편성과 시장경제라는 경제적 보편성의 결합으로 전환되었다. 동시에 덩샤오핑 시대의 중국적 사회주의에서 유교 문화 전통은 우상숭배 도구로 전락하여 낡은 사회주의 전통과 함께 척결되어야 할 봉건적 잔재로 간주되었다(최연식, 2002: 228-233).

1990년대 경제성장에 따른 도덕적 위기가 심해지자 중국 지도부가 찾아낸 새로운 탈출구는 전통의 재발견과 민족주의적 정서에 호소하는 것이었다. 문화대혁명 기간과 개혁개방 초기에 유교 전통은 청산되어야할 과거로 배척받았으나 1990년대 장쩌민 시기에 중국의 선진 문화로 재조명되기 시작한 것이다(Callahan, 2015b: 995). 중국 공산당 정부는 1996년 10월 10일 중국공산당 제14기 6중 전회에서 전통문화의 중요성을 강조하기 시작했다. 1980년대 개혁개방 과정에서 부정과 비판의 대상이기만 했던 유교 문화 전통은 1990년대에 들어서면서 오히려 21세기를 이끌어갈 새로운 문명의 대안으로 인식되기 시작했다. 이제 중국은 또 다시 서구와 중국이라는 두 문명의 결합을 모색하기 시작했고, 중국식 사회주의는 이전보다 더 분명한 중국적 특색을 찾아가기 시작했다(최연식, 2002: 234).

21세기에 들어와 중국이 경제적으로 발전하고 국제사회에서 중국의 위치가 더욱 견고해질수록 사회통합과 안정을 위해 정체성 문제가 주요 이슈로 떠오르게 되었다. 이에 사회주의 이념과 상통하는 점이 있고 모든 인민의 의식과 생활 속에 잠재하고 있는 유교의 부활이 더욱 적극적으로 추진되었다(김진열, 2015: 144). 유교는 정치가 도덕적 이념 안에서 행해져야 한다는 전통을 갖고 있다. 또한 유교는 언제나 단 하나의 국가, 중앙 절대 권력의 권위를 정당화해 왔다. 유교의 복원이 서구중심의 자유주의 이데올로기에 대한 대안으로 중국식 발전모델을 구축하기 위한 문화적·사상적 기반으로 중요해진 것이다(원영호, 2012). 21세기에 들어와 중국에서 유교에 대한 연구가 더욱 활발히 진행되었다(권용옥, 2010; 원영호, 2012). 근대 사회주의 제도 위에 유교 문화적 전통의 강력한 부활이 어우러져 사회주의와 유교 문화의 독특한 결합으로 나타난 것이 중국적 특색을 가진 사회주의라 불리는 중국식 발전모델이다(국민호, 2017). 특히 시진핑 체제에 들어와 중국몽의 강조와 함께 중국적인 것이 각광받으면서 유교 문화적 전통이 더욱 강하게 부각되고 있다.

중국몽과 아메리칸 드림: 중국 예외주의

역사적으로 어떤 국가들이 공개적으로 국가의 꿈을 말하고 있는가? 현실적으로 미국과 같이 강력한 힘을 가진 국가만이 감히 국가의 꿈을 말할 수 있었다. 따라서 지금까지 알려진 '국가의 꿈'은 미국의 '아메리칸 드림'이 유일한 사례였다. 21세기에 들어와 급속한 경제발전을 이룩하고 G2 국가가 된 중국의 지도자 시진핑이 과감하게 중국의 꿈, 즉 중국몽을 공개적으로 말하기 시작했다. 중국몽은 다분히 아메리칸 드림을 벤치마킹한 면이 있으나 실지 그 내용을 들여다보면 아메리칸 드림과는 매우 다른 가치를 지향하는 꿈이다. 중국적 가치는 미국의 가치와 다를 뿐 아니라 심지어 정 반대되는 측면이 다분히 존재한다. 많은 중국몽 해설가들은 중국몽을 아메리칸 드림과 비교해볼 때 그 가치가 전혀 다를 뿐 아니라 심지어는 그 반대라고 주장한다. 심지어 그들은 중국몽은 선good이고 아메리칸 드림은 악evil이라고 주장한다. 중국의 입장에서 볼 때, 미국적 가치는 중국 공산당이 일상적으로 생활하는 인습적 가치에 대해 크게 반대되는 매우 위협적인 것이다. 아메리칸 드림은 근본적으로 개인의 자유와 행복을 지향하는데 비해 중국 공산당은 국가의 부와 번영이라는 집단적 가치를 지향하고 있다. 미국은 개인들의 이익 실현을 위해 분투하는 개인들의 집합으로 알려진 국가인데 비해 중국은 개인보다는 국가의 부와 세력 확대를 위해 총력을 기울이는 국가 중심적 체제다(Callahan, 2017: 257).

아메리칸 드림은 미국적인 이상사회를 이룩하려는 꿈이다. 미국에서의 성공은 국가와 무관한 개개인의 성공이다. 이는 개개인의 능력과 노력에 따라 그에 맞는 기회가 주어지고 개개인이 각자에게 주어진 기회를 살려 열심히 노력하면 더 부유하고 더 향상된 삶을 영위할 수 있다는 믿음이다. 이는 타고난 지위나 신분, 우연한 환경과 무관하게 능력과 노력에 의해 부를 이루고 사회로부터 인정받는 그러한 사회질서에 대한 꿈이다(이정인, 2015: 455). 아메리칸 드림이라는 이미지에 깔린 핵심 메시지는 "성공하기 위해서 열심히 일해야 한다"는 믿음이다. 열심히 일하는 사람은 일반적으로 성공하여 돈과 권력, 명예까지 얻을 수 있다는 것이다. 아메리칸 드림의 기본 전제가 기회의 평등이기 때문에 실패하는 개인은 그 책임을 개인 자신에게 돌려 이를 감수하게 된다(이정인, 2015: 457).

그러나 아메리칸 드림이 처음으로 논의된 시기는 국가적 번영의 시기가 아니라 대공황 시기였다. 국가의 꿈은 국민들의 번영과 행복을 약속하지만 실제에 있어서 그 꿈은 국가의 위기상황에서 자라난 것이다. 아메리칸 드림은 더 나은 삶에 대한 열망과 현실 사회의 불안정의 혼합물로 나타났다. 그것은 성공을 열망하나 동시에 우리가 살고 있는 사회가 결코 정의롭지 못하다는 믿음에서 나오는 불만족 감정과 함께한다. 그러므로 아메리칸 드림은 전적으로 가치의 문제다. 그것은 개인들이 최대한의 성공을 이룰 수 있는 사회질서에 대한 꿈이다(Callahan, 2017: 258). 따라서 세속적 현실에서 이러한 아메리칸 드림은 실지로 존재하지 않을 수도 있다. 더구나 오늘날과 같이 양극화된 빈부 격차 속에서 이러한 미국의 꿈은 요원한 꿈일지도 모른다. 그러나 아메리칸 드림의 이미지는 미국인들의 정신 속에

각인되어 재생산되고 있으며 오늘날까지 미국을 지켜온 정신적 힘이라고 볼 수 있다.

중국이 21세기에 들어서면서 고도 경제성장을 이룩하고 국가 총 GDP가 일본을 추월하여 G2 국가로 승격되면서 중국인들의 삶의 질이 크게 향상되었다. 이에 따라 국민들의 생활과 사고도 급변하였다. 시장 자본주의가 본격화되면서 부의 축적이 삶의 최고 목표가 되었고 중국 인민들의 일상적인 삶 속에 시장 경제 논리가 일반화되었다. 즉, 중국 국민들의 일상적 삶 속에서 자본주의의 일반적인 속성인 개인주의, 이기주의, 소비주의가 생활화된 것이다. 물신주의가 일반화되면서 국민들의 경제적 삶은 점차적으로 국가의 통제를 벗어났다. 이에 대한 지도층의 우려 속에서 등장한 것이 중국몽이라 할 수 있다.

중국몽이 보여주는 유토피아적 사회의 실현을 위한 방법은 아메리칸 드림과 크게 다르지 않다. 그것은 "열심히 일하자" 그러면 "좋은 결과를 얻을 것이다"라는 것이다. 그러나 중국몽은 이러한 개인적 성공에 더해 국가의 성공을 목표로 하고 있다. 중국몽이 주장하는 바는 "부지런히 일하며 근검절약하여 부를 이루어 민족을 부흥시키고 애국하자"는 것이다(이정인, 2015: 468). 결국 중국몽은 민족주의, 애국주의로 귀결되고 있다. 이런 차원에서 중국몽은 "강국몽强國夢"으로 이어진다. 고도 경제성장으로 인해 전체주의적 사고가 힘을 잃어가고 있는 현 중국사회에서 중국 지도부는 근대 이후의 발명품인 '민족', '국가'라는 실체가 모호한 '상상의 공동체'를 내세우며 '꿈'이라는 명제 아래 "대국굴기大國崛起로서의 중국"을 추구하고자 하는 것이다(이정인, 2015: 468).

중국몽은 중국이 세계의 중심이라는 중화 중심 사상 속에서 발현하는 '중국 예외주의China Exceptionalism'에 기반하고 있다. '중국 예외주의'는 '미국 예외주의American Exceptionalism'와 쌍벽을 이룬다. 미국은 자신을 구체제 유럽과는 다른 전혀 새로운 국가, 새로운 유토피아라고 생각했다. 아메리칸 드림은 구체제라고 불리던 유럽 계급사회의 가치에 대한 반작용이라고 볼 수 있다. 이러한 아메리칸 드림은 '미국 예외주의'와 연계된다. '미국 예외주의'에서 미국인들은 미국을 세계에서 아주 특별하고 최고의 나라, 선택된 나라라고 주장하고 있다(Callahan, 2017: 260).

중국몽은 '미국 예외주의'와 대비되는 또 다른 차원에서 '중국 예외주의'를 대변한다. 전통적으로 중국인의 정체성은 문명과 야만이라는 이분법적인 문화적 전통에서 나타났다. 중화 중심적 위계질서에서 중국은 세계의 중심으로 넓고 높은데 비해 야만은 변방으로 좁고 낮은 것으로 묘사된다. 이러한 문화적 전통에서 중국은 다른 어떤 것보다 우월한 세계의 중심으로 간주되었다. 중화 중심 사상에서 나타난 '중국 예외주의'는 중국 지식인과 정치 지도자들로 하여금 너무나 당연하고 자연스럽게 중국을 미국 패권주의에 대한 평화롭고 조화로운 대안으로 여기도록 만들었다.

이러한 관점에서 중국의 번영과 발전은 자연적으로 이웃 국가들의 발전으로 이어진다는 중국 중심적 사고, 즉 자민족중심주의가 나타난다. 시진핑은 중국몽이 중국 인민들을 부유하게 하고 나아가 세계 인민들에게도 이익이 된다고 주장할 뿐 아니라 실제로 그렇게 믿고 있다. 이러한 시진핑의 인식은 그가 추진하는 일대일로一帶一路 구상에서 잘 나타난다. 일대일로는 중국 당나라 시절의 육상 실크로드와 명나라 시절의 해상 실크로드를 재현하여 주변국들과 경제협력 동반자 관계를 구축하려는 시도이다. 일대일로를 구상하면서 신진핑은 '상호주의와 협력'을 강조했다(이정태, 2017: 210-211). 시진핑은 일대일로를 "주변국과 경제 번영과 지역경제협력을 유리하게 하고, 서로 다른 문명 교류를 강화해 세계 평화를 이끌고 세계 각국 인민을 행복하게 하는 위대한 사업"이라고 강조했다(김태만, 2015: 20). 이렇듯 시진핑은 일대일로를 인류 사회 공동 발전이라는 목표를 위해 모든 국가들이 상호 협력하여 공동 발전하는 전략(김태만, 2015: 20)이라고 주장하고 있다. 그러나 그 내용은 중국몽의 실제적 목표, 즉 아시아 중심을 넘어서 세계 중심으로서의 중국의 지위를 회복하는 것, 즉 '중국 예외주의'를 실천하고 있는 것에 다름 아닌 것이다(Callahan, 2017: 261-262).

중국몽의 실천적 차원

중국몽의 대내적 인식과 실천

중국 근대사를 살펴보면 중국은 서구 중심의 세계 질서에서 결코 이득을 얻지 못해왔다. 과거 한때 세계를 지배했던 중국의 자존심은 오늘날 서구중심의 제도인 서구식 민주주의와 자본주의 등 서구 중심적 프레임에 대해 강한 거부반응을 보이고 있다. 중국은 유교 전통과 사회주의를 결합하여 서구와 다른 중국 특유의 발전 프레임인 '사회주의 시장경제'라는 '중국적 특색을 가진 사회주의 모델'을 제시했다. 중국의 주장은 체제의 이념과 무관하게 경제 성장을 이룩하여 국민들이 더 행복한 삶을 영위하도록 하는 것이 가장 좋은 제도라는 것이다. 서구 중심의 프레임을 중국의 편에서 다시 짜는 것, 그리고 이전 당나라 제국의 황금시대를 재현하여 근대 제국주의 열강에게 당했던 국가의 자존심을 회복하는 것이 중국몽 구상에 내재된 사상이다(brunch, 2018. 3. 11).

그렇다면 현실 중국사회에서 중국몽은 인민들에게 어떻게 받아들여지고 있을까? 하나의 꿈, 중국몽 아래 단결된 중화민족의 번영을 이루는 것이 시진핑과 당 지도부의 꿈인데, 문제는 중국몽을 주도하는 공산당의 대표성이 약하다는 것이다. 장기적인 중국몽의 실현을 위해 공산당은 10년 이라는 당 최고지도자의 임기 조항까지 폐지하는 개혁을 단행했다. 문제는 집권당인 중국 공산당이 전체 인민의 투표로 집권한 당이 아니고 시진핑도 전체 인민의 투표로 선출된 지도자가 아니라는 것이다. 전체 인민을 대표하기 보다는 공산당이라는 특정 인구만을 대표하는 중국 지도부가 중국몽이라는 거대한 청사진을 제시하여 다양한 이해관계를 가진 거대 인구를 동참시키는 것은 쉽지 않은 일이다. 중국몽은 아래로부터 인민들에 의해 자연스럽게 태동된 범국민적 꿈이 아니라 중국 지도부에 의해 위로부터 만들어져 집권당인 공산당에게 위촉된 꿈으로 일반 인민들은 대부분 당 지도부가 꾸는 그러한 꿈과 상당 부분 격리되어 있는 가운데 공감하고 있지 못하다는 것이다(brunch, 2018. 3. 11).

중국몽은 중국이라는 국가의 부흥과 번영, 즉 대국굴기를 위한 꿈이라 볼 수 있다. 중국몽은 과거 제국에 대한 향수를 자극하여 부국강병을 이루고 영광을 재현하겠다는 국가주의적 야심을 은연중에 제시하고 있다. 중국몽은 아메리칸 드림이 지향하는 개인적 성공과 다르게 전체주의적 사고 속에서 '민족주의', '애국주의'를 부추기고 결국에는 "중국의 위대한 부흥"이라는 집단적 목표를 실현하고자 하는 것이다. 중국몽은 이상적인 사회나 이상적인 삶을 제시하고 있지만 실제로는 개인의 행복과 번영보다는 강국 실현이라는 집단주의적, 국가주의적 사고를 우선하고 있기 때문에 급속한 경제성장과 함께 변화된 인민들의 물질주의적이고 개인주의화된 사고를 충분히 반영하지 못하고 있다(이정인, 2015: 459-468). 급속한 경제성장에 따라 인민들에게는 이미 세속적인 부와 개인적 행복 추구라는 개인주의적 사고가 일반화 되어 있는데 비해 과거 제국의 영광 재현을 위한 국가 부흥이라는 집단 지향적 사고가 얼마만큼 인민들의 호응을 얻을 수 있을 것인가? 더구나 중국 인민들의 경제적 부는 정치적 자유를 담보하여 얻은 산물이기에 개개인의 경제적 부의 추구와 안정된 삶은 거의 절대적인 가치가 되고 있다. 중국 인민들은 이미 자본주의 경제 논리와 자유 시장 경제에 익숙해져 있어 개인적 경제적 성취를 최상의 목표로 하고 있다. 이런 상황에서 당 중앙이 주도하는 중국몽이 인민 개개인의 삶에 미치는 영향은 제한적이고 피상적일 수밖에 없다. 즉, 중국 지도부는 인민들의 꿈과 유리된 그들만의 꿈을 꾸고 있을 가능성이 큰 것이다. 인민 개개인들이 자신의 경제적 부의 추구라는 개인적 목표를 희생해서 당이 추구하는 국가의 번영이라는 집단적 목표를 위해 노력할 것을 기대하기에는 인민들의 당에 대한 신뢰가 매우 미약한 상황이다. 시진핑 집권 이전까지 즉 불과 몇 년 전까지 관료들의 부정부패에 분노했던 인민들이 시진핑과 당 중앙의 한마디에 모든 것을 물리치고 당이 주도하는 중국몽 실현을 위해 적극 동참할 것을 기대하는 것 자체가 어불성설이다.

어떤 운동을 주창하고 성공하려면 그 운동을 이끌어갈 주체가 명확해야만 한다. 그러나 중국몽은 비록 당이 그림을 제공했으나 인민들 사이에 그 운동을 이끌 실천 주체가 누구인지 불명확하다. 개혁개방 이전에는 공산당을 이끄는 사회적 주체로 노동자, 농민 또는 군인 등 그 주체가 명확했는데 중국몽을 이끌 주체는 다층적이고 다양화되어 있어 이를 주도해갈만한 특정한 주체가 없다. 따라서 특정 계층이 중국몽이라는 변화를 담당하지 못하고 있는 현실에서 중국몽은 사회 계층 누구에게도 절실하게 다가오지 못하고 있는 것이 또 다른 현실이다(이정인, 2015: 470). 나아가 중국몽은 궁극적으로 대국굴기를 통해 세계 강국이 되자는 것으로 이러한 목표는 중국 인민 개개인들을 주체가 아닌 국가적 목표를 위한 들러리로 만들기 쉽다. 들러리가 된다는 느낌은 개인들이 적극적으로 또는 주체적으로 참여할 여지를 감소시킨다. 따라서 밑으로부터 인민들의 필요와 열정에 의해 '바텀업'으로 시도된 것이 아니라 당 지도부의 계획에 따라 위로부터 '탑다운' 형식으로 제시된 이러한 꿈은 개인들에게 이상적인 사회의 모습을 제시하지 못하고 있다.

또한 그 실천 방법에서 정부가 제시하는 "근검절약하라", "근면하면 부를 이룰 수 있다" 등의 상투적인 구호들은 특별한 것이 없는 너무나 진부한 것으로 개인의 감성에도 별 호소력이 없고 또한 현실 사회를 뛰어넘을 수 있는 어떠한 이상도 그려내지 못하고 있다. 시진핑이 그렇게 강조하는 중국몽은 중국 인민들에게 현실적인 유인과 감흥을 주지 못하고 인민들의 삶 속에 녹아들지 못한 채 공허한 구호로 그칠 확률이 크다(이정인, 2015: 470-471).

2012년 시진핑이 중국몽을 제창한 후 중국 사회 곳곳에서 중국몽과 관련된 옥외광고와 라디오, TV 뉴스가 넘쳐나고 있다. 그러나 대부분의 경우 그 내용이 너무 추상적이고 변화의 주체를 담아내지 못하고 있어 진부하고 비현실적으로 비쳐진다. 시진핑 정부가 각종 매체를 통해 적극 홍보하고 있는 중국몽은 대내 선전용적인 느낌이 강하면서 인민 대중의 감성에 충분히 다가가지 못하고 있다. 홍수처럼 계속 터져 나오며 매체를 도배하고 있는 중국몽에 대한 홍보물은 물질만능주의적인 현실을 뛰어넘을 수 있는 비전과 호소력을 제시하지 못한 채 진부한 일상이 되고 있다. 중국몽 구호는 "물과 기름처럼 중국 사회에 섞이지 못하고 공허한 외침"의 정치적 구호로 전락하고 있는 것이 현실이다(이정인, 2015: 471).

중국 인민들의 꿈이 공산당에 위촉된 현 상황에서 공산당이 추구하는 경제성장이 순조롭게 진행되어 국민들의 경제적 이득을 향상시켜 주는 한 중국몽은 문제될 것이 없다. 그러나 약속한 경제적 성과가 이루어지지 않거나 사회발전으로 인민들의 권리에 대한 기준이 높아지면 사람들은 더 이상 자신들의 꿈을 공산당에 위촉하지 않을 것이다. 이런 상황이 되면 공산당이 주도하는 중국몽은 더욱 의미가 없는 구호만을 위한 피상적 개념으로 변질될 것이다.

중국몽의 대외적 실천과 일대일로

일대일로에 대한 이해

일대일로는 중국의 세계경영 계획이다. 지난 30년간 중국의 고도 경제성장은 중국의 부와 위상을 크게 신장시켰으나 내적으로 부정부패가 심화되는 가운데 계층격차, 지역격차, 노동격차, 민족격차 등 그동안 잠재되었던 문제들을 표면화시키는 계기가 되었다. 이러한 내부 문제를 바로잡지 못하고는 시진핑이 꿈꾸는 중국몽은 요원한 문제가 될 수밖에 없다. 이에 중국 정부는 국내 격차 문제를 해소하고 새로운 먹거리와 일거리를 창출하는 수단으로 일대일로를 계획했다(이정태, 2017: 209). 일대일로에서 일대는 "중국, 중앙아시아, 중동, 유럽을 연계하는 육상교통망인 '실크로드 경제벨트'를 지칭"하는 것이고 일로는 "중국에서 동남아시아, 중동지역을 연결하여 유럽에 이르는 '21세기 해상 실크로드'를 지칭"한다(이정태, 2017: 210). 이는 아시아-유럽을 관통하는 해상, 육상의 길을 통해 정치, 경제, 문화를 포함하는 이익공동체, 운명공동체, 책임공동체를 구성하고자 하는 원대한 계획이다(이정태, 2017: 211).

일대일로는 육지와 해상에서 새로운 실크로드를 열어 중국을 세상의 중심으로 만든다는 시진핑의 꿈인 대국굴기를 실천하기 위한 계획의 핵심 내용이다. 이러한 신 실크로드 구상은 2014년 11월 베이징에서 열린 APEC 정상회담에서 처음으로 공개됐다. 이 일대일로 사업의 핵심 국가는 '상하이 협력기구SCO' 회원국들인 중앙아시아의 이슬람 국가들이다. 일대일로는 2015년 양회 종료가 선언된 직후인 2015년 3월 28일 공식적으로 선포되었다.

일대일로는 중국의 정치력과 경제력을 바탕으로 중국의 기술과 자본, 그리고 중국의 관리 경험을 통해 주변 국가들의 경제를 발전시킨다는 계획으로 중국은 이를 통해 주변국들을 중국 중심의 지역경제에 참여시키려 하였다(홍건식, 2018: 124). 중국 공산당은 일대일로 사업에 들어가는 비용을 모두 차관으로 제공하겠다는 당근을 제공하고 이를 위해 400억 달러 규모의 실크로드 기금을 마련했다. 나아가 '아시아 인프라 개발은행AIIB'과 '신개발은행NDB'을 만들어 2000억 달러의 자금을 조성하기로 하고 주변국들의 동참을 호소했다(뉴 데일리, 2018. 8. 21). 일대일로 발표는 국가발전계획위원회를 필두로 외교부와 상무부가 발의하고 국무원이 승인함으로써 이 사업의 최종 목표가 경제 발전전략임을 명확히 하였다(김태만, 2015: 19-20).

중국 지도부는 일대일로 사업을 "주변 국가 경제번영과 지역경제협력을 유리하게 하고, 서로 다른 문명 교류를 강화해 세계 평화를 이끌고 세계 각국 인민을 행복하게 하는 위대한 사업"이라는 거창한 대의명분으로 포장하여 발표하였다(김태만, 2015: 20). 그러나 일대일로 프로젝트는 근본적으로 당시 불거진 중국 내 지역격차 문제를 해결함과 동시에 수출이 어려워진 과잉 산업생산 해결을 위한 구조조정의 일환으로 취해진 것이다. 중국은 과잉 생산되어 남아도는 공공재를 주변국들에게 제공하고 중국의 경제발전 과정에서 축적된 기술과 경험을 활용해 주변 국가들의 경제를 발전시키고 이를 통해 이들 국가들과의 연계를 강화시키려 하였다(홍건식, 2018: 124). 사실상 중국은 2008년 세계 경제위기를 극복하는 과정에서 경기부양을 위해 4조 위안의 대규모 투자를 한 결과 과잉 설비와 과잉 생산이 이루어져 경제적 어려움이 가중되었고 이를 흡수할 대외 수요의 확보가 절실한 상황이었다. 일대일로 사업은 이의 적절한 해외 수요 대책으로 계획된 면이 강하다. 중국은 일대일로 사업의 일환으로 주변 국가에 대해 대규모 인프라 투자를 함으로써 공급과잉에 시달리고 있는 철강, 통신설비, 건축자재, 화학 등 중국산 제품 판매를 위한 새로운 시장을 창출하고자 하였다(김태식, 2015: 59-60).

이후 일대일로 사업 추진 과정을 점검해보면 일대일로는 결코 주변국에 유리한 사업이라기보다는 중국을 위한 사업임이 더욱 명확해지고 있다. 일대일로는 많은 경우 중국의 대외적 선전인 '유라시아 국가들의 공동발전과 번영'이라는 구호와 다른 결과로 나타나고 있다. 중국의 대외 투자는 언제나 중국의 이익을 최우선으로 하고 있다. 일대일로 사업도 마찬가지다. 중국의 경제적 이익을 최우선으로 실시하는 일대일로의 일방적인 행위는 그 실행과정에서 자본 수혜국들의 불만을 사고 있다. 동시에 일대일로 대상국들의 정치·경제적 불안정은 안정적인 지역 질서 유지를 어렵게 만들어 역내 패권국가로서 중국의 역할에 한계를 보이고 있다.

일대일로의 문제점과 한계

일대일로 사업의 진행 과정을 보면 문제가 더욱 명확해진다. 일대일로의 또 다른 취지는 미국의 패권을 무너뜨리고 동시에 중국의 에너지 독립을 확립하자는 것이다(brunch, 2018. 3. 8). 중국 정부는 일대일로 사업이 모두에게 열려있고 더욱 개방적이고 포괄적이라고 주장한다. 하지만 실제로는 '중국 중심주의'가 최우선 전략이며 중국 실리주의가 강하게 깔려 있다. 실제로 일대일로는 중국 자본으로 주변국의 인프라 사업을 개발해 중국

주도로 역내 통합을 이루는 것을 목표로 하고 있다. 일대일로가 결코 자본 수혜국의 발전이 아닌 중국과 중국 기업의 이익을 위한 사업이라는 것이 명확해진 것은 중국이 사업에 동참한 나라들에게 차관을 제공하면서 관련 사업 시공업체로 중국 기업을 선택하도록 종용한 데에서 나타난다.[12] 중국이 수혜국에 차관을 제공하고 그 차관이 다시 공사를 맡은 중국 기업에게 돌아가는 가운데 관련 국가는 졸지에 거대한 빚만 지는 상황이 연출된 것이다. 이런 결과로 인해 중국은 '부채 제국주의Debt Imperialism'라는 비난을 받고 있다(뉴 데일리, 2018. 8. 21).

일대일로 사업에서 나타나는 가장 큰 문제점은 중국의 도움과 권유로 야심차게 일대일로 사업에 참여했다가 사업을 감당하지 못하고 빚더미에 앉는 주변 국가들이 잇따라 발생하고 있다는 것이다. 경제발전을 위해 끌어들인 중국 자본이 이들 국가들의 경제의 발목을 잡고 있는 것이다. 일대일로 사업은 중국 국영은행이 인프라 펀드를 통해 차관을 제공한 뒤 중국 기업들이 건설과 운영을 맡고, 중국 자재와 노동력을 이용해 SOC를 완공 뒤에는 운영 수익으로 부채를 상환하는 구조다. 대외 투자에서 절대로 손해를 보지 않는다는 전략을 갖고 있는 중국이 빌려주는 자금은 상대적으로 이자율이 높고 만기도 짧아 2년마다 차환해야 한다(한국경제, 2020. 6. 27). 그러나 사업 채산성을 판단하는 능력이 부족한 주변 국가들이 무리한 투자계획을 세우고 대규모 투자와 지원을 받으면서 이들 국가들은 과도한 대외부채 문제로 경제가 흔들리고 있다(한국경제, 2018. 8. 6). 참여 국가들

12 중국은 유럽과 아시아를 잇는 일대일로 사업의 대부분을 중국 기업에게 몰아주어 일대일로 사업의 '민낯'을 보여주고 있다. 파이넨셜타임즈(FT)에 따르면 중국이 자금을 지원한 일대일로 관련 34개국에서 진행 중인 교통 인프라 산업의 89%를 중국 기업이 수주한 반면 현지 국가와 제3국 기업이 수주한 것은 11%에 그쳤다(한국경제, 2018. 1. 26). 반면에, 미국 싱크탱크인 국제전략문제연구소(CSIS)에 따르면, 2006년부터 현재까지 진행된 세계은행과 아시아개발은행(ADB)의 178개 인프라 사업을 보면 일대일로 사업과는 다르게 시공사가 수주한 비율이 41%로 가장 높았고 나머지는 제3국(30%)과 중국 기업(29%)이 골고루 수주한 것으로 나타났다(한국경제, 2018: 1. 26).

중 가장 위험한 국가로는 파키스탄을 들 수 있다. 파키스탄은 일대일로의 핵심 프로젝트 중 하나인 '중국-파키스탄 경제회랑CPBC'에 참가하면서 인프라 건설자금의 80%인 620억 달러를 중국에서 조달했으나 사업 성과와는 별도로 원금과 높은 대출 이자 상환부담에 시달리고 있다(한국경제, 2018. 3. 8). 파키스탄의 대외부채가 크게 늘면서 외환보유액이 고갈되자 파키스탄 정부는 국제통화기금IMF에 구제금융 신청까지 검토하였다(한국경제, 2018. 8. 6).[13] 미국 컨설팅업체 RWR에 따르면 2013년 이후 진행 중인 일대일로 사업 가운데 34%에 이르는 4190억 달러(한화로 약 472조 원) 규모의 프로젝트가 사업 지연, 해당국의 주민 반발, 국가안보 관련 타당성 논란에 휘말려 사업이 지연되고 있는 것으로 나타났다(한국경제, 2018, 8. 6).

빚의 함정에 빠진 국가들은 하나같이 중국이 일대일로 사업을 추진하는데 전략적으로 중요한 위치에 자리 잡고 있다. 중국은 99년간 스리랑카 함반토타 항구의 항만 이용권을 획득했고, 남태평양의 소국 비누아토에 자금을 빌려준 대가로 군사기지 건설을 계획하고 있으며, 아프리카의 지부티에도 상업용 항구개발을 추진하고 있다(한국경제, 2018. 5. 19). 중국은 라오스를 통해 동남아시아 거점 확보를 꾀하고 있으며, 지부티는 아프리카 진출의 관문 역할을 하는 지정학적으로 중요한 요충지다. 파키스탄과 몰디브는 인도양으로 나가는 연결고리이고, 몬테니그로는 유럽으로 가는 길목으로 중국은 몬테니그로를 통해 발칸반도와 연결될 수 있는 고속도로 건설에

13 중국-라오스 간 철도 건설 과정에서 국내총생산(GDP)의 절반가량인 67억 달러를 중국에서 차입한 라오스 또한 부채상환에 시달리고 있으며, 키르키르스탄도 일대일로 사업에 참가하면서 인프라 건설로 국가부채 규모가 GDP 대비 78% 수준으로 증가했다. 아프리카의 지부티는 중국에 진 빚이 GDP 대비 91%이르렀다. 스리랑카의 부채도 갈수록 커지고 있다. 스리랑카는 ADB와 IMF 대신 중국으로부터 대규모 차관을 도입해 인프라 개발에 투입했다. 대표적인 사례로, 스리랑카 남부 함반토타 항구는 2010년 중국의 자금지원으로 지어졌는데 이용률이 낮아 적자가 쌓이자 2016년 지분의 80%를 중국 항만기업인 장상취에 매각하고 99년간 항구 운영권을 넘겨 문제가 되고 있다. 캄보디아와 아프가니스탄도 조만간 대외 부채 중 절반 이상을 중국 자본이 차지할 것으로 전망되고 있다(한국경제, 2018. 3. 8).

나섰다(한국경제, 2018. 3. 8).

중국은 일대일로 사업을 통해 아시아태평양 지역과 아프리카 국가들에게 감당하기 어려운 자금을 빌려준 뒤에 이를 군사적으로 이용하는 '부채외교'를 벌이고 있다는 비난에 직면해 있다. '부채외교'란 중국이 국유기업을 통해 개발도상국에 인프라 건설자금을 빌려준 뒤에 이를 갚지 못하면 군사-정치적으로 대가를 받는 방식이다(한국경제, 2018. 5. 19). 중국이 차관을 제공한 후 이에 대한 이자와 원금을 제대로 갚지 못하는 스리랑카의 항구(함반토다 항구)를 빼앗은 사건은 일부 국가들에게 중국 자본 유입에 대한 경종을 울렸으며 이후 일부 국가에서 일대일로 사업에서의 탈퇴가 이루어지고 있다. 특히 말레이시아를 비롯한 동남아시아 국가들에서는 일대일로 사업이 사업성과에 비해 부채만 눈덩이처럼 늘리고 있다는 비판이 거셌다. 최근 재집권한 말레이시아의 마하티르 모하마트 총리는 말레이시아 동부 해안철도 공사ECRL를 국익에 부합하지 않는다는 이유로 중단시키고 불공정 계약 논란이 제기된 고속철 사업을 전격 취소했다(한국경제, 2018. 8. 6). 시간이 지날수록 수익성이 악화되면서 세계 곳곳에서 사업이 멈추고 일대일로 투자는 점차적으로 감소세로 돌아서고 있다. 최근에 코로나19의 충격까지 겹치면서 참여국의 부채는 눈덩이처럼 불어나고 있다.

최근에 유럽은 중국의 유럽진출을 견제하기 위해 '유라시아 연결 프로젝트' 펀드를 만들어 2027년까지 3000억 유로(393조원)를 투자하기로 했다. 이는 저리 대출방식이 아닌 프로젝트별 민간투자 방식이다. 참고로 중국의 일대일로 프로젝트는 중국이 차관 형식으로 저리대출을 하고 이 자본은 시공사인 중국 업체에 대금으로 지급되는 형식이다. EU는 EU 국가들 중 중국의 지원을 받는 동유럽 국가들 중에 불필요한 빚이 늘어나 재정건전성이 악화되고 결국에는 중국의 경제 속국으로 전락할 위험성을 경계하여 자체 투자 펀드를 조성한 것이다(동아일보, 2018. 9. 21). 따라서 EU의 유라시아 펀드 조성은 중국의 일대일로 사업의 확장으로 인해 유럽이 중국 경제에 예속되는 것을 방지하기 위한 프로젝트의 일환으로 조성된 것이라 볼 수 있다.

일대일로 프로젝트 추진 과정에서 보여주듯이 중국의 특수성을 바탕으로 하는 패권국가 정체성은 자본 수혜국들과의 이해충돌은 물론 기존에 이 지역에서 활동하고 있던 강대국들과 충돌하면서 EU 국가들의 경계로 이어지고 있다. 일대일로 프로젝트는 주변국들과의 공동 번영이라는 슬로건과는 다르게 중국 내부의 문제 해결과 중국의 이익을 실현하는 장이 되고 있다. 반면에 참여국들은 일대일로의 약탈적 사업구조 탓에 부채의 덫에 빠져들면서 앙골라, 에콰도르, 베네수엘라 등 일부 국가들은 파산의 위기에 처하고 있다(한국경제, 2020. 6. 27). 시진핑의 공언과는 다르게 주변국들과 공동 번영하기보다는 주변국들을 부채위기로 몰아넣고 주변 강대국들과 마찰을 빚는 일대일로 정책의 성공여부는 매우 불투명해 보인다.

일대일로를 통해 유라시아 공동 번영을 이룩하겠다는 시진핑의 중국몽 구상은 아전인수 격인 중국 중심의 사고를 잘 보여주는 '중국 일방주의'의 한 단면이라고 볼 수 있다. 시진핑은 실제로 일대일로 사업을 통해 유리사아가 공동 번영할 것을 믿고 있으며 중국은 이를 위해 주변국과 협조하여 주도적 역할을 잘 수행할 것이라고 믿는 것 같다. 그러나 동남아 및 유럽 곳곳에서 일대일로 사업에 대한 부정적인 견해가 커지면서 유라시아 전체로의 영향력 확대를 통해 새로운 중화시대를 이룩하려는 중국 공산당의 꿈인 중국몽은 점차 탄력성을 잃어가고 있다.

주변 강대국들과의 마찰 및 미중 무역 분쟁의 격화

중국몽과 일대일로 프로젝트가 성공을 거두기에는 또 다른 난제가 도사리고 있다. 육상 실크로드 경제벨트 구축의 핵심지역은 중앙아시아다. 9.11 테러 이후 미국의 아프가니스탄 진출에 위협을 느낀 중국은 2001년 러시아와 함께 중앙아시아를 기반으로 하는 다자기구인 '상하이

협력기구'를 출범시켜 해당 지역에서 미국의 영향력 확대를 견제하고자 하였다. 그러나 미국이 아프가니스탄에서 철수하고 미국의 영향력도 크게 쇠퇴하면서 중앙아시아에서의 주도권을 놓고 중국과 러시아 간의 충돌이 가시화되고 있다. 상하이협력기구에 회원국으로 참여하고 있는 중앙아시아 4개국은 구소련 국가들로 러시아의 영향력을 크게 받고 있다는 점과 최근 중국이 이 지역에서 영향력 확대를 꾀하고 있다는 점에서 중앙아시아는 중국과 러시아 간의 갈등구조로 발전할 가능성이 크다(김태식, 2015: 61-62).

바다를 잇는 해상 실크로드 건설에는 더 큰 난제가 존재한다. 특히 남중국해에서의 이해관계는 매우 첨예하다. 중국은 70여 년 전 설정한 남해9단선을 영해 기선으로 고집하며 남중국해의 90%가 자국의 영해라고 주장하고 있다. 2013년 11월 중국은 일방적으로 남중국해 방공식별구역을 선포하고, 2014년 5월 베트남과 영유권 분쟁이 있는 남중국해 파라셀 군도를 점령한 후 그곳에 원유시추 시설을 설치했다. 나아가 필리핀과 영유권을 다투던 스포래틀리 군도의 산호초 섬 피어리크로스를 강제로 점령한 후 그곳에 공사를 강행해 활주로를 갖춘 군사 기지를 건설했다. 이와 같이 중국은 남중국해 영유권을 주장하는 베트남, 필리핀, 말레이시아, 부르나이 등 여러 나라와 대립하고 있다(김태식, 2015: 64).

시진핑은 과거 명나라 환관 정허鄭和의 대항해를 기본으로 신 해상실크로드를 현대의 글로벌 세계에서 평화적으로 복구해내는 것을 목적으로 하고 있다(김태식, 2015: 64-65). 이는 중국 중심적인 세계 질서를 확장시키는 것으로 중국이 강경하게 실력행사를 함으로써 베트남 등 동남아시아 해안국들과 마찰을 일으키고 있는 것이다. 이는 중국이 구상하고 있는 해상실크로드의 건설이 동남아시아 국가들에게 어떻게 위협이 되는지를 잘 보여주고 있고 중국이 말하는 신뢰라는 것이 전적으로 아전인수 격인 '중국 일방주의'임을 잘 보여주고 있다.

해상실크로드의 추진이 스리랑카와 몰디브에서의 항구 건설로 이어지자 전통적으로 인도양이 인도의 내해라고 여겼던 인도의 불편함이 더욱 커지고 있다. 이는 중국이 추진하는 일대일로 프로젝트가 인도와의 마찰로 이어질 것임을 잘 보여준다. 나아가 전통적으로 이들 지역에서 커다란 영향력을 행사하고 있는 미국과의 마찰은 불 보듯 뻔한 사실이다. 비록 중국이 이들 국가들의 불신을 씻기 위해 많은 노력을 하고 있으나 일대일로 프로젝트의 특성상 마찰은 불가피할 것으로 보인다.

우리가 중국몽의 실천 과정에서 주목해보아야 할 또 하나의 사건은 최근 더욱 격화되고 있는 미·중 통상 분쟁이다. 중국몽과 일대일로 정책의 추진은 현존 유일 강대국인 미국의 지위에 대한 공개적인 도전으로 비쳐지고 있고 이는 중국의 정치·경제적 행로에 대한 미국의 견제로 이어지고 있다. 이는 결국 미·중 통상 분쟁으로 표출되었다.

중국이 중화민족의 위대한 부흥을 위한 중국몽 청사진과 일대일로 사업을 과감하게 진행하면서 미중 무역 갈등이 깊어지고 있다, 시진핑은 최근 급격히 향상된 중국의 경제력과 기술력에 대해 크게 낙관하고 과신하는 가운데 대국굴기를 통해 중국 위상 바로 세우기를 시도함으로서 미국의 세계 패권에 도전장을 내밀었다. 시진핑은 2017년 10월 제19차 중공당대회에서 중국 대외정책의 새로운 이정표로 '신형국제관계'를 선언했다. 시진핑은 덩샤오핑의 외교전략인 도광양회(道光養晦: 조용히 때를 기다리며 힘을 키운다)를 폐기하고 대국굴기를 선언함으로써 중국이 국제질서를 주도하겠다는 의지를 명확히 표명하였다. 미국은 이를 미국 패권에 대한 도전으로 받아들였고 결국 통상전쟁의 주요 원인이 되었다(한국경제, 2018. 8. 20).

미국은 중국이 미국 기업에 대해 기술 이전 강요 등 불공정 무역 관행을 해왔다고 보고 이것이 미국 경제의 장기적 번영에 심각한 위협이라고 보고 있다. 나아가 계속 커져가는 미중 간 무역격차는 미국으로 하여금 특정 조치를 취하지 않을 수 없게 만들었다. 미중 간 무역격차와 함께 남중국해 문제와 군비 확산 등 자신에 찬 중국의 거침없는 도전적인 행보에 위기를 느낀 미국은 무역 불균형과 지식재산권 침해를 문제 삼아 2,000억 달러어치의 중국 수입품에 대해 고율 관세를 부과하기로 한 바 있다(한국경제, 2018. 9. 10b). 트럼프 미국 대통령은 관세 부과가 미국 기업에도 부담이 될 것을 알면서도 미국의 경제적 지위를 지키기 위해 고율관세를 결정한 것이다. 시진핑의 중국 경제력과 기술력에 대한 과신은 대미 무역분쟁에 맞불 작전으로 나감으로써 전면전을 선언하였다. 중국 국무원은 2,000억 달러 규모 중국산 제품에 25% 추가 관세를 검토하는 미국에 맞서 600억 달러 규모의 5,207개 미국산 제품에 보복관세를 메기겠다고 발표했다. 해당 품목에는 LNG와 원유, 석유화학 제품이 포함됐다. 그러나 중국의 보복 관세 규모는 미국의 절반에도 미치지 못했다. 추가 보복관세 규모가 미국은 2000억 달러인데 비해 중국은 600억 달러에 불과하고, 1-3차 보복관세 규모를 모두 합하면 미국은 2500억 달러이지만 중국은 1100억 달러에 그친다. 문제는 중국이 차후 사용할 카드가 거의 없다는 것이다. 미국은 아직 추가로 보복할 대상 품목이 많이 남아 있지만 중국은 거의 없는 것이다(한국경제, 2018. 8. 6). 시간이 지날수록 대응 카드가 마땅치 않은 중국은 무역분쟁에서 주도권을 잃음으로써 조금씩 경제에 타격을 받고 있다. 트럼프가 적당한 순간에 타협을 꾀할 것이라는 안이한 시진핑의 판단은 트럼프의 집요한 강공 드라이브에 판단 미스로 드러났다. 중국 경제 곳곳에 빨간불이 켜지고 있다.

무역분쟁에 따른 중국 경제의 위기상황은 곳곳에서 감지되고 있다. 최근 격화된 미·중 무역분쟁과 국제 원자재 가격 상승으로 중국 기업들의 이익 증가율이 수개월 동안 연속 둔화되고 있다. 특히 수개월 동안 계속된 미·중간 통상 분쟁은 중국 기업의 신용에 부정적 영향을 미치면서 제조업 분야의 투자가 줄어들어 기업 이익 증가세가 둔화되고 있는 것이다(한국경제, 2018. 8. 29). 증시 또한 약세를 면치 못하는데다가 위안화의 가치는 계속 떨어지고 있다. 상하이종합지수는 2018년 1월 고점인 3587.03에 비해 2018년 8월 20일에는 2668.97로 25% 가량 폭락했으며, 위안화 가치도

218년 6월에서 8월까지 최근 석 달 간 미 달러 대비 8% 가까이 급락했다. 중국 고정자산투자 증가율도 5.5%에 그쳐 5개월 전인 2018년 2월의 7.9%에 비해 급격히 하락해 1995년 통계치 작성 이후 최저치로 내려앉았다(한국경제, 2018. 8. 20).

미·중 무역전쟁으로 위안화 가치가 떨어지고 금융시장이 흔들리면서 중국 중산층의 소비 둔화가 본격화하고 있다. 미국과의 통상전쟁 이후 민간부문 임금상승률은 글로벌 금융위기 이후 최저 수준으로 떨어졌다. 소비지출이 가장 많이 줄어드는 계층은 4억 명 정도로 추정되는 도시중산층이다. 2018년 내수가 중국 GDP에서 차지하는 비중은 지난 1분기 기준 77.8% 정도다(한국경제, 2018. 8. 24). 이러한 내수 침체는 중국 경제에 큰 부담일 수밖에 없다. 이런 상황에서 2018년 8월의 중국 소비자물가지수CPI가 7월에 비해 2.3% 상승했다. 이는 6개월 만의 가장 높은 상승률이다. 8월의 생산자물가지수PPI도 전년 8월 대비 4.1%가 상승했다(한국경제, 2018. 9. 12). 이는 인플레이션에 대한 우려로 이어지고 있다. 역사적으로 물가불안과 인플레이션은 종종 정치·사회적 소요로 번져 정치적 위기를 가져왔기 때문에 중국 공산당 지도부는 인플레이션에 매우 민감하다. 인플레이션은 중국몽의 연착륙은 물론 시주석 집권 2기까지 위협하는 최대 변수가 될 수도 있다.

중국 경제의 위험신호는 최근 많은 중국 기업들이 채무불이행 상태인 디폴트로 내몰리고 있는 데에서 더욱 확실해진다. 미국과의 통상 분쟁이 격화되는 가운데 중국은 부채위기에 노출되고 있다. 2018년 중국 GDP 대비 기업 부채비율은 168.0%로 5년 전인 2013년의 152.2%보다 15.5%나 높아졌다. 문제는 이 비율이 매년 상승하고 있다는 점이다(한국경제, 2018. 8. 22). GDP 대비 중국의 총부채비율은 2008년 160%에서 2017년에는 260%로 상승했다. 시진핑이 차후 3년간 추진할 중점과제에 부채 축소를 포함하자 중국 기업들의 채무불이행(디폴트)이 급증하고 있다. 2018년 들어 8월까지 중국 채권시장에서 발생한 디폴트 규모는 한국 화폐가치로 약 4조 원으로 작년 동기간보다 40%가 증가했다(한국경제, 2018. 9. 10a). 2018년 8월 20일에는 중국 최대 민간 에너지기업인 화산에너지CEFO그룹의 자회사인 상하이 화산국제가 디폴트를 냈다. 주로 지방정부 국유기업에 집중됐던 디폴트는 2018년 들어 민영기업과 상장기업으로까지 번지고 있다. 문제는 디폴트에 빠진 기업들의 신용등급이 AA 이상이라는 것이다. 상하이 화산국제도 최고 신용등급인 AAA기업이었다. 더 큰 문제는 이전과 다르게 중국 정부가 더 이상 돈을 풀어 소비와 투자를 유지할 여력이 없다는 점이다. 디폴트 여파는 신용평가사에까지 미치고 있다. 중국 4위 민간 신용평가사인 다궁국제는 최근 금융당국으로부터 기업 신용등급을 부풀리고 지나치게 높은 수수료를 받았다는 이유로 1년간 영업정지 처분을 받았다(한국경제, 2018. 8. 22).

이미 수개월 동안 지속된 미·중 통상 분쟁으로 중국 경제발전 속도가 한풀 꺾이면서 중국 경제의 많은 지표들이 악화되고 있다. 나아가 코로나19의 발흥과 그에 따른 세계 경제 위축은 중국의 생산과 수출 모두를 위협하고 있다. 이 모든 상황이 시진핑이 추구하는 중국몽의 실현을 크게 위협하고 있다. 미·중 통상전쟁과 코로나19의 여파로 경제상황이 악화되면 그동안 정치적으로 억눌려 있던 국민들의 분노가 표출되면서 국가적 위기 및 정권의 위기 상황이 도래할 수 있다. 무책임한 관료주의가 팽배한 중국적 상황에서 정부에 대한 신뢰가 떨어지면 국가적 위기가 올 수도 있는 것이다. 이에 따라 시진핑의 중국몽 실험도 위기에 처할 수 있다. 코로나19로 세계 경제가 요동치고 있다. 최근 홍콩보안법 통과로 중국의 홍콩 운영에 큰 문제가 생기면서 중국은 미국만이 아니라 영국 등 유럽과의 관계도 악화되고 있다. 코로나19로 발생한 세계 경제 위기는 중국의 중국몽 실현을 더욱 어렵게 만들고 있다. 미국과의 분쟁은 이미 패권경쟁의 상태로 접어들었고 미국 주도로 중국 견제가 날로 심해지는 상황에서 중국이 이 난국을 어떻게 슬기롭게 헤쳐 나가느냐 하는 것에 중국의 꿈과 중국의 미래가 달려 있다.

나오는 글

시진핑은 집권 초기부터 중국의 위대한 부흥을 목표로 한 중국몽의 실현을 꿈꾸었다. 이는 중국 공산당 성립 100주년이 되는 2021년까지 1인당 GDP가 1만 불에 이르는 경제적 중진국이 되어 샤오캉사회를 실현하고, 신 중국 성립 100주년이 되는 2049년에는 미국을 추월하는 세계 최강국이 되겠다는 원대한 계획이다. 중국몽은 과거 중국 당제국의 황금시대의 영광을 되살리는 것으로 그 사상적 기반으로 서구의 자유민주주의와 다른 유교 문화와 사회주의를 혼합한 중국 특색의 사회주의를 배경으로 했다. 중국몽은 서구에서 발원한 서구 중심적 꿈인 아메리칸 드림과 대조되는 것으로 아메리칸 드림이 개인적 자유와 행복을 지향하는 꿈인데 비해 중국몽은 집단적 가치인 국가의 부강을 지향하는 꿈이다.

시진핑은 중국몽을 체제를 대표하는 정책의 핵심 구상으로 제시했다. 시진핑은 중국몽은 중국의 위대한 부흥을 말한다고 단언했다. 중국몽은 아메리칸 드림을 벤치마킹한 것으로 중국은 미국에 이어 국가적 차원의 꿈을 그린 두 번째 국가가 되었다. 그러나 아메리칸 드림은 국민 개개인의 번영과 행복을 목적으로 하는 개인적인 차원의 꿈인데 비해 중국몽은 국가의 부흥과 부강을 목적으로 하는 다분히 집단적 꿈이라는 데 차이가 있다. 아메리칸 드림은 유럽의 구질서에 맞서 싸워 새로운 질서를 이룩한 미국의 자유주의적 이상사회를 실현하려는 꿈으로, 신분이나 정치적 환경, 국가로부터 철저히 독립하여 개개인이 주어진 기회를 활용하여 자신의 능력을 다해 열심히 노력하면 더 부유하고 더 나은 삶을 살 수 있을 것이라는 믿음과 가치다. 반면에 중국몽은 어느 날 갑자기 시진핑이라는 지도자가 국민의 행복을 위해 시혜 형식으로 제공해준 꿈이다. 더구나 중국몽은 국민 개개인의 부와 행복보다는 국가라는 집단적 번영과 행복을 우선시함으로써 이제 자본주의 시장 경제에 참여해 개인적 부와 번영을 추구하기 시작한 중국 인민들로부터 크나큰 지지를 받지 못하고 있다.

시진핑이 자신의 핵심전략으로 중국몽을 제창한 이래 중국 매체에는 중국몽에 관한 홍보가 넘쳐나고 있다. 중국을 다니다보면 곳곳에 중국몽에 대한 홍보물이 눈에 띈다. 그러나 이러한 당 중앙에서 구상하고 시행하는 정권차원의 꿈은 인민들의 실생활에 와 닫지 않는다. 정부에서 전적으로 홍보하고 있는 중국몽은 대내 선전용으로 작동하고 있을 뿐 인민 대중의 감성에 와 닫지 않고 있다. 점차적으로 중국몽은 인민들에게 진부한 일상이 되고 있다. 당이 주도하는 중국몽은 상호 섞이지 않는 물과 기름처럼 국민의 일상과 유리된 공허한 외침이 되고 있다.

시진핑은 중국몽의 실현을 위한 중요한 전략의 하나로 일대일로 사업을 제시했다. 중국은 대미무역에서 얻은 거대한 무역흑자로 일대일로 대상국들을 중국 중심의 지역공동체에 참여시켜 이들과의 연계를 강화시키는 한편 무력을 사용하여 남중국해에서의 영향력을 강화시켰다. 이 과정에서 중국은 중국 특유의 사고인 '중국 예외주의'를 적용하여 중국에 이익이 되는 행위를 관철시켰다. 일대일로가 주변 국가의 경제 번영과 세계 각국의 인민을 행복하게 만드는 위대한 사업이라는 시진핑의 주장과는 다르게 중국정부는 중국의 경제적 이익을 최우선으로 실현하도록 사업을 진행하였다. 중국이 차관을 제공하고 그 차관이 다시 공사를 맡은 중국 기업의 호주머니 속으로 들어가는 가운데 수혜국은 거액의 빚만 지게 되는 구조가 일대일로 사업의 일반적 관행으로 인식되었다. 실제로 중국의 일방적인 원조와 수혜국의 과도한 의욕 속에서 진행된 일대일로 사업의 정책 실패는 주변의 많은 자본 수혜국들을 채무국으로 전락시켜 이들을 경제 위기로 몰아넣고 있다. 이러한 일대일로의 일방적 행위는 중국이 추진하는 사업의 의미를 재음미하는 계기가 되고 있다.

이렇듯 중국의 이익을 최우선으로 하는 일대일로 정책은 그 시행과정에 자본 수혜국들과 갈등을 가져올 수밖에 없고 또한 EU와 인도, 미국 등 주변 강대국들과도 마찰을 일으킬 수밖에 없었다. 이들 중 특히 세계의 유일한 패권국인 미국과의 마찰은 필연적이었다. 미국은 중국몽과 일대일로 사업을 미국 패권에 대한 도전으로 받아들였다. 대국굴기로 대변되는 시진핑의 호전적 외교정책은 미국과의 갈등을 강화시켰다. 중국의 남중국해에서 보여준 거침없는 도전적 행보와 계속 커져가는 대중 무역적자에 위기를 느낀 미국은 특정의 조치를 취하지 않을 수 없게 되었다. 미국은 중국이 미국 기업에 대해 기술 이전을 강요하는 등의 불공정한 무역 관행과 지식재산권 침해를 문제 삼아 중국 상품에 대해 고율 관세를 부과할 것을 결정했다. 이에 맞서 중국의 경제력과 기술력을 과신한 시진핑은 맞불 작전으로 나감으로써 미중 통상 전쟁이 본격화 되었다. 그러나 상대적으로 경제적 열세에 처한 중국은 점차적으로 경제적 위기에 처하게 되었다.

위대한 중국의 부흥과 인민들의 더 나은 삶을 목표로 한 중국몽은 시진핑이 야심차게 주창한 것이지만 그 실천과정에서 인민들의 일상적인 삶과 격리된 대내 선전용으로 전락하고 있다. 또한 대외적 실천과제로 제시되는 일대일로 프로젝트 역시 중국 지도부 속에 내재한 '중국 예외주의'가 적용되면서 철저한 중국 이익 실현의 장이 되고 있다. 이러한 중국 정책은 당연히 주변국들과의 마찰을 불러일으켜 사업의 한계를 노정할 수밖에 없었다.

자본 수혜국들과의 마찰 및 주변 강국들의 경계 속에서 일대일로의 진척이 더욱 느려지고 있고 미중 통상 전쟁은 더욱 심각해지고 있는 가운데 코로나19의 창궐은 시진핑이 일대의 과제로 제시한 중국의 꿈의 실현을 더욱 어렵게 만들고 있다. 나아가 미중 무역 전쟁이 중국의 인플레이션을 유발시켜 경제상황을 악화시키면 그동안 경제성장이란 미명하에 정치적으로 억눌려 있던 인민들의 들의 분노가 적극적으로 표출되어 정치적 위기 상황이 도래할 수 있다. 미중 갈등과 코로나 사태로 위기를 느낀 중국 정부는 주요 민영 기업을 국유화함으로써 국유기업의 역할을 한층 강화하고 있다. 이미 다수의 중국의 국유 대기업들이 세계 100대 기업에 들어가 있는 상황에서 중국 정부는 사물인터넷, 빅데이터, 인공지능 등 차세대 기술의 국제표준을 장악하기 위해 이들 기업들의 국유기업화를 가속화하고 있다. 중국 최대 전자상거래 기업인 알리바바의 마윈 회장은 이미 은퇴를 선언한 바 있다(한국경제, 2020. 8. 1). 중국은 일부 민간기업의 국유기업화를 통해 자유 시장 경제에 도전하는 또 하나의 실험에 착수한 것이다. 자유 시장 경제에서 국유기업을 강화하여 국가의 기업 통제를 강화하는 것이 지속적인 경제성장에 얼마나 기여할지 또 중국몽을 실현하는데 얼마나 공헌 할지는 두고 보아야 할 문제다.

6장. 중국 발전모델 탐구

들어가는 글

중국은 1978년 개혁개방을 시작한 후 지난 40년 동안 눈부신 경제발전을 이룩하여 오늘날 G2 국가로 발돋움했다. 지난 40년 동안 중국의 경제발전은 동아시아 신흥공업국들의 경제발전의 뒤를 잇는 세계 경제발전사의 또 하나의 기적이라 부를만한 경이적인 것이었다. 이러한 중국의 경제발전을 어떻게 설명하고 규정할 수 있느냐 하는 것은 그동안 많은 사람들의 주요 관심사였다.

1978년 개혁개방을 통한 사회주의 중국의 문호 개방과 그에 따른 중국의 경제성장은 기본적으로 중국의 거대한 저임금 노동력과 인구 대국의 거대 시장을 노린 국제 자본의 대 중국 공략으로 시작되었다. 개혁개방 초기에 중국 경제성장의 최대 무기는 14억이라는 거대 한 노동력이었다. 따라서 중국의 경제발전 과정은 중국이라는 거대한 먹이통을 향해 달려드는 국제 자본과 이에 맞서 경제성장을 이룩하면서도 중국의 이익을 지켜내려는 중국 지도부와의 치열한 투쟁 과정이라고 볼 수 있다.

중국이 급속한 경제성장을 이룬 비결은 개혁개방 이후 시기별로 그 원인이 서로 다르게 설명되어져 왔다. 일반적으로, 1978-1993년까지는 국내시장의 확대, 농촌의 잉여 노동력과 국내 틈새시장에 기반한 향진기업[14]의

14 1980년대 초 개혁개방에 따라 국가의 계획적 생산과 소비로 얽혀있는 도시지역 보다는 분산되어 덜 얽혀있던 농촌지역의 향진기업이 시장기제에 보다 충실하게 따름으로써 급속하게 성장하

발전, 그리고 국가가 허용한 시장경제의 영역에서 사영기업이 발전한 것이 주요 원인이었다면, 1993-2000년대 초반까지는 국유기업의 구조조정을 통한 경쟁력 제고와 해외직접투자 덕분이었고, 2000년대 초반 이후부터 현재까지는 중국이 국제생산 네트워크의 중요한 한 축을 차지하는 과정이 주된 요소라 할 수 있다. 특히 1993년 이후 비약적으로 증대한 외국인 직접투자는 중국 내부의 저렴한 노동력인 농민공과 결합하면서 중국경제를 수출 주도의 경제로 탈바꿈하도록 만들었다(이정구, 2012: 94).

중국의 경이로운 경제성장은 중국 경제발전 모델에 대한 논의로 이어졌다. 학자들의 주된 관심은 중국 성장방식의 특수성을 설명해주는 경제 발전모델, 즉 '중국모델'이 존재할 수 있는가와 만약 존재한다면 그 특징은 무엇인가, 그리고 중국모델은 과연 타 국가에도 적용될 수 있는가 하는 존재론적 논의였다.

중국모델 정립과정에서 중국의 학자들은 공산당이 주도하는 사회주의 국가인 중국에서 최소한 중국과 체제가 다른 서구 자유민주주의 하에서 발달한 '서구 자본주의 모델'을 중국 발전을 위한 모델로 수용할 수는 없었다. 이에 따라 중국 지도부와 중국 내부의 연구자들은 한국과 일본에서 추진하였던 권위주의적 국가 발전모델인 '발전국가론'에 주목하였다. 그러나 세계화의 진전에 따른 국제자본의 자유로운 이동과 중국의 저임금 노동력의 결합을 중시하는 일부 학자들은 서구 발전 이론인 '신자유주의'에 더 큰 관심을 가졌다.

중국 경제가 성장해가면서 점차적으로 학자들 사이에 중국은 동아시아의 발전국가 모델이나 영미의 신자유주의 모델 모두와 차이가 나는 또 다른 독자적인 경로로 발전해가고 있다는 주장이 강력히 대두되었다. 개혁개방 정책에 대한 신뢰가 어느 정도 이룩된 후 나타난 대만과 홍콩의 거대한

였다. 이로써 농촌기업인 향진기업은 개혁 지향적인 시장기제로의 성공적인 전환을 보여주었다(정환우, 2005: 42-43).

화교 자본의 본토 직접투자는 초기 자본축적에 어려움을 겪은 다른 개발도상국들과는 다르게 개혁개방 이후 중국의 경제개혁을 성공적으로 이끈 직접적인 원인이 되었다. 이후 아시아 외환위기와 미국발 세계 경제위기와 같은 국제적 경제 상황 변화에 대한 중국 지도부의 효율적인 정책 집행은 세계 경제위기 속에서 중국의 지속적인 고도 경제성장을 이끌면서 세간의 관심을 집중시켰다. 특히 2004년 이후 서구 중심의 신자유주의 경제 논리인 "워싱턴 컨센서스"에 대한 대안으로 "베이징 컨센서스"에 대한 논의가 급속히 확산되면서 중국의 발전경험은 서구 발전모델에 대한 대안으로 논의되기 시작했다. 중국모델에 대한 논의가 경제적 차원을 넘어서서 서구 중심의 정치·경제발전을 대신할 수 있는 정치적 모델로 급부상한 것이다.

중국모델에서 나타나는 대표적인 특성들을 살펴보면 공산당 일당독재로 대변되는 권위주의적 정부, 이념을 초월한 철저한 실용주의 경제발전, 계획과 시장이 병존하는 혼합경제, 정부 주도의 점진적·단계적 경제개혁, 적극적인 국제자본 유치를 통한 글로벌 경제로의 편입이다. 그러나 무엇보다도 더욱 중요하게 거론되는 것은 이 모든 것을 가능하게 한 '정치적 안정'이다(윤경우, 2011: 275).

오늘날 중국모델이 크게 대두된 가장 큰 이유는 경제성장을 위해서는 민주주의가 필수라는 기존의 서구중심의 발전 이론과 다르게 일당 독재의 권위주의적 정부가 경제발전에 더 효율적일 수 있다는 가능성을 보여준 데 있다.[15] 중국은 지난 40년 간 일당 독재의 권위주의적 정권 하에서 정치적 안정과 고도 경제성장이라는 두 마리 토끼를 다 잡은 사례로 간주되고 있다. 이러한 중국의 경험은 경제성장은 필연적으로 민주적인 정부를 이끌 것이라고 공식화된 서구식 발전 모델에 대한 중대한 도전이 되었다.

15 권위주의적 정부가 제3세계 초기 산업화 과정에서 정부의 역할을 무시하는 자유 시장 경제이론보다 경제발전에 더욱 효율적이라는 사고는 발전국가론의 핵심적 주장이다. 그러나 발전국가의 권위주의적 정부는 어디까지나 자유주의 시장 경제 체제를 바탕으로 하고 있는 만큼 중국의 사회주의 일당 독재 체제 하에서의 권위주의적 정부와는 근본적인 차이가 존재한다.

이 장은 지난 40년 간 진행된 중국 특유의 발전 경험, 즉 일당 독재를 통한 정치적 권위주의와 시장경제의 결합이 진정으로 서구 중심의 정치경제학 논리인 민주주의와 시정경제의 결합을 대체할 수 있는 새로운 대안이 될 수 있는지를 살펴보고자 하였다. 이를 위해 첫째, 이러한 중국의 독자적인 경제발전 경험이 하나의 독특한 발전 모델, 즉 중국모델로 설명될 수 있는지를 논의해 보고, 둘째, 중국모델에 대한 논의 과정에서 하나의 이정표가 된 베이징 컨센서스에 대한 분석을 통해 중국모델이 중국의 경험을 넘어서서 일반화가 가능한 모델이 될 수 있는지에 대해 살펴보고자 하였다. 마지막으로 중국모델이 경제적 차원을 넘어서서 정치적 변화까지 유도할 수 있는 정치적 대안모델이 될 수 있는지를 논의 해봄으로써 중국모델의 세계화 가능성에 대해 살펴보고자 하였다.

중국모델의 성립 과정

중국은 1978년 개혁개방을 통해 문호를 개방한 뒤 지난 40년 간 타의 추종을 불허할 정도로 빠른 속도로 급속한 경제상장을 이룩하였다. 이러한 중국의 경제성장 경험을 하나의 발전모델로 정립해보고자 하는 노력에서 '중국모델'에 대한 논의가 등장하였다. 중국모델 성립과정에서 제일 먼저 고려된 것은 흔히 '발전국가'로 불리는 동아시아 국가들의 경제성공 스토리다. 발전국가론으로 불리는 동아시아 발전모델의 핵심 내용은 권위주의적 정부와 시장경제 발전의 조화로운 결합이다. 즉 동아시아 발전국가들은 권위주의적 정부의 효율적인 경제정책 수립과 집행으로 인해 고도 경제성장을 이룩하였다는 것이다. 발전국가론은 시장의 역할을 강조하는 신고전주의 경제학파와는 다르게 국가의 선도적 역할을 강조하였다. 발전국가론은 후발 산업국가가 시장 자본주의라는 서구 중심의 경제논리를 따라가서 시장에 경제를 맡겨버리면 결코 선진 서구 자본주의 국가를 추월하는 경제성장을 이룩하기 어려울 것이라는 것을 인지하고, 국가가 주도적으로 계획을 세워 시장경제를 발전시켜 서구 중심적 경제발전의 한계를 넘어서는 경제성장을 이룩해보고자 시도한 것이다. 한국과 대만, 그리고 일본으로 대변되는 동아시아 발전국가들은 국가의 시장 개입이 시장 실패를 보완할 수 있다는 판단 하에 강력한 권위와 힘을 지닌 국가가 고도의 관료 자율성을 바탕으로 시장에 개입하여 경제성장을 주도하였음을 보여준다. 발전국가는 국가 주도의 산업화 정책이 급속한 경제성장으로 이어질 수 있음을 보여주었다. 이미 선진국 대열에 참여하여 세계 경제를 주도한 일본은 말할 것도 없고 후발 발전국가로 대변되던 한국과 대만도 20세기 후반에 눈부신 경제성장을 이루어 선진국으로의 진입을 목전에 두고 있다.

이들 발전국가들의 궁극적인 지향점은 시장 친화적인 시장 자본주의를 창출하는 것이었다. 이들은 통산성(일본)이나 경제기획원(한국) 같은 선도 기구를 만들어 산업 정책을 수립하고 집행하였다. 선도 기구는 핵심 산업을 선별하고 안정적이고 예측 가능한 경제 환경을 제공함으로써 민간 자본을 육성하였다. 이들 국가들은 국가가 주도적으로 시장 자본주의를 창출하여 급속한 경제성장을 이룩하였고, 경제적 성공을 이룩한 이후 정치적 민주화를 성공적으로 추진하여 자유민주주의로 탈바꿈한 공통점을 갖고 있다.[16]

이들 동아시아 발전국가들의 국가 기능이 종료되던 1990년대에 중국은

16 그러나 일본 및 동아시아 국가들의 발전국가는 세계화의 흐름과 함께 신자유주의가 한창 활성화되던 1990년대에 대부분 그 수명을 다했다. 일본은 1990년 초에 경제 버블이 터지면서 이후 20년 동안 장기적인 경제 침체기에 들어섰다. 한국의 경우, 1990년대 초 김영삼 정부에 들어서 OECD에 가담하고 세계 경제체제에 적극 동참하는 과정에서 그동안 국가주도 경제 발전의 핵심 전략 이었던 경제개발5개년계획을 공식적으로 폐지하면서 발전국가의 역할이 종식되었다. 곧 이어 1997년 외환위기를 겪으면서 경제에 대한 국가의 간섭과 역할은 더욱 위축되면서 신자유주의가 대세가 되었다. 대만은 1990년대에 들어와 독립을 위한 민주화 노력이 가시화되면서 사회를 억압했던 각종 권위주의적 정부 규제가 철폐되고 국가의 권위주의적 속성이 약화되었다. 2000년에 정치적 민주화가 이룩되면서 대만 정부의 발전국가적 역할은 급속히 축소되었다.

도리어 동아시아 발전국가 모델과 유사한 방식으로 경제성장의 단초를 닦았다. 중국은 중국 경제발전 모델을 동아시아 발전국가들에서 찾았다. 중국은 동아시아 국가들의 수출지향적 산업화와 국가 주도적 성장 방식에 주목했다. 그러나 자유주의 시장 경제를 근간으로 하고 있는 동아시아 발전국가들과 사회주의 일당 독재를 근간으로 하고 있는 중국은 동격으로 비교될 수 없는 근본적 차이가 있다. 특히 1989년 천안문 사태를 계기로 정치적 민주화 논의가 중단되면서 중국에서는 권위주의적 일당 독재체제가 더욱 굳어지게 되었다. 이후 중국은 정치적으로 일당 독재의 사회주의 체제를 굳건히 하면서도 경제적으로 시장경제발전을 추구하는 '사회주의 시장경제'라는 새로운 실험에 착수하였다. 산업화 초기 과정에서 중국 정부는 노동을 통제하여 저가 노동력을 생산하고, 자본 유치에 적합한 투자 환경을 조성하고, 민주화를 억압하고 시민사회를 약화시켜 권위주의적 정부의 통제와 안정을 유지하였다(이민자, 2008: 163-170).

그러나 중국의 발전을 너무 단순화시켜 설명하는 것에는 무리가 따른다. 중국모델은 일관적인 청사진과 목표 속에서 진행된 것이 아니라 다양한 지방모델의 경합과정에서 형성되고 변화되어 왔다(장윤미, 2011: 91). 요컨대 다양한 지역 발전모델은 하나의 개혁 프로그램에 따라 진행된 것이 아니라, 개혁과정에서 나타난 특징들을 개괄해서 그 특성을 유형화·모델화한 것이라고 볼 수 있다(장윤미, 2011: 92). 중국의 발전 과정에서 중국모델의 하부에는 서로 상이하고 대립되는 특징을 갖는 수많은 지역 모델들이 존재하며, 이러한 하부 성장모델의 경험적 원천은 매우 다양한 시공간에 존재한다. 이와 동시에 다양한 지역적 경험을 취합하고 조정하는 국가의 집권능력 또한 중국 발전의 중요한 특징이라 할 수 있다. 중앙정부는 다양한 지역 차이를 인정하면서도 커다란 틀에서 일정한 정책 방향을 제시해왔고 거시적 통제를 위한 다양한 정책수단을 활용해왔다(장윤미, 2011: 93-94).

중국의 경제발전 경험에는 동아시아 발전국가들과의 유사점 못지않게 많은 차이점이 존재한다. 가장 큰 차이점은 중국은 동아시아 국가들과는 달리 '외국인 직접투자FDI'를 통해 산업화에 가장 기초가 되는 자본을 조달하였다는 점이다. 특히 정부 주도하에 차관을 들여와 이를 배분하는 가운데 중앙정부가 경제발전을 주도한 한국과는 달리 중국에서는 각 지방정부가 경쟁적으로 FDI를 유치해 지방정부 중심으로 다양한 형태의 경제발전을 추구하였다. 중국의 정책 금융은 국유기업에 집중되었으나 수출은 FDI와 결합된 외자기업 및 사영기업에 의해 주도되었다. 중국은 저임금 노동력, FDI에 매력적인 투자환경 조성 및 세금 감면 등 FDI 우대정책을 통해 외자기업을 적극 유치하였다. 중국은 '외자기업의 수출을 적극 장려하고, 수출 기업에는 각종 융자, 세금 환급 등의 혜택을 제공'함으로써 경제성장의 기반을 마련하였다(이민자, 2008: 174).

다음으로 들 수 있는 것이 중앙정부와 지방정부와의 관계이다. 동아시아 발전국가의 경제성장은 이들 국가들이 경험한 특수한 정치·경제적 환경에서 나타난 것으로 지속적인 경제발전은 이것이 가장 강력한 행위자들인 국가와 자본가계급의 필요를 충족시키고 이해를 증진시켰기 때문이다. 발전국가론의 일반적인 정의는 중앙정부가 경제발전의 선도적 역할을 한다는 것이다. 그래서 발전국가론의 초점은 중앙정부의 경제정책 결정기구나 경제발전을 강조하는 국가의 경제계획에 집중하는 경향이 있다. 그러나 지방정부가 중앙의 경제적 목표를 달성하는 데 순순히 따르지 않고 나름의 경제정책 결정의 자율권을 갖고 있는 중국의 현실은 발전국가의 보편적 특성들과는 거리가 있다. 중국은 1980년대 초반부터 분권화 작업을 진행해왔기 때문에 정책 권한과 힘이 지방정부에 더 많이 속해 있다. 중국의 지방정부는 중앙정부가 내려 보내는 예산 외에도 거대한 자금을 자체적으로 동원할 수 있을 뿐 아니라 상당한 예산외off-budget 자금을 확보하고 있다. 또한 상하이, 광둥, 톈진 같은 부유한 지방정부는 별도의 대외 차관을 끌어들이거나 다양한 수수료 수익을 거두고 있어서 중앙정부에 대한 정책적 의존도가 매우 낮다(이정구, 2012: 86). 이러한 분권화 전략이 초래한 약점은 중앙정부가 국가적 정책을 강제하거나 일관된 방향으로 경제발전을 추진하기가 힘들 뿐 아니라 자원을 지역적으로 분배하는 데에도 어려움이 있다는 것이다(이정구, 2012: 86). 2008년까지 지방정부가 직접 추진하거나 조장한 부동산 개발 붐은 중국 전체 경제 자원 배분의 효율성을 떨어뜨렸을 뿐 아니라 지금도 중국 경제를 위협하는 심각한 요소 중의 하나로 부상하고 있다(이정구, 2012: 87).

한편, 중국이 1990년대부터 본격화하기 시작한 국유부문에 대한 구조조정은 회사법 등의 시장제도 확립, 대량해고 및 복지제공 축소 등을 가져와 발전주의적 이라기보다는 신자유주의적으로 진행되었다. 그럼에도 불구하고 국가는 스스로가 경제 전체에 큰 영향을 미치는 집합적 자본가일 뿐 아니라 국가가 외국 자본과 민간 자본의 이익을 위해 제도를 정비하고 편의를 제공하는 등의 역할을 수행하였다(이정구, 2012: 82). 중국은 국가가 국유기업을 직접 소유하고 운영하면서 시장경제를 추구하는 독자적인 발전의 길로 들어선 것이다.

2000년대 초에 이르러 중국의 경제성장이 가시화되자 중국 내 학자들 사이에 중국 발전의 특징은 신자유주의 모델이나 동아시아 발전국가론과는 다른 독자적인 '중국모델'이라는데 있다는 주장하기 시작했다. 중국모델이란 개혁개방 이후 중국이 추진해온 각종 국가 정책과 그로부터 나타난 결과에서 발견되는 일정한 패턴을 의미하는 것으로 이러한 중국의 경험은 다른 나라의 경험, 특히 서구적 발전 경험과는 구분되는 독특한 특징이 있음을 나타내는 하나의 '분석적 개념'으로 제시되었다(전성흥, 2008: 32). 실제로 산업화 과정에서 권위주의 정치체제를 유지하였던 동아시아 국가들은 경제성장 이후 정치적 민주화를 이룩했으나 중국은 현재까지 공산당 일당 독재로 대변되는 사회주의 체제를 유지하면서 경제성장을 이룩하였다. 중국모델을 주장하는 배경에는 중국의 시장경제 발전과 정치적 민주화를 분리시켜 설명하고자 하는 의도가 포함되어 있는 것이다.

중국모델에 대한 주장은 주로 '중국이 현재 어떻다'는 것이 아니라 대개

'중국이 어떠한 방향으로 나아가야 한다'는 규범적인 논의 차원에 집중되고 있다. 이들 학자들은 경제발전을 주도해온 중국의 현행 사회주의 정치체제를 긍정적으로 평가하며 개발과정에서의 중앙집권과 큰 정부, 권위주의 체제를 긍정적으로 평가한다(장윤미, 2011: 83). 대표적인 관방학자인 후안강은 중국이 경제성장을 이룰 수 있었던 것은 단순히 정책결정 과정의 효율성 때문만이 아니라 사회주의 정치제도의 우월성 때문이라고 주장한다. 이러한 진단은 중국 현실에 기반한 실증분석이라기보다는 정치적인 판단에 가까우며, 중국의 경제성공을 전제로 하여 현재를 정당화하고 미래를 추론하는 시각이다. 이들의 분석은 중국의 현실 모순을 회피하고 경제적인 측면만을 부각시키며 무엇보다도 정치적으로 설계된 설명 논리라는 한계를 갖고 있다(장윤미, 2011: 84).

중국모델 주창자들은 중국이 보여준 경제발전의 성과에 주목하여 이러한 성장의 배경으로 중국체제의 효율성을 지목하는 경향을 보여주었다. 즉, 효율적인 권위주의적 통치방식이 경제성장을 가져왔고 이러한 경제성과에 발맞춰 행정적, 법적 시스템을 개선해왔기 때문에 중국 경제의 지속적인 성장이 가능했다는 것이다(장윤미, 2011: 86).

그러나 중국모델에 대해 긍정적인 평가만이 존재하는 것은 아니다. 중국모델에 대한 비판은 좌파와 우파 연구자들 모두에게 나타난다. 우파적 시각에서는 중국 정치체제의 독재성과 비민주성을 지적하면서 이런 정치적 현실에서 중국모델은 결코 성립될 수 없는 것이라고 주장한다. 우파적 입장은 기본적인 인권이나 자유주의적 가치가 보장되지 않는 상태에서의 경제성장은 결코 바람직한 것일 수 없으며, 더구나 민주주의의 진전 없이는 지속적인 경제성장 역시 불가능하다고 본다(장윤미, 2011: 88). 다른 한편에서 좌파적 시각은 사회문제적 관점에서 중국모델을 바라본다. 그들은 신자유주의식 개혁으로 인해 중국에 나타난 많은 사회문제들, 예컨대 빈부격차, 도농 간 산업격차, 지역 간, 계층 간 불평등, 에너지 위기, 환경오염 등을 지적하고, 대중에게 성장의 혜택이 돌아오지 않는 중국의 경제발전의의 현실적 한계를 지적하며 누구를 위한 또 무엇을 위한 발전모델인가라고 비판한다(장윤미, 2011: 87).

중국모델 성립 과정은 중국의 미래 비전인 대국론의 변화 과정에서 잘 나타난다. 대국론은 지속적인 발전을 위해서는 주변의 안정과 평화유지가 필수조건이며, 우호적 국제환경을 조성하기 위해서는 경제·군사 대국화를 통한 강대국으로 부상해야 한다는 국가대전략 비전이다(주용식, 2012: 34). 중국 국가 대전략은 덩샤오핑이 제시한 평화적 성장, 개혁개방, 경제발전 등을 장기적 목적으로 '1국가 2체제, 법치확립, 시장경제 개발'을 추진한다는 내용에서부터 시작된다. 덩샤오핑이 제기한 도광양회韜光養晦는 몸을 낮추고 내적으로 경제발전에 주력하여 장기적으로 중국을 세계의 중심으로 만들고, 강대국이 되더라도 세계패권을 추구하지 않고 국제사회와 화목한 관계를 유지하면서 공영의 길을 가겠다는 실용주의적 외교전략 이었다(주용식, 2012: 29). 1997년 장쩌민이 주장한 유소작위有所作爲는 대국책임론을 주장하면서 '필요한 일은 하겠다'는 의지를 표명한 외교전략으로 국제관계의 상호의존성과 중국의 국력신장을 염두에 둔 신자유주의적 대외전략이었다(주용식, 2012: 29). 후진타오는 제17기 전당대회에서 지속적 성장, 조화로운 사회 및 조화로운 세계, 국제사회로의 진입 등 소위 "과학적 발전 개념"이라는 적극적인 대내외 노선을 채택했다. 그리고 "사회주의 노선, 인민민주주의 독재, 공산당 리더십, 그리고 마르크스·레닌·마오 사상"이라는 네 가지 기본원칙을 재확인함으로써 1978년 이후 추진해온 개혁개방을 통한 시장경제개발에 역점을 두면서도 중국은 사회주의 정치제도를 근간으로 하여 점진적으로 정치발전을 추진할 것임을 천명하였다(주용식, 2012: 28). 이로써 중국의 경제발전은 일당 독재의 사회주의 체제라는 기본 틀 속에서 진행될 것이라는 중국모델의 방향이 확립된 것이다. 중국모델은 중국의 경제발전이 세계경제체제로의 편입 과정에서 이룩되었지만, 중국의 주권을 지켜왔다는 점을 강조한다. 중국모델은 공산당 일당 지배체제의 사회주의를 유지하면서 고도 경제성장을 이룩하였음을 보여준다. 중국의 사례는 과거 경제발전의 정석으로 간주되던 '시장경제와 민주주의는 한 쌍이다'라는 지배적 결과물을 뒤엎고 시장경제와 사회주의의 동거를 보여주는데 그 특징이 있다(전성홍, 2008: 53).

지금까지의 논의를 정리해보면 중국모델에는 다음과 같은 특징들이 포함되어 있다. 첫째, 중국모델의 부상은 중국경제의 지속적인 고도성장을 기초로 하는 것이고, 둘째, 중국모델은 중국이 서구와는 다른 중국 특색의 발전 노선에 기초해있다는 것이다. 셋째, 중국모델의 경제적 의미는 바로 사회주의 시장경제, 또는 중국 특색의 사회주의라 할 수 있다. 넷째, 중국모델에 담겨 있는 정치의 이념에는 자유나 민주가 포함되어 있지만 그 의미는 서구적인 것이 아니라 중국의 전통 이념에 기초해 있다는 것이다. 다섯째, 중국모델의 기본적 이념은 사회주의이자 마르크스주의이고, 그 영도 세력은 중국 공산당이라는 것이다. 중국경제의 주도 세력은 여전히 국유기업과 국가이고 사기업과 민간부문 그리고 각종 시장은 보조적인 지위에 머물고 있다는 것이다(이정구, 2013: 49).

주용식은 중국모델은 두 가지 측면에서 국제 정치·경제 질서에 지대한 영향을 미칠 수 있다고 보았다. 첫 번째는 중화민족주의에 대한 국내 정통성을 확보한다는 것이다. 중국모델이 서구식 근대화와는 또 다른 역사 발전의 모델을 제시한다는 시각은 중국 내부에 민족주의를 강화하고 민족주의적 대외 정책의 정당성을 높이는 결과를 가져왔다. 두 번째는 중국의 독특성, 즉 정체성을 국제사회에 투사하는 이념적 기반을 제공할 수 있다는 점이다. 이는 강대국 헤게모니 추구를 통해 중국식으로 국제질서를 재편해 나간다는 것을 의미한다(주용식, 2012: 28).

전체적으로 볼 때 중국모델에 대한 논의는 중국 경제성장을 어떻게 바라보고 정의하느냐에 초점을 맞추었다. 근본적으로 중국모델은 중국 경제성장의 성과를 지속 가능한 것으로 보고 그러한 바탕 하에서 발전한 논리이다. 중국모델의 가장 큰 특징은 사회주의 일당 독재체제라는 정치체제가 갖는 한계를 고도 경제성장이라는 성과와 연계시켜 중국의 비민주적 정치

체제를 정당화시키는 논리로 발전한 데 있다.

베이징 컨센서스와 워싱턴 컨센서스

중국은 1989년 천안문 사태를 거치면서 정치적 민주화에 대한 우려와 함께 중국적 특색을 지닌 사회주의 발전모델을 창출하였다. 중국모델은 1992년 '사회주의 시장경제론'을 통해 구체화되었다. 이는 '경제반좌 정치반우經濟反左政治反右'라는 슬로건으로 요약되는데, 경제는 자본주의 시장경제 발전을 추진하면서도 정치는 사회주의 체제 아래서 공산당 일당 독재를 유지하여 체제 안정을 추구한다는 것이었다. 즉 일당 독재 체제와 시장경제 발전을 결합하여 새로운 발전모델을 창출한 것이다. 중국은 공산당 일당 지배체제 아래서 정치적 안정과 함께 40년 가까이 지속되는 고도 경제성장을 이룩하였다. 이는 지금까지 대세로 인식되었던 시장경제 발전과 정치적 민주화를 한 쌍으로 간주하던 기존의 지배적인 서구 발전론에 대한 강력한 도전이 되었다.

'베이징 컨센서스'는 중국의 발전 경험을 바탕으로 지금까지 정설로 간주된 서구중심적 발전이론인 신자유주의론의 정책 제안인 '워싱턴 컨센서스'에 대한 도전으로 제기된 개념이다. 이는 국제질서를 변화시킨 하나의 동력으로 중국의 발전을 해석하기 위해 등장한 개념이라 할 수 있다. 대안모델로 '베이징 컨센서스'가 제기된 것은 2004년 5월 영국의 한 학술대회에서 골드만삭스의 정치경제 문제 고문이었던 라모Ramo, J. C.가 '베이징 컨센서스'라는 글을 발표하면서부터였다. 라모는 이미 실패한 워싱턴 컨센서스는 더 이상 개발도상국이나 전환국가가 따라야 할 모델이 아니라고 비판한 뒤 그들이 따라야 할 대안모델로 베이징 컨센서스를 제시했다. 베이징 컨센서스는 중국이 국가 주도 하에 점진적이고 단계적인 시장화 개혁을 성공적으로 수행하고 있음을 강조했다. 베이징 컨센서스는 중국이 계획한 정책 시행 과정이 경제발전과 인민들의 생활수준을 높인다는 목표를 동시에 달성한 점을 높이 평가하면서 경제발전 과정에서 국가의 역할이 얼마나 중요한지를 보여주려고 하였다(김도희, 2008: 86-88).

베이징 컨센서스를 이해하려면 먼저 워싱턴 컨센서스가 무엇이고 이것이 왜 실패했는가를 알아야 할 것이다. 워싱턴 컨센서스는 1989년 미국 경제연구소의 존 윌리암슨John Williamson이 미국 정부와 IMF, 세계은행의 입장을 대변한 정책건의로 제시된 정책 제안으로, 멕시코 등 남미 국가들의 채무 불이행 사태에 대한 해결책으로 제기된 내용들이다. 이는 남미 채무 불이행 국가들의 지속가능한 발전을 유도하기 위해서 서구 국가들이 직접적인 재정 지원을 하기 보다는 탈규제, 금융과 무역의 자유화, 국유기업 민영화 등을 골자로 하는 정책 변화 추진을 유도 한데서 유래한다(전성홍, 2008: 38-39). 이는 근본적으로 중남미 국가들의 채무를 경감하기 위한 정책 방안이었다. 워싱턴 컨센서스는 신자유주의 논리인 자유시장 신념에 기초하여 정부의 역할을 약화시키거나 최소화하였다. 그러나 워싱턴 컨센서스를 적용한 남미 국가들의 외자 의존이 심화되고 국내 소득 불균형이 더욱 심화되면서 유효한 공공정책을 실행할 수 없게 되면서 워싱턴 컨센서스는 실패한 이론이 되었다(김도희, 2008: 82-97).

워싱턴 컨센서스가 실패한 근본적 이유는 중남미 국가들의 경제 위기의 원인을 잘못 짚은데 있다. 중남미 국가들의 경제 위기는 국가의 개입 때문에 일어난 것이 아니라 경제를 전체적으로 조정할 수 있는 핵심 기구나 세력이 없거나 불안정해서 나타난 것이다. 따라서 시장 도입과 개방 및 민영화를 실시하기 전에 이를 책임지고 진행할 정부 역할 및 제도를 간과한 데 문제점이 있었던 것이다. 시장 전환에서 정부와 시장의 균형이 전적으로 중요한 것인데 워싱턴 컨센서스는 도리어 정부의 역할을 간과하고 정부의 시장 간섭을 막음으로써 실패한 것이다(김도희, 2008: 97-99). 이에 대한 대안으로 제시된 베이징 컨센서스는 당연히 정부의 적극적인 역할을 강조하였다.

워싱턴 컨센서스는 신자유주의의 대표적인 정책으로 국제통화기금과 세계은행에서 채택되어 동유럽, 아프리카, 아시아 지역의 개혁정책으로 적용되었고, 탈냉전 시기 세계화를 심화시키며 국제 경제체제를 안정시켜 왔다. 신자유주의 체제 하에서 세계경제는 역사상 최고의 성장을 보였고, 지구적 차원에서 자본시장의 자율화가 이루어졌다. 그러나 이는 저개발 지역의 경제침체를 가져왔고 선진국에서의 부의 불평등을 심화시켰으며 전 세계적으로 빈부격차를 심화되었다. 특히 1990년대 후반 이후 시장 만능주의로 인해 시장과 정부 간의 불균형이 커지면서 1997년 아시아 금융위기, 2008년 미국 금융위기, 2010년 유럽 금융위기의 근본적인 원인이 되기도 했다(주용식, 2012: 44). 특히 신자유주의가 미국의 세계패권을 유지하는 하나의 이데올로기적 도구로 인식되면서 반미 감정의 범세계적 확산과 더불어 그 이론의 진정성과 신뢰성이 약화되었다. 그리고 2008년 미국발 세계경제위기로 인해 신자유주의 신화는 빛을 잃었다. 미국 경제력의 약화와 신자유주의에 대한 불신은 상대적으로 중국모델에 대한 국제사회의 관심과 기대를 증가시키는 결과를 가져왔다(주용식, 2012: 44).

라모는 중국의 급속한 경제발전이 중국 그 자체를 변화시키고 있다고 보았다. 그러나 더 중요한 것은 중국의 새로운 사고가 중국 바깥에서 더 큰 거대한 영향력을 미치고 있다는 것이다. 라모는 하나의 무게 중심이 지배하는 세계 속에서 스스로 국제질서에 조응해갈 것인지 아니면 진정한 독립을 실현할 것인지 고민하는 국가들에게 중국이 그들의 고유한 생활방식과 정치적 선택을 지키도록 이끌고 있다고 보고 이를 '베이징 컨센서스'라고 불렀다(조슈아 쿠퍼 레이모, 2009: 17).

베이징 컨센서스에서 힘의 바탕이 되는 핵심적인 개념은 변화, 새로움, 혁신이다(조슈아 쿠퍼 레이모, 2009: 17). 베이징 컨센서스에는 중요한 두 가지 함의가 내제해 있는데, 하나는, 중국의 개혁이 성공하든 실패하든 베이징 컨센서스는 이미 워싱턴에서 나온 기존의 사고와는 확연히 다른 새로운 사고를 성립시켰다는 것이고, 다른 하나는, 베이징 컨센서스의 등장 자체가 중국의 대대적인 변화를 의미한다는 것이다(조슈아 쿠퍼 레이모, 2009: 18).

베이징 컨센서스는 세계 속에서 개발도상국들을 어떻게 조직할 것인가에 대한 세 가지 원칙이다. 첫 번째 원칙은 혁신의 가치를 재정립하는 것이다. 즉, 개발도상국들의 발전은 후발 기술발전으로부터 시작해야 할 것이 아니라 광섬유와 같은 첨단기술의 혁신에서부터 시작해야 한다는 것이다. 그렇게 해서 변혁을 일으켜야 하고, 그 변혁이 변혁으로 인해 문제가 파생되는 속도보다도 훨씬 더 빠르게 진행되도록 해야 한다는 것이다(조슈아 쿠퍼 레이모, 2009: 25). 중국의 성장이 주는 교훈은, 혁신과 기술만이 일부 영역에서 초고속의 변화를 이끌어낼 수 있고, 그것을 통해서 국가를 빠르게 움직임으로써 개혁으로 인해 생긴 부작용들을 해소할 수 있다는 것이다. 변화로 인해 생겨난 문제들을 제거하는 가장 좋은 방법은 더 많은 변화와 혁신이다(조슈아 쿠퍼 레이모, 2009: 28). 라모는 기존의 상식을 뒤엎는 매우 혁신적인 주장을 하는데, 중국의 경제성장을 유지시켜 온 힘은 값싼 노동력이 아니라 혁신을 통한 생산성 증대였고, 위험한 내부적 불균형을 막아준 것도 혁신이었다는 것이다(조슈아 쿠퍼 레이모, 2009: 30). 베이징 컨센서스는 달리 말하면 혁신주도형 성장모델이다. 이는 기존의 발전에 대한 관념을 뒤엎는 것으로, 기초부터 순차적으로 성장을 이루는 것보다는 급성장하는 경제 허브를 만드는 것이 더 중요하다는 발상이다(조슈아 쿠퍼 레이모, 2009: 34).

베이징 컨센서스의 두 번째 원칙은 지속 가능하고 평등한 발전이 가능한 환경을 창조해야 한다는 것이다(조슈아 쿠퍼 레이모, 2009: 34). 기왕에 혼란이 불가피하고 위로부터 그것을 통제하는 것이 불가능하다면, 그것을 기정사실화하면서 정치의 불안정한 혼합체인 중국 사회를 의미 있게 조직하는 것이다. 이는 발전의 중심을 GDP같은 객관적 척도에 국한하지 않고 발전의 중심을 삶의 질 쪽으로 옮겨 발전과정에서 생겨나는 거대한 모순을 관리한다는 것이다(조슈아 쿠퍼 레이모, 2009: 25). 이제 지속가능한 성장모델로의 변화가 이루어지지 않는다면, 중국 경제는 점차 동력을 잃어버릴 것이고, 자원의 부족으로 인해 발전을 멈출 것이며, 부패와 환경오염으로 말미암아 곤경에 빠질 것으로 보았다. 칭화대학 경제학자인 후안강은 워싱턴 컨센서스가 강조하는 GDP 성장을 막대한 환경파괴를 동반한 '검은 GDP 성장black GDP growth'이라 부르고 이런 비용을 차감한 성장인 이른바 '녹색 GDP 성장률'을 산출하고 이어서 부패로 인한 비용을 뺀 '클린 GDP'를 제시했다. 중국이 얼마나 진보했는지를 측정하기 위해서는 이런 방법이 필요하다는 것이다. 이는 중국이 사회 안정에 강박관념을 가지고 있음을, 그리고 오염과 부패를 사회의 독소로 인식하고 있음을 두드러지게 보여주는 사례이다(조슈아 쿠퍼 레이모, 2009: 36).

중국 사회 개혁에서 가장 중시되는 것은 안정이다. 공산당 지도부는 경제성장에 가장 중요한 영향을 미치는 요인을 사회 안정이라고 보았다. 중국의 정치체제가 권력의 독점을 요구하는 이유도 여기에 있다. 사회적 안정은 모든 것의 전제조건이다(조슈아 쿠퍼 레이모, 2009: 37). 이러한 라모의 주장은 다분히 공산당 일당 독재를 정당화시켜주는 논리로 작용할 수 있다는 문제점도 있다.

베이징 컨센서스의 세 번째 원칙은 패권적인 강대국을 움직일 수 있는 지렛대의 운용을 강조하는 자결의 원칙이다. 중국은 국제질서를 다시 구축하고 있다(조슈아 쿠퍼 레이모, 2009: 25-26). 베이징 컨센서스의 호소력은 세계화 추세에 대한 사람들의 보편적인 걱정에 공감하면서도 또 다른 대안적 길을 제시한 데 있다. 이 대안적인 길은 세계화의 사고가 각 지역의 특수한 상황에 부합하는지를 먼저 엄격히 따지면서, 다음에 그것을 통합해나가는 것이다(조슈아 쿠퍼 레이모, 2009: 47). 중국은 유사 이래로 가장 큰 비대칭적 초강대국이 되어가는 과정 중에 있다. 미국식 초강대국과는 달리, 중국은 자신을 본받을만한 모델로 제시하고, 경제적 위상에 따른 영향력을 발휘하며, 확립된 국가주권을 확고하게 지지하면서 초강대국으로 등장했다고 라모는 주장한다(조슈아 쿠퍼 레이모, 2009: 50-51).

베이징 컨센서스는 경제발전 과정에서 국가 주도, 즉 시장 기능에 대한 국가의 개입 및 관리를 강조한다. 시장경제의 급속한 성장으로 인해 사회 정치적 불안을 야기할 수 있는 시장경제의 부작용을 사전에 예방하기 위해 국가의 시장관리는 불가피하다는 입장이다. 라모는 경제발전과 사회주의 중국 체제를 유지하기 위해서는 국가의 시장관리가 절대적으로 필요하다고 보았다. 이는 '국가자본주의'로 시장경제를 활용한 경제 발전모델이라 할 수 있다. 중국의 국가자본주의는 생산수단의 사유화는 인정하나 민간경제활동이 국가목표와 부합하도록 국가가 시장에 깊이 관여하여 민간경제주체의 자발적인 결정이 경제활동에 미치는 영향을 크게 제한하고 있다(주용식, 2012: 46). 베이징 컨센서스는 권위주의 체제라는 강한 국가 주도의 시장경제 발전이라는 중국의 발전경험을 집약해 놓은 것이라고 볼 수 있다(김애경, 2010: 13).

2008년 이후 세계 금융위기가 심화되면서 베이징 컨센서스는 국제정치경제 질서의 변화에 대해 제기되는 가장 큰 화두들 중의 하나로 부각되었다. 중국은 워싱턴 컨센서스가 요구하는 서구식 민주주의와는 다른 중국식 민주주의를 주창한다. 사회 집단들 간의 이해 갈등을 상호 조정하는 자유민주주의와 달리 중국식 민주주의는 사회통합과 국가발전이라는 기준에 따라 이해관계의 우선순위가 정해져야 하며 이에 따라 국가자원이 배분되어야 한다는 공동체주의적 사회민주주의에 가까운 것이다. 한마디로 이는 권위주의 정치체제와 시장경제의 조합이다. 다시 말하면 이는 국가가 시장을 통제하고 주도한다는 것을 의미한다(주용식, 2012: 47). 베이징 컨센서스는 국가의 역할이 무엇인지에 대해 다시 한 번 일깨워 주었다는 데에 큰 의미가 있다, 베이징 컨센서스는 중국의 국가주도 개혁이 정치적 안정과 함께 경제발전을 통한 인민들의 생활수준 향상을 동시에 달성했음을 보여주고자 하는 것이다(김도희, 2008: 88).

중국 발전모델의 세계화

최근에 중국모델이 외부로부터 큰 주목을 받는 원인은 무엇일까? 첫째, 중국은 세계경제위기에도 불구하고 대대적인 경기부양과 재정조치로 지속적인 성장을 이어왔다는 점이다. 그러자 많은 학자들이 세계 경제 위기 속에서도 경제성장을 할 수 있었던 중국의 정치 및 경제 시스템에 주목하게 되었고, 중국은 '정치적 민주화 없이도 급속한 경제성장'을 달성한 하나의 상징처럼 인식되었다. 이는 정치적으로 서구사회로부터 자유화·민주화의 압박을 받고 있는 개도국들의 권위주의 정권에게 의미 있는 대안을 제시해주고 있다(장윤미, 2011: 102). 둘째, 많은 개도국들에겐 현실적으로 중국이 실질적인 대안이라는 사실이다. 정치체제 변화의 압박을 받지 않고 선택할 수 있는 대안적인 경제 파트너로 중국이 가장 효과적이다. 특히 서구 식민주의 통치의 경험이 있었던 국가들에게는 경제적 원조와 정치적 지원을 제공하는 중국의 방법이 중국의 매력을 높이는 핵심 요소가 되고 있다(장윤미, 2011: 102). 셋째, 신자유주의식 처방에 집착하지 않고 자기 주도적으로 국가의 미래를 결정한다는 방식 자체가 가진 파급효과다. 즉, 중국모델이 무엇을 내포하고 있는지 보다는 서구적 방식이 아닌 다른 길도 있을 수 있다는 아이디어 자체가 훨씬 큰 잠재력을 지니고 있다는 것이다. 이는 서구의 간섭을 거부하는 근거로 활용할 수 있기 때문이다(장윤미, 2011: 103). 바로 이러한 요인들 때문에 중국모델은 개도국들에게는 하나의 매력적인 대안모델로 대두되었으며, 중국의 지원 속에서 중국의 경험을 따르는 개발도상국들 중에서 권위주의적 국가 형태의 사례가 점차 늘고 있다. 중국모델은 단순히 경제적 발전모델을 넘어서서 서구 중심주의를 넘어서는 하나의 정치적 대안이 된 것이다.

이렇듯 최근 학자들의 '중국모델'에 대한 논의는 경제 영역을 뛰어넘어 정치 영역으로 확대되고 있다. 특히 2008년 세계 금융위기 이후 중국의 부상이 본격화되고 세계질서 재편에 미치는 중국의 영향력이 확대되면서 중국모델은 점차 정치적인 쟁점으로 바뀌어왔다(장윤미, 2011: 87). 지속적인 고도 경제성장을 통해 G2 국가로 진입한 중국의 위상은 중국이 2008년 미국발 세계 경제위기에 효과적으로 대응하여 세계 경제위기 속에서도 고도 경제성장을 지속함으로써, 중국이 위기에 처한 서구 중심의 경제모델인 신자유주의에 대한 대안이 될 수 있다는 논리가 급부상했다. 중국모델은 발전도상국인 중국이 세계화 과정에서 현대화를 실현하기 위해 취한 하나의 전략적 선택으로, 중국이 세계화라는 도전에 직면하여 그에 대처한 성공적인 발전전략 및 거버넌스 모델로 각광받게 된 것이다(주용식, 2012: 22). 중국 대안론은 단순한 경제발전 모델에 대한 논의를 넘어 향후 국제질서는 어디로 가는가, 인류사회가 추구할 가치는 무엇인가 하는 인식론적 담론으로 확대되었다. 그리고 이러한 세계화에 대한 논의는 불가피하게 세계질서 재편에 대한 헤게모니 논쟁으로 발전되어가고 있는 양상이다(주용식, 2012: 21). 이렇듯 중국모델론은 경제적인 차원에 머무는 것이 아니라 정치적인 차원을 포함하고 있어 체제 유지적인 이데올로기로까지 발전하고 있다.

중국의 경제적 부상은 정치적 민주화와 경제적 시장 자본주의로 대변되는 서구의 지배적인 발전 모델에 대한 커다란 도전이 되고 있다. 오늘날 지구상에는 수많은 저발전국가 및 비서구 국가들이 존재하고 있다. 이들 대부분은 정치적으로 비민주적이거나 권위주의적 체제를 갖고 있다. 만약 이들 국가들에게 정치적 민주화를 통한 경제성장을 요구한다면 이들의 경제발전과 정치적 민주화는 요원한 일이 될 것이다. 대부분의 저발전국가들은 서구적 경험과 문화 및 자원 모두에서 매우 열악한 상태에 있다. 열악한 경제적 환경에서 민주주의가 무엇인지 경험한 적이 없는 사람들에게 민주화와 경제성장을 동시에 요구한다는 것은 무리한 일이다. 그럼에도 불구하고 서구적 이데올로기가 지배하는 현 세계에서는 저발전국가들이 경제성장을 하려면 반드시 정치적 민주주의와 같이 하여야 한다고 확신하고 있다.

이러한 시점에서 권위주의적 국가체제를 유지하면서도 경제성장이 가능하다는 것을 보여준 중국모델은 서구 중심적 지배이데올로기에 대한 새로운 대안이요 도전이 되었다. 즉 경제성장이 필연적으로 정치적 민주주의를 초래한다는 환상이 점차 깨지고 있는 것이다. 중국은 정치적으로 권위주의적인 독재체제가 시장경제와 결합하여 지속적인 경제발전을 이룩할 수 있음을 보여주고 있다. 중국모델은 기존의 서구적 해석과 전망에 대한 도전으로 미래의 정치발전과 자본주의 발전에 대한 새로운 해석을 제시해주고 있다. 이제 저발전국가는 서구식 게임에서 벗어나 다양한 유형의 시장 발전을 시도할 수 있게 된 것이다.

중국의 부상이 갖는 의미는 서구사회 이외의 지역에서 경제적 자율성이 있는 새로운 부의 중심이 출현했다는 것과 민주주의가 배제된 비민주적 자본주의가 출현했다는 것이다(스테판 할퍼, 2011: 43-45). 중국은 개발도상국들에게 재정을 지원하고 경제발전 자금을 제공할 수 있을 정도로 부유해졌고, 중국이 이들 국가들에게 재정지원 할 때 서구가 강요하는 형태의 조건을 제시하지 않았으며, 수혜국의 내정 간섭도 하려 하지 않았다(스테판 할퍼, 2011: 45). 이는 에티오피아나 베네수엘라와 같이 천연자원에 근거를 둔 많은 아프리카와 남미 독재국가들에게 매력적인 것이었다. 중국은 비민주적 자본주의 모델을 개발도상국에게 확산시키면서 새로운 시장 발전 모델을 창출한 것이다. 새로운 발전모델은 권위주의적 통치로 얻어진 정치적 안정과 시장의 발전으로 정의된다. 이 과정에서 저발전국가 국민들은 중국에서 보듯이 경제적 문제를 해결해줄 수 있다면 비민주적인 정부가 집권해도 개의치 않는다는 태도를 보이고 있다. 중국모델은 국가와 국민 사이에 새로운 거래를 만들어내고 있는데 국가가 지속적으로 국민의 생활수준 향상을 위해 노력하고 그 성과를 보이는 한 국민들은 국가의 권위주의적 통치를 허용한다는 것이다(스테판 할퍼, 2011: 149-157).

비서구 국가들과 개발도상국 정부들은 워싱턴 컨센서스의 핵심 전제인 최소 국가 역할을 더 이상 신뢰하지 않게 되었다. 그들은 또한 자유 시장과 민주주의에 관한 서구식 발전모델을 더 이상 추종하지 않는다. 중국은

2004년부터 아프리카, 동남아시아, 중남미 개발도상국에 대한 원조 규모를 대폭 확대하였다(헨리 샌더슨·마이클 포시드, 2014). 중국은 이들 국가들에 대한 원조를 제공하지만 원조aid라는 말보다 협력cooperation이라는 용어를 선호하고, 내정불간섭 원칙을 강조하면서 서국 국가들의 IMF를 통한 원조 방식과는 확실한 차별성을 두었다. 서구 국가들은 IMF 경제 원조를 통해 정치민주화, 경제자유화 및 시장화를 달성하기 위해 경제 구조 조정과 같은 정치적·경제적 개혁을 강제해왔다. 그러나 중국은 타국에 대해 '하나의 중국 원칙'을 인정하는 것 이외의 정치적 조건이 거의 없이 증여, 차관 및 기술 원조를 제공하였다. 국내 문제에 직면한 많은 개발도상국 지도자들에게 주권 존중, 내정 불간섭 원칙에 대한 중국의 공언은 상당한 호소력을 지니며 이들의 마음을 얻고 있다(김애경, 2010: 24).

그러나 이러한 중국모델의 수출이 결코 쉬운 일은 아니다. 중국모델의 해외 이식 과정에는 많은 시행착오가 존재한다. 2013년 시진핑 중국 국가주석은 유라시아 경제의 핵심을 바꿔놓을 '일대일로一帶一路'라는 거대 계획을 발표했다. '일대'는 중국 서부에서 중앙아시아를 통과해 유럽·중동·남아시아까지 이어지는 철도로 이루어져 있다. '일로'는 동아시아의 상품이 지금처럼 두 대양을 가로지르는 대신 '일대'의 육상 수송으로 연결될 수 있도록 하는 거점 항구와 항만 시설들로 구성된다. 미국이 2015년 초 가입을 거부한 중국 주도의 '아시아 인프라 투자은행AIIB'은 부분적으로 '일대일로'의 자금을 지원하기 위해 고안된 것이었다. 실로 '일대일로'는 중국 정책에서 눈에 띄는 출발점이다. 이것은 중국이 처음으로 자신들의 성장모델을 다른 국가로 수출하려는 것이었다(프랜시스 후쿠야마, 2016: 40).

'일대일로'는 과거 인프라 투자와는 다르게 중국 외부에서 산업의 생산능력과 소비수요를 확대하겠다는 것이다. 즉, 원자재를 채굴하기보다는 자신들의 중공업을 발전도상국가로 이식함으로써 해당 국가를 부강하게 하고 중국 제품의 수요도 진작시키겠다는 야심찬 전략이다. 이는 산업 발전을 촉진하는 도로·항구·전기·철도·공항 등 인프라 시설에 대해 국가 주도로 대규모 투자를 하겠다는 것(프랜시스 후쿠야마, 2016: 41)으로 중국모델의 세계화 과정이라고 볼 수 있다.

그러나 이러한 전략에는 커다란 문제점이 존재한다. 인프라 주도의 경제성장이 중국에서 성공할 수 있었던 것은 중국 내에서 중국정부가 정치환경을 통제할 수 있었기 때문이었다. 그러나 정치·사회적 불안정과 갈등, 부정·부패가 만연한 개도국에서도 중국정부의 통제가 잘 작동할 수 있으리라는 보장은 전혀 없다. 해외의 다양한 역사 및 경제·사회·문화적 배경과 국내외적 정치적 현실로 인해 중국의 야심찬 계획이 방해받을 가능성을 높인다. 실제로 중국은 중국의 거대 투자가 이루어진 에콰도르나 베네수엘라 등지에서 이미 분노한 주주들, 국수적인 의회 의원들, 변덕스러운 친구들의 저항에 맞닥뜨리고 있다. 거대 인프라 건설 성장 전략은 중국 내부에서도 이미 다양한 한계에 부딪치고 있는데 해외에서 이러한 전략이 계획대로 잘 작동할 가능성은 더욱 적을 것이다(프랜시스 후쿠야마, 2016: 41). 중국의 특수한 역사·문화적 경험과 정치·경제적 환경 하에서 이룩된 중국모델이 전혀 다른 문화와 환경을 가진 타국에서 시진핑의 염원과 계산대로 작동할 가능성에 대해서는 전혀 확신할 수 없다. 중국모델의 세계화 과정은 결코 쉽지 않은 과업인 것이다.

시진핑의 독재 강화와 발전모델의 한계

그렇다면 라모가 2004년 베이징 컨센서스를 주창한 후 10여 년이 지난 현 시점에서 중국모델은 어떻게 작동하고 있는가? 중국의 경제 대국화는 후진타오시기에 그 골격이 완성되었다. 후진타오는 2002년 11월 16기 전대에서 공산당 총서기, 2003년 10기 전국인민대표회의 1차 회의에서 국가주석, 그리고 2004년 9월 16일 4중전회[17]에서 공산당 국가군사위원회 주석을 승계함으로써 명실 공히 당·정·군을 장악했다.

중국은 1990년대 중반 이후 대규모 외자를 유치함으로써 부족한 자본과 기술을 해외에서 충당하여 성장의 계기를 마련했다. 후진타오 시기에 중국은 지속적으로 10% 안팎의 경이로운 경제성장률을 기록했으며 일본과 독일을 제치고 세계2위의 무역 대국으로 급부상했다. 그러나 중국의 급속한 경제성장은 예기치 못했던 결과로 극심한 빈부격차와 사회적 불평등을 창출했다. 짧은 시간에 이룩한 고도 경제성장의 후유증으로 나타난 극심한 빈부격차, 소득의 양극화, 지역 간 불균형 발전, 도농 발전 격차, 도시 빈민으로 대변되는 빈민층의 급증 등 경제·사회 문제가 사회의 안전을 위협하는 수준으로 급부상했다.

후진타오 정부의 가장 우선적인 과제는 경제의 급속한 발전에 따라 나타난 불평등에 대한 인민들의 반발을 효율적으로 무마시키는 것이었다. 후진타오가 주창한 과학적 발전관과 화해사회론은 정부가 사회 경제적 문제점과 더불어 농민공, 농민, 도시빈민, 노인 등과 같은 사회적 약자에 대해 관심을 갖겠다는 의지의 표명이었다. 이는 발전하되 균형을 맞춰 발전하자는 것이었다.

그러나 후진타오 지도부가 당면한 더 큰 심각한 문제는 급격한 경제성장에 따라 부정부패가 만연해지면서 중국 공산당 통치의 합법성의 기반이 심각하게 와해되고 있는 현상이었다. 중국 정부가 내놓은 해결책은 당내 민주주의의 확대와 당의 반부패 정책과 효율적인 감독체제의 구축이었다

17 중국에서는 전당대회가 정례화된 1977년 11차 전당대회 이후 공산당은 매 5년 마다 전국대표대회(전대)를 개최하여 당의 최고지도기관인 중앙위원회를 구성하여 지도부를 교체하고 있다. 중전회는 중국공산당 중앙위원회를 줄여서 부르는 말로 전당대회가 폐회중인 5년간 공산당의 전반적인 업무를 관장한다. 중전회는 통상 한 기 5년 동안 6-7회 개최되는 것으로 정례화되고 있다. 1중전회는 전당대회 직후 소집되어 정치국과 총서기 등 중앙당 기구와 당 최고지도부 인선을 확정한다. 2중전회는 그 이듬 해 양회(전국인민대표회의와 전국정치협상회의) 직전 정부운영을 책임질 국가주석과 총리 등 당 지도부 인선을 확정한다. 3중 전회는 통상 새로운 지도부가 출범한지 1년 즈음에 열려 1년 동안의 정책집행 결과를 토대로 새 지도부의 향후 집정이념과 정책 노선의 향방을 제시한다(이춘복, 2014: 135-136).

(장공자·박민순, 2010: 303). 후진타오는 당내 민주개혁을 통해 적극적으로 부패문제를 해결하려고 하였다. 그러나 후진타오의 당내 민주개혁은 권력분립, 복수 정당제 도입, 직접선거제도 도입과 같은 서구식 자유민주주의 체제를 도입하겠다는 것이 아니라 양극화가 심화되고 관료들의 부패, 불법, 전횡으로 관민 간의 갈등이 심화되자 이를 감독할 제도적 장치로서의 당내 정치 개혁을 의미하는 것이었다(장공자·박민순, 2010: 309). 이는 어디까지나 공산당 일당 지도 체제의 제도적 개선일 뿐 공산당 권력 독점 약화를 뜻하는 것은 아니었다. 이는 일당 독재의 사회주의제도를 공고히 하면서 경제성장을 이룩하고 동시에 사회주의적 민주화와 법제화를 실현시키는 것이었다(장공자·박민순, 2010: 310). 이것이 후진타오시기 중국모델의 구체적인 실천 내용이었다.

후진타오 정부는 개혁개방의 지속적인 추진 과정에서 빈부격차와 사회 및 지역 격차 같은 각종 사회문제를 개혁할 것을 기치로 내걸었지만 집권 10년 동안 과감한 개혁보다는 합법적인 차원에서 중국이 변화하길 희망하는 보수적인 정치 성향을 보여 왔다. 후진타오 정부는 혼란과 논란이 예상되는 정치개혁보다는 경제개혁에 치중하였다. 즉 후진타오는 진보적인 개혁보다는 공산당의 이념과 체제 내의 변화를 추구하는 방향을 선호한 것이다. 결국 후진타오는 그가 내건 화해사회론의 취지와는 다르게 과거 정권과 마찬가지로 앞만 바라보고 달려가는 성장 위주의 경제정책을 추진하였다. 따라서 후진타오 시기에 중국이 비록 G2 국가로 성장했으나 내부적으로 불균형 성장의 후유증과 사회적 갈등이 심각한 수준으로 커졌다. 특히 공산당 간부와 정부 관료들의 부정부패에 따른 인민들의 불만은 심각한 수준에 이르러 체제 유지에 위협이 되는 상황에까지 이르렀다.

이러한 위기 상황에서 시진핑 정부가 들어섰다. 2012년 18기 전대에서 중국 최고 지도자가 된 시진핑은 당권과 군권을 동시에 장악했다. 이어 열린 1중전회에서 중앙군사위원회 주석직까지 물려받음으로써 시진핑은 취임 직후부터 강력한 권력을 행사할 수 있는 기반을 물려받았다.

시진핑 정부는 후진타오 정권이 이룩하지 못한 개혁이라는 당면 과제를 안고 출발했다. 그러나 18차 당 대회에서 나타난 시진핑의 정치노선은 이전 정권과 크게 차별화되지 않았다. 즉, 중국 공산당의 일당 지도하에 중국 특색의 정치발전의 길을 가는 것이다. 정치개혁의 내용도 정권에 대한 감시와 견제를 가능케 하는 서구적인 정치적 민주화가 아니라 공산당 일당 독재 내에서 법치와 이를 가능케 하는 제도개혁, 즉 당내 민주화에 초점을 맞추었다(이정남, 2013: 98). 시진핑 정부는 중국이 극좌적 과거로 회귀하거나 자유민주주의적인 길이 아닌 중국 특색의 정치발전의 길을 갈 것임을 명확히 하고 있다. 또한 중국을 다스리는 근본은 공산당의 지도와 사회주의 제도라는 것을 명확히 하고 있다(인민일보 평론부, 2016).

시진핑 정부의 개혁에서 가장 중심이 되는 것은 부패청산이었다. 시진핑은 개혁개방을 지속적으로 추진함으로써 부강한 중국을 건설하겠다는 의지를 분명히 드러내는 한편 이를 위해 당 내부의 부패를 먼저 척결함으로써 정치변화를 이끌어내려 하였다. 시진핑은 지난 7년 동안 강도 높고 지속적인 반부패 투쟁을 통해 부패를 청산함으로써 개혁을 이끌고 있으며, 현재까지 부패를 청산하는 과업은 지속적으로 또 성공적으로 진행되고 있다.

부패청산으로 대변되는 시진핑 정부의 개혁정책은 기득권의 양보와 배려가 전제된다. 빈부격차 해소, 지역 균형발전, 그리고 부패청산 등 시진핑 정부의 개혁 과제는 하나같이 기득권층과 마찰이 예견되는 것이었다. 그러나 이미 각종 혜택을 누리고 있는 공산당과 관료들로 구성된 정부 내 기득권층의 자발적인 협조를 얻기는 쉽지 않은 것이다. 개혁개방 정책으로 가장 많은 혜택을 본 것이 공산당 간부와 관료들인데 이들은 이미 사유화된 것을 포기하려 하지 않을 뿐 아니라 이를 더욱 더 확대 유지하려는 성향이 강하기 때문이다(박광득, 2013: 185).

이러한 기득권층의 반발을 잠재우고 개혁을 성공적으로 진행하기 위해서는 좀 더 강력한 지도자의 정치력이 필요하다. 집단지도체제로 시작된 시진핑 체제에서 시진핑 1인 권력이 점차적으로 강화되면서 점차적으로 시진핑 1인 독주체제가 강화되고 있다. 시진핑 독주 체제에서 인민들의 정치적 자유는 더욱더 억압되고 있으며 중국의 언론과 사상, 출판의 자유는 철저히 통제되고 있다.

지난 2016년 10월 27일에 폐막된 중국 공산당 18기 6중전회에서 시진핑은 4대 전면 지침의 하나인 전면적인 '종엄치당'(從嚴治黨: 엄격한 당 관리)과 반부패 문제를 강력히 주장하여 당의 권한을 강화시켰다(연합뉴스, 2016. 10. 27). 또한 6중전회에서 당은 시진핑 주석에게 '핵심'이라는 지위를 부여하였다. 이로써 시진핑은 절대 권력을 가진 중국의 '핵심' 지도자로 격상되었다(아시아경제, 2016. 10. 27). 핵심이라는 지위는 덩샤오핑과 장쩌민에게 부여되었으나 후진타오에게는 부여되지 않았다. 중국 공산당은 핵심 지도자의 중요성을 부각시킴으로써 집단지도체제가 아닌 시진핑 중심의 1인 독재 체제에 힘을 실어주었다. 이어 10월 28일에 열린 공산당 중앙정치국 회의에서 시진핑은 현 경제상황을 위기로 보고 전통적으로 총리의 영역이던 경제 분야까지 직접 챙김으로써 국정 전반에 대한 1인 지배력을 강화하였다.[18]

지속적인 부패청산과 개혁을 위해서는 정권의 안정과 정책의 지속성이 요구된다. 이를 위해 시진핑은 1인 지배 체제를 강화하고 법을 고쳐 1인 독재 체제를 강화할 것으로 보인다. 중국 지도부는 효율적인 부패청산과 개혁을 위해서는 더욱 강력한 정치질서와 법 집행이 필요하다고 보았다. 공산당이 실질적으로 모든 권력을 지배하고 있는 현실에서 시진핑 1인 지배 체제의 강화 및 집단지도체제의 무력화는 충분히 가능한 일이다. 그러나 시진핑과 당 중앙의 권력 강화는 선거를 통한 민주적 절차에 의한 것이

18 집권 이후 시진핑 주석이 자신에게 권력을 집중시켜 온 대표적인 정책이 '소조'정치인데, 시진핑은 중앙재경영도소조의 조장으로 경제문제를 직접 챙겨왔다. 나아가 시진핑은 경제뿐 아니라 외교, 군대, 인터넷 안전, 정치개혁 등 핵심 분야의 소조 조장 지위를 모두 차지하면서 자신에게 권력을 집중시켜 왔다(동아일보, 2016. 10. 26).

아니다. 모든 결정은 당에서 이루어진다. 당이 국가보다 우위에 있는 중국의 정치체제에서 중국의 정치적 민주화는 관심 밖의 일이다. 이것이 공산당이 주도하는 중국 발전모델의 또 다른 모습이며 한계인 것이다.

나오는 글

중국모델이 독자적으로 존재하며 나아가 다른 제3세계에서도 채택될 수 있는 보편성을 지닌 모델이 될 수 있는가? 판웨이를 비롯한 중국 학자들은 중국의 역사와 환경을 무시한 채 서구의 체제를 무조건 받아들이려는 주장을 경계하며 중국 국가체제의 고유한 가치와 가능성을 설파해왔다. 그들은 개혁개방 이후 지난 30여 년 간의 눈부신 경제성장을 중국 정부가 선택한 정책의 결과로 보고 중국의 발전을 중국 특색의 발전모델로 설명하고자 하였다. 판웨이는 유교적 전통에 입각해서 '민주民主'라는 개념은 인민이 스스로 주인이 되는 것이 아니라 소수의 정부 권력을 장악한 인민대표, 즉 관官이 주인이 되어 민民을 위해 일하는 것管이며, 이것이 중국에서 바라보는 대의제의 본래 의미라고 주장하였다(윤경우, 2011: 281). 서구의 민주주의는 적정한 규모에서 작동할 수 있는데 중국의 국가 규모는 이 한계를 넘어설 정도로 너무 커서 중국에서 서구식 다당제의 분권적 견제와 균형 제도가 전체 민심을 만족시키기 어렵다고 주장한다. 대신에 판웨이는 권력이 단일 집권 집단에 집중되는 강력한 정치 지배구조 하에서, 분업적 견제와 균형을 통해 정치사회적 안정을 유지하는 국가체제가 바람직하다고 보았다(윤경우, 2011: 282). 이러한 논리에서 보면 중국모델은 철저히 중국적 상황에 적합한 특수한 발전모델이다.

14억 인구를 지닌 사회에서 서구식 민주주의의 작동이 어려울 것이라는 견해는 전혀 증명된 바 없다. 그러나 중국 내 많은 학자들은 현 사회주의 체제 하에 1당 독재의 강력한 중앙집권적 정치체제는 중국이 수천 년 동안 축적한 역사적 경험에서 나오는 것으로 중국 현실에 가장 적절한 중국적 특색의 발전모델이라고 주장한다. 여기서 공산당 권력을 통제하고 감독할 수 있는 유일한 권력기구 역시 공산당이기 때문에 이러한 체제에서 정치 개혁을 위한 최선책은 체제 개혁 보다는 '당내 민주화'일 수밖에 없다(윤경우, 2011: 282).

그러나 이러한 주장은 정치적 민주화 없이 시장경제 발전을 이룩한 공산당의 일당 지배 체제를 옹호하는 논리라는 비난을 피할 수 없다. 나아가 이러한 논리의 문제점은 서구와 차별화될 수 있다면 과거와 현재의 중국적 특색은 무엇이든지 끌어다 중국모델이라는 이름으로 합리화하는데 이용될 수 있다는 것이다(윤경우, 2011: 288). 주로 중국학자들에 의해 강조되고 있는 중국모델은 사회주의에서 자본주의로 이행하는 과정에서 형성된 개발독재를 반서구화, 민족주의, 국가주의, 패권주의 등과 뒤섞어 정당화하는 경향이 강하다(윤경우, 2011: 292).

라모의 베이징 컨센서스론은 중국모델을 신자유주의를 대체하는 대안적인 발전 패러다임으로 격상시킨 대담하고 파격적인 주장이다. 이후 중국모델에 대한 논의는 경제개혁을 가능케 한 정치체제의 특성에 관한 논의로 확대되었고, 나아가 서구적 근대 경험과는 또 다른 대안적 근대화 모델로 논의되기 시작했다. 이에 따라 중국모델은 자연히 경제발전모델을 넘어서서 서구 경험에 대한 대항 패러다임이라는 정치적 함의를 갖게 되었고, 세계질서 변화에 중국의 급부상이 미칠 영향과 결과에 대한 논의로 이어졌다. 중국모델 개념은 이제 세계질서를 재편할 수 있는 중국의 부상이라는 차원의 논리로까지 확대되어 사용되고 있다(장윤미, 2011: 79).

그러나 중국모델이 보여주는 미래는 결코 민주주의 사회가 아니다. 중국모델은 정치적 자유를 희생해 얻은 경제적 성취라 볼 수 있다. 경제발전을 위해서라면 정치적 민주화는 얼마든지 유보될 수 있음을 보여주는 모델이다. 중국모델이 보여주는 사회는 '권위주의적 자본주의'라 할 수 있다. 이러한 체제 하에서 국민들의 경제적 부는 증대하고 있으나 국민들의 정치적 자유 및 언론과 학문의 자유는 크게 탄압받고 있다. 시진핑 하에서의 중국을 보면 중국 인민들의 정치적 자유는 크게 제한되고 있으며 언론과 사상, 학문의 자유도 크게 통제되고 있음을 볼 수 있다. 한국의 사드배치 문제에 대한 중국 정부의 대응을 보면 중국의 정치, 경제, 언론, 그리고 심지어는 학계까지 중앙 공산당 권력의 철저한 통제 하에 있음을 볼 수 있다[19]. 현재 중국 내부에서는 시진핑의 정치 행위에 대한 비판은 절대적인 금기 사항이 되고 있고 중국 내부에서나 홍콩에서 비판적 지식인과 반체제 인사들이 소리 없이 사라지는 일이 수시로 발생하고 있다. 우한 폐렴 발생 시 우한 시장은 중앙정부의 승인 없이 자체적으로 폐렴에 대한 발표를 할 수 없어서 상황이 악화되었다고 발언하고 있는데 이는 중국 공산당의 사회통제가 얼마나 엄격하며 그러한 엄격한 사회통제가 유사시에 얼마나 큰 문제가 될 수 있는지를 잘 보여주고 있다. 중국모델에는 언제든지 독재 권력을 강화시킬 가능성이 존재하지만 그것을 효과적으로 견제할 만한 상시적인 감시기구는 존재하지 않는다는 것이 중국모델의 큰 약점이다.

중국모델에 대한 비판에서 중국모델 그 자체의 성립 가능성에 대한 비판도 만만치 않다. 실제로 중국경제는 그동안 혼합적이고 가변적인 특성을 보이며 고도 경제성장을 달성해왔다. 즉, 중국의 경제성장 모델은 고정된 것이 아니고 여러 복잡한 요소를 가진 상황에서 변화가 진행 중인 무정형의 것으로, 중국의 경제 성장은 특정 성장모델로 설명될 수 있는 정형성을 가진 것이 아니라 중국이 처한 여건 변화에 맞게 유연하게 대응함으로써 성장을 달성해온 것이다. 따라서 중국모델은 중국의 특성에 맞게 변화해온 중국적 특색을 지닌 특수 모델로 다른 개발도상국들이 중국모델을 모방하며 추종한다는 것은 가능하지도 않고 바람직하지도 않다는 비판이 대두된

19 필자가 속해있는 연구단체는 중국의 연구단체와 매년 정기적으로 학술대회를 개최하고 있는데 사드 문제가 터지자 중국 정부는 중국 학자들의 한국 출국을 불허하였고, 그 결과 학술대회는 무산되었다.

다. 즉, 중국의 특성을 강하게 반영한 중국모델에 모든 국가의 경제성장에 적용될 수 있는 표준화된 정책 패키지가 존재하기 어렵다는 것이다(김시중, 2012: 24).

2008년 미국발 세계 경제위기 이후 기존의 서구 중심적 성장방식에 대한 비판이 고조되고 중국모델을 서구 중심적 발전모델에 대한 대안모델로 확대 해석하려는 시각이 많아지면서 담론으로서 '중국모델론'의 논의 공간이 확대되었다. 또한 서구 개입을 단호히 거부하며 자국의 주권을 지킨다는 중국모델의 이미지가 부각되면서 중국의 전통과 문화에 대한 논의도 점차 확대되고 있다. 그러나 중국 발전모델의 내용은 내부적으로 다양한 세력 간의 역학관계와 중국 지도부의 정책 선택에 따라 끊임없이 조정되고 변화되어져 왔다. 중국모델은 고정된 불변의 것이 아니라 국제환경의 변화와 대외적 관계, 그리고 중국 국내문제를 둘러싼 각 세력 간의 힘의 관계에 따라 그 특성이 끊임없이 수정되고 변화되어 온 것이다(장윤미, 2011: 109).

베이징 컨센서스 논의의 진행과정을 볼 때 중국이 의도적으로 베이징 컨센서스를 확대하고자 한다고 판단하기에는 아직 이르다. 베이징 컨센서스 자체가 가지는 불완전성, 내재적 모순, 일반적 경제 원칙에 대한 저항적 특성 등은 합의라고 부르기에는 부족한 상황이다. 중국모델의 논의가 더 진행되기 위해서는 중국의 고도 경제성장이 지속되어야 한다는 과제를 안고 있다. 베이징 컨센서스는 중국의 경제적 성공이 계속될 것을 전제로 하는 진행형 이론이다(김애경, 2010: 29). 그러나 최근 점차 심해지는 미중 간 갈등은 무역의 차원을 넘어 체제 경쟁으로까지 격화되어 정치, 경제, 외교의 모든 면에서 전면전으로 치닫고 있는 양상이다. 홍콩보안법 통과에 따른 홍콩의 중국화는 이제 미국과의 갈등을 넘어서서 영국 등 서구 국가들과의 갈등으로 번지고 있다. 또한 코로나 사태에 따른 국제적 상황의 급변은 중국모델에 대한 관심을 약화시키고 있다.

베이징 컨센서스에서 강조하는 국가의 자율성 확대 역시 경제성장을 전제로 한 내용이다. 박정희 정권 하의 한국에서와 같이 권위주의적 정부의 정통성은 지속적인 경제성장에서 가능한 것이었다. 그러나 한국의 정치체제는 중국의 사회주의 체제와는 다르게 근본적으로 삼권분립과 보통선거를 통해 지도자를 선출하는 민주주의 체제였고 그 체제는 경제발전과 함께 정치적 민주화를 이룩하였다. 그러나 1당 독재의 권위주의적 정부와 시장경제 발전의 조합으로 나타난 중국의 '권위주의적 자본주의'는 한국의 권위주의적 발전국가 체제와는 또 다른 과도기적 체제 모델이다. 이 모델에서 경제발전과 정치발전은 전혀 별개의 것이다. 공산당 1당 독재 사회주의 체제와 자본주의 시장경제가 결합한 중국모델은 정통성을 갖는 강한 권위주의적 정부의 경험도 없고 시장경제를 운영한 경험도 없을 뿐 아니라 자본도 턱없이 부족한 다른 개발도상국에서 쉽게 모방할 수 있는 발전모델이 아니다.

오늘날 시진핑 영도 하의 중국은 시진핑 1인의 권력을 강화시켜 부패척결이라는 개혁을 강도 높게 추진하고 있다. 그러나 더욱 강력한 정부가 더욱 강력하게 부패척결을 이룰 수 있는지는 몰라도 그 과정에서 인민들의 각종 기본적인 권한은 더욱 억압되고 있다. 당과 정부로의 권력 강화는 중국을 더욱 권위주의적이고 획일적인 사회로 몰아가고 있다. 실제로 시진핑 정부에 들어와서 중국 인민들의 정치적 권리와 자유는 더욱 억압되고 있고 체제에 도전하거나 정권에 반대하는 인사들은 아무도 모르게 사회에서 사라지고 있다. 시진핑 체제 하에서 언론과 사상은 물론 심지어는 학문의 자유까지 모든 행위에 대한 억압과 통제가 더욱 강화되고 있다. 이런 상황에서 각종 사건에 대해 정부의 여론몰이가 나타나면 인민들은 정부의 꼭두각시로 전락하고 있다. 최근 한국의 사드 배치에 대한 중국 인민들의 과민 반응과 과잉 대응을 보면 중국 인민들의 행동과 사고가 다분히 당과 언론에 의해 주도되고 있음을 볼 수 있다.

경이적인 경제적 성취를 이룩한 중국에서 인민들에게 필요한 것은 정치적 자유와 자율성의 확립, 즉 정치적 민주화다. 경제성장이 지속되는 중국의 현 시점에서 민주화를 추진하여 정치적 민주화를 이룩하는 것이 차후에 중국의 경제성장이 멈추어 설 때 나타날 수 있는 정치·경제적 혼란을 줄일 수 있는 최선책일 것이다. 한국과 대만 등 동아시아 발전국가들이 경제성장을 이룩한 후 민주화를 성취하여 자유민주주의 체제의 안정을 이룩했듯이 중국도 소기의 경제성장을 이룩한 현 시점에서 정치적 민주화를 위한 노력을 추진하는 것이 중국모델의 완성으로 가는 길일 것이다.

그러나 중국의 당 지도부가 현재처럼 공산당 일당 독재의 사회주의 체제를 고집하는 한 중국의 정치적 민주화는 요원한 일이 될 것이고 그 결과 중국모델은 중국의 특수상황에만 적용되는 지엽적 모델이 될 것이다. 중국모델의 완성은 일당 독재의 권위주의적 정부와 경제성장의 조합이 아니라 일당 독재에 대한 효율적 견제장치를 어떻게 만들 것이며 경제적 과실과 인민의 정치 경제적 자유를 어떻게 잘 조화시킬 수 있는지에 달려 있다고 생각된다.

7장. 현대 중국 정치·경제 발전에서 나타난 보수주의적 성격

들어가는 글

1978년 개혁개방 이후 중국은 2000년대 초 신자유주의로 대변되는 세계 경제성장에 힘입어 세계 경제의 새로운 경제 강국으로 부상하였다. 2010년 일본을 제치고 G2 국가가 된 중국은 세계 경제 지도를 바꾸면서 중국 역사상 새로운 도약을 경험하였다. 1917년 1월 시진핑習近平 국가주석은 다보스 세계경제포럼에 참석해 미국의 보호주의 회귀 움직임을 비판하면서 이와 대조적으로 중국은 개방과 자유무역주의의 수호자임을 역설하였다. 시진핑 주석은 주변국에 대한 외교정책 기조로 '친선해용(親善惠容: 친밀 선린 혜택 포용)'을 표방하면서 중국이 21세기의 새로운 정치·경제 질서의 주역임을 강조하고 있다.

그러나 이러한 용어는 중국의 뜻에 잘 따르는 나라에만 적용될 뿐 중국과 뜻을 같이 하지 않는 나라에겐 한낱 말잔치에 불과할 뿐임이 적나라하게 드러나고 있다. 실제에 있어서 중국은 중국의 뜻에 따르지 않는 나라에 대해서는 정치적인 이유를 내세워 경제적 보복을 자행하는 이율배반적인 행동을 계속 자행해오고 있다. 가장 대표적인 사례가 바로 한국이다. 1992년 한중 국교 정상화 이후 한국과 중국은 급속도로 경제협력을 증가시켜 왔고 중국은 한국의 제1의 무역 대상국이 되었다.[20] 그러나 1917년 2월 27일 롯데그룹이 사드(THAAD: 고고도미사일 방어체계) 부지를 제공하기로 한 이후 중국은 노골적이고 전면적인 경제 보복조치를 취하면서 한국 길들이기를 시도하였다.[21] 중국은 사드를 무력화시킬 수 있는 장비를 산둥 성에 배치 준비하고 있음으로써 사드가 실질적으로 전략적 위협이 되지 않음에도 불구하고 중국의 뜻에 어긋난 행동을 한 한국 길들이기에 몰두하였다(동아일보, 2017.4.26).

중국이 정치적 이유로 경제 보복의 칼날을 휘두른 경우는 한국에만 국한되지 않는다. 중국은 자신이 새로운 경제 강국임을 자만하여 정치적 문제에 수시로 경제보복의 칼날을 휘두르고 있다. 2010년 이후의 사례를 보더라도, 2010년 10월 노르웨이 노벨상 위원회가 중국의 반체제 인사인 류샤오보에게 노벨평화상을 수여하자 노르웨이산 연어 수입을 중단했다가 7년 만에 해제한 바 있고, 2012년 9월 일본이 센카쿠 열도를 국유화하자 일본에 대한 회토류 수출을 중단했으며, 2016년 5월 대만 독립을 주장하는 차이잉원 총통이 당선되자 대만에 대한 관광 및 교류를 제한한 바 있다. 동년 7월 필리핀이 국제중재재판소에 남중국해 영유권 분쟁을 제기하자 필리핀 바나나의 중국 수입을 중단하였고 동년 11월 몽골 정부가 달라이라마 방문을 허용하자 중국은 대 몽골 차관 제공을 중단했으며 몽골 외교장관이 다시는 달라이 라마를 초청하지 않겠다고 백기 투항하자 경제 지원을 재개한 바 있다(동아일보, 2017.4.26).

이렇듯 중국은 정치적 이유로 경제보복을 행하는 불량 경제 대국이 되고 있다. 이러한 경제 보복 행위는 비록 중국이 G2 국가로 경제 대국이 되었을지라도 중국은 아직 체제 내 정치와 경제가 분리되지 않아 경제가 정치에 종속되어 있고 정치적 민주화와 사회적 다원화가 이루어지지 않고 있음을 보여준다. 이러한 상황은 중국에서 자율적인 시장경제체제나 민주

20 1992년 한중수교 당시 60억 달러에 불과하던 한중 교역액이 2016년에는 2,114억 달러로 증가하였다.

21 2017년 5월 4일 현재 중국의 사드 보복으로 인해 롯데가 입은 피해액이 5,000억 원에 달하고 있다.

적인 정치체제의 도입을 논하는 것은 아직 시기상조임을 말해주고 있다.

이 장은 이러한 중국의 정치·경제적 관행을 어떻게 이해할 수 있는지를 진보-보수주의의 이론적 논쟁을 통해 살펴보고자 한다. 이 글은 특히 현 사회주의 중국을 대표적인 보수주의 정치 체제라고 보고 이러한 중국 정치 체제의 보수주의적 성격과 그 기원을 역사와 문화적 차원에서 살펴보고자 한다.

진보-보수주의 이념적 논쟁

진보-보수를 논하는 것은 결국 우리가 살아가면서 진실하고 중요하다고 믿는 것이 무엇인지, 그리고 그러한 믿음이 어떻게 정치 및 실제 생활에서 구현되는 것인지에 대한 도덕적·철학적 질문을 제기하는 것이라 할 수 있다. 동시에 그러한 믿음과 신념이 그 사회와 정치에 가장 기초적인 것으로 세월이 흘러도 시대와 사회에 관계없이 변함이 없는 것인지 아니면 시대가 바뀌고 사회가 다름에 따라 달리 구현되는 것인지를 논하는 장이기도 하다(레빈, 2016: 8). 이 글에서는 프랑스 혁명 당시 프랑스 혁명에 대한 해석과 적용 과정을 두고 벌어진 토머스 페인과 에드먼드 버크의 논쟁을 중심으로 보수와 진보의 이념적 성격에 대해 살펴본 뒤에 중국 정치의 보수주의적 성격에 대해 논해보고자 한다.

진보를 주장하는 토머스 페인은 프랑스 혁명 당시 새롭게 대두된 사상인 계몽주의를 신봉하면서, 부패한 억압적 정권을 뿌리 뽑아 국민에게 책임지는 정부로 교체함으로써 정의와 평화라는 대의를 증진시킬 수 있다고 보았다. 페인의 정치적 동기와 목표는 전제 정치와 정부의 잘못된 시스템과 원칙을 바꿔 인간이 자유로워지고 스스로의 정부를 수립할 수 있도록 하는 것이었다(레빈, 2016: 17-21). 페인은 개인의 권리를 중시하였기에 개인의 권리를 침해하는 모든 것에 대해 반대하였으며, 특히 강자의 억압에 신음하는 어렵고 약한 약자를 위한 정의를 실현할 것을 주장하였다. 이러한 권리를 수호하기 위해 정부의 역할이 강조되는데, 정부는 평등한 시민의 자유와 안전을 지키기 위해 존재하는 것으로 페인은 이러한 역할에 실패한 정부는 정부로서의 가치가 없다고 보았다(레빈, 2016: 37-42).

계몽주의를 추종한 페인은 정치 생활에서 이성에 대한 확고한 믿음을 갖고 있었다. 페인은 원칙을 중시하였다. 그는 잘못된 원칙 위에 세워진 정치적 조직체를 구제하는 유일한 방법은 그것을 해체하고 원점에서부터 재건하는 것이라고 보았다. 페인은 자연과 그에 따른 인간의 기초적 본성은 모든 사회적·정치적 제도에 선행하는 것으로 다양한 사회 제도가 우리의 타고난 본성을 바꾸지는 못한다고 보았다. 따라서 정치에 관한 성찰은 인간에 대한 영속적인 자연적 사실에서 시작되어야 하며 사회에 무관하게 사회 이전의 인간 자신으로부터 시작하여야 한다고 보았다. 그가 볼 때 과거 여러 세대를 거쳐 축적해온 사회적 관계와 차별은 어떤 천부적 권위도 갖고 있지 않았다(레빈, 2016: 63-79).

페인은 한 개인의 권리와 사회적 위치는 그 개인의 출생 이전에 있었던 것과 무관해야 한다고 보았다. 페인은 모든 세대는 모든 개인이 권리 상 동시대인과 동등하게 태어나는 것과 똑같다는 원칙에 의거해 그들은 그보다 앞선 세대들과도 권리의 차원에서 동등하다고 보았다. 페인은 서로 다른 세대는 본질적으로 뚜렷이 구별되며 상호 무관하다고 생각한 것이다. 그는 오늘날 살고 있는 우리와 한때 이 나라에 거주했던 국민과 미래에 이곳에서 살아갈 국민은 절대 하나의 국민이 아니라고 주장했다. 그는 근본적으로 아무 것도 여러 세대에 걸쳐 합법적으로 이어지지 않는다고 보았다. 정치는 현재의 시민이 조상으로부터 부담 없이 자신을 위한 법률을 제정하도록 하고, 미래의 시민도 똑같이 하도록 해야 할 것이라고 보았다(레빈, 2016: 271-280). 현 세대는 과거 세대로부터 빚진 것이 없기 때문에 과거 세대에 연연하지 말고 자신들을 위한 세상을 창조할 수 있어야 한다는 것이다.

페인에게 혁명이란 더욱 정당하게 형성 및 조직된 새 정부를 수립할 목적을 가진 자연적 사회로 회귀함을 말한다. 자연법은 정부 이전에 존재했으며, 정부라는 의례적 형식을 폐기하더라도 존재하는 것이다. 정부는 인간의 의지에 의해 창조된 인공적 장치로서 불완전한 판단을 할 수 있고, 특히 부정과 탐욕에 의한 부패에 약하다. 이러한 부패한 정부를 떨쳐버림으로써 우리는 인간 본성이 작동하는 본래의 사회를 회생시킬 수 있고 세상을 다시 시작할 수 있다. 이것이 페인에게 혁명이 의미하는 바이다. 페인이 볼 때, 자연은 인간과 인간 자신이 창조하지 않은 것 전부를 기술하는 것으로, 자연은 질서 정연하고, 이성적이며, 보편적으로 작용할 수 있는 추상적 규칙의 지배를 받는다. 이렇게 페인은 역사에 대한 자연의 우위를 일관되게 역설하였다(레빈, 2016: 80-86).

페인은 심각하게 부패한 정권에 대해서는 개선하기보다는 교체하기 위해 처음부터 전심전력을 다해야 한다고 믿었다. 완전한 해결책 외에는 어떤 것도 정부의 이런 심각한 부패를 다룰 수 없다. 혁명은 수세대에 걸친 실정과 죄악의 부담을 타도하고 자연 상태에서 다시 시작하는 것이다. 국민은 그들에게 짐을 지우는 낡은 정부를 떨쳐내고 자신들의 사회적 토대로부터 다시 시작해야 한다. 구정권과의 연속성은 그 자체로 개혁이 불충분하다는 증거이다. 따라서 정치적 변화는 전면적이고 비타협적이어야 한다(레빈, 2016: 238-245). 페인은 귀족제와 군주제 같은 부패한 정권은 주로 자연과 인간 사이에 인위적인 장벽을 쌓아 모든 개개 인간에게 선천적으로 주어진 권리를 부정한다고 보았다. 따라서 혁명은 모든 인습을 내던지고 다시 시작하기 위해 정권이 출현하는 최초 상황으로 되돌아가는 것이다(레빈, 2016: 89).

페인은 이성을 인간이 자신의 권리를 알게끔 하고, 그것을 지키며 그것을 위해 싸울 채비를 시키는 지극히 해방적인 힘으로 보았다. 페인의 목적은 이성의 정치적 대의를 증진시켜 어떤 식으로든 국가를 합리적으로 만드는 것이었다. 페인은 인간을 폭압과 정부의 잘못된 시스템과 원칙으로부터 구제해 자유롭게 하고 스스로 정부를 수립할 수 있게 하고자 하였다. 따라서 페인은 권력에 대한 호소를 거부하고 이성에 대한 호소를 판단의 기준으로 요구하였다. 페인은 이성의 정치가 인간 본성에 내재된 긴장으로 보일 수 있는 것들을 대부분 해결할 것이라고 보았다. 페인은 관습과 전통을 뛰어 넘어 자립적이고 개별적인 인간 이성의 우월함에 대해 폭넓고 단호한 논지를 제공하였다(레빈, 2016: 205-235).

버크로 대변되는 보수주의는 이전 사회와의 단절을 주장하는 페인과 대조를 이룬다. 버크는 인간의 이성보다는 비록 편견일지라도 오래 시간에 걸쳐서 쌓아온 사회적 전통이나 관습, 경험 등을 더 신뢰하였다. 버크는 오랜 세대에 걸쳐 한 사회가 형성해온 편견을 바로 그 사회의 합리적 이성으로 보았다(김경미, 2009: 50).

보수주의는 구체적인 역사적 맥락에서 등장하며 시대의 변화를 통해 다양한 모습으로 분화하고 변모하면서 존속해온 이념이다. 버크는 당시 프랑스 혁명을 통해 고무된 자유주의와 계몽주의 사고를 비판하면서 사회의 지속성을 강조했다. 그가 보기에 혁명은 폭력성을 띨 뿐만 아니라, 과거의 유산을 증오의 대상으로 만들기 때문에 현재와 미래의 연속성이 훼손된다고 보았다(김병곤, 2011: 15). 서구 보수주의는 전통에 대한 존중이라는 기본적인 공통점 이외에 몇 가지 특성을 공유한다. 첫째, 그들은 인간의 본성에 대해 회의적이고 부정적인 입장을 견지하며, 인간은 근본적으로 한계를 지닌 유한한 존재로 본다(김병곤, 2011: 18). 둘째, 이와 같은 인간 본성에 대한 이해는 인간 이성과 근대적 합리성에 대한 불신으로 이어진다. 셋째, 그들은 인간의 보편적 평등이라는 관념을 거부하고 엘리트주의를 강조하는 특성을 보인다. 보수주의자들의 엘리트주의는 그 근원이 귀족주의에 있으므로 필연적으로 노블리스 오블리주와 같이 하는 경향이 있다(김병곤, 2011: 19).

버크의 주장은 언제나 안정과 변화 사이에 균형 찾기에 관한 것이었다. 버크는 신뢰, 온정, 중용을 비축함으로써 서서히 쌓아올린 관계가 어떻게 사람들로 하여금 사회적 긴장, 정치적 탄압, 경제적 위기에 직면해서도 함께 살아갈 수 있도록 해주는지에 대한 감각을 유지했다(레빈, 2016: 19-27). 버크는 인간의 열정을 창출하는데 이성의 영향은 흔히 믿는 것처럼 결코 막대하지 않다고 보았다. 우리의 마음은 논리 이상의 것들에 의해 움직이며, 따라서 정치는 냉철한 논거 이상의 것들에 대해 답해야만 한다고 보았다(레빈, 2016: 29-32). 버크는 도덕·습성·관습이라는 전체 시스템은 사회에 우호적인 감성을 지원하기 위해 발생해왔고, 그 시스템을 뒤집으려는 시도는 그러한 감성을 송두리째 제거함으로써 사회적 평화와 개인의 안전을 위태롭게 한다고 보았다. 버크의 정치 생활 접근법은 처음부터 다시 시작하느라 나이와 경험의 장점을 잃어버리기보다 안정된 관습과 제도를 변화하는 시대상에 맞춰 조정하는 하나의 방식이다(레빈, 2016: 98-105).

정치가의 임무란 사회를 어떤 특정한 궁극적이고 공정한 환경으로 몰고 가는 것이 아니라, 국민이 자신의 자유를 행사하고 사회에서 생활의 혜택을 향유할 수 있는 공간을 만들고 유지하는 일이다. 성공적인 정치 변화는 사회의 과거 및 특성과 철저히 연관되어 있다. 이러한 성공적 변화를 계획하고, 운영하고, 판단하고, 완수하기 위해 그 사회의 역사, 의식, 규범, 판례, 전통에 대한 심오한 이해가 필요하다(레빈, 2016: 119). 버크가 볼 때 자연, 역사, 정의, 질서는 불가분하게 연결되어 있다. 자연의 기준은 아주 보편적으로, 그리고 오직 역사의 경험을 통해서만 알 수 있다. 사회는 인간에게 자연스러운 것이고, 그 안에 사는 국민은 어떤 물질적·사회적 측면에서 필연적으로 불평등하다(레빈, 2016: 128-129). 버크는 우리의 의무가 선택이 아닌, 사회 질서에 깊이 뿌리내린 우리 위치의 작용이라 믿었다. 우리 각자는 사회와의 특별한 관계 속에서 살아가며 그 관계는 임무와 특혜 모두를 수반한다. 사회는 모든 구성원이 자신의 특정 의무를 지킬 때에만 제대로 작동할 것이다(레빈, 2016: 175).

버크는 사회를 이미 죽은 사람들, 지금 살고 있는 사람들, 앞으로 태어날 사람들의 제휴관계로 인식하였다. 사회는 우리가 공유하는 유산이다.

지금 우리가 갖고 있는 것을 물려준 과거의 사람들과 우리 사이에는 책무의 연결선이 있다. 그리고 미래에 대한 우리의 관심은 그 선을 확장한 것이다. 우리는 앞 세대에게 물려받은 편익을 후세에게 물려줘야 한다고 생각함으로써 우리 공동체의 미래를 고려한다(스크러튼, 2016: 40). 버크는 우리가 미래 세대에 빚진 것은 자유가 아니라 무엇보다도 과거의 축적된 지혜와 업적이라고 믿는다. 모든 세대의 과제는 그 세대가 앞 세대로부터 제공받은 것을 보존하고, 그 혜택을 후세대에 전해주는 것을 목표로, 필요하거나 가능한 부분을 개선하는 것이다. 사회는 개인의 선택을 가능하게하기 위해서가 아니라 국민의 요구에 부응하기 위해서 존재한다. 그러려면 과거의 지혜에 의지해야 하고, 현재 세대가 습득한 교훈을 통해 보완한 지혜를 미래 세대 또한 이용할 수 있도록 해야 한다(레빈, 2016: 281). 버크는 인간이라는 존재는 그 사회적·역사적 배경 안에 있을 때 서로에 대한 의무를 가진 공동체의 구성원으로서, 과거로부터 물려받은 유산의 수혜자로서 가장 잘 이해할 수 있다고 믿는다(레빈, 2016: 287).

사회의 지속성은 충성심을 바탕으로 한다. 오늘날 사람들의 충성심은 국민국가에서 비롯된다. 충성심을 초월하고자 하는 국가는 영원한 정통성 위기에 시달린다. 정치적 질서에 대한 충성심은 근린관계에 따른 의무에서 자라났다. 그것은 사람들의 애착에 의해 정해진 영토적 경계 안에서 작동한다. 요약하자면 민주주의에는 경계가 필요하고 경계에는 국민국가가 필요하다. 사람들이 자기가 속한 장소에서 정체성을 확립하는 모든 방법은 국민 정체감을 강화하는데 일정한 역할을 한다. 모든 형태의 국경은 사람들에게 정체성을 부여한다. 정체성을 통해 사람들은 시민적 권리와 의무를 갖게 되고 자신이 속한 공동체에 대한 충성심을 갖게 된다(스크러튼, 2016: 64-66). 영토와 마찬가지로 중요한 요소는 역사와 관습이다. 영토는 역사와 관습을 통해 확정된다. 영토에서 생겨나 공동의 고향 의식을 통해 이웃들을 하나로 묶어주는 관례와 관습이 있다. 우리 땅의 관습은 점점 세속화한다. 이러한 국민적 이야기의 토대는 세속적 법(관습법)이다. 개별 당사자들 사이에 정당한 판단을 내리기 위해 법이 존재한다는 관념이 내재화되었다(스크러튼, 2016: 67).

요약해볼 때, 진보주의는 개인의 권리를 중시하고 이성에 대한 확고한 믿음을 갖고 있으며 자연 상태를 중시한다. 진보주의는 잘못된 원칙 하의 조직, 즉 부패한 정권은 해체되어야 하고 원점, 즉 자연 상태에서 다시 시작해야 된다고 주장한다. 자연 상태는 질서정연하고 이성적이며 보편적으로 작동할 수 있는 추상적 규칙의 상태다. 혁명은 더욱 정당하게 형성·조작된 새 정부를 수립할 목적으로 부패한 기존 정부를 해체하고 이전 사회와의 단절을 통해 자연 상태로 회귀하는 것을 말한다. 혁명은 수세대에 걸친 실정과 부담을 타도하고 자연 상태의 사회적 토대로부터 다시 시작하는 것이다. 구정권과의 연속성은 그 자체로 개혁이 불충분하기 때문에 정치적 변화는 전면적이고 비타협적으로 이루어져야 한다고 본다.

반면에 보수주의는 개인보다는 사회를 더 중시하고, 그 사회가 오랜 시간 동안 시행착오를 걸쳐 이룩해 온 전통, 관습, 경험을 신뢰하고 이를 통해 이룩된 합리적 이성을 중시한다. 보수주의는 자연의 기준을 오랜 역사적 경험을 통해서만 알 수 있다고 본다. 인간은 역사와 문화의 계승을 통해 사회에 우호적인 도덕·습성·관습을 발전시켜 왔다고 보고, 기존의 시스템을 뒤집으려는 시도는 그러한 강점을 송두리째 제거함으로써 사회적 평화와 개인의 안전을 위태롭게 한다고 보았다. 보수주의는 처음부터 다시 시작하느라 축적된 경험의 장점을 잃어버리기보다 안정된 관습과 제도를 변화하는 시대상에 맞춰 조정하고 개선하고자 한다. 보수주의는 혁명을 통해 과거의 축적된 지혜와 업적을 없애고 처음부터 다시 시작하기 보다는 앞 세대로부터 제공받은 것을 보존하고, 그 혜택을 후세대에 전해주는 것을 목표로 한다.

사회주의 혁명을 완성한 후 중국은 과거와 결별하고 전혀 새로운 혁명적 사회를 창출하였는가 아니면 과거와 연계를 지닌 보수주의적 사회를 창출하였는가? 최근 중국 지도자들은 중국적 특색을 지닌 사회주의를 부르짖으며 유교를 재도입하여 중국의 정체성을 찾으려 하고 있다. 개혁개방 이후 지난 40여 년간 중국의 발전은 혁명을 통한 새로운 사회를 창출하였다기보다는 역사와 유교 문화적 전통을 사회주의라는 새로운 체제와 접목시켜 중국 사회의 발전을 추구한다는 점에서 보수주의적 색체를 강하게 보여주고 있다.

중국적 특색을 지닌 사회주의 성립과 발전

개혁개방 이전의 중국식 사회주의

중국 사회주의 혁명은 그 시작부터 매우 독창적인 것이었다. 중국 사회주의 혁명은 마르크스의 예견과는 다르게 도시의 무산 노동자계급에 의해 주도된 것이 아니라 농민 동원에 의해 이룩되었다. 당시 제국주의 국가들의 침략 상황에서 마오쩌둥은 무력으로 정권을 탈취하고 전쟁으로 문제를 해결하는 혁명의 길을 택했다. 투쟁 방식에서도 마오쩌둥은 먼저 농촌을 점령하여 농촌을 혁명의 근거지로 만든 후 도시를 포위해가는 게릴라식 전술을 구사하였다(중국공산당 문헌연구실, 1990: 482-484). 그 결과 사회주의 국가 탄생 이후 중국 지도부는 군중 동원을 무엇보다도 중시하게 되었고 이러한 경험 속에서 중국 특유의 중국식 사회주의가 탄생되었다.

1949년 중국 대륙에 사회주의 국가인 중화인민공화국이 설립된 이래 중국은 마오쩌둥의 강력한 영도 아래 중국적 특색을 지닌 사회주의 국가를 건설했다. 중국 건설 과정에서 집약된 조직화되고 헌신적인 인민 대중의 힘에 대한 신념은 마오쩌둥이 신념을 갖고 대약진 운동이나 문화대혁명과 같은 중국식 사회주의 실험을 할 수 있는 원동력이 되었다.

마오쩌둥은 1957년의 반우파투쟁 이후 20년 동안 마오쩌둥 식의 중국식 사회주의의 실험을 하였다. 마오쩌둥의 사회주의 실험은 1958년의 '대약진운동'과 '농촌인민공사화운동'에서 더욱 극단적으로 변했으며 1966년에 실시된 '문화대혁명'에서 그 절정에 이르렀다. 대약진운동과 인민공사화운동, 그리고 문화대혁명은 전문가나 기술자의 역할보다는 군중의 주관적 능동성을 더욱 강조함으로써 비체계적으로 진행되었다. 그 결과 무책임한 평균주의와 과도한 집중, 가족의 파괴, 무임승차적인 공산풍조를 가져와 농민들의 노동의욕 저하와 생산량 감소로 이어졌다(중국공산당 문헌연구실, 1990: 31-32, 312-313).

당내 계급투쟁이라는 마오쩌둥의 이론은 실천 과정에서 실패했다. 이 이론은 계급투쟁을 더 확산시켰고 당내 투쟁이 더 참혹한 양상으로 전개되는 결과만을 초래했다(루이링거, 1995: 207-210). 이러한 실패는 경제면에서 더욱 두드러졌다. 마오쩌둥이 고도로 집중된 중앙집권적 관리방식으로 경제를 운영한 관계로 사회 전반에 경제의 비효율성과 경직성이 증대한 반면 민간의 창의성은 극감하였다. 이러한 잘못된 정책 실험은 중국의 사회발전을 20년간 정체시켰을 뿐 아니라 이전의 사회주의 성과마저 위태롭게 만들었다.

마오쩌둥이 이렇게 비효율적이면서도 강력한 정치 실험을 감행할 수 있었던 배경에는 유교 문화적 덕목인 강력한 정치 지도자와 국민들의 정치 지도자에 대한 절대적인 신뢰와 복종, 공산당에 의해 인도되는 강력한 관료집단의 존재가 있었다. 마오쩌둥이 주창한 대중노선 중심의 정치방식은 이전의 제국주의 중국의 중앙집권적 정치문화 유산과 레닌주의적 정치의 기본 방식인 엘리트주의와 권위주의가 결합된 것으로, 모든 결정은 지도자에 의해 이루어졌고 인민 대중에게는 단지 복종 및 순종만 요구되었다. 비록 중국의 체제는 사회주의 이지만 지도자와 인민의 관계는 전통적인 유교 모델이 작동하여 인민들은 아버지를 대신한 지도자의 결정에 감히 도전하는 것이 불가능하였고 지도자의 행위인 정책적 실패에 대해서는 전혀 책임을 묻지 않았다. 이 과정에서 개인의 권리는 철저히 무시된 채 오로지 중앙의 결정에 순종할 것만이 요구되었다. 현 시진핑 체제에서도 이러한 전통은 크게 변하지 않았다. 모든 결정은 중앙에서 이루어지고 지방과 국민은 무조건 순종하면서 국가의 처분만 바랄 뿐이다. 2020년 1월 우한에서 코로나 전염병이 발생했을 때 우한 시장은 중앙의 허락이 있기 전에 자체적으로 전염병 발생을 발표할 권한이 없어서 전염병에 대한 대처가 상당히 늦어졌고 그런 가운데 우한에서 전염병이 창궐한 것이다.

개혁개방과 사회주의 시장경제의 발전

중국식 사회주의의 변화는 1978년 12월에 열린 중국 공산당 11기 3중전회에서 덩샤오핑 체제가 출범하면서 새로운 이론적 구상으로 제시한 '중국적 특색을 지닌 사회주의 건설'에서 시작되었다. 덩샤오핑 지도부는 중국 사회주의 지도원칙을 계급투쟁에서 사회주의 현대화로 전환했다(마크 블래치, 2001: 149-151). 이를 위한 실천적 프로그램이 바로 '개혁개방'이었다. 개혁개방은 '대내 개혁, 대외 개방'의 줄임말로 중국 경제 개혁의 상징이 되었다.

덩샤오핑의 새로운 통치이념은 이데올로기 중심적 지배에서 벗어나 실리를 추구하는 것이었다. 덩샤오핑이 개혁개방을 추진하기 위해서는 정치적 측면에서 사회주의 중국을 완성한 마오쩌둥의 업적을 인정하면서도 경제적 측면에서의 변화를 이끌 새로운 이념적 토대가 필요했다. 덩샤오핑은 마오쩌둥이 강조했던 인간의 주관적 의지보다는 경제발전이나 과학기술과 같은 실천적 표준이 필요했다. 덩샤오핑이 말하는 중국식 사회주의는 인간의 정신과 의지보다는 실사구시에 바탕을 둔 객관적 환경의 변화, 즉 낙후된 경제문제의 해결을 보다 중시하는 것이었다. 덩샤오핑이 주장한 중국식 사회주의는 생산력 발전을 강조하는 경제 결정주의를 기본전략으로 하는 것으로 이는 계급투쟁을 우선시하는 정치 결정주의를 추구한 마오쩌둥의 중국식 사회주의와 대조가 되었다.

이후 지역 단위로 10년 가까이 경제 개혁을 실험해본 결과 중국 지도부가 내린 결론은 중국 경제·사회 발전을 위해 가장 필요한 것은 생산력의 급속한 발전이라는 것이었다. 중국 공산당 지도부는 1987년 중국공산당

13전대에서 현재 중국이 '사회주의 초급단계'에 처해있음을 스스로 고백하고, 앞으로 중국은 무엇보다도 생산력 발전에 매진하겠다고 공언하였다. 이후 개혁개방은 중국의 새로운 이데올로기 및 신념체계로 변화하였고, 이에 따른 시장경제로의 변화 및 발전은 더 이상 거스를 수 없는 대세가 되었다. 개혁개방 이후 중국 경제와 사회는 하루가 다르게 변화했다. 생산력 해방이라는 구호 속에서 경제개혁을 시도한 중국의 경제발전 속도는 더욱 빨라졌다. 개혁개방 후 1980년대 초 덩샤오핑을 비롯한 중국의 지도부는 정치체제 개혁의 중요성을 지적했고, 이는 중국 사회에서 경제개혁과 정치개혁의 병행 추진에 대한 구체적인 논의를 촉발시켰다. 이런 분위기에 편승하여 1986년 안후이성 하페이시에서 지방정부의 정치개혁을 요구하는 학생시위가 발생했다.[22]

이러한 민주적 정책 기조를 근본적으로 변화시킨 것이 1989년 6월에 발생한 천안문 사건이다. 1989년 4월 후야오방 전 서기의 죽음을 애도하던 북경 시민들이 대학생들을 중심으로 천안문 광장에 모여 당 간부들의 부정부패에 대한 비판을 제기하며 민주적인 정부 개혁을 요구하는 시위를 장기간 지속하였다. 이는 각지에 파급효과를 불러 일으켜 정치 개혁을 요구하는 민주화 운동이 거세게 일어났다. 이의 해결을 둘러싸고 당내 격렬한 논쟁과 갈등이 야기되었고, 급기야 다수의 보수 세력에 의한 민주화 운동 무력진압이 결정되었다. 동년 6월 4일 천안문에서 공산당 지도부가 군을 동원하여 민주화 운동에 참여한 시민들을 잔인하게 진압한 것이 천안문 사건이다.[23] 천안문 사건에 대한 강경진압으로 중국의 정치적 민주화 노력은 중단되었으며 이후 중국은 공산당 1당 독재를 더욱 공고히 하는 사회주의 체제를 추진하였다.

덩샤오핑의 개혁개방을 통한 중국식 사회주의 만들기 노력은 천안문 사

22 그리고 이에 대한 책임을 지고 후야오방 당시 총서기가 사임하는 사건이 발생했다.

23 그 후 일련의 사건에 대한 책임을 지고 당시 자오쯔양 총서기가 사임했다.

건으로 커다란 위기에 봉착하였다. 천안문 사건은 중국 지도부에게 부정부패와 같은 개혁의 부작용이나 경제발전에 따른 시민사회의 성장, 그에 따른 민중의 정치참여 욕구와 반정부 정서의 증대 등 시장화 개혁의 직·간접적인 효과로서 여러 형태의 사회 불안정 현상이 촉발할 수 있음을 단적으로 보여주었다. 이는 중국 지도부에게 개혁의 '체제 붕괴적 효과'에 대한 경각심을 불러 일으켰다. 이후 중국 지도부는 정치·사회적 안정이 모든 것을 능가하는 가장 중요한 원칙임을 깨달았다. 천안문 사건을 경험한 중국 지도부는 경제발전이 중요한 국가 목표지만 그것은 기존 정치·사회질서를 유지하는 전제 하에서 이루어져야 한다는 사실을 자각했다. 중국 지도부는 이제 경제발전과 정치적 안정은 별개의 것으로서 오히려 경제발전을 위한 개혁개방이 체제에 위협을 초래할 수 있음을 인식하게 되었다. 이는 경제발전 외에 정치 안정을 또 하나의 국가 목표로 설정할 것을 요구하는 것이었다. 이후 중국 지도부는 사실상 경제발전과 정치적 안정이라는 두 개의 국가 목표를 동시에 추구하였다. 경제발전은 현상타파를 의미하는 것이지만 정치적 안정은 현상유지를 전제로 하는 것이라는 점에서 발전과 안정은 상호 모순되는 목표였다. 이런 모순을 타파하기 위해서 중국 지도부는 경제적 측면에서는 '체제 외적 개혁'을, 그리고 정치적 측면에서는 '체제 내적 개혁'을 각기 다르게 추구하는 전략을 추구하였다.

개혁개방 이후 덩샤오핑 치하의 중국 발전은 전적으로 덩샤오핑의 개혁적 지도이념과 덩샤오핑 개인의 카리스마적 지도력에 의해 행해졌다. 특히 천안문 사태 이후의 개혁개방 과정은 덩샤오핑의 남순강화로 대변되는데 이 과정에서 노구의 몸을 이끌고 남쪽 도시들을 방문하면서 계속적인 개혁개방을 주창하는 덩샤오핑의 카리스마적 지도력의 역할이 절대적이었다. 이렇듯 중국의 개혁개방 역시 카리스마적 지도자와 공산당 관료들에 의해 주도되었고 그 과정에서 인민 대중은 1989년의 천안문 사태로 대변되는 위기를 예외로 하면 전반적으로 커다란 반발 없이 정책 변화에 복종하고 순종하였다. 이 과정에서 정치적 안정을 우선시하는 공산당 주도의 사회주의 지도이념은 더욱 강화되었다. 인민들은 중앙정부가 계획한 경제 개혁에 순종적으로 동참하였으며 덩샤오핑은 1997년 사망할 때까지 마오쩌둥과 같은 절대적 지도자의 지위를 누렸다.

천안문 사태로 실각한 짜오즈양趙紫陽을 대신해 총서기로 선출된 장쩌민江澤民은 1992년 10월에 열린 중국공산당 14기전대에서 [개혁개방과 현대화 건설의 발걸음을 빠르게 하여 중국특색의 사회주의 사업의 더 큰 승리를 쟁취하자]는 보고를 통해 '중국식 사회주의 시장경제'를 기본 강령으로 공식 채택했다. 이로써 10여 년간 지속되어 온 계획경제와 시장경제의 논리가 종식되고 시장 중심의 경제운영을 공식화하였다. 이는 사회주의의 포기가 아니라 시장 자본주의와 마르크스 원칙을 중국 특유의 사회주의 건설에 결합시킨 것이다(오룡, 1993: 169-172).

장쩌민은 여러 종류의 소유제경제를 공동으로 발전시키고, 비공유경제가 사회주의 시장경제의 중요한 구성부분이므로 개체, 사영 등 비공유제 경제를 계속 장려하여야 한다고 주장했다. 이는 사회주의 경제의 본질에 대한 인식전환을 표명한 것이다. 사회주의 시장경제는 사회주의 국가의 통제 하에서 시장으로 하여금 자원배치에 대한 기초적인 작용을 일으키게 한다는 것으로 이는 정치는 좌左를 지향하고 경제는 우右를 지향한다는 것이다. 즉, 정치는 공산당 일당 독재를 유지하면서도 경제는 경쟁적 시장원리를 도입해 발전시켜 나간다는 것이다. 이는 중국이 추구하는 시장경제는 어디까지나 수단이며, 궁극적인 목표는 사회주의체제 및 공산당 일당 독재체제를 유지하면서 국력과 국민 수준의 향상을 꾀한다는 것이다(장공자·박민순, 2010: 278).

이후 장쩌민은 2001년 7월 1일 공산당 창당80주년 행사에서 '삼개대표론'을 강조했다. 삼개대표론은 중국 공산당이 '선진 생산력', '선진 문화', '광범한 인민'을 대표한다는 게 주요 내용인데, 선진 생산력은 자본가, 선진 문화는 지식인, 광범한 인민은 노동자·농민을 뜻했다. 삼개대표론을 통해 자본가의 공산당 입당의 정당성이 제공되었고, 공산당은 무산 계급의 이익을 대변하는 계급 정당에서 전 인민을 대변하는 전 인민적 정당으로 변모하였다(정동근, 2007: 82). 삼개대표론은 2002년 중국 공산당 16전대에서 중국공산당의 당장에 삽입, 당의 지도사상으로 승격됨으로써 중국공산당의 변신을 정당화할 수 있는 근거가 마련되었다. 이는 당의 계급적 기초를 노동계급에 국한시키지 않고 민간 기업인들을 포함한 전 중국 인민을 대표하는 집권정당으로 변화하는 계기가 되었고 중국의 경제발전에 커다란 기여를 해 온 시장경제의 주역인 민간 기업인들을 공산당 내부로 끌어들임으로써 이들이 세력화하여 당에 도전하는 것을 미연에 방지하는 효과도 있었다(장공자·박민순, 2010: 288).

삼개대표론은 정치적 민주화와 정치적 다원주의가 인정되지 않는 중국의 현실에서 공산당이 선택한 현실적 대안이었다. 즉 공산당 일당 체제를 유지하면서도 다양한 계급이나 집단을 공산당 내부로 흡수하여 이들의 이해관계를 정책 결정에 반영하고자 한 것이다. 삼개대표론은 2003년 3월 전인대에서 마르크스·레닌주의, 마오쩌둥 사상, 덩샤오핑 이론과 함께 헌법 전문에 삽입되었다.

2002년 정권을 잡은 후진타오 체제는 집권 10년 동안 중국의 경제성장에 커다란 공헌을 했다. 가장 부각되는 것은 일본을 제치고 중국을 G2국가 반열에 올려놓아 국제사회에서 중국이라는 국가를 잠재력이 강한 국가로 부상시켰다는 점이다. 후진타오 정부는 지속적인 양적 경제성장뿐만 아니라 질적인 성장을 같이 병행함으로써 내실화된 초고속 경제성장을 달성하여 GDP 기준으로 일본을 제치고 미국 다음가는 경제대국으로 입지를 강화했다(박광득, 2013: 167).

그러나 중국의 급속한 경제성장은 많은 정치·사회문제를 야기했다. 경제성장의 이면에 관료와 정치인의 부정부패와 빈부 격차, 그리고 이로 인한 각종 사회적 시위가 일상화되었다. 후진타오 정권 말기에 이르러 중국 공산당 정부는 심각한 신뢰와 통치 정당성의 위기에 직면하였다. 이러한 문제가 발생한 주된 이유는 그동안 중국 정부가 권력 분립 없이 공산당 내부분적인 정치 개혁을 추진한 때문이었다. 이는 권력이 당정과 지도부에 과다하게 집중되었지만 이에 대한 적절한 감독과 견제를 이끌어낼 수 있는 민주적인 메커니즘의 부재로 인해 정치엘리트의 부정과 부패를 적절히 통제할 수 없었기 때문이었다. 또한 공산당으로 일원화된 중앙집권적인 통치는 대중들에게 적절한 정치 참여와 의사표출 기회와 통로를 제공해주고 있지 못해, 이에 대한 불만으로 매년 수십 만 건의 불법시위로 나타나는 '가두시위 정치'를 초래하였다. 중국의 대중시위는 1990년 이래 폭발적으로 증가하고 있다. 국민들은 점점 더 관리하기 어렵게 변하고 있고 동시에 사회의 안정과 질서 유지 비용이 높아짐에 따라 중국의 정치 엘리트들 사이에 정권에 대한 위기감이 높아졌다(이정남, 2013: 91-96).

그럼에도 불구하고 후진타오는 집권 기간 동안 중국의 역사와 전통에서 유래한 '정치적 안정'을 최상의 가치로 여기고 인정적인 사회 관리에만 초점을 맞추어 온 반면에 이러한 경제·사회적 문제를 해결하기 위한 근본적이고 실질적인 개혁은 추진하지 않았다. 즉, 후진타오 지도부는 민주화 없는 법치와 제도화 중심의 정치 개혁을 추진함으로써 권력에 대한 감시·감독의 부재를 가져 왔다. 따라서 후진타오 지도부는 중국 사회에 만연한 심각한 권력의 부정부패와 지역과 계층 간의 이익 갈등 격차의 확대로 인한 대중들의 불만을 표출할 수 있는 정치참여의 통로를 마련하지 못했다. 비록 정치적 의사표출이 엄격히 통제되는 가운데 경제 및 일상생활에 한정된 것이지만 일상화된 가두정치는 중국 공산당 통치의 위기를 상징적으로 보여주는 것이라고 말할 수 있다(이정남, 2013: 97-98).

후진타오 체제에서 공산당 일당 독재체제는 많은 문제점을 노출시키고 통치의 위기를 가져왔으나 문제의 근원인 일당 독재체제를 민주화 시키려는 노력은 전혀 시도조차 되지 않았다. 중국 정치개혁의 한계는 공산당 일당 지배 체제의 유지를 전제로 하고 그 틀 내에서 개혁이 추진된다는 점이다. 후진타오 체제도 여기서 벗어나지 않았다. 즉 공산당의 통제를 벗어난 어떤 정치개혁 논의나 세력 형성도 허용되지 않았다(조영남, 2004: 227-228).

따라서 후진타오 정부의 중국 공산당의 체질 개선이나 성격 변화는 어디까지나 공산당 일당 지도체제의 제도적 개선일 뿐, 공산당 권력 독점의 약화를 뜻하지는 않았다. 중국 공산당은 개혁개방에서 오는 변혁을 최소화하고 당의 기본원칙을 고수하려고 하였을 뿐이다. 후진타오의 정치개혁은 말 그대로 혁명이 아니라 개혁이었다. 정치개혁은 곧 일당 독재의 사회주의제도의 근본 틀은 전혀 손을 대지 않은 채 체재 내의 민주화와 법제화를 실현시키려 한 데서 중국 정부의 보수주의적 성격이 그대로 노출되고 있다. 공산당 일당 체제가 중국 정치문제의 주원인인 상황에서 당내 민주화를 아무리 추진한다고 해도 중국 정치가 민주화하는 것은 아니다. 공산당의 권력 독점체제 하에서 추진되는 당내 민주화란 공산당 지배체제를 공고화하기 위해 일부 문제점을 개선하는 것에 불과하기 때문이다. 특히 공산당이 주도하는 정책은 더 큰 문제가 있다. 당의 지도자들이 언론 보도 및 학술 활동의 자유를 억압하여 건전한 비판과 대안 모색을 막기 때문이다(조영남, 2004: 231). 후진타오 체제에서 추진된 정치개혁은 법에 의한 통치와 이를 가능하게 하는 제도개혁, 당내 민주화를 위한 모색, 기층 민주주의의 실행 등 그 이전 시기에 정치개혁 내용에서 변한 것이 거의 없다. 이에 자유주의 학파들은 지난 후진타오 체제 하의 10년을 '정체된 10년'으로 규정짓고 있다. 경제성장과 함께 증가된 각종 마찰, 즉 부정부패, 빈부격차로 인한 사회모순 격화 등 심각한 위기 상황은 오히려 가중된 채 고스란히 시진핑 정부에게로 넘어갔다(이정남, 2013: 90).

시진핑의 중국적 특색을 지닌 사회주의

2012년 시진핑이 정권을 잡을 즈음 중국 공산당은 경제성장을 통치 정당성을 유지하는 중요한 기반으로 하면서, 경제성장에 필요한 정치사회적인 안정성에 기장 큰 강조점을 두어왔다. 따라서 경제개혁에 우선적인 중점이 주어졌고 정치적 민주화의 추진을 최소화하고 제도개선 중심의 정치개혁을 추진하였다(이정남, 2013: 86).

2012년 당시 중국 정치 및 사회가 안고 있는 가장 큰 문제점은 사회 전반에 퍼진 부정부패와 빈부격차, 그리고 이로 인한 각종 사회적 시위가 일상화되고 있었다는 점이다. 이로 인해 공산당은 심각한 신뢰와 통치 정당성의 위기에 직면해 있었다. 이러한 문제가 발생한 주된 이유는 그동안 중국정부가 민주화 없는 제도 중심의 정치개혁을 추진한 때문이며, 당 지도부에 권력이 과다하게 집중되었지만 당정엘리트에 대한 적절한 감독과 견제를 이끌어낼 수 있는 민주적인 메커니즘이 부재했기 때문이었다. 또한 공산당으로 일원화된 중앙집권적인 통치 체제는 대중들에게 적절한 정치참여와 의사표출 기회와 통로를 제공해주고 있지 못하고 있었다(이정남, 2013: 91). 경제발전과 시장화로 인한 사회적 부의 증가와 날로 심해지는 빈부격차와 관료들의 부정부패, 그리고 이를 제대로 감독하고 통제할 수 있는 정치적 메커니즘의 부재는 당 지도층에 대한 인민들의 불만을 고조시켰고 이는 공산당 통치의 정당성을 약화시키고 있었다.

시진핑은 이러한 부패 문제가 정권의 운명을 좌우할 수 있다고 인식하고 정권 초기부터 강력한 부패척결을 공언하였다. 시진핑은 '선 처벌 후 제도화'를 기조로 개별 사안에 대한 처벌을 통해 부패에 대한 근본 문제 해결을 추진하였다(이문기, 2015: 60-72). 시진핑 시기에는 다른 어느 정권 때보다도 반부패 운동을 강력하고 장기간 지속해서 진행하고 있는데 이는 무엇보다도 시진핑 자신의 부패척결에 대한 강력한 의지를 반영한다.[24]

시진핑 집권 초기부터 간부들의 기강을 바로잡고, 현 체제에 대한 충성도를 높인다는 의도로 정풍운동과 반부패 투쟁이 전개되었다. 시진핑 체제

24 시진핑의 부패 척결 의지는 당 중앙으로의 권력 집중으로 잘 나타난다. 시진핑은 반부패 운동을 총지휘하는 당 기율검사위원회의 권한을 강화하고 반부패 사건의 핵심 업무를 담당하는 '기검감찰실'을 대폭 강화했다. 기율위 기능 중 중앙기율위 산하에 '중앙순시조'의 사찰을 강화하여 주로 장차관급 간부 및 기관을 대상으로 대대적인 사찰을 진행하는 한편 일반 공직사회는 '8항규정'을 두어 강력한 공직기강을 확립하는 한편, 언론과 지식인 사회에는 '당9호 문건'으로 사상적 통제를 한층 강화했다(이문기, 2015: 70-72).

정풍운동의 핵심 내용은 '군중노선'의 교육과 실천이다. 중앙정치국은 2012년 12월 4일 '8항 규정'을 발표했다. 시진핑은 잘못된 네 가지 업무풍조인 4풍(四風: 관료주의, 형식주의, 향락주의, 사치풍조)[25]의 폐단을 없애기 위해서는 먼저 고위간부와 공직자부터 솔선수범하는 자세가 필요하다고 말하고 이른바 '8항 규정'이라는 가이드라인을 제시했다.[26] 이는 중하위 공직자들의 공직기강 확립을 위한 것으로 관행적으로 용인되었던 모든 일탈행위를 금지하는 고강도 정풍운동이었다(이문기, 2015: 72-74). 그 결과, 형식주의 차원에서 각종 회의와 문건이 각각 24.6%, 26.7% 감소되었다. 11만 4천대의 관용차가 정리되었고, 2천 227만 평방미터의 당정기관의 사무실이 정리되었으며, 출장비 등 당정간부의 활동 경비도 약 530억 위안 감소되는 등 사치풍조 극복에서 성과가 나타났다. 향락주의와 관련해서는 도박 혐의자 7천 162명, 10만 위안 이상의 선물을 수령한 자 2천 550명, 준조세 등 부당 세금 징수자 8천 519명, 불법 기업 겸직 간부 6만 3천여 명이 처벌을 받는 등의 조치가 향락주의 근절 차원에서 진행되었다(주장환, 2015: 142). 이는 이전 정풍운동과 크게 차이를 보였고, 이로 인해 중국의 간부 사회가 긴장하고 있다.

한편 반부패 투쟁의 경우, 그 범위와 수준 그리고 방식의 차원에서 예전과 달리 강도 높게 진행됐다. 우선 그 범위와 수준이 비약적으로 높아졌다. 이전에 관례였던 금기와 성역을 넘어서서 고강도로 반부패 운동이 진행되었다. 특히 고위 당정간부에 대한 조사와 처벌이 대폭 강화된 것이다. 반부패 척결의 핵심기구인 기율검사위원회는 "호랑이와 파리를 불문하고 때려

25 이 4대 풍조는 공산당 간부들이 군중과의 괴리현상을 심화시키는 대표적인 것들로 인식되었다.

26 이 8항 규정의 주요 내용은 '공공기관의 신축과 장식 제한', '각종 공개회의 간소화,' '경축행사 및 경조사 제한,' '접대성 시사 및 음주 금지,' '개인 통신료 등 제 비용 공비처리 금지,' '정부의 각종 규제활동에서 형식주의 타파,' '공무용 차량 이용의 규정 준수,' '공비이용 국내외 여행 금지' 등이다.

잡겠다"고 언명한 후 반부패 운동을 본격화 했다(이희옥, 2015: 29).[27]

시진핑 체제의 반부패 투쟁은 범위와 수준 뿐 아니라 방식에서도 주목받고 있다. 이는 바로 반부패 투쟁이 일회성이 아니라 상례화, 제도화를 진행하고 있기 때문이다. 가장 중요한 것은 중국 공산당 내에 존재하는 감찰기구인 중앙기율검사위원회의 실제 권한 강화이다.[28] 이로 인해 상시적인 반부패 투쟁이 진행될 수 있게 됐다. 이를 바탕으로 시진핑은 2014년 10월에 개최된 제18기 공산당 중앙기율검사위원회 제4차 전체회의에서 '강력한 반부패 투쟁의 일상화'를 선언했다. 즉 향후에도 전과 같은 강도 및 속도로 반부패 투쟁을 지속적으로 진행하겠다는 것이다(주장환, 2015: 144).[29]

시진핑은 고강도 반부패 운동의 과정으로 지식인과 언론에 대한 사상통제도 강화했다. 2013년 4월에 발표한 '당중앙 제9호 문건'은 '서구식 입헌민주주의,' '보편적 (인권)가치,' '신자유주의 경제이념,' '언론 독립,' '시민사회,' '당의 역사에 대한 허무주의,' '개혁개방과 중국특색 사회주의에 대한 회의적 인식' 등 언론과 지식인이 확산을 저지해야 할 일곱 가지 위험사조

27 2012년 11월 제18차 중국 공산당 전국대표대회 이후 2014년 10월까지 약 2년 동안 모두 18만 여명의 당원이 각종 부패혐의로 처벌받았다. 지난 2년 동안 한국의 장·차관에 해당하는 부장과 부부장급 간부 중 모두 55명이 부패혐의로 처벌받았는데 이는 2007년부터 2012년까지 매년 평균 6명이 처벌받은 것에 비하면 약 4배가 증가한 것이다. 특히 시진핑 체제의 반부패 투쟁의 강도를 가늠할 수 있는 예는 바로 저우융캉周永康 전 공산당 중앙위원회 상무위원과 쉬차이호우徐才厚 전 중앙군사위원회 부주석에 대한 조사와 처벌이다. 저우융캉은 중화인민공화국 건국 이후 최초로 정치국 상무위원 출신이 부패로 조사받는 사례가 되어 중국 공산당의 반부패 투쟁 역사에서 한 획을 긋는 사건으로 평가되고 있다(주장환, 2015: 142-30). 저우유캉은 2015년 6월 반부패 혐의로 종신형을 선고받았다.

28 첫째, 기율검사위원회 체계의 독립성이 제고됐다. 기율위원회는 오직 상급 기율위원회의 지도만을 수용한다. 둘째, 기율검사위원회의 조직이 강화됐다. 셋째, 기율검사위원회에 대한 자체 감찰을 강화했다(주장환, 2015: 144).

29 저우융캉 사건은 시진핑의 반부패 운동이 성역 없이 이루어짐을 보여 주었고 이를 통해 국유기업의 독점을 타파하고 시장기능의 정상화를 향해 가고 있다는 보여주었다. 실지로 시진핑의 반부패 운동이 시작될 때 인민들에게 그것이 과거 정권에서와 같이 일회성에 그칠 것이라는 부정적 인식이 만연했었다. 그러나 지속적이고 과감한 반부패 운동의 결과 민영화 정책을 포함한 새로운 시장제도가 탄력을 받기 시작했다. 반부패 운동은 단지 정치·사회적 문제 해결에 그치는 것이 아니라 시장경제의 활성화를 위해서도 중요한 사건이었다.

를 구체적으로 명시하고(이문기, 2015: 74) 대안으로 인민민주주의, 혼합적 경제, 사회주의 핵심가치, 중국문화 전통 등을 강조했다. 이는 반부패 운동이 철저하게 사회주의 가치의 틀 내에서 진행되고 있고, 이는 이 가치를 통해 위기를 극복하여 '중화문명의 위대한 부흥'을 열겠다는 소명의식과 맞물려 있다(이희옥, 2015: 40).

그러나 이러한 반부패 운동에는 근본적인 문제점이 존재한다. 시진핑 정부는 부패문제를 해결하기 위해 '모든 권력을 제도의 틀 속에 집어넣어' 감독과 제약을 강화하고자 하였다. 그러나 중국에서 부패가 만연하는 근본 원인은 결국 당에 의한 권력 독점과 이에 따른 정치의 불투명성에서 기인하는데 시진핑이 제기한 '법치'는 이에 대한 해결책을 전혀 제시하지 않고 있다. 중국의 법치는 공산당의 통치 정당성을 강화하는 것으로 당이 모든 국가권력을 독점하는 '당치'를 넘어설 수 없는 한계를 지니고 있다.

중국에서 부패문제를 근본적으로 해결하는 길은 정치과정의 투명성 제고와 감독기제를 강화하는 것이다. 그러나 당이 모든 권력을 독점하고 법 위에 군림하는 한 실질적인 청렴한 정부 건설과 제도화된 반부패 기구의 설립은 현실적으로 어렵다(이문기, 2015: 77-84). 반부패 운동이 제도로 고착되고 항시적인 견제와 균형이 작동되지 않는 상황에서 당의 절대권력인 시진핑 개인 또는 지도부의 의지와 소신에 의해 반부패 운동이 진행될 때 이들의 의지에 대한 객관적인 견제와 균형이 작동되지 않으면 또 다른 갈등의 씨앗이 될 수 있다(이희옥, 2015: 41-42). 모든 국가권력을 장악하고 있는 당의 초법적 행위를 넘어설 수 있는 법 제도 개선과 이에 따른 객관적이고 투명한 법 제도 하에서 모든 사람에게 평등한 법 집행이 이루어질 때 시진핑의 반부패 운동은 인민들의 공감대를 형성하면서 성공할 수 있을 것이다. 그러나 견제와 균형을 상실한 공산당 일당체제 하에서 진행되는 시진핑의 반부패운동은 일정한 한계를 지닐 수밖에 없다.

그렇다면 시진핑 정부 체제는 이전 정부들과 얼마나 차별적인가? 18기 전대 보고는 과거와 마찬가지로 마르크스 레닌주의, 마오쩌둥 사상, 덩샤오핑 사상, 삼개대표론, 과학적 발전관을 여전히 중국의 지도사상으로 규정하고 있다. 그리고 중국이 나아가야 할 '실천 경로'로서 중국 특색의 사회주의 길, '행동 지침'으로서 중국 특색의 사회주의 이론체계, 근본적인 '보장 수단'으로서 중국 특색의 사회주의 제도 등 세 가지 구성요소로 구분하여 중국 특색의 사회주의를 이론적으로 체계화하여 제시했다. 또한 정치개혁의 방향으로, 중국이 극좌적 과거로의 회귀나 자유주의적인 개혁의 길이 아닌 중국 특색의 정치발전의 길을 갈 것임을 분명히 하고 있다. 이를 통해 알 수 있는 것은 중국이 구상하는 정치개혁의 내용은 공산당의 주도하에 법에 의한 통치가 제대로 작동할 수 있는 정치제도를 정비하고 완비하는 데 초점이 두어져 있다는 것이다. 이는 결국 중국 특색의 정치발전의 길은 현재 중국의 정치제도에 대한 근본적인 개혁 없이 기존의 정치제도를 부분적으로 수정하고 개선하는 것임을 보여준다(이정남, 2013: 99-104). 이러한 측면에서 볼 때, 시진핑의 정치개혁 방향은 결코 혁명적이라 할 수 없다. 시진핑의 정치개혁은 전임 보수주의 정권들과 큰 차이가 없음을 볼 수 있다.

비판적으로 볼 때, 시진핑이 주도하는 부패청산이라는 강력한 개혁 드라이브는 정치적 민주화에 대한 노력을 집어삼키는 블랙홀이 되고 있다. 시진핑 집권 5년 동안 장쩌민과 후진타오 체제에서 이룩한 집단지도체제는 약화된 반면에 시진핑 1인에게로의 권력 집중은 더욱 강화되었다. 2016년 시진핑은 과거 후진타오가 누리지 못한 핵심이라는 지위를 획득하여 권력적 지위를 더욱 강화했다. 또한 2013년 4월에 반포된 '당중앙 제9호 문건'에서 보듯이 중국의 언론과 사상은 철저히 통제되고 있으며, 정치적 민주화에 대한 논의는 시작도 못하고 있다. 중앙 정부와 당 관료의 권력과 권위는 과거 어느 때보다 강화되었으며 최고 권력자 시진핑의 권위에 대한 도전은 전무한 상태이다. 학계와 지식인 사회는 당의 선전기구 역할을 하고 있으며 당과 사회주의의 가치에 어긋나는 행동은 철저히 금지되고 있다. 중국 공산당은 견제 세력 없이 절대적인 권력을 행사하고 있으며 중국 인민들의 정치적 자유는 철저히 통제되고 있다. 시진핑은 마오쩌둥이나 덩샤오핑 같은 과거 지도자들처럼 절대적인 권력과 권위를 행사하고 있으며 중국 인민들은 중앙정부의 행동 지침에 순응하면서 최고 지도자의 지시에 순종하고 있다.

토론: 중국식 사회주의의 보수주의적 성격

사회주의 중국의 국민적 신앙은 마오쩌둥 사상에 의해 집대성되었으며, 이의 파괴는 사회주의 중국 자체의 사상적 몰락을 의미하게 되었다. 덩샤오핑의 개혁개방 정책도 마오쩌둥 사상을 전면 부인하고는 설 자리가 없었다. 덩샤오핑이 문화대혁명을 비난하면서도 마오쩌둥 사상의 이미지를 손상시키지 않도록 노력한 이면에는 이러한 배경이 깔려 있다.

마오쩌둥 사상으로 대변되는 중국식 사회주의의 특징은 '주체적 능동성' 또는 혁명의식을 강조하는 것이었다. 비록 중국 공산당이 공자 사상을 강력하게 비판해왔음에도 불구하고 마오쩌둥 사상에는 전통적인 유교 사상이 강하게 남아 있었다. 공자는 도덕적 수양을 쌓은 지도자가 사회를 이끌어야 한다고 보았다. 공자는 궁극적으로 인간의 주관적, 윤리적 의지에 의해 사물들이 처리되고 평가되어야 한다고 보았다. 즉, 유교적 금욕주의를 통한 자연과의 조화를 이루기 위해서는 구체적으로 필요한 물질적 조건의 개선보다는 오히려 인간의 심리적, 도덕적 수양과 시적, 예술적 정신의 함양을 통해 도덕적 정신 훈련과 주관적인 심성을 연마해야 한다고 보았다(송영배, 1992: 476). 마오쩌둥도 모든 상태를 의식의 차원에서 개선하여 정신 혁명을 이루기를 바랬다. 마오쩌둥의 혁명적 의식의 요체는 결국 중국의 후진적 경제상황을 타파하기 위해 전통적 유교사상과 마르크스 사상을 결합시켜 강력한 중앙집권적 통일국가를 이룩하는 것이었다(송영배, 1992: 453-455).

이러한 마오쩌둥의 권위는 어디에서 나오는가? 중국 사회에서 지도자는 어떠한 지위를 갖고 있는 것인가? 중국인들의 유교 문화적 전통은 모든 권력은 하늘로부터 권한을 위임받은 절대적인 지도자와 그 지도자를 보좌하는 중앙 관료집단으로부터 나온다고 본다. 이러한 유교 문화적 전통 속에서 중국인들은 그들의 최고 지도자를 실제 이상의 거대한 인물로 만들어왔다. 근대 중국 사회주의 역사에서 쑨원孫文, 장제스, 마오쩌둥, 덩샤오핑이 중국을 지배한 거대한 정치 지도자들이다. 이들 절대 지도자의 주위에는 언제나 추종적인 관료집단이 존재했고, 이들 주변 권력의 지위는 중앙의 절대 권력에 복종하는 대리인에 불과했다. 중국에서 온정주의적 권위를 수행하는 아버지는 초월적인 권력과 권위를 지니고 있다. 그는 그의 근심을 남과 함께 할 필요가 없고 과거 잘못을 가슴에 품고 영원히 은퇴하도록 기대되지도 않았다. 절대적 지도자가 커다란 과오를 범하면 일시적으로 은퇴하여 문제를 다른 사람에게 넘기면 그의 과오는 용서되었다. 그러다가 적당한 시기가 오면 그는 다시 권력의 중추에 서서 권력을 휘둘렀다. 그러므로 지도자의 권위는 일시적으로 무대에서 은퇴할 때도 있지만 궁극적으로 죽는 순간까지 전능하였다. 따라서 중국에서 최고 지도자가 은퇴하였을 때 후계자들은 새로운 일을 시작하기 보다는 일상적인 관례를 지속할 것이 기대되었다. 왜냐하면 권력은 공유되는 것이 아니고 권력의 위임이란 있을 수 없기 때문이다[30](Pye, 1985: 198).

중국에서 지도자와 인민과의 관계는 유교의 가족모델에 근거한다. 아버지의 결정에 도전하는 것은 단지 아버지의 판단에 의문을 제기하는 것이 아니라 그의 가족과 조상에 대해 불충하는 것으로 간주되었다. 중국의 어린이들은 배움의 초기부터 권위가 논리적 이성보다는 감성에 의해 형성되

30 개혁개방 이후 중국 지도자의 절대적 권위는 덩샤오핑을 정점으로 이후 점차 약해져 왔다. 최근 은퇴한 후진타오 전 주석은 은퇴와 함께 모든 권력을 차기 지도자인 시진핑에게 이양하고 실질적으로 정치에서 은퇴하였다. 그럼에도 불구하고 현직에 있는 정치지도자는 절대적인 권위를 지니고 있으며 절대권력을 행사하고 있다.

어짐을 배워왔다. 지도자의 권위는 합리적인 이성적 판단과 냉철한 계산에 의해 형성되는 것이 아니라 유교의 핵심 원리인 좀 더 인간적인 차원의 관계 속에서 형성되어진다(Pye, 1985: 200). 중국의 지도자들은 단순히 그들이 원하는 것을 이념적으로 옳다고 보았으며 일관성과 논리적 문제를 종종 무시했다. 그러면서도 그러한 지도자들의 언행은 사회에서 그대로 수용되었다. 중국인들은 지도자들의 정책과 결정이 그들의 일상생활에 커다란 문제를 야기 시키지 않는 한 지도자들의 정책에 의문을 제기하거나 도전하지 않았다. 따라서 지도자들의 초법적인 행동은 대체로 용인되었고, 지도자의 한 마디는 법이 되기도 하였다.

개혁개방을 추진하는 초기 과정도 결국은 최고 지도자의 의지를 실천에 옮기는 형식으로 시작되었다. 개혁개방 초기에 당 지도부에서 국력 증강과 경제성공을 이룩하는 형태의 근대화를 추구한다는 데에 대한 합의는 이루어졌지만 그 목적을 추구하는 구체적인 방법에 대한 진지한 토의는 없었다. 더욱 중요하게는, 중국의 유교 문화적 전통에 따라 가치와 권력에 대한 공개적인 경쟁과 도전은 철저히 억압되었다. 모든 결정은 당에서 이루어졌고 인민은 그저 그들의 결정에 따르기만 하면 되었다. 따라서 중국은 민주화를 위한 정치적 대화나 정치과정 개혁에 대한 국민들과의 합의 없이 중앙정부가 일방적으로 정한 경제발전 계획을 시행하면서 근대화를 시도할 수 있었다. 다시 말하면 중국의 경제발전에서 국가와 지도자의 역할이 크게 작용한 반면 인민들의 역할은 매우 수동적이었다는 것이다.

그 결과 국민들은 경제발전 과정에서 야기되는 극심한 빈부격차와 심화되는 불평등을 감수하였다. 개혁개방 과정에서 자신들의 의견을 적극적으로 개진할 수 없었던 대다수 중국 인민들의 수동성은 그 결과로 나타나는 극심한 부의 불평등 및 정치적 소외를 수용할 수밖에 없었다. 오늘날 중국 경제의 급성장과 빈부격차 및 공산당 일당 지배라는 독특한 중국적 발전 현상을 설명할 때 이러한 중국의 유교 문화적 전통은 중요한 설명 요소의 하나임이 분명하다.

과거 후진타오 정부는 취임 초부터 그동안 개혁개방의 지속적인 추진 과정에서 중국 사회에 발생한 빈부격차 등 각종 사회 문제를 개혁할 것을 기치로 내걸었지만 집권 10년 동안 과감한 개혁보다는 합법적인 차원에서 중국이 변화하길 희망하는 보수적인 정치 성향을 보여 왔다. 후진타오는 혼란과 논란이 예상되는 정치 개혁보다는 경제 개혁과 성장을 통한 정치 사회적 안정을 추구한 것이다. 후진타오는 견제와 균형이라는 민주적인 정치 개혁보다는 공산당 일당 독재를 전제로 한 공산당의 이념과 체제 내의 변화를 추구하는 방향을 선호했다. 후진타오는 과거 정권과 마찬가지로 앞만 바라보고 달려가는 성장위주의 경제정책을 간행해 왔다. 따라서 후진타오시기에 중국이 비록 G2 국가로 성장했으나 내면에 불균형 경제 성장의 후유증과 사회적 갈등이 심각한 수준으로 커졌다. 중국 인민들은 개혁개방 정책에 순응함으로써 많은 희생을 감수했으나 그 과정에서 서구 자본주의를 경험하면서 빈부격차 및 소득 불평등 해소에 대한 목소리가 점점 커지고 있다. 특히 부정부패와 빈부격차에 따른 경제·사회적 불만은 심각한 수준에 이르러 이제 체제 유지에 위협이 되는 상황에까지 이르렀다. 이러한 문제를 해결해야 하는 것이 시진핑 정부에게 남겨진 과제였다.

시진핑은 부패청산에 개혁의 최우선 순위를 두고 과감하고 지속적인 부패척결 운동을 벌여나갔다. 그러나 부패청산 과정에 대한 정치권 및 관료들의 반발과 부작용이 만만치 않은 만큼 시진핑은 중앙 권력을 강화시켜 부패척결이라는 개혁을 강도 높게 추진하였다. 그러나 중국 부패의 근본 원인은 공산당에 의한 권력 독점과 미래 정치의 불투명성에서 기인하는 것으로 강해진 정부가 더욱 강력하게 부패척결을 추진할 수 있는지는 몰라도 그 자체로 정치과정의 투명성과 제도적인 감독기재의 발달이 이룩되는 것은 아니다. 현 시진핑 체제는 여전히 당이 모든 권력을 독점하고 있고 당이 법 위에 군림하고 있는 체제다. 즉 시진핑의 한 마디가 법이 되는 체제인 것이다. 부패척결 과정에서 나타난 중앙 당과 시진핑에게로의 권력 강화는 중국을 더욱 권위주의적이고 획일적인 사회로 몰아가고 있다. 실제로 시진핑 정부에 들어와서도 중국 인민들의 정치적 권리와 자유는 크게 나아지지 않고 있는 반면 언론과 사상에 대한 통제는 더욱 강화되고 있다. 이런 상황에서 사회의 다양성은 더욱 줄어들게 되고 경제와 사회는 정치에 더욱 종속되게 된다. 최근 한국의 사드 배치에 대한 중국 인민들의 과민 반응과 과잉 대응을 보면 중국 인민들의 행동과 사고, 심지어는 언론마저도 다분히 중앙당의 지침에 의해 주도되고 있음을 볼 수 있다.

시진핑 집권기에 들어와 당의 권력 독점과 인민 통제는 더욱 강화되고 있다. 시진핑 정권의 가장 큰 문제점은 정권에 대한 어떠한 비판도 허용하지 않는다는 점이다. 중국내 비판적 지식인들과 홍콩의 반체제 지식인들이 아무도 모르게 조용히 사라지고 있으며, 최근 홍콩에서 홍콩보안법을 통과시킴으로써 홍콩에서의 정치적 자유를 말살했다. 그리고 국제적으로 약속했던 홍콩의 일국양제를 위반함으로써 국제적 협약을 무력화시켰다. 또한 시진핑 국가주석이 수장을 맡고 있는 중국 공산당 전면개혁심화위원회는 중국 경제에서 국유기업의 역할을 강화하기 위해 일부 민간 대기업들을 국유화 하고 있다. 이제 중국 민간 기업들은 '국진민퇴國進民退'공포에 휩싸이고 있다. 국진민퇴란 민간 기업은 역할을 다했으니 이제 물러나고 국유기업이 전면에 나서야 한다는 것을 말한다. 지난 2년 동안 국유기업화 된 민간 기업 수가 50개에 이른다(한국경제, 2020. 8. 1). 이렇듯 시진핑 정부는 정치와 경제 모든 면에서 국민의 자유를 억압하고 국가의 통제력을 강화시키는 독재국가의 길로 가고 있다.

시진핑 정부의 강경책은 국내 문제에 국한되지 않고 있다. 중국 정부는 대외 관계에서도 강경책을 지속하여 많은 갈등을 빚고 있다. 우선 중국은 서방 국가들과 여러 면에서 갈등을 빚고 있다. 미중 갈등은 이미 잘 알려진 사실이고 한 때 밀월 관계였던 영국과 홍콩보안법 문제로 갈등이 심해지고 있고, 캐나다와는 서로 상대방 국민을 간첩이라며 2명씩 체포하는 갈등 관계에 있고, 코로나 바이러스 책임 문제로 갈등을 빚었던 호주에 대해서는 '호주산 쇠고기 수입 금지'를 선언하였다. 아시아에서는 인도와의 국경 분쟁으로 상호 군인 살상이 이어지고 있고, 네팔의 루이 마을을 원래 티벳 영토였다는 명목 하에 무단 점유함으로써 마찰을 빚고 있다. 부탄의 야생생물보호구역을 원래 중국 땅이라고 주장하며 반환을 요구하고 있고, 중국 접경지역에 있는 미얀마 반군에게 무기를 지원함으로써 분쟁을 조장한다는 의심을 사고 있다. 중국이 남중국해에서 벌이는 영유권 분쟁은 이미 잘 알려져 있다. 중국은 남중국해를 둘러싼 6개국과 영유권 분쟁을 벌이고 있다. 중국은 명나라 환관 정화의 원정 기록을 토대로 남중국해 가운데 90%에 대해 영유권을 주장하며 한 뼘의 해상 영토도 양보할 수 없다는 강경한 의지를 보이며 주변국 일부 섬들을 무단 점유하는 등 주변 해상국들과 갈등을 빚고 있다(동아일보, 2020. 7. 27).

이렇듯 중국은 강해진 국력을 내세워 육지와 바다 모두에서 주변국들과 영토분쟁을 벌이면서 약소국가들의 영토와 영해를 점령해 자기 땅으로 만들고 있다. 즉, 주변국들에게 힘을 과시하여 무력으로 이들을 굴복시키고 있는 것이다. 이 과장에 평화나 인권이라는 국제적 명분이 있을 수 없다. 이렇듯 시진핑 정부는 국내에서 행하는 정치적 억압과 강압을 국제 관계에서도 그대로 행사하고 있는 것이다.

개혁개방 이후 중국의 근대화 과정에서 중국의 문화적 전통과 역사적 경험은 중국의 발전과 변화를 크게 규정하고 있다. 시장 자본주의라는 전혀 새로운 경제체제를 도입하면서도 중국은 공산당 일당 독재의 사회주의 정치체제를 고수하고 있으며 이 과정에서 강력한 지도자 및 관료집단에 대한 자발적 순종이라는 유교 문화적 전통과 강력한 중앙집권적 통일 국가 형성을 통한 정치적 안정이라는 역사적 유산은 범국민적 합의로 받아들여지고 있다. 중국에서의 혁명이라는 것은 새로운 정권을 창출하여 원점에서 다시 시작하여 새로운 사회를 구축하는 것이 아니라 더욱 강력한 통일 국가를 이룩하는 것이다. 개혁개방 이후 지난 40여 년간 중국이 보여준 '사회주의 시장경제' 창출 과정은 유교 문화적 전통, 역사적 경험, 사회주의 제도를 적극적으로 활용하여 기존 정치제도를 유지하면서 개혁한 중국의 보수주의적 성격을 가장 잘 보여주는 것으로 견제와 균형을 갖춘 정치적 민주화에 대한 논의는 현실적으로 전혀 이루어지지 않고 있다. 민주적 견제가 전무한 가운데 무소불위의 권력을 행사하는 중국 공산당 정권은 국내적으로 정치와 경제 모든 면에서 억압과 통제를 강화하고 있으며 국제적으로는 영토 확장에 골몰하는 신 제국주의의 길로 나아가고 있다. 중국 공산당의 권력 독점은 정치가 경제에 대해 우위를 점하고 있음을 확실히 보여주고 있고 이런 속에서 정치적 이유를 내세워 경제적 보복을 가하는 이율배반적인 행동을 한 치의 부끄럼 없이 너무나 당연하게 지속해오고 있다.

Ⅱ부

일본의 발전과 전망

8장. 전후 일본의 발전국가 연구: 일본 금융 시스템의 성쇠와 거품경제

들어가는 글

전후 일본의 급속한 고도 경제 성장을 설명하는 대표적인 이론이 '발전국가론'이다. 발전국가란 국가가 전략적 개입을 하여 경제 성장을 이끄는 국가를 말한다. 일반적으로 발전국가에서는 경제 발전을 정책의 최우선 과제로 두고 이를 성취하기 위해 국가가 주도적으로 시장에 개입하면서 자본주의 시장경제를 만들어갔다. 이 과정에서 국가는 다양한 정책 기구를 통해 민간 경제 부문을 지도하고 조정하고 규율하였다. 이러한 전략과 경제 개입은 국가에 대한 충성과 엘리트 의식이 충만한 유능한 국가 관료들에 의해 주도되었다(윤상우, 2005: 46). 일본의 급속한 경제 성공은 흔히 통산성MITI과 대장성의 성공 신화로 그려진다(Johnson, 1982, 1987). 1950년대 초부터 1980년대 말까지 40년 가까운 기간 동안의 일본의 눈부신 경제 발전은 국가 관료들의 과감한 경제 발전 계획에 금융권과 재계가 긴밀히 협조함으로써 이룩되었다.

존슨Chalmers Johnson은 1982년에 발표한 '통산성과 일본의 기적MITI and the Japanese Miracle'이라는 책을 통하여 일본을 발전국가로 소개한 이후 일본은 발전국가의 대명사가 되었으며, 이후 한국과 대만, 싱가포르의 급속한 경제 성장을 발전국가론으로 설명하는 글들이 봇물을 이루면서 발전국가론은 동아시아 경제 발전을 설명하는 독자적인 발전 이론으로 자리 잡

았다.[1]

발전국가의 경제 개입에서 가장 중요한 부분은 국가의 금융 시스템에 대한 통제다. 발전국가 금융 시스템의 일반적인 특징은 정부가 민간 기업을 규율하고 통제하기 위한 수단으로 금융 기관을 통제하고 활용한다는 것이다. 발전국가의 정부는 영·미적 표준과는 다르게 은행 제도를 이용해 자본을 특정 산업 부문과 특정 기업에 우선적으로 공급하였다. 일본과 같은 발전국가는 우편 적금 제도와 같은 정부 은행에 국민들의 예금과 저축을 저금리로 강제 저축하도록 유도하여 이를 특정 대기업에게 싼 이자율로 대부해주었다. 정부는 은행의 초과 대출에 대한 보증인이 되어 주기도 하고, 대기업의 해외 자본 도입을 제도적으로 제약하여 주주나 증권 분석가들의 영향으로부터 기업들을 자유롭게 하여 장기적인 경영에 매진할 수 있도록 하였다(Johnson, 1987: 147-149).

그러나 동아시아 국가들의 급속한 경제 성장과 지속적인 발전을 국가 주도 산업화로 설명하는 발전국가론은 1997년 아시아 경제위기를 전후해서 심각한 도전을 받았다. 특히 외환위기로 큰 타격을 입은 한국에서는 국가 주도의 산업 정책과 관치 금융이 재벌과 금융 기관의 모럴 해저드를 불러 결국에는 외환위기를 불렀다는 비판을 받았다(강명세, 1998; 정성호, 1998). 이후, 작은 정부와 규제 완화를 주장하는 신자유주의 경제 이론이 대세로 자리 잡으면서 국가 규제의 대명사로 여겨지던 발전국가적 설명은 그 설득력이 약화되었다.

그렇다면, 발전국가론은 일본의 경제 발전 과정을 얼마만큼 설명해줄 수 있는가? 이 장에서는 우선적으로 전후 일본의 성공적 경제정책을 살펴본 후, 발전국가의 대명사인 일본 정부가 전후 어떻게 금융 시스템을 운용하여 경제적 번영을 이룩하였으며, 이러한 금융 시스템이 어떻게 1980년

---

1 이들 글들을 모아 편집한 책으로는 국민호의 『동아시아 신흥공업국의 정치제도 경제성공』(1995, 전남대학교출판부)가 있다.

대 중반 이후 파경을 맞이하였으며, 나아가 왜 1990년대의 장기 경제 침체가 지속되었는지를 살펴보고자 하였다. 이 글에서는 특히 전후 일본 금융 시스템을 진두지휘하였던 대장성의 '호송선단식 체제'가 어떻게 일본의 산업화 및 경제 발전에 공헌하였으며, 전후 경제 목표인 캐치 업 달성 이후 이 체제가 어떻게 무력화되었으며, 나아가 캐치 업 달성이 어떻게 1990년대 일본의 장기 불황에 영향을 미쳤는지를 살펴봄으로써 일본 경제 발전에 대한 국가의 역할에 대해 살펴보고자 하였다.

전후 일본 경제의 성공과 한계

글을 더 진행하기 전에 전후 일본의 정치 상황과 경제 발전 과정 전반에 대해 간략하게 살펴보기로 한다. 전후 요시다 시게루吉田茂가 주도한 자유당과 하토야마 이치로鳩山一郎의 민주당이 합쳐져 1955년 출범한 자유민주당(이후 자민당) 정권은 38년간 장기 집권을 이룩하였다. 자민당 일당 독주 체제는 1993년 6월에 미야자와 내각의 불신임 가결과 1993년 7월 오자와 이치로 전 자민당 간사장과 다케무라 전 대장성 장관의 자민당 탈당으로 인한 자민당 분열로 동년 7월 18일 중의원 선거에서 패배하면서 잠시 주춤거렸다. 이후 1년 미만의 짧은 기간 동안 오자와와 호소카와가 이끄는 신생당이 중심이 된 비자민 연립정권[호소카와 내각(93.7-94.2)과 하타 내각(94.2-94.6)]이 정치를 이끌었다. 그러나 1994년 무라야마 내각이 자민당의 집권당 지위를 회복하였고 이후 자민당은 2009년 8월까지 다시 15년 동안 집권하였다(손기섭, 2012: 144). 따라서 전후 55년 동안 자민당 1당이 독점적으로 일본을 통치했다 해도 과언이 아니다.[2]

자민당 정권의 국정운영은 패전으로부터 전후 회복, 그리고 80년대 선

2 이후 자민당은 2009-2011년의 3년 동안 민주당에게 권력을 내주었으나 2012년 다시 자민당의 아베 내각이 들어서서 현재까지 집권하고 있다.

진 일류 대국으로 성장하기까지 특별한 굴곡 없이 일사천리로 진행되었다. 전후 일본은 그 시작부터 세계 최강대국인 미국과 견고한 제휴 협력관계를 구축함으로써 적은 비용으로 많은 이익을 창출했다. 일본이 전후 빠르게 경제회복을 이룩한 이후 지속적으로 안정적인 고도 경제성장 유지하고 일류 선진국 지위를 유지할 수 있었던 요인은 무엇보다도 미국의 우산 아래서 안정적인 정치 리더십의 확보와 올바른 국가전략의 수립과 추진에 있었다고 볼 수 있다(손기섭, 2012: 145). 이로써 일본은 발전국가로 대변되는 일본 경제의 전성기를 구가하였다.

1990년 일본의 거품 경제가 시작되기 이전까지 자민당 집권 과정에서 크게 차별화되는 국가전략을 추진한 정권은 1950년대의 요시다 시게루吉田茂 정권, 1980년대의 나카소네 야스히로中曾根康弘 정권이었다. 전후 요시다 수상의 재임기간은 약 7년 2개월 정도로, 요시다 수상이 재임 중 추진한 국가전략의 근간 요체는 '요시다 노선'으로 집약된다. 요시다 노선이란 대미 협조노선인 미일동맹, 미일 협조외교, 점진적 재군비, 경제중심주의로 요약될 수 있는데, 요시다 노선의 핵심은 안보와 외교를 미국에 의존하면서 기타 모든 국력을 경제성장에 집중하는 것이었다. 이는 전후 막강한 미국의 국력과 국제 정치경제 시스템에 편승하여 안전보장에 관련된 군사비를 최대한 절약하고 하루 빨리 전후 경제 회복과 국가적 안정을 이룩하여 고도 경제성장을 달성하자는 전략이었다. 요시다는 미군정으로부터 독립과 동시에 미일안보조약을 체결하였다. 이를 토대로 일본 정부는 경제성장과 사회적 통합 진전 상황에 따라서 점진적으로 재군비를 추진하는 전략을 추구하였다. 미일안보조약의 틀 속에서 일본은 자위대 창설과 방위청 신설 등 방위력을 점진적으로 정비했고, 1976년에는 '방위계획 대강'을 마련했다(손기섭, 2012: 148-149).

'요시다 노선'의 정책적 핵심은 경제중심주의였다. 다시 말해, 전후 모든 국력을 경제회복과 고도경제성장의 추진에 쏟아 붇는 것이었다. 이러한 정책을 추진한 세력은 통산성과 대장성으로 대표되는 경제 관청의 엘리트 관료들이었다. 통산성은 산업정책과 통상외교, 대장성은 예산기획과 금융 행정을 담당하여 일본경제를 견인했다. 또한 이러한 경제 관청 엘리트 관료 출신의 정치가가 다수 수상이나 장관이 되어 정책을 수행했고, 게이단련經團連 등 재계가 이를 뒷받침 하였다(손기섭, 2012: 149).

이러한 노력 속에서 일본은 1960년의 이케다 하야토 내각과 1964년의 사토 에이사쿠 내각 때 이미 경제 선진화를 달성했다. 일본은 1964년 선진국 클럽인 OECD에 가입했고 1968년에 서독을 능가하여 세계 제2의 경제대국으로 부상했다. 일본은 새로운 기술 도입과 기술혁신을 통한 민간 설비투자의 급증과 내수 확대, 미국의 지원과 협력, IMF와 OECD같은 국제경제시스템에 가입 등의 적극적인 경제 정책으로 1955년부터 1973년까지 19년 동안 연평균 9.8%라는 고도 경제성장을 이룩하였다. 이러한 일본의 경제 성공은 전전戰前에 이미 상당 정도 축적된 공업기술을 기반으로 전후 외국으로부터 새로운 기술 도입하여 신제품 개발과 생산을 적극적으로 추진한 결과라고 볼 수 있다. 외국기술의 도입을 계기로 광범위한 기술혁신이 이루어졌고 이것이 민간기업 설비투자 급증으로 이어진 것이다(손기섭, 2012: 151).

요시다의 국가전략은 전후 일본의 골격을 규정짓는 중요한 것이었다. 요시다는 미국과 대척 관계에 있는 사회주의 국가인 중국 및 소련과의 관계 정상화를 과감히 포기하고 대신 미국과 그 우방국을 파트너와 동맹국으로 선택하는 전략적 판단을 하였다. 이를 토대로 요시다는 미일안보동맹, 미일협조외교, 그리고 경제중심주의라는 세 원칙을 확립하였다. 요시다는 미국과 돈독한 관계를 설정한 후에 미국의 안보 우산 아래 모든 국력을 전후 경제회복과 경제성장에 집중하는 국가전략을 선택하여 전후 일본의 경제부흥의 기틀을 이룩하였다(손기섭, 2012: 163).

이러한 요시다 노선에서 탈피하고 일본의 위상을 크게 변화시킨 사람은 나카소네 수상이었다. 80년대에 이르러 나카소네 수상은 요시다의 경제중심 노선이 전적으로 미국 의존 일변도에 머물러 있어 일본의 자주성과 국가 권력이 크게 제한된다고 보았다. 나카소네 정권은 행정개혁의 일환으로 세계적 추세인 신자유주의적 개혁을 추진하여 당시 만성 적자에 시달리는 정부 산하에 있는 주요 공사들의 민영화를 추진하였다. 많은 노력 끝에 나카소네 내각은 국철, 전매공사, 전화공사의 민영화에 성공했다. 또한 세출 억제를 도모했고, 의료제도와 연금제도를 개혁했다. 나카소네는 '전후 정치 총결산' 구상으로 전후 일본사회에 지속되어온 경제중심주의의 '요시다 노선'을 개혁하여 경제대국으로서의 일본에 더해 국제사회의 명실상부한 지도 국가로서의 일본을 만들고자 했다. 이는 그 동안의 지나치게 미국에 의존적이고 자주성이 없는 일본에서 진정으로 전후를 종결하는 자주적·주체적인 일본을 만들고자 한 것으로 그 종국적인 지향점은 개헌을 통한 자주 국가 수립이었다(손기섭, 2012: 153).

나카소네 정권 시기는 미일 통상마찰이 가중된 시기였다. 70년대의 섬유 마찰을 시작으로 미일 간의 통상 마찰은 날로 심해져 가고 있었다. 나카소네 수상은 미국의 요청을 가능한 한 수용코자 노력했다. 하지만 양국간 통상마찰은 쉽게 개선되지 않았고 미국에서 수정주의자들의 요구와 압력이 더욱 거세졌다. 80년대 중후반에는 재정 적자와 무역 적자에 시달린 미국에 의해 일본의 무역정책에 대한 비판이 고조되었으며 80년대 말에는 일본사회의 구조적 장벽 문제까지 문제시하기에 이르렀다(손기섭, 2012: 155). 이러한 미국의 통상압력과 이에 대한 일본의 대응 방식은 이후 일본의 경제발전에 결정적인 영향을 끼쳤다.

전후 일본의 보수정치 체제 형성의 숨은 주역은 바로 국가 관료들이다. 보수정치 세력의 장기 집권은 관료들과의 동맹과 그들의 도움이 있었기 때문에 가능한 것이었다. 과거 군국주의 체제 하에서 전시 동원과 해외 식민지 경영 등을 통해서 관료를 중심으로 한 국가경영 방식이 익숙해져 있는 경제 관료들은 전후 일본 경영에 깊숙이 참여했다. 전후에도 의회 다수 세력과 행정부 집권세력이 동일한 집단으로 형성되는 의원내각제의 특징으로 인해 그들의 정책 수립과 집행의 자율성은 결코 훼손되지 않았다. 따라서 일본 관료들의 자율성은 대단히 높았고, 정책 결정과 집행에서 막강한 힘을 발휘하였다. 의회가 정부를 감시하는 것이 아니라, 의회의 구성이 곧 내각 구성인 의원내각제 하에서 자민당의 보수 정치인과 국가 관료의 결탁은 자연스러운 것이었고, 이로 인해 일본 의회에서는 관료들을 감시하고 감독하는 기운이 사라져 버렸다(이성우, 2013: 229). 교체되지 않는 정치권력 하에서 국가 관료들의 자율성은 극대화되었다. 국가 관료들은 국가의 모든 정책 방향을 자율적으로 결정할 수 있었고, 자원배분 권한 행사 과정에서 어떠한 간섭도 받지 않았다(이성우, 2013: 230).

이처럼 일본 정치·경제 시스템의 핵심은 어떠한 사법적, 정치적 감독도 받지 않는 관료들에 의해 정책이 형성되고 집행되었다는 것이었다. 복잡한 경제현상을 수반하는 통화정책과 외환정책에서는 특히 더했다(이성우, 2013: 231). 전후 집권당으로서 자민당은 캐치 업이라는 '성장주의' 이념을 정당의 목표로 설정하였다. 자민당이 설정한 성장주의 목표 아래 일본은 국가 관료의 주도 하에서 경제성장 우선주의를 채택하였다. 성장 우선의 기조는 대부분 인플레이션을 동반한다. 일본의 경제성장은 '인플레이션을 수반하는 경제성장'이라는 특징을 보였다(이성우, 2013: 231).

1955년에서 1973년 사이의 고도 경제성장 시기 동안, 일본의 통화정책은 본질적으로 생산 능력을 확장하기 위해 정부와 일본은행이 일본의 핵심 은행들의 대출을 고취시키는 것이었다. 그 결과, 일본의 통화팽창 현상은 두드러지고 이에 따라 인플레이션을 동반한 산업발전이 일본경제의 하나의 특징으로 자리 잡게 되었다. 이렇게 형성된 일본의 산업금융시스템의 가장 두드러진 특징은 일군의 기업으로 그룹을 형성하여 개별 기업의 상환능력을 초과하는 많은 자금을 은행으로부터 빌리고, 또 그 은행은 중앙은행인 일본은행으로부터 차입한도를 넘어서는 돈을 빌리는 의존의 패턴을 만들어냈다. 중앙은행이 최종적 자금 공급자였기 때문에 중앙은행으로서의 일본은행은 민간 금융기관의 융자정책과 결정에 대해 완전하고도 엄밀한 지배력을 갖게 되었다(이성우, 2013: 242). 이렇듯 국가에 의해 주도된 계획적 통화량 증가를 수반한 경제성장 정책을 통해 일본은 고도의 경제성장을 이룩하였다. 모든 정부 정책은 오로지 경제성장에만 초점이 맞추어졌다.

고도 경제성장의 결과 1970년대 초 순 채권국으로 전환된 일본의 공식·비공식적인 외환보유고는 급격히 늘어났다. 실제 경제의 수요보다 더 급격하게 외환보유고가 늘어나면서 일본의 통화당국은 새로운 도전에 직면했다. 초과된 외환보유고는 인플레이션을 유발한다. 통화가 공급되면서 소비가 촉진되어야 하는데 소비는 늘지 않고 저축이 오히려 증가하였다. 일본 정부는 국채를 발행하여 늘어난 통화를 일정정도 흡수하고자 하였다. 이는 정부가 통제하지 못하는 통화량 증가를 억제하기 위한 정책 추진이었다(이성우, 2013: 244).

또 하나의 악제가 발생했다. 1960년대 말 월남전에 따른 달러 수요 증가와 미국경제의 약화가 기축통화인 달러화에 대한 신뢰를 떨어뜨렸다. 1971년 브레튼우즈 체제의 붕괴와 함께 미국의 금태환제가 폐지되면서 달러 가치가 급격히 떨어졌다. 이어 고정환율제가 변동환율제로 바뀌면서 1973년 2월 14일부터 1달러 당 엔화가치가 308엔에서 264엔으로 급등했다. 늘어나는 경상수지 흑자는 엔화 강세를 만들었다. 급박한 경제적 상황 변화에도 일본의 관료들은 기존의 경제정책 기조를 변경하려 하지 않았다. 오히려 일본 관료들은 의도적으로 자산 가격을 상승시켰다. 이러한 엔화 급등으로 인해 경제상황이 안 좋아지고 있을 때, 일본정부는 경제적 안정화보다는 경기진작을 추구했다. 경제 안정 정책을 쓰기보다는 오히려 은행 대출을 증가시켜 통화량을 더욱 증가시키는 경제정책을 쓴 것이다. 이것이 일본의 자산 버블이 시작되는 시점이었다(이성우, 2013: 245).

일본 정부는 엔화 재평가에 따른 투기성 외국 단기자금의 유입을 통제할 수 없었다. 일본은행은 달러 사재기에 대응할 수단이 필요하다고 믿었지만 1974년 25%에 달한 소비자 물가지수에 의해 측정된 인플레이션에 대해 어떤 수단도 사용하지 않았다. 인플레이션과 엔화 강세가 경쟁력에 영향을 미쳤지만, 인플레이션은 생산능력을 강화하는데 사용될 수 있는 추가 대출을 가능하게 했다. 인플레이션으로 자산 가격이 상승하고, 그 기대심리로 추가대출이 더 되고, 추가 대출은 다시 인플레이션을 만들고 자산가격을 상승시켰다(이성우, 2013: 247).

한편, 브레튼우즈 체제가 붕괴된 후 일본 정부는 증가하는 달러 보유고가 모든 종류의 문제를 만들어내기 시작하는 것을 발견했다. 엔화 강세가 이어지고, 그 정도가 일본의 수출을 감소시킬 정도로 강세를 유지하면서, 일본의 수출 중심의 성장에 기반한 경제구조가 위협 받게 되었다. 엔화 강세는 수입을 통제하던 일본의 경제 정책을 약화시켰다. 하지만, 일본정부는 이를 받아들이고 싶어 하지 않았다. 일본의 관료들은 일본의 수출을 지속하고, 원치 않는 수입을 억제하는 체제를 만들고자 노력했다. 이는 일본이 벌어온 달러가 엔으로 교환되지 않게 된다는 것을 의미하였다. 따라서 일본은 달러 수입을 국내로 들이지 않기 위하여, 달러 그대로 해외 자산구매에 투입하였다(이성우, 2013: 247).

그럼에도 1967년 이후 통화량은 빠르게 증가했다. 엔화 가치는 1971년부터 1980년까지 지속적으로 상승했다. 일본의 통화정책은 확장적 기조를 지속했다. 일본정부의 지속적인 경제성장 목표는 수정되지 않았고 그에 따라 통화정책 또한 지속적으로 확장기조였다. 경제성장을 우선 보호하는 정책 하에서 일본의 물가는 지속적으로 상승하였다. 1971년부터 지속적으로 4-5%의 인플레이션을 유지하다가 1973년에는 7.4%를 기록하며 지속적으로 상승하여 1974년에는 22-23%의 고인플레이션을 맞이했다. 비록 1975년에 인플레이션은 10% 대로 떨어졌지만, 이 또한 매우 높은 물가상승률을 보이는 것으로, 이는 수출을 위하여 확장적 통화정책을 지속한 결과이다. 달러위기와 석유위기 하에서 대부분 국가들이 경제안정을 추구한 반면, 일본의 경제정책자들은 통화량을 증가시키는 추세를 변경하지 않고 지속적으로 대출을 증가시켜 국내 자산 버블 형성의 시초를 마련하였다(이성우, 2013: 249-250).

일본 금융 시스템의 특성: 발전국가적 금융 통제

어느 사회이든지 지속적인 경제 성장을 이룩하기 위해서는 정치·사회적 안정이 필수적이다. 일본의 경우, 전후 나타난 각종 정치·사회적 혼란은 1955년 11월 15일 자유당과 민주당의 합당으로 자유민주당(자민당)이 탄생함으로써 종식되었다. 향후 55년 가까이 지속된 자민당 장기 독점 지배의 안정된 정치체제 하에서 일본은 전후 경제 부흥을 이룩할 수 있었다. 전후 일본의 경제 발전은 관의 주도 하에 경단련을 중심으로 한 대기업과 자민당 보수 정권의 긴밀한 협조 속에서 진행되었다.

전쟁 전과 전시에 구축된 일본 경제 시스템은 전후에도 지속되면서 독특한 전후 일본형 경제 시스템으로 계승되었다. 2차 세계대전 중에 일본은 국가 주도로 "경제 총력전total-war economy"을 벌였는데 이러한 체제는 전후에도 거의 변하지 않았다. 변한 것은 다만 전쟁 중의 전쟁 수행을 위한 총력전이 전후에는 경제 성장 성취를 위한 총력전으로 바뀌었을 뿐이다. 이러한 경제 총력전을 수행하기 위한 경제 시스템의 핵심 수단은 관료에 의한 금융 통제였다. 일본의 전전 금융 관료가 전후에도 살아남은 것은 연합군 최고사령관SCAP이 전후 일본을 군부가 직접 통치하는 방법보다는 행정 기구를 통해 간접적으로 통치하기로 결정했기 때문이다. 이 과정에서 내무부 관료들은 전쟁의 책임을 물어 대부분 숙청되었지만 재무부 관료들은 거의 모두가 살아남아 전전의 금융 정책을 계승 발전시킬 수 있었다(Eisuke·Yukio, 1988: 43-44).

전후 일본의 경제 재건은 전후에도 살아남은 금융 관료들 주도로 진행되었다. 관료의 경제재건 계획과 경제에 대한 통제는 은행 및 금융 통제 위주로 진행되었으며, 이는 기업가 정신에 충만한 민간 기업의 적극성과 조화를 이루면서 진행되었다. 전후 일본의 관주도 경제 통제는 사회주의적인 통제경제라기보다는 관의 행정 지도 아래 전통적인 기업가 정신으로 무장한 민간 기업이 주축이 되어 무역 입국을 추구한 시장경제로, 존슨의 주장에 따르면 대표적인 발전국가 체제였다.

전후 일본 금융 시스템의 특징을 단적으로 표현하면 국가의 엄격한 금융 통제라고 말할 수 있다. 일본 금융 시스템의 주요 행위자들을 보면 우선적으로 일본의 고도 경제 성장의 엔진이었던 핵심 대기업이 있고, 다음으로 이들에게 자본을 공급하는 금융 기관들이 있고, 마지막으로 이 과정을 감시하고 통제하는 국가 기관인 대장성이 있었다(Eisuke·Yukio, 1988: 51). 이들 삼자 관계 속에서 구축된 전후 일본의 경제 시스템은 핵심 대기업들이 은행으로부터 풍부한 유동성을 공급받을 수 있게 하였고, 이들 핵심 대기업들은 안정적 기반 하에서 기업의 단기적 수익보다는 장기적인 산업 발전 전망을 추구할 수 있었으며, 이 과정에서 기업의 장기 고용 관행, 종업원의 집단 지향적 속성과 팀제 지향 등 일본 특유의 경제 시스템이 이룩되었다.

대장성의 금융 통제는 은행 체제의 안정화를 가져왔고 이러한 기반 하에 일본 경제는 기업과 시중 은행을 연결해주는 금융–산업 복합체라는 독특한 일본 시스템을 발전시켰다. 일본의 금융-산업 복합체는 은행과 기업의 행위를 규정하면서 신산업의 성장을 이끌었다(Flaherty·Hiroyuki, 1988: 54). 은행과 기업은 오랜 동안 지속적인 관계를 통해 끈끈한 상호 이해관계를 갖게 되었으며 이 때문에 은행은 자신의 계열 기업에게 기꺼이 돈을 빌려주려 하였고 기업들은 그들 계열 은행들로부터 쉽게 자금을 빌렸다. 이러한 관계 속에서 일본의 대기업들은 충분한 유동성을 확보하여 새로운 분야의 산업을 개척할 수 있었다.

일본 금융 시스템의 여러 특성 중에서 발전국가적 특성인 국가의 금융 통제를 가장 잘 보여주는 제도적 특성이 주거래은행제도와 호송선단 체제다. 이에 대해 좀 더 자세히 살펴볼 필요가 있다.

주거래은행제도

전후 일본 금융 시스템은 '주거래은행main-bank'을 통해 전시부터 형성된 기업과 은행의 밀접한 관계, 그리고 국가와 기업의 관계를 전후에도 대부분 그대로 계승하였다. 제2차 세계대전 당시 전시 경제 수행을 위해 구성된 '지정금융기관 제도'는 전후에 기업재건과 정비계획 책정 과정에서 관련 기업의 경영 내부에 깊이 관여하게 되는데, 이것이 그대로 '주거래은행'이 되었다. 그러나 전후의 주거래은행은 정부에 의해 위로부터 지정되었던 지정금융기관과는 다르게 전후 보상 중지로 조각나 버린 기업의 재건에 주체적으로 관여할 수밖에 없었다. 주거래은행은 계열 기업에 인재를 파견하고 내부 정보에 접근하면서 기업과 더불어 공동으로 위험부담을 지고 기업 재건을 담당함으로써 전후 기업과 은행의 밀접한 관계를 형성하였다(사이토 세이치로, 1999: 200).

전후 일본 금융 시스템의 주된 특징은 금융 기관들 사이에 엄격한 영역 구분이 존재했다는 점과 기업들이 직접금융보다는 간접금융을 중시했다는 데 있다. 간접금융은 기업들이 증권시장이나 채권시장을 통해 자금을 조달하기 보다는 주거래은행의 융자를 통해 자금을 조달하는 방식이다. 일본 정부는 산업 발전을 위해 수요 공급의 균형점보다 더 낮은 수준으로 은행 금리를 유지하고, 이를 은행들이 정부가 우선순위를 정한 산업에 낮은 대출 금리로 집중적으로 투자하도록 하였다. 정부는 중앙은행인 일본은행The Bank of Japan을 통해 시중 은행의 대출 금리를 낮게 유지하고 여기서 축적된 자본을 선도 산업에 종사하는 대기업에 저금리로 대출해 주었다. 반면에 일본 정부는 대기업들이 자체적으로 채권을 발행하거나 해외 차입을 하는 것과 같은 비 은행을 통한 자금 동원 행위(직접금융)를 철저히 차단했다.

이에 따라 일본 기업들은 국내 은행 융자에 전적으로 의존하게 되었다. 따라서 기업들이 국가나 은행의 간섭에서 벗어나 기업 독자적인 사업을 추구할만한 모험 자본venture capital이 전혀 발달하지 못했다(Flaherty·Hiroyuki, 1988: 56). 당시 일본의 금융 시스템에서는 은행, 증권, 보험 등의 업종별 구분이 명확했고 각 업종 내에서도 전문화된 분야의 업무에 집중하도록 특화되었다. 따라서 1980년대까지 은행은 증권 및 보험 업무를 취급할 수 없었으며 그 반대도 마찬가지였다(김기석, 2005: 252). 이렇듯 일본의 기업 투자는 전적으로 국내 금융 기관에 의존하였고, 정부의 금융 기관 통제는 곧바로 경제 전반에 대한 통제로 이어졌다.

주거래은행제도 하에서 특정 은행과 기업은 장기적인 관점에서 대출과 대부를 통해 특수한 관계를 창출했으며, 이외에도 주식의 상호 보유 및 투자, 인적 교류 등 기업들 간에 상호 활동이 연계되면서 은행과 기업은 장기적 이해관계에 입각한 동반자 관계를 형성하였다. 이러한 일본식 간접 금융 체제는 경제 발전을 위한 전략 산업에 저렴한 자본을 공급하기에 용이하도록 금융 시장에 대한 통제를 유지할 수 있었으며, 동시에 국내 금융 기관을 국제 금융 시장으로부터 효과적으로 격리·보호함으로써 일본 기업들의 장기적 투자를 가능케 하였다(김기석, 2005: 252-254). 이렇듯 주거래은행제도는 은행을 중심으로 서로 다른 업종의 기업들이 상호 주식 보유에 의해 계열을 형성하는 것으로, 은행과 기업은 상호 매우 협조적이고 밀착된 관계로 발전하였고 나아가 장기적으로 거래 관계를 유지하였다. 주거래은행은 은행의 주요 고객인 대기업의 대주주로서 고객인 대기업들에게 투자 자금을 안정적으로 공급하는 동시에 은행에서 기업에 임원을 파견하여 기업을 견제하고 감시하는 한편, 기업의 영업 이익이 악화될 경우 기업을 구제해주는 주체가 되었다(손열, 1999: 180-181).

주거래은행제도 하에서 일본 기업이 발행한 주식의 대부분은 동일 계열 그룹 기업이나 거래처, 은행과의 상호 보유에 의해 고정화되었다. 상호 보유 주식을 갖고 있는 은행과 기업은 상호 견제 속에서 서로의 경영에 관해서는 개입하지 않았다. 이는 기업이 경영의 자율성을 확보하고, 더 나아가 회사의 적대적 매수를 미연에 방지하는데 효과가 있었다. 주식의 상호 보유는 주식이 기업의 자금 조달 수단으로 적극적으로 역할하지 못하게 하는 동시에 기업 집단 내 상호 지배와 결속력을 강화하여 외국 자본으로부터 기업 경영권을 지키는 역할을 하였다. 또한 주주가 안정화된 가운데 기업은 주주의 경영 간섭이나 주가에 대한 고려로부터 상대적으로 자유로운 경영이 가능했다(박경열, 2005: 288). 이러한 금융-기업 관계는 일본의 대기업들이 충분한 유동성을 확보하여 장기적인 전망으로 투자하는 것을 가능케 함으로써 전후 일본 경제발전의 원동력이 되었다.

호송선단 체제

은행의 주요 고객인 대기업에 대해서는 주거래은행이 규율하고 감시한다고 한다면 주거래은행에 대한 규율 및 감시는 누가 하는 것인가? 일본에서 주거래은행, 나아가 은행의 전반적인 관리 및 운영은 정부, 특히 대장성과 일본은행에 완전히 위임되어 있었다.

대장성은 정치권의 암묵적인 위임 하에 금융 시장을 규율하였다. 대장성의 금융 기관 규율은 잘 알려진 '호송선단 체제the escort system of a convoy ship by worship'로 정부는 은행들이 적당한 수익을 얻는 동시에 도산되지 않도록 은행을 통제하였다(손열, 1999: 183). 호송선단 체제는 대장성이나 일본은행이 민간 은행들을 적극적으로 보호하는 체제로 대장성은 탈락자가 발생하지 않도록 은행들을 하나의 집단으로 묶어 보호·육성하였다(사이토 세이치로, 1999: 180-185).

대장성은 막강한 규제 권한을 바탕으로 금융 산업의 안정성 확보라는 근본적인 정책 목표를 달성하기 위해 금융 산업 내의 과도한 정책을 제한하고 일정 수준의 이익을 보장하는 금융행정을 시행하였다. 이 같은 규제 방식은 무엇보다도 최종 정책 결정자인 자민당 정치인과 규제자로서의 대장성, 그리고 피규제자인 금융 기관들 사이의 밀접한 인적·제도적 네트워크를 기반으로 하였다(김기석, 2005: 253-255).

전후 일본 금융 시스템을 안정시킨 호송선단 체제는 은행의 숫자를 엄격히 제한하고 신규 은행 설립을 엄격히 제한하는 가운데, 은행들을 규모에 따라 여러 등급으로 분류하여 이들 은행 가운데 단 한 곳도 파산하지 않도록 하는 세심한 금융행정을 펼쳤다. 그 기본 원칙은 가장 발걸음이 늦은 은행의 부실 채권 처리에 속도를 맞춰 어느 은행도 파산하지 않도록 하는 것이었다(사이토 세이치로, 1999: 235). 전후 일본의 은행 수는 1990년대 중반까지 거의 변하 않았으며 은행들의 등급도 역시 거의 변하지 않았다. 전후 일본의 급속한 경제 성장에도 불구하고 금융 체제는 전시 체제를 유지하고 있었던 것이다(Eisuke·Yukino, 1988: 43). 대장성은 은행들에게 지대를 제공하는데, 지대 제공의 기준은 각 은행의 규모와 예금 수준에 크게 의거하였다. 동시에 대장성은 행정 지도를 실시하여 은행 간 치열한 영역 다툼이 생기지 않도록 세심한 주의를 기울였다. 따라서 은행들은 국제 경쟁에 입각하여 다양한 상품을 개발하여 수익을 올리기 보다는 대장성의 지대를 얻기 위한 전통적인 은행 경영, 즉 예금 유치 경쟁과 성장력 있는 유망기업 확보를 위한 경쟁에 몰두하였다. 즉, 은행은 수익성보다는 시장 점유율과 은행 규모를 중시하는 경영태도를 보인 것이다(손열, 1999: 184).

호송선단 체제는 발전국가적 금융 행정의 결정체라고 말할 수 있다. 이는 관청 내외의 공식·비공식 무대를 활용한 조정 과정에서 균형 잡힌 타협점을 찾아내는 일본 특유의 금융행정이다. 더 극단적으로 표현하면, 호송선단 체제는 '부처님 손바닥 행정'으로, 이는 끝없는 부모·자식 관계이고, 자식(금융기관)은 부모(금융당국)의 손바닥에서 이탈하지 못하고, 이탈할 수도 없다는 것이다(사이토 세이치로, 1999: 224-225).

전후 지속된 고속 성장 경제로 인해 일본의 금융 기관들은 안정된 수익을 누적할 수 있었다. 고속 성장 경제는 대형 금융 기관과 일부 유력한 지방 은행에 초과 이윤을 가져왔다. 정부 정책에 의해, 채권 발행과 같은 직접금융이 제한된 상황에서, 일본 기업들은 자본을 주로 은행에 의존해왔다. 기업의 자금 조달은 거의 대부분 민간 금융기관들로부터 차입하고 주식 시장을 통한 조달은 거의 없었다. 이러한 전후 일본 경제의 객관적 조건 때문에 대장성과 금융 기관 간의 공유 기반의 안정성이 한층 강화되었고, 상호 협조 시스템을 지탱할 수 있었다. 국가 간 자본 이동이 제한된 브레튼우즈 체제 하에서 일본의 발전국가적 금융 시스템은 더욱 효율적으로 작동하였고 일본 경제는 고도 경제 성장을 구가할 수 있었다. 경제가 지속적으로 성장하는 상황에서 일본 발전국가는 효율적으로 경제 전반에 대한 통제를 유지·강화할 수 있었다.

거품 경제와 일본 금융 시스템의 붕괴

그렇다면 어떻게 거품 경제가 생성되고 소멸되었을까? 서구 경제를 따라잡자는 전후 캐치 업 경제의 목표는 40여 년의 지속적인 고도 경제 성장을 통해 1980년대 중반에 달성되었다. 캐치 업 가치를 달성한 이후 주거래은행제도의 동요와 함께 일본식 금융체제의 핵심인 호송선단 체제에 무시할 수 없는 균열이 생기기 시작했다. 서구 경제 따라잡기라는 명확한 목표 설정 아래서 계획 합리성을 추구했던 전후 발전국가적 경제 시스템이 1980년대 중반에 목표를 달성한 이후 방향을 잃고 흔들리기 시작한 것이다.

일본 발전국가 체제 붕괴에 결정적인 계기가 된 것은 1985년 가을에 이루어진 플라자 합의와 그에 따른 미증유의 엔고 현상의 발생이다. 이에 따른 거품 발생과 소멸은 호송선단 체제에 거대한 구멍을 뚫는 계기가 됐다. 안정성과 지속적 성장으로 상징되던 전후 일본의 금융 시스템은 1990년대 초에 거품 붕괴와 함께 그 기반이 무너지기 시작했다.

1980년대에 들어서 미국의 레이건 행정부는 새로운 경제정책을 추구하였다. 레이건 행정부는 개인 소득세를 대폭 삭감하고 재정지출은 유지함으로써 대규모 재정적자를 발생시켰다. 이러한 재정정책은 대규모 무역수지 적자를 가져왔고, 특히 미국의 대일본 적자는 1985년 429억 달러로 확대되었다. 한편, 미국의 고금리에 따른 달러 강세 기조가 계속되면서 미국은 대규모 재정적자와 무역적자라는 심각한 경제문제에 직면하게 되었다. 이를 해소하기 위해 미국은 1985년 9월 22일 뉴욕 플라자호텔에서 열린 미국, 프랑스, 독일, 영국, 일본의 이른바 G5 재무장관·중앙은행총재 회의에서 일본 엔화와 독일 마르크화의 평가 절상을 유도하여 달러 강세 현상을 시정해줄 것을 요청하였다. 각국은 외환시장에 개입하여 달러를 제외한 주요 통화의 대 달러 환율을 상승시키는 것을 합의하였다. 플라자 합의 이후 각국의 중앙은행은 달러를 파는 정책을 실행했기 때문에 달러 가치가 급속하게 하락했다(이성우, 2013: 255).

이 플라자 합의에서 미국은 일본에게 제로 금리, 엔고, 그리고 적자 재정 운용 등을 강요하였다(소에지마 다카히코, 2008: 122).[3] 그 결과, 1985년에 달러 당 200.60 엔이던 환율이 1987년에는 달러 당 122.20 엔으로 조정되었다(전창수, 2004: 249). 플라자 합의 이후 급속한 엔고 현상이 나타나면서 엔화의 달러 당 명목 자산이 급팽창했다. 여기에 더해, 미국의 대일 적자 축소 요구에 굴복하여 일본에서는 내수 확대 정책이 실시되었다. 일본 정부와 은행은 1986년 6월부터 1989년 10월에 이르는 장기간 동안 저금리

〈표 8-1〉 일본과 미국의 중앙은행 기준 금리

연도	일본(%)	미국(%)	연도	일본(%)	미국(%)	연도	일본(%)	미국(%)
1965	5.48	4.50	1991	4.50	3.50	1999	0.50	5.00
1970	6.00	5.00	1992	3.25	3.00	2000	0.50	6.00
1975	6.50	6.00	1993	1.75	3.00	2001	0.10	1.25
1980	7.25	13.00	1994	1.75	4.75	2002	0.10	1.75
1985	5.00	7.50	1995	0.50	5.25	2003	0.10	1.25
1987	2.50	6.00	1996	0.05	5.00	2004	0.10	1.00
1989	4.25	7.00	1997	0.50	5.00	2005	0.10	3.75
1990	6.00	6.50	1998	0.50	4.50	2006	0.25	5.25

자료 출처: 이향철, 2005: 18; 소에지마 다카히코, 2008: 147에서 재구성.

3 플라자 합의에서 미국은 일본에 압력을 가해서 일본과 미국의 금리 차이를 3% 이상으로 유지되게 강요하였다. 이 정도 금리 차이면 일본의 자금이 자동적으로 미국으로 흘러들어갈 것이라고 생각했기 때문이다. 실제로 플라자 합의 이후 20년 동안 일본은 초저금리 상태를 유지하였고 이렇게 하여 미국으로 흘러간 일본 자금의 대부분은 미국의 국채 매수에 사용되었다(소에지마 다카히코, 2008: 120-121)

정책 및 금융 완화 정책을 실시하고 호황기의 적자 국채까지 발행하여 국가 채무를 키웠다. 〈표 8-1〉에서 보듯이 일본의 은행 금리는 1987년 이후 두 세 해를 제외하면 전반적으로 미국에 비해 크게 낮았다.

엔고에도 불구하고 계속되는 일본 기업들의 수출 호조는 과잉 유동성을 야기했고, 이어 '헤이세이 경기 호황'이 이어졌다. 1986-1989년 사이에 주가 및 지가가 모두 3배 이상 급상승하여 전국적으로 투기 열풍이 몰아쳤다. 또한 금융 규제 완화 등 금융 자유화가 진행되면서 민간 대기업들이 대량으로 해외 시장에서 자금을 도입하였다. 이 과정에서 대기업들의 주거래은행 의존 탈피가 이루어지면서 전후 40년 가까이 지속되던 주거래은행 제도가 위협을 받게 되었다. 대기업들이 은행 차입에 의존하던 간접금융에 대한 의존도를 줄이기 시작하자 주거래은행들의 과잉유동성 문제가 발생했고, 은행은 과잉 유동성 해소책으로 그동안 리스크 문제로 등한시 했던 중소기업, 부동산기업, 건설업 등 버블 업종에 대한 대출을 증가시켰다. 당시의 과잉 유동성 문제는 은행의 전통적인 감시 기능을 약화시켜 버블 붕괴 이후에 은행 부실을 더욱 키우는 결과를 가져왔다. 1980년대 후반에 170조 엔으로 증가된 대출 잔고 가운데 대부분이 건설 및 부동산과 관련된 융자였다(김용복, 1998: 101).

플라자 합의 이후 엔고가 심화되면서 일본의 불황도 심화됐다. 이로 인해 통화량 증가로 인한 자산버블이 더 심해졌지만, 이를 극복하지 못하는 결과로 이어졌다. 일본 경제는 1980년대 후반부터 새로운 단계에 들어섰다. 경제가 성장하지 않는 가운데 통화량이 지나치게 확대되면서 거의 모든 자산에서 그 가치가 증가하였다. 일본의 거품 경제가 형성된 것이다.

거품은 일본은행이 대출 금리를 올린 1989년 5월에 터지기 시작했다. 이후 경기침체가 심화되면서 1991년 여름 주가는 1989년 말의 기존 최고가에서 60%로 떨어졌다. 경기침체는 곧 자산가격의 붕괴를 가져왔고 실질 GDP 성장이 1% 이하로 떨어진 4년 동안(1992-1995) 일본은 전후 최악의 경기침체를 경험했다(이성우, 2013: 257).

한편, 1945년 이후 정착된 일본 경제 시스템의 성공담은 일본 경제에 대한 몇 가지 신화를 창출하였다. 점차적으로 기업 경영자, 노동자, 소비자, 행정관료, 심지어는 학자와 언론매체에 이르기까지 일본 경제와 관련된 현상은 국제 경제적 흐름과 무관한 일본 경제 신화에 의해 일어나고 움직인다고 생각하게 되었다. 일본 경제와 관련된 신화에는 주식 신화, 토지 신화, 금융 신화, 일본 경영 신화, 그리고 일본 사령탑 신화의 다섯 가지가 존재하였다(사이토 세이치로, 1999: 43).

그러나 1990년대에 이르러 이러한 일본 경제 신화가 급속히 붕괴하기 시기였다. 1990년에 일본 정부의 금융 긴축과 강력한 부동산 가격 억제책 등[4]으로 경제의 거품이 급격히 소멸되면서 1980년대 말까지 장기간 지속

〈표 8-2〉 니케이 주가 추이

연도	니케이 주가	연도	니케이 주가	연도	니케이 주가
1975	4,359	1986	18,701	1997	15,259
1976	4,991	1987	21,564	1998	13,842
1977	4,866	1988	30,159	1999	18,934
1978	6,002	1989	38,916	2000	13,785
1979	6,569	1990	23,849	2001	10,543
1980	7,116	1991	22,984	2002	8,579
1981	7,682	1992	16,925	2003	10,677
1982	8,017	1993	17,417	2004	11,489
1983	9,894	1994	19,723	2007. 6	18,138
1984	11,543	1995	19,868	2008. 3.17	11,787
1985	13,113	1996	19,361	2008.11.18	8,328

자료 출처: 이향철, 2005: 15, 71; 소에지마 다카히코, 2008: 43에서 재구성.

4 주가 버블을 붕괴시킨 것은 일본 은행의 금융정책 전환, 즉 정책금리 인상이었다. 2.5%였던 금리가 1989년 5월에 3.25%로 인상한 것을 시작으로 1년 남짓 총 5번 인상해 3.5%의 정책금리 인상이 있었다. 1990년 8월에는 6%까지 인상되었다. 동시에 예금금리도 인상되었기 때문에 주식시장에서 급격히 돈이 빠져나갔다. 반면에 지가 버블은 대장성의 금융행정 전환, 즉

되던 경제성장이 멈춰 서게 되자 일본 신화에 균열이 생기기 시작했다. 일본 신화의 붕괴를 이끈 선두 주자는 주식 신화였다. 〈표 8-2〉에서 보듯이 1989년 장을 마감할 때 닛케이 주가는 사상 최고치인 38,916을 기록했는데 1990년부터 폭락장으로 돌아서 주가가 23,849로 급락하였으며, 1992년에는 최고치의 반도 못 미치는 16,925로 폭락하였다. 이후에도 주가는 계속 떨어져 2000년대에 들어선 후부터는 최고치의 4분의 1 수준인 10,000대를 오르내렸다.

토지 신화의 붕괴는 주가 붕괴가 진행된 후 거의 2년이 지난 1991년 가을부터 시작되었다. 〈표 8-3〉에서 보듯이 1980년대에 하늘 높은지 모르고 치솟던 6대 도시 상업지의 지가는 1988년 전년대비 41.8%로 치솟은 것을 정점으로 하여 1992년부터 하락하기 시작하여 하락률은 매년 15-24%대에 이르렀다(이향철, 2005: 16). 1990년대 내내 지가는 그 바닥을 알 수 없을 정도로 하락하였다. 토지 신화는 전후 일본 경제의 지속적인 성장의 기반이었으며 결코 줄어들지 않는 최강의 자산이었다. 주가 하락은 지가 하락으로 이어져 토지 신화의 붕괴를 가져왔고 이는 주가 및 지가 모두의

〈표 8-3〉 지가의 전년대비 증가율(%)

연도	6대 도시 상업지	연도	6대 도시 상업지	연도	6대 도시 상업지
1984	8.9	1989	25.1	1994	-18.5
1985	13.2	1990	27.6	1995	-24.2
1986	28.8	1991	3.3	1996	-21.0
1987	41.8	1992	-15.3	1997	-14.0
1988	25.1	1993	-22.3	1998	-10.0

자료 출처: 이향철, 2005: 16 〈그림 1-3〉에서 재구성.

부동산 금융규제 발동이 결정적이었다. 1990년 3월 대장성 은행국장이 전국 금융기관에 "토지 관련 융자의 억제에 관하여"라는 공문에 의해 부동산업과 주택금융전문회사 등의 비은행계 금융기관에 대한 융자가 규제됨에 따라 부동산 시장이 급속하게 침체되기 시작했다(얀베 유키오, 2020: 73-75)

급락을 가져와 일본 경제에 구조화되어 있던 '자동 성장장치'를 파괴하고야 말았다. 1990년대 전반에 일본의 국민소득 2년분에 해당하는 1천조 엔의 주식과 토지 자산이 사라졌다(사이토 세이치로, 1999: 45).

토지 신화의 붕괴는 토지를 담보로 한 은행들의 담보가치를 하락시켜 은행들에게 막대한 부실채권을 발생시킴으로써 일본 경제 시스템의 기능을 마비시켰다. 1960-70년대 고도 경제 성장기에 일본 기업들은 주거래은행제도를 통해 금융기관과 연관된 탄탄한 자금 공급원을 확보할 수 있었다. 주거래은행제도는 일본 기업에게 생명줄 일 뿐 아니라 풍부한 자금 공급의 안정적인 원천이었다. 그러나 주식 신화의 붕괴에 따른 주식 평가익 격감과 토지 신화 붕괴에 따른 대규모 부실 채권 발생은 일본 금융기관의 경영기반을 약화시켰고, 이에 따라 '금융 기관은 쓰러지지 않는다'는 호송선단 체제의 금융 신화가 흔들리게 되었다.

이에 더해 일본의 금융 기관은 거대한 불발탄을 안고 있었다. 은행은 종합 건설 업체 등에 빌려준 거액의 융자를 연체와 상환 유예, 경영 지원 등을 통해 방치하고 있었다. 따라서 거품 붕괴로 인해 정상대로라면 상환 불능으로 도산해야 했을 건설업체들이 버젓이 목숨을 연장하고 있다는 것이 잠복해있는 일본 금융 위기의 실체였다(사이토 세이치로, 1999: 252-258). 주식 신화와 토지 신화의 붕괴에 따른 금융 신화의 붕괴는 대장성 주도의 국가 주도 산업화의 한계를 노출시켰다. 이것은 일본 사령탑 신화의 붕괴로 이어지고 이는 발전국가의 대부로 간주되던 일본식 경영 신화의 총체적 붕괴를 알리는 것이었다.

거품 경제 이후의 금융 개혁과 한계점

전후 40여 년 동안 비록 석유위기와 같은 외부적 요인에 의한 잠간 동안의 경제 위기는 있었지만 전반적으로 일본경제는 고도 경제 성장을 지속하였다. 이러한 장기 고도 경제성장은 일본인들로 하여금 경제성장에 대한 확신을 심어주었다. 앞서 설명했듯이 일본인들에게 일본의 고도 경제 성장은 이미 신화로 자리 잡았다. 따라서 거품 붕괴 직후 일본 사회는 거품 붕괴가 경제에 미칠 영향을 매우 가볍게 평가하였다. 실제로 부동산 융자 총량 규제와 지가세 도입 등 거품 터뜨리기를 주도한 기관이 바로 정책 당국이었던 만큼 정부의 이러한 태도는 오히려 당연한 것이었다.

1990년대 일본의 경제 위기는 1980년대 중반 일본이 오랜 경제 숙원인 캐치 업을 달성한 후 갑자기 목표를 상실한 데에서부터 시작했다. 1980년대 중반 엔고 환경은 금융 체제를 비롯한 일본 경제 체제의 전반적인 구조 변화를 요구하는 시점이었다. 이는 강력한 정치적 결단을 필요로 했음에도 불구하고 고도 경제 성장 추세에 익숙해있던 정치권과 정책 당국은 구조 개혁을 단행할 의지도, 능력도, 정보도 없었다. 캐치 업이 달성된 이후, 캐치 업을 위해 일본 경제 시스템을 이끌어 오던 대장성의 역할은 이미 극도로 약화되어 있었다.

미국의 통상 압력이 강화되었던 1980년대 중반 이후 일본 정부는 경상수지 흑자 축소를 위한 내수 확대 정책을 실시하였는데 엔고 현상으로 일본의 경상수지 흑자폭은 오히려 확대되었으며 이것이 거품을 확산시켰다. 또한 일본은 소비 진작을 위해 통화 확대정책과 재정정책을 폈는데 엔고하에서의 통화 공급의 증가는 새로운 투자처를 찾지 못하였고, 이는 결국 부동산 투기와 주가 상승으로 이어져 자산인플레이션을 가져왔다. 한편, 이에 대한 대책으로 실시된 긴축적 통화 정책은 갑작스런 거품 붕괴를 가져와 경기 안정화란 당초 목표보다는 경기 진폭을 크게 확대시키는 충격 요인으로 작동하였다(왕윤종·이형근, 2002: 192).

1990년대에 들어와 정치 세력의 개혁에 대한 인식과 전략의 부재, 그리고 사회 전반에 기존 체제를 고수하려는 보수 세력의 반발로 본격적인 경제 개혁 정책이 실시되지 못하였다. 특히 대장성의 보수적 성격은 개혁을 더욱 후퇴시켰다. 1990년대에 들어와 주거래은행제도가 붕괴되고 호송선단식 금융기관 운용이 더 이상 효력을 발휘하지 못함에 따라 대장성은 은행이 파산할 경우 비용을 분담할 수 있는 새로운 제도적 장치를 마련해야 했다. 그러나 구태에 집착을 가진 대장성은 과거에 집착하여 금융 시스템의 실태 및 종래의 은행 구제 방법의 유효성에 대한 정보에 적극적으로 대응하지 않았다. 따라서 금융에 대한 전체적인 정보가 현장 정치가들에게 전달되지 않았고 정치가들 역시 선거를 의식하여 인기 전략 위주의 정책에 쉽게 안주하였다.

그 결과 1990년대 내내 공적 자금 투입을 통한 전면적인 금융 시스템 개혁보다는 비교적 쉬운 재정 정책과 금융 정책만이 남발되었다(전창수, 2004: 65-66). 1992년 경제 악화에 따른 대책을 강구해야 했을 때에도 일본 정부는 이를 경기 순환에 따른 일시적인 현상으로 보고 케인즈 경제학적 논리에 따른 대규모 경기 부양책으로 일관했다. 따라서 1992년 8월 총 사업 규모 10조 7,000억 엔의 종합 경제 대책이 실시되었으나 경제는 호전될 기미를 보이지 않았다(코바야시·카토, 2002: 34-35). 그리고 그 이후에도 〈표 8-4〉에서 보듯이 1990년대 내내 근본적인 경제 구조 개혁 없이 손쉬운 경

〈표 8-4〉 1990년대 일본의 재정정책 추이

재정정책 일시와 재정정책	사업규모	내 역
1992년 8월 종합경제 대책	10.7조 엔	공공사업, 중소기업대책
1993년 4월 종합대책추진	13.2조 엔	사회자본정비, 중소기업대책, 감세
1993년 9월 긴급경제대책	약 6조 엔	사회자본정비, 중소기업대책
1994년 2월 종합경제대책	약 15.3조 엔	공공사업, 중소기업대책, 감세
1995년 4월 긴급엔고경제대책	약 7조 엔	한신담로관련, 긴급방제대책, 중소기업대책
1995년 9월 경제대책	약 14.2조 엔	공공사업, 중소기업대책
1998년 4월 종합경제대책	16조 엔	사회자본정비, 감세, 중소기업대책
1998년 11월 긴급경제대책	약 24조 엔	공공사업, 금융대책, 지역신흥권, 고용대책, 감세
1999년 11월 경제신생대책	약 18조 엔	사회자본정비, 중소기업금융대책, 고용대책 등

출처: 전창수, 2004: 61-62 〈표 1-4〉에서 재구성.

기 대책과 금융 정책만이 연례행사처럼 반복되었다. 정부 당국자가 거품 붕괴의 영향에 대해 안이한 판단을 하는 동안 일본 경제는 급속히 악화되었다.

일본은 1990년대에 거품이 꺼지면서 경기가 후퇴하는 국면에 들어섰으나 일본 정부나 국민 모두가 이를 경기침체로 인식하지 않았다. 그러나 버블 붕괴 이후 대폭적인 세수 하락과 공공사업 확대에 따른 세출증가와 재정 적자의 확대가 가시화되면서 1995년 11월 드디어 대장성이 '재정 위기 선언'을 하면서 재정 위기의식이 일반에게 널리 퍼지기 시작했다(안베 유키오, 2020: 97).

플라자 합의 이후 버블경제 거품이 꺼져 일본 경제가 침체하는 가운데에서도 미국의 대일 무역 적자가 가속화되자 1990년대 중반 격심한 대일 무역 적자를 염려한 클린턴 행정부는 계속적으로 대일 강경책을 밀어붙였다. 클린턴의 강공에 대응하여 일본 정부는 세 가지의 가시적인 정책을 시행하였다. 첫째, 미국과 일본 간의 금리 격차를 확대하여, 엔 매도·달러 매입을 촉진하여 엔저를 꾀하려는 정책으로 일본은 1995년 이후 기준 금리는 0.50%로 크게 낮추었다. 다음에는 14조 엔의 추가 재정 지출을 통해

〈표 8-5〉 일본과 미국의 경제성장률(1985-2000)

연도	일본	미국	연도	일본	미국
1985	5.0	3.2	1993	0.4	2.7
1986	2.6	2.9	1994	1.0	4.0
1987	4.1	3.1	1995	1.6	2.7
1988	6.2	3.9	1996	3.6	3.6
1989	4.7	2.5	1997	1.8	4.4
1990	4.8	0.8	1998	-1.1	4.3
1991	3.1	-1.2	1999	0.7	4.1
1992	0.9	3.1	2000	2.4	4.1

출처: 미와 료이치, 2004: 323 〈표 17-1〉에서 재구성.

경기를 부양하였다. 마지막으로 6,750억 엔의 세금을 투입하여 그동안 문제가 되어 온 주택금융전문회사를 처리하였다. 그 결과, 〈표 8-5〉에서 보듯이 일본 경제는 1996년 잠깐 동안 예전의 경제 성장률을 회복하였다. 이러한 긍정적인 경제 성장 지표와 주택금융전문회사 문제 해결은 사회 전반에 일본 경제가 회복되었다는 인식을 확산시켰다(코바야시·카토, 2002: 38; 사이토 세이치로, 1999: 87-89).

이러한 반짝 호황 속에서 실시된 1996년 가을 총선에서 하시모토가 정권을 잡았다. 하시모토 총리는 부실채권 문제가 해결되었다고 보고 1996년 11월 1일에 21세기 금융 시스템 구축을 목표로 한 일본판 '빅뱅 구상'을 발표하였다. 하시모토 총리는 1995-1996년에 나타난 일시적인 경기 회복을 통해 한 때 우려되었던 일본의 경기 후퇴의 우려가 끝났다고 생각한 것이다. '빅뱅 선언'에는 금융지주회사 설립, 보통은행의 사채 발행, 외환거래의 자유화, 주식 매매 위탁 수수료의 자유화, 손해 보험료율의 자유화 등의 내용이 포함되어 있다(미와 료이치, 2004: 321).[5]

그러나 하시모토의 빅뱅 선언의 구체적인 실현은 현실적으로 많은 제약에 부딪치게 되었다. 우선적으로 아직도 호송선단식 행정 기법을 강력히 고집하는 대장성이 일본의 금융 기관들이 오랜 기간 동안 이룩해 온 영역

5 빅뱅 선언은 '개정 외환법'을 1998년 4월부터 당장 시행하기로 했다. 이는 일본의 폐쇄적인 금융 시스템을 단숨에 강제적으로 개방시켜 글로벌화 한다는 충격적인 것이었다. 나아가 조기시정조치를 당장 1998년 4월부터 실시한다는 것이었다. 조기시정조치는 대장성의 느슨한 생각보다 훨씬 엄격하게 집행되었다. 개별적인 금융기관이 재무 내용의 엄격한 자체사정을 의무화하도록 하고, 그것을 토대로 당국이 개별적인 금융기관에 대해서 업무개선 명령, 업무정지 명령을 내릴 수 있도록 하였다. 1998년 4월 빅뱅 선언 내용이 구체적으로 시행되면서 일본 금융 시스템에도 적자생존의 법칙이 관철되게 되었다. 빅뱅 후의 새로운 구조에는 은행, 증권, 보험의 업무 경계가 기본적으로 철폐되었다. 기존의 은행과 증권회사, 보험회사 외에 일반기업의 금융진입도 활발해지고, 해외 금융기관의 일본 내 진입도 자유롭고 쉬워졌다. 아울러 금융지주회사의 설립도 인정되고, 복수의 금융 업무를 통합하는 것도 가능해졌다. 빅뱅은 경쟁원리를 도입하여 기존의 금융기관에 적자생존의 논리를 관철시켜 살아남을 금융기관을 철저하게 선별하고 국내 금융시장의 활성화를 통해 금융관련 비즈니스를 발전시킬 전기를 마련한 것이라 할 수 있다(사이토 세이치로, 1999: 243).

과 관행을 단숨에 허무는 것을 자발적으로 수행하지 않으려 하였다. 나아가 일본의 금융 기관들은 아직 서구의 경쟁적 시장 원칙을 수용할 마음도, 의지도, 능력도 없었다. 더욱 중요한 현실은 일본의 고질적인 부실 채권 처리 문제가 주택금융전문회사 처리로 간신히 땜질만 한 상태에 불과했고, 아직 거품 청산과 이에 따른 부실 채권 문제에는 손도 못 댄 상태였기 때문이었다. 실제로, 1997년에 들어서 부실 채권 문제가 다시 현실화되기 시작하였고, 그 상징적인 사건으로 상장 종합 건설업체들의 파산이 표면화되었다. 낙관하던 과거 거품 경기 청산 문제는 아직 끝나지 않은 채 지가는 끝없이 계속 하락하고 있었다. 이렇듯 시간이 지날수록 더욱 심각해지는 금융 기관의 부실 채권 문제는 빅뱅 구상의 실현을 더욱 어렵게 하였다(사이토 세이치로, 1999: 231-237).

하시모토 정부의 재정 정책 실패는 잠재된 금융 위기의 표출을 촉진하였다. 이러한 의미에서 일본의 금융 위기는 정책 실패가 낳은 '정책 불황'이자 '하시모토橋龍 불황'이라고 표현되기도 한다(김용복, 1998: 105). 당시 1996년의 경기 회복에 고무된 하시모토 정권은 그동안 공공 투자를 중심으로 하는 경기 부양책이 엄청난 재정 적자를 초래했다는 인식 하에 재정 수지 개선을 최우선 과제로 삼았다. 하시모토 정부는 긴축 재정을 실시하고 세금을 증세하였으며, 1999년에는 전체 12조 엔의 초긴축 예산안을 성립하였다. 정부는 재정 적자 감소를 위해 공공 건설 투자 예산을 삭감하여 전년 대비 11%를 줄였다(김용복, 1998: 105-108). 그러나 이는 내수 침체를 가져왔고 결국에는 급격한 경기 침체를 가져왔다. 소비 저하는 경기 침체를 가져왔고, 이는 기업의 설비투자 감소, 생산 저하, 고용 악화, 그리고 다시 소비 위축이라는 악순환을 가져왔다(김용복, 1998: 108).

일본 은행들의 가장 눈에 띄는 문제는 1993년 이후 지속적으로 손실을 기록하고 있다는 점이다. 1990년대 후반까지는 장기 보유 주식과 부동산에서 얻은 이익으로 이 손실을 상쇄해 왔지만 그 이후에는 이마저 여의치 않았다. 일본 은행들의 수익성을 약화시키는 요인들 중 대표적인 것은 서구 금융 기관들에 비해 낮은 수수료 수입 비중과 높은 인건비 비중이 지적된다. 1988년 선진국들이 바젤협약Basel Accord을 맺고 자기 자본 비율 의무화 비율을 8%로 정한 것은 일본 금융기관들에게 커다란 압박이었다. 당시 일본 금융기관들의 자기 자본 비율은 2-4% 정도였다. 따라서 해외 영업에 종사하고 있던 일본의 금융기관들은 국제 결제 은행의 8% 자기 자본 비율을 맞추기 위해 주식을 비롯한 자산을 매각하고 국제 영업 활동을 축소하는 등의 노력을 해야 했다(김기석, 2005: 264-266). 나아가, 거품 붕괴에 따른 지가 하락과 주가 붕괴는 대량의 부실 채권을 발생시켜 금융 기관의 파경을 가져왔다. 거액의 부실 채권은 1990년대 일본 장기 불황의 직접적인 원인이 되었다.[6]

일본 장기 불황의 근본 원인은 은행이 부실 채권 문제에 발이 묶여있다는 데 있었다. 따라서 일본이 장기 불황에서 벗어나기 위해서는 부실 채권 문제를 해결하는 것이 최우선 과제였다. 그러나 1990년대 부실 채권 문제는 전혀 개선되지 않았다. 1990년대 부실채권 문제 해결이 어려웠던 근본적인 이유는 우선적으로 감독 기관인 대장성의 의지 부족 때문이었다. 대장성 간부는 대체로 1-2년 만에 다른 직책으로 이동하는데 담당 관료는 자신의 재임기간 중에 자신의 업적이 손상되는 문제를 일으키고 싶어 하지 않았다. 따라서 부실 채권 문제가 표면화되는 것이 극도로 억제되었다. 은행 경영진의 문제도 크다. 일본의 은행에서 경영자의 교체는 현임자가 후임자를 지명하는 것이 일반적인데 이런 관행 하에서 후임자가 부실채권 문제로 선임자의 실패를 표면화 하는 경우가 거의 없다는

6 1998년 대장성 공표에 따르면, 부실 채권 총액은 146개 은행에서 76조 7,000억 엔으로 이는 일본 GDP의 15%에 달했다. 1997년 3-9월 사이에 은행의 대출 총액은 624조 8,000억 엔이었으며 이 중 12.2%가 부실 채권이었다(김용복, 1998: 102). 2001년 말 부실 채권 규모는 71.0조 엔이며 여기에 신용 금고를 포함해 전체 금융 기관을 고려하는 경우 이 규모는 82.7조 엔으로 늘어나 GDP 대비 16.4%에 이르렀다(강 삼모 등, 2002: 153).

것이다. 정치가들의 입장에서도 처리할 현안 사업이 많은데 부실채권 처리 문제가 발생하면 현안 처리 문제가 지연되는 것이고 이는 표와 직결되는 문제이기 때문에 이것이 표면화되는 것을 꺼렸다(왕윤종·이형근, 2002: 210-211). 이러한 이유로 감독관청과 은행, 정치권의 이해관계가 일치되어 부실채권 처리 문제는 계속 지연되었고 이는 결국 경제를 왜곡시키고 원활한 자금의 흐름을 방해하여 버블과 부실 채권 문제를 증폭시킨 것이다.

하시모토는 불량채권 문제의 심각성과 호송선단 체제와 결별한다는 취지에서 '자기 책임 원칙을 철저히 해서 시장의 판단에 맡긴다'는 금융 빅뱅 개혁을 단행했는데 이는 대형 금융기관도 도산할 수 있다는 우려를 시장에 확산시키는 계기가 되었다(얀베 유키오, 2020: 111). 이러한 와중에서 1997년 7월에 들어 상장 종합건설회사인 도카이흥업東海興業이 도산했고, 6주일 사이에 중견 종합건설회사인 다다건설多田建設과 다이토공업大都工業이 도산했다. 상장 회사들의 도산은 금융 위기로 이어져 도쿄 주식 시장에서는 금융주, 건설주의 대량 매도가 쇄도했다. 1997년 11월에는 준 대형 증권 회사인 산요증권이 채무 불이행으로 도산했고, 11월 18일에는 도시 은행으로서는 처음으로 홋카이도 다이쇼쿠 은행이 도산했으며, 11월 24일에는 4대 증권 회사의 하나인 야마이치증권이 도산하였다. 나아가 제2은행인 도쿠요 시티은행이 자멸하는 등 연속적인 금융 기관 파산 사태가 일어나 전후 최초의 전면적인 금융 위기가 발생했다(사이토 세이치로, 1999: 241; 손열, 1999: 207; 코바야시·케토, 2002: 39).

이렇듯 1997년에 들어서 많은 금융 기관이 도산함으로써 전후 금융 기관의 도산을 막아내던 대장성의 호송선단 체제는 종말을 고하게 되었다. 이는 국가 주도 경제 성장의 상징이던 발전국가 전략이 일본에서 막을 내리게 되었음을 의미한다. 많은 금융 기관이 줄지어 도산하게 되자 구조조정은 더 이상 미룰 수 없는 과제가 되었다. 이제 금융기관 회생이 국정의 최우선 과제가 되었고 금융기관에 대한 전면적인 공적 자금 투입이 결정되었다.

일본 정부는 1998년 2월 '금융기능 안정화 긴급조치법'의 시행 이후 공적 자본을 본격적으로 조성하기 시작하였고, 2000년 5월 '예금보호법' 개정 이후 공적 자금의 조성 규모가 70조 엔으로 증액되었다. 이렇게 조성된 공적 자금은 금융 구조 조정에 사용되었다.

문제점은 일본의 금융 구조 조정 과정에서 실제로 파산 처리된 금융 기관이 하나도 없다는 것이다. 또한 공적 자금이 투입된 금융 기관에 대해 기존 경영진의 책임을 추궁한 사례도 찾아보기 힘들다. 공적 자금이 투입되었음에도 불구하고 기존의 경영진들은 아무런 법적·도덕적 책임을 지지 않았기 때문에 금융 기관의 건전성과 수익성을 개선시키는데 기여하지 못했다. 이렇듯 일본 금융 구조 조정의 문제점은 이를 집행하고 관철시키려는 국가의 강력한 의지가 결여되어 있다는데 있다. 따라서 정부의 금융 구조 조정 의지에 대해 회의적인 시각이 만연해 있다(왕윤종·이형근, 2002: 198-199).

1998년 4월부터 2001년 3월까지 3년 동안 일본 은행들은 부실 여신을 없애기 위해 자본금과 대손충담금 전체의 2배에 가까운 여신, 약 26조 7,000억 엔을 장부에서 떨어냈지만 여신 건전성 분류 잘못과 담보용 부동산 과대평가, 그리고 지속적인 경기 불황으로 도산 기업이 계속되면서[7] 부실 채권이 처리되지 않고 있고, 오히려 처리 실적이 점차 줄어들면서 전체 부실 채권 규모는 증가하고 있다(김기석, 2005: 269). 이렇듯 하시모토의 빅뱅 개혁 이후에 은행 채무 문제는 더욱 불거졌으며 그 이후에도 금융 기관의 도산은 계속되었다. 일본의 본격적인 경기 침체는 하시모토 개혁이 실패함으로써 더욱 심화되고 돌이킬 수 없는 상황으로 진행되었다.

7 일예로, 2000년 10월, 일본의 11위와 12위 생명보험사인 치요다와 교우에이가 총 7조 4천억 엔이라는 막대한 채무와 함께 도산하였다(알렉스 커, 2002: 296-297).

나오는 글

전후 일본이 전시 체제에서 평화 체제로 전환되면서 국민 의식은 전적으로 경제적인 풍요로움을 추구하는 데로 집중되었다. 이것이 구미 선진국 경제 수준을 염두에 둔 캐치 업 달성이라는 국민적 목표였다. 이러한 캐치 업 체제는 국가가 주도적으로 국민들을 이끌고 간 발전국가 체제였다. 그 결과, 1980년대 중반까지 일본 경제는 지속적인 고도 경제 성장을 경험하였으며, 이 과정에서 주가와 지가는 지속적으로 상승했다. 1980년대에 들어서서 일본은 미국을 능가하는 경제 강국으로 우뚝 섰으며 전 세계에서 일본의 경제 성공에 대한 찬사가 쏟아졌다. 1980년대 중반에 이르러 일본은 오랜 숙원인 경제 캐치 업을 달성한 것이다.

일본의 전후 캐치 업 체제는 국가가 전략적으로 경제에 개입하여 고도 경제 성장을 이끌어 간 대표적인 발전국가 체제였다. 일본의 경제 성장에서 특히 중요한 것은 대장성의 강력한 금융 통제에 따른 안정된 경제 시스템이었다. 일본 발전국가의 경제적 성공은 대장성이 주도한 주거래은행 제도를 통한 은행의 기업 통제와 호송선단 체제를 통한 국가의 은행 통제를 통해 이룩되었다. 특히 호송선단 체제는 '은행은 무너지지 않는다'는 신화를 만들어내면서 안정적이고 확고한 전후 금융 체제의 기반이 되었다. 정부와의 관계에서 안정성을 확보한 은행들은 주거래은행 제도를 통해 기업들에게 풍부한 유동성을 장기적으로 공급함으로써 일본의 지속적인 고도 경제 성장을 이끌었다. 전후의 안정적인 경제 체제는 일본식 경영 시스템으로 잘 알려진 기업과 노동자간의 유기적 협조 체제를 발달시켰다. 일본의 노사 관계는 상호 신뢰 속에서 장기적이고 안정적인 고용 관행으로 특징지어진다.[8] 전후 일본의 경제 시스템은 국가의 강력한 행정 지도 아래 노사가 적극적으로 협력하여 고도 경제 성장을 이룩한 발전국가의 전형이

8 일본의 노사관계는 종신고용, 연공서열, 기업노조로 잘 알려져 있다.

라고 볼 수 있다.

다른 한편, 일본 발전국가의 성격은 일본의 문화적 특성에 크게 의거한다. 일본 문화의 특성은 전국시대부터 내전과 지진 등 각종 위험에 대항해서 집단적으로 뭉치고 집단의 권위에 순응하면서 형성되어온 것이다. 이렇게 전통적으로 발달한 집단 지향적 특성 속에서 화和로 대변되는 공존·공생의 생활 원리가 만들어졌다. 일본 시스템의 공통된 핵심 개념은 협조와 호혜, 또는 평등이다. 이 시스템 안에서는 모든 참가자에게 기본적으로 도태와 배제가 이루어지지 않는다. 전후 일본 체제를 지배한 사회적 원칙에서는, 강자는 초과 이익을 보장받는 반면 약자는 도태와 소멸의 위협에서 해방된다는 것이다. 이러한 일본의 공생적 기업 시스템은 일본 경영 시스템의 근간을 이루고 있다. 주거래은행제도, 호송선단 체제, 종신고용과 연공서열제 등 일본의 금융 시스템과 일본식 노사관행은 모두 집단의 결속과 구성원의 공존·공생을 강조한 운용 시스템이다.

1980년대 중반에 이르러 일본 사회가 전후 40년에 걸친 길고도 긴 캐치 업 과정을 끝마치고 목표를 달성했을 때 발전국가의 역할은 그 사명을 다했고 그 이후 일본 경제는 탈진해버렸다. 캐치 업을 달성하고 더 이상의 목표를 상실한 일본 경제에서 국가가 경제에 간섭할 명분이 없어진 것이다. 1985년 9월 느닷없이 플라자 합의가 이루어져 일본 경제가 새로운 국면을 맞이했을 때 이에 능동적으로 대처할 만한 정부 역량이 상실된 것이다. 1980년대에 들어와 경제 개방이 가속화되면서 주거래은행 제도의 기능이 약화되기 시작했고, 거품 경제 하에서 은행의 과잉유동성이 창출되면서 주거래은행 제도는 그 기능을 완전히 상실했다. 나아가 1990년대 중반에 은행을 비롯한 금융기관들의 도산이 이어지면서 대장성의 은행 보호 기능이 상실되었고, 이에 따라 호송선단 신화도 종말을 고하게 되었다. 이제 대장성은 더 이상 과거와 같이 효율적으로 은행과 기업을 통제할 수 없게 된 것이다. 일본 발전국가는 한국과 비슷하게 1980년대 중반부터 그 역할이 약화되다가 1990년대 중반에 막을 고하게 된 것이다.

그 동안 일본 경제 성장의 정신적 지주였던 캐치 업 체제가 달성되자 이를 이끌어 왔던 경제 사령탑인 대장성의 역할이 붕괴되면서 1990년대 내내 일본 경제는 장기 발전 목표와 이를 이끌 사령탑의 부재 속에서 혼조를 계속하였다. 경제가 국가의 통제를 벗어나게 됨에 따라 금융의 모럴 해저드가 발생하게 되었고, 이어 1980년대 후반의 거품 발생과 1990년대 전반의 거품 붕괴와 이어진 장기 경제 침체라는 역사상 유례없는 아수라장에 돌입하게 되었다.

1990년대 초 일본 경제 불황 해결 과정에서 정부, 은행, 정계는 각자의 이해관계에 집착하여 당면 과제인 부실채권 문제를 미루는 등 구조 조정을 등한시 하였다. 계속적인 흑자를 기록하는 산업 생산에도 불구하고 더 이상 뚜렷한 발전 목표 없이 운영되는 일본 경제 시스템은 정치적 인기 영합주의와 결합하여 대규모의 금융 부실과 국가 채무를 누적시켰다. 과거 40여 년간의 일본 경제 순항 과정에서 성립된 낙관주의는 정책 당국자들로 하여금 1990년대 경제 불황을 순환적인 것으로 보고 경제 시스템의 전반적인 개혁보다는 땜질식의 경기 부양책으로 일관하도록 하였다. 1990년대에 일본 정부는 경제 불황을 타파하기 위해 여러 차례에 걸쳐 100조 엔 이상의 자금으로 대대적인 경제 부양책을 실시하였지만 경기는 회복되지 않았고 불황은 더욱 깊어져만 갔다. 이 과정에서 은행의 부실은 계속되었으며 국가 채무는 더욱 증대되었다. 이는 오늘날 일본을 금융 위기와 경기 침체에서 헤어나지 못하게 하는 주요 원인이 되었다.

일본 경제의 장기 침체는 플라자 합의와 그에 따른 거품 생성과 붕괴가 주요인이라기보다는 거품 발생 이후 정부의 안이한 상황 인식과 그에 따른 구조 조정의 실패가 더 큰 문제라 볼 수 있다. 일본 정부는 대대적인 경기 부양책으로 국가 채무를 늘이기보다는 누적된 금융 부실을 먼저 해결하는 등 뼈를 깎는 구조 조정을 먼저 했어야만 했다. 특히 1990년대 중반 하시모토 정권의 철저하지 못한 구조 개혁과 정책 실패는 경기 침체를 더욱 심화시킴으로써 일본 경제의 소생 기회를 날려버리고 이후 30년 가까운 경제 침체로 이어졌다.

오늘날 세계적인 금융 위기와 경제 불황 속에서 일본의 경험이 우리에게 던져주는 시사점은 가속화된 국제 경쟁 체제 속에서 영원한 일등이라는 것은 없다는 것이다. 일본이 1980년대 말 수십 년 동안 추구해오던 선진국 수준의 경제성장을 달성했을 때 일본 이미 30년 불황 속으로 빠져들고 있었던 것이다. 한 순간의 방심과 정책 실수가 일본 경제를 수렁에 빠뜨린 것이다. 그러나 이 수렁은 너무 깊어서 빠져나오기가 무척 힘들다.

다행이 한국은 1997년의 외환위기를 잘 극복하고 이를 전화위복의 기회로 삼아 새로운 도약을 하고 있다. 그러나 2020년을 맞아하는 시점에서 한국 사회에는 많은 문제가 산적해 있다. 북한과의 대립 양상은 언제나 한국의 정치·경제를 불안케 하고 있으며, 미·중 무역 갈등으로 불거진 경제적 불안, 홍콩 사태로 나타난 주변 정세의 불안정성, 세계화 진전에 따라 더욱 심해진 빈부격차, 나아가 전 세계를 덮친 코로나19는 앞으로 세상이 어떻게 변화해갈지 혼돈만 더해준다. 일본의 경험에서 배울 점은 경제적 호황기가 국가 경제적 차원에서 더 위험한 시기일 수 있다는 것과 정부의 순간적인 정책 실수가 그 사회의 미래에 얼마나 큰 짐이 될 수 있는가 하는 것이다.

9장. 전후 일본의 신자유주의와 복지국가 실험

들어가는 글

일본이 캐치 업 경제를 달성한 후 일본의 경제가 극점을 이루던 1980년대 초에 이르러 일본은 발전국가를 졸업하고 신자유주의 길로 들어서게 되었다. 그러나 신자유주의의 길은 국가가 경제 발전 계획을 주도하고 모든 책임을 지는 가운데 기업과 국민이 따라가는 발전국가와는 전혀 다른 길이었다. 이는 국가의 역할이 축소되고 기업의 자율권이 확대되는 가운데 국가와 기업 모두 국제 경쟁에 직접 맞서게 되는 힘겨운 가시밭길이었다. 신자유주의의 길은 그 동안 국가와 관료의 지도 감독 하에 움직이던 일본 경제가 정부의 간섭으로부터 벗어나 본격적인 자유 시장 경쟁체제로 변모해가는 과정이었다. 그러나 그 대가는 혹독한 것이었다.

1980년대 말 일본 경제가 국가의 간섭과 보호로부터 벗어나 국제 경쟁에 적극적으로 참여한지 몇 년 되지 않아 일본 경제는 버블 붕괴를 맞게 되었다. 1990년 초에 시작된 버블 붕괴 이후 일본은 10년 또는 20-30년에 걸친 경제침체를 겪었다. 2000년대 이후, 작은 정부와 규제 완화를 주장하는 신자유주의 경제 이론이 대세로 자리 잡으면서 정치·관료·재계의 상호 협력으로 경재성장을 이끌던 일본의 발전국가는 전혀 다른 발전경로에 들어서게 되었다.

2000년대에 들어서 출범한 고이즈미 정권은 기존의 정책구도를 완전히 바꾸어 강력한 신자유주의적 정책을 실시하였다. 그러나 한동안 일본 경제 부흥을 이끌던 고이즈미의 신자유주의 정책은 2008년 미국발 세계 경제위기 속에서 좌초하였다. 이에 대한 대안으로 복지주의에 기초한 생활정치를 내세우고 전면적 복지를 주장하는 민주당이 정권을 잡았다. 신자유주의 정책의 실패에 대한 대안으로 복지국가 정책을 주창한 정당이 승리한 것이다. 그러나 민주당의 복지정책은 미국발 세계 경제위기와 2011년에 발생한 동일본 대지진 및 후쿠시마 원전사고의 파고를 넘지 못하고 좌초하고 말았다. 복지국가의 부흥을 주장하던 민주당 정권이 단명하면서 2012년 말 집권한 아베 정권은 아베노믹스라는 더욱 강력해진 신자유주의 정책을 통해 다시 한 번 일본 경제의 비상飛上을 추구하였다.

이 장에서는 전후 일본의 신자유주의 전략을 추구한 최초로 도입한 나카소네 정권, 신자유주의를 본격적으로 추진한 고이즈미 정권, 그리고 아베 정권의 신자유주의 정책의 내용과 그 결과를 살펴보고 신자유주의 전략이 일본 경제발전에 끼친 영향을 분석하였다. 논의 중간에 2009년에 신자유주의 정책 실패의 대안으로 등장한 민주당 정권의 전면적 복지정책이 어떻게 실패하고 이후 아베 정부에 정권을 이양하게 되었는지도 살펴보았다.

나카소네 정부(1982-1987)의 신자유주의 정책

1970년대는 두 차례의 오일 쇼크로 인해 세계 경제가 침체되던 시기로 특히 미국의 경제 침체가 심화되었다. 특히 미국의 지속적인 경제침체와 천문학적인 대일본 무역 적자는 미국의 일본에 대한 개방 압력과 무역마찰로 이어졌다. 일본은 국가 경제력에 걸맞은 국제적 역할을 요구받았고 폐쇄형 무역의존 경제로부터 개방형·내수형 경제로의 전환이 요구되었다. 1982년 11월 나카소네 야스히로中曾根康弘가 정권을 잡았을 때 일본의 정치와 경제는 위기의 시기를 지나고 있었다. 정치적으로 볼 때, 1970년대에 들어 자민당의 오랜 장기집권은 이미 파행을 보이고 있었다. 1974년 11월 다나카 카쿠에이田中角榮의 금권정치가 언론에 보도되면서 자민당에 대한 국민들의 불신이 커졌다. 자민당의 지지 하락 속에서 일부 자민당 의원들이 탈당하였고, 1976년 총선과 1979년 총선거에서 자민당은 연속적으로 패배하였다. 이러한 국민들의 불신을 해소하는 것이 자민당 내각의 새로운 화두가 될 정도였다(최희식, 2012: 254). 경제적으로는 1970년대 두 번의 오일 쇼크로 인해 일본의 고도 경제성장이 한계에 달했고, 석유 위기 여파로 일본 국내 경기 회복이 늦어지자 자민당 정부는 국채발행을 통한 대규모 경기부양책을 실시하였다. 경기부양을 위한 국채발행은 해마다 늘어 1974년 4조 엔이었던 국채발행은 1975년 8조 5000억 엔, 1977년 7조 7000억 엔, 1979년에는 7조 4000억 엔으로 매년 대규모 국채가 발행되었다. 1979년 오히라 내각은 재정적자 해소를 위해 소비세 도입을 제안했지만 1979년 10월 총선에서 패배함에 따라 '증세를 통한 재정 재건' 노력은 수포로 돌아갔다(최희식, 2012: 254-255).

1980년대 초 정권을 잡은 나카소네 수상(1982-1987)은 현황 타파를 위한 개혁을 단행하였다. 나카소네는 요시다의 경제 중심 노선이 대외 의존을 강화시켜 일본의 자주성과 자율적인 국가 권력 행사에 크게 저해된다고 보았다. 1983년 다나카 전수상의 실형 선고와 그에 따른 총선 패배 이후 나카소네는 행·재정 개혁을 전면에 내세우며 신자유주의적 개혁을 주창하였다. 1984년 1월 나카소네는 '전후 정치의 총결산'을 주장하며 전후 일본사회에 지속되어온 경제중심주의의 '요시다 노선'을 개혁하여 경제대국으로서의 일본, 국제국가로서의 일본을 만들고자 했다. 이는 그 동안의 지나치게 미국에 의존적이고 자주성이 없는 일본에서 진정으로 전후를 종결하는 자주적·주체적인 일본을 만들고자 한 것으로 그 종국적인 지향점은 개헌을 통한 자주 국가 수립이었다(손기섭, 2012: 153). 나카소네는 '전후 정치의 총결산'의 3대 개혁과제로 재정개혁, 행정개혁, 교육개혁을 내세웠다. 또한 '전후 정치의 총결산'에서 제시한 3대 노선인 신자유주의, 국제주의, 보편주의에서 신자유주의적 요소로 인한 개혁성이 부각되면서 혁신세력의 비판을 수용할 수 있었다(최희식, 2012: 257-258).

나카소네는 행정개혁의 일환으로 당시 세계적 추세인 신자유주의적 개혁을 적극적으로 추진하였는데 특히 당시 만성 적자에 시달리는 정부 산하의 주요 공사들의 민영화에 역점을 두었다. 일본이 선진국의 압력 속에서 요구받은 내수형 경제구조로의 전환 및 대규모 내수 확대 정책을 수행하기 위해서는 재정 건전성이 문제가 되는데, 재정 건전성을 지속적으로 확보하는 확실한 방안은 세금 인상이었다. 그러나 자민당 정부는 이미 새로운 형태의 간접세(소비세)의 도입을 추진한 바 있지만 자민당 내부의 반대 및 국민들의 반대에 부딪쳐 실패한 바 있었다(최희식, 2012: 259). 나카소네의 '전후 정치의 총결산' 정책의 핵심 과제 중 하나인 행정개혁은 국영기업 민영화로 구체화되었다. 일반 소비세 도입이 실패한 후 스즈끼 내각은 "증세 없는 행정개혁"을 추진하였고, 1982년 11월 스즈끼 내각을 계승한 나카소네는 대안으로 당시 막대한 보조금으로 연명하던 정부 산하의 주요 국영기업인 공사들을 민영화하는 방안을 추진한 것이다(박철희, 2010: 201-202). 나카소네는 스즈키 내각에서 설립된 '임시행정조사회(린쵸)'가 1983년 3월 최종보고서를 제출하자 이에 근거하여 본격적인 민영화를 실시하였다. 많은 노력 끝에 나카소네 내각은 전매공사, 전화공사, 그리고 국철의 민영화에 성공했다. 1984년 8월에 전매공사를 일본 담배산업회사JP로, 동년 12월에는 전전공사電電公社를 일본 전신전화회사NTT로 민영화하는 법을 통과시켰고, 1986년 10월에는 국철공사를 6개 사로 분할하여 민영화하는 법률이 통과됨으로써 국영기업의 민영화가 일단락되었다. 이들 기업들의 정부 보유 주식의 고가 매각을 통해 정부 세입이 급격히 늘어남에 따라 재정건전성이 크게 개선되었다. 이로써 나카소네 정부는 과거 정부의 고질이었던 국채의존 재정으로부터 탈피할 수 있었다(최희식, 2012: 259). 나카소네 정부는 또한 세출 억제를 도모하고, 의료제도와 연금제도도 개혁했다(손기섭, 2012: 153).

한편 나카소네 정부는 전 정부에서 냉각되었던 미국과의 관계를 회복하는데 주력했다. 나카소네는 국제정치경제 질서 유지자의 역할을 미일협조 하에 적극적으로 수용하려는 자세를 보였으며 전략방위구상SDI에 일본이 참여하는 것을 각의 결정하였으며 방위비 GNP 1% 제한 규정을 폐지했다. 동시에 1985년 G5 재무상과 중앙은행총재 회담에서 달러를 대폭 평가 절하하는 '플라자 합의'에도 서명했다. 대 미국 무역에서 엄청난 흑자를 기록한 일본은 무역수지 개선을 위한 방편으로 제시된 환율문제 개선을 위한 국제 공조체제에 적극적으로 응할 수밖에 없었다. 동시에 나카소네는 전 일본은행 총재인 미에가와 리포트를 통해 경상수지 적자 삭감을 위한 내수확대, 수출의존형 산업구조 개편, 시장개방의 개선, 금융의 자유화 등을 제안했다. 이렇듯 나카소네 정부는 미일관계를 기축으로 국제 정치경제 문제 해결에 적극적으로 임했다(최희식, 2012: 260-262).

결론적으로, 나카소네 내각은 신자유주의 정책을 추진하여 증세 없는 행정개혁에 성공을 거둠으로써 중산층의 지지를 얻었다. 나카소네는 중앙정부의 공공사업비를 축소하는 한편 국영기업 민영화를 적극 추진하여 국채의존에서 탈피하였으며, 미일관계의 재정립을 위해 노력하였다. 나카소네의 신자유주의 개혁은 성공적이었다는 평가를 받았다.

고이즈미 정권(2001-2006)의 신자유주의 개혁과 한계

1990년대 초 거품경제 붕괴에 의해 발생된 대량의 부실채권 처리를 둘러싼 정책 대응이 실패하여 일본의 금융 불안이 심화되었으며 이것이 1997년 동아시아 경제위기와 맞물리면서 일본의 금융위기는 전면화 되었다. 이러한 금융위기는 1997년부터 2002년까지 지속되면서 일본을 장기불황의 늪에 빠지게 하였다(김용복, 2011: 214). 〈표 9-1〉에서 보듯이 1991년 이후 일본의 연평균 경제성장률은 2%를 넘지 못하는 경우가 허다했다. 특히 1997-2002년 기간 동안 일본의 연평균 GDP 성장률의 평균은 0.4%에

〈표 9-1〉 1990-2000년대 일본의 경제지표

(단위: %, 천억 엔, 엔, 10억불)

연도	GDP 성장률	완전 실업률	무역수지 (천억엔)	수출 (천억엔)	수입 (천억엔)	환율 (엔)	경상수지 (천억엔)	외환보유고 (10억불)
1990	6.2	2.1	100.5	406.8	306.3	144.8	64.7	77.0
1991	2.3	2.1	129.2	414.6	285.4	134.1	91.7	68.9
1992	0.7	2.2	157.7	420.8	263.0	126.6	142.3	68.6
1993	-0.5	2.5	154.8	391.6	236.8	111.0	146.6	95.5
1994	1.5	2.9	147.3	393.4	246.1	102.1	133.4	122.8
1995	2.3	3.2	123.4	402.5	279.1	93.9	103.8	182.8
1996	2.9	3.4	88.4	435.6	347.1	108.8	71.5	217.8
1997	0.0	3.4	120.9	495.1	374.2	120.9	117.3	220.7
1998	-1.5	4.1	157.5	488.6	331.1	131.0	155.2	215.9
1999	0.7	4.7	137.7	457.9	320.1	113.9	130.5	288.0
2000	2.6	4.7	123.7	495.2	371.5	107.7	128.7	361.6
2001	-0.8	5.0	84.0	465.8	381.8	121.5	106.5	401.9
2002	1.1	5.4	115.5	494.7	379.2	125.1	141.3	469.7
2003	2.1	5.3	119.7	519.3	399.5	115.1	157.6	673.5
2004	2.0	4.7	139.0	582.9	443.9	108.1	186.1	844.5
2005	2.3	4.4	103.3	626.3	522.9	110.2	182.5	846.8
2006	2.3	4.1	94.6	716.3	621.6	116.3	198.4	895.3
2007	1.8	3.9	123.2	797.2	674.0	117.7	247.9	973.3
2008	-4.1	4.0	40.2	773.3	733.0	103.3	163.7	1,030.6
2009	-2.4	5.1	40.3	508.5	468.1	93.6	132.8	1,049.3
2010	2.3	5.1	79.7	632.9	559.4	87.7	171.7	1,096.1

출처: 内閣部, 坪城23年度年次經濟財政報告(2011.7), pp.341-359 (長期經濟統計) 참조. 김용복, 2011: 214-215 〈표 1〉, 〈표 2〉에서 재구성.

불과했다. 계속된 경제침체 속에 2002년에 이르러 일본의 실업률은 5.4%까지 치솟았다.

경제 불황이 삶의 질 악화를 가져오는 구조의 핵심은 물가하락 자체가 아닌 물가하락 속에서 벌어지는 실질소득의 지속적인 하락과 자산가치의 하락이다. 일본 노동자들의 명목임금은 1992년 이후 지속적으로 하락하였고, 실질임금의 하락은 1998년에 시작되어 장기간 지속되어 왔다. 이는 종신고용과 기업별 노조로 대변되는 일본의 독특한 노사관계 시스템에서 유래하는데, 일본의 고용시스템은 고용의 유연성이 적은 반면에 임금의 유연성이 높은 성격을 지니고 있다. 임금 중 상당 부분이 수당과 보너스로 지급되는 임금구조 속에서 불황기 일본의 노사는 고용의 축소 대신 수당과 보너스의 축소를 선택하는 패턴을 보여주었다(이정환, 2014: 103). 이러한 상황에서 신자유주의 개혁에 따른 구조개혁은 노동유연성의 증가, 즉 계약직과 파견노동이 증가하는 고용패턴의 변화를 가져왔는데 이와 함께 임금하락은 정규직 노동자들에게도 예외가 없는 현상이 되었다(이정환, 2014: 104).

한편 장기불황기의 자산 가치 하락은 거품경제 동안 과잉투자를 했던 기업들과 일본 금융기관들에게 장기적인 혼란과 어려움을 가져다주었다. 자산 가치 하락의 영향은 이들 외에도 일본 지역사회의 중추를 이루는 자영업자들에게도 엄청난 경제적 타격을 가했다. 자영업자들은 매출의 감소와 함께 부동산 자산 가치 하락으로 인한 부의 감소를 즉각적으로 실감했다. 가계의 재산소득 하락 속에서 미래의 삶의 안정성에 대한 불안감이 증가했다(이정환, 2014: 104-105). 이는 소비 위축으로 이어져 디플레이션 상황이 발생했다.

1991년 이후 거품경제의 절정을 맞이한 일본경제는 2001년 고이즈미 정권이 들어설 때까지 10여 년 간의 장기불황 하에 놓여 있었다. 일본의 명목 GDP와 실질 GDP 모두 10여 년 동안 거의 정체되어 있었다. 한 때 경제가 회복되는 듯 보였다. 1995년 한신 대지진 이후 1996년에는 엔고가 잦아들면서 물가하락의 경향이 완화되었고 이에 부응해 일본의 실질성장률이 2.6%로 높아졌다. 1996년 까지만 해도 일본에서 디플레이션에 대한 인식은 크지 않았다. 1996년에는 경기 순환적 측면에서 불황과 물가하락이 멈추고 다시 경기가 살아날 것에 대한 광범위한 기대감이 있었다. 하지만 하시모토 정권의 판단 실패로 1997년 소비세율이 3%에서 5%로 인상되자 소비가 눈에 띄게 둔화되기 시작했다.[9] 이어 대형 금융기관들이 도산하는 가운데 아시아 금융위기까지 겹치면서 1998년 일본 경제는 다시 불황의 늪으로 빠져들었다.

2001년 고이즈미 정권이 들어선 이후 2003년을 기점으로 일본 경제는 다시 한 번 디플레이션에서 벗어나고 있었다. 불량채권 처리가 진척되고 세계 경제가 호황을 맞이하고 엔저 현상에 원유가격 상승 등 거시적 지표에서 물가하락의 요인이 줄어들면서 2006년에는 소비자 물가지수와 기업물가지수가 모두 플러스를 기록하면서 디플레이션은커녕 급속한 물가상승에 대한 인플레이션 우려감마저 나타났다(이정환, 2014: 102-103). 이에 대한 자세한 내용은 장을 바꾸어서 설명하고자 한다.

고이즈미의 신자유주의 개혁

전후 일본경제의 전형적인 시스템은 정부의 적절한 규제와 보호 아래 경제가 작동하는 메커니즘 이었다. 일본형 경제시스템은 정부가 앞장서서 시장을 이끄는 "호송선단" 방식 혹은 "발전국가 모델"로 불렸다. 그러나 이러한 일본식 경제시스템은 1990년대 장기불황 하에 기업의 도산이 증가하면서 비효율의 원천으로 지적되었다. 거품경제 붕괴 이후 일본 정권들은 경제위기를 극복하기 위한 방안으로 시장주의 개혁의 필요성에 대해 인식을 하고 있었다. 하시모토 정권의 경우 '금융 빅뱅'이라 불리는 금융시스템 개혁을 내세웠다. 그러나 실천단계에서 개혁정책은 실종되고 공공사업 위주의 경기부양 정책이 주류를 이루었다(조재욱, 2009: 258).

1990년대 일본의 거품경제 붕괴는 대량의 부실채권 문제를 낳았다. 그

---

9 일본은 지난 1989년 4월 3% 소비세를 도입한 이후 1997년 4월 이를 5%로 한 차례 인상하였다. 그러나 1997년 하시모토 일본 총리가 소비세 인상을 단행하자마자 성장세를 보이던 일본 경제가 둔화세로 전환되었다. 그리고 이어 진행된 아시아 외환위기의 영향으로 1998년의 경제는 -1.5%의 경제성장률을 기록했다(한국금융연구원, 2014a: 16).

러나 그동안의 경기부양 정책은 금융 불안을 더욱 진척시키고 재정적자의 확대를 가져오는 결과만을 낳았다. 1997년부터 2000년까지 정부는 매년 GDP의 8%가 넘는 적자를 감수했다. 이는 엄청난 양의 국가부채를 낳았는데, 2000년 말까지 축적된 국채와 지방채의 총액은 GDP의 140%를 초과했다. 따라서 고이즈미는 일본경제가 장기불황을 탈피하기 위해서는 무엇보다도 부실채권 처리와 금융권의 구조조정 노력이 필요하다고 보았다. 이에 고이즈미(小泉純一郎: 2001. 4-2006. 9)는 국회 첫 소신 표명 연설에서 "구조개혁 없이는 경기회복도 없다," "성역 없는 구조개혁"이라는 슬로건을 내걸고 2006년 9월에 퇴임하기까지 신자유주의 개혁을 본격적으로 추진했다(조재욱, 2009: 259). '고이즈미 개혁'은 신설된 「경제재정자문회의」를 사령탑으로 하여, 시장에서 할 수 있는 것은 시장에 맡긴다는 "관에서 민으로"의 개혁과 "중앙에서 지방으로"를 내걸었다(정미애, 2013: 189). 또한 고이즈미는 공공사업 확대정책이 정치와 관료, 업계의 유착관계를 지속하게 만드는 장애물이라 생각했다. 또한 고이즈미는 족의원-관료-업계 사이에 이권을 주고받는 "철의 삼각형" 구도를 타파하지 않고는 개혁이 불가능하다고 보았다(조재욱, 2009: 259).

전후 최장수 내각 중 하나로 손꼽히는 고이즈미 정권은 거품경제의 붕괴 후 장기불황을 탈피하고자 일본 고유의 경제모델에서 영미식 신자유주의 모델로 탈바꿈을 시도했다. 고이즈미는 철저하게 대처와 레이건의 신자유주의 정책을 따랐다. 이에 따라 일본의 노사관행의 대명사로 여겨지던 종신고용, 연공서열, 기업별 노조라는 일본적 고용관행이 약화되었다(김용복, 2011: 218).

고이즈미의 등장은 1992년 이후의 '헤이세이 불황'과 저출산 고령화 사회에 진입한 일본 사회의 고민을 반영한 것이었다. 쇠락해가는 21세기 일본 사회를 어떤 방향으로 이끌 것인가에 대한 고민 속에서 고이즈미는 정·관·재의 유착 메커니즘과 파벌정치에 빠진 '자민당 부수기'에 힘을 집중하였다. 고이즈미의 정책과 정치 성향은 보수우경화 노선을 강화했으며, 미일동맹의 가속화와 자위대 해외파견, 유사법제의 제정 및 개헌 가시화 등의 작업이 시도되고 또 실현되었다(손기섭, 2013: 164). 고이즈미 내각 시기 '개혁'은 줄곧 중심적인 정치 이슈로 부상하였고, 정치적 화두로 자리 잡았다. 고이즈미는 개혁 정치를 자신의 슬로건으로 이용해왔고, 개혁을 추진함에 있어 주위로부터 '독재자' 또는 '독불장군'으로 비난받을 정도로 매사에 독선적이면서도 소신 있는 정치스타일을 보여주었다. 많은 일본 국민들이 고이즈미 정치스타일에 매료되기도 하였다(조재욱, 2009: 256).

2001년 당시 일본 국민들은 자민당 정치의 특징이라 할 수 있는 밀실과 담합의 파벌정치에 대해 염증을 가지고 있었다. 이에 고이즈미는 선거 전략의 차원에서 자민당을 바꾸고, 일본을 바꾸는 개혁이라는 정치리더십을 내세웠다. 자민당 내 제1파벌 출신이 아닌 고이즈미가 총리 취임 이후 그가 주장하는 개혁을 제대로 추진하기 위해서는 자민당 조직 구조의 모순을 극복해야 했다. 제1차 고이즈미 내각의 가장 큰 특징은 파벌과 중진들을 완전히 무시하고 각료를 발탁한 것이었다. 고이즈미 총리는 임기 중에 다섯 번의 내각을 개편했지만, 그 동안의 관행이었던, 당선 횟수에 따라 돌아가며 내각을 맡는 회전문 인사를 전혀 하지 않았으며, 파벌 간의 인사 배분 또한 거의 하지 않았다. 고이즈미는 파벌을 전혀 무시하고 총리가 재량껏 각료를 발탁하여 임명하였다(조재욱, 2009: 258-262).

2003년도 말의 중의원 선거 이후 여야 간 대립축이 이념에서 정책 중심으로 이행했고, 자민당 우위의 다당제에서 자민당 우위의 연립내각 구도로 변화했으며, 소선거구 비례대표 병립제로의 선거제도 전환이 실시되었다. 이렇듯 일본 정치가 '2003년 체제'로 재편됨에 따라 자민당 우위의 연립내각으로 '신보수 본류'(또는 '보수 비주류')로 분류되는 다수의 정치 세력이 형성되었다. 이 신보수 본류[10] 세력은 요시다의 경제중심주의를 확고히 벗어나, 개헌 지향, 미일동맹 강화, 실효적 방위력, 안보리 상임위 지향 외교

10 '신보수 본류'는 다음 장에서 말하는 '보수 비주류'와 같은 의미로 쓰였다.

등의 새로운 보수 우경화 정책노선으로 전환되는 양상을 보여주었다. 그리고 그 동안 금기시되었던 평화헌법의 개헌, 집단적 자위권의 구사, 자위대의 해외파병, 기미가요 및 일장기의 법제화 등의 정책이 구체적으로 논의되고 법제화되기 시작했다(손기섭, 2012: 156). 이러한 논의는 2013년 아베 내각 성립 이후 다시 핵심 의제로 논의되었다.

고이즈미 정권은 적극적으로 지방분권적인 정책을 시행하였다. 고이즈미는 지방분권 개혁을 통해 중앙정부로부터 지방정부로의 권한을 이양하고 수직적 관계에서 수평적 관계로 관계전환을 추구했다. 중앙으로부터의 기관위임 사무가 폐지되고, 지방정부 사무는 자치사무와 법정수탁 사무로 재편되었다(손기섭, 2012: 160). 또한 「재정경제자문회의」를 발족시켜 일본

〈표 9-2〉 고이즈미 정부의 재정 구조 개혁의 세부 수단

구분	재정구조개혁의 주요 내용
정부기능 축소	• 민간의 활력, 효율성 활용, 정부기능 축소
국채발행 억제	• 국채발행 억제하여 중앙 지방 재정건전화 도모 • 국채발행을 연 30조 엔으로 억제 • 2002: 30조 엔, 2003: 36.4, 2004: 36.5, 2005: 34.3, 2006: 29.9
공공사업 개혁	• 공공사업관련 특정재원 효율화 도모, 총액억제 • 2006년도 예산 약 7조2천억 엔(1990년대 수준으로 하락) • 향후 GDP대비 공공사업비 규모 1% 수준으로 축소(현재의 1/3)
특수법인 개혁	• 재정부담 경감 • 개혁대상 법인 163개 중 128개에 법 개정 • 도로공단 2005년 10월 민영화
삼위일체 개혁	• 중앙-지방 관계 재정립 • 지자체에 대한 보조금 삭감(4조4,540억 엔), 지방교부세 삭감(1-2조 엔) • 2006년 말까지 순차적으로 이행
우정사업 민영화	• 350조 엔의 우편저금을 민간금융시스템으로 이행 • 27만 명의 우편공무원 신분보장 폐지
정책금융 개혁	• 8개 정책금융기관의 민영화·통폐합 방침 • 2008년도 정부계열 금융기관의 대출 잔액규모 GDP 대비 50% 삭감 • 관련성청 낙하산 인사 금지

출처: 손기섭, 2012: 161 〈표 2〉에서 재인용.

경제의 각 분야의 대대적인 구조개혁을 단행했다. 특히 재정삭감을 위해 1단계로 2002년도 국채발행을 30조 엔 이하로 억제하고 2단계로 기초재정수지를 흑자로 전환하는 전략을 정책목표로 채택했다. 또한 재정적자 삭감을 위해 성역을 두지 않고 전면적인 세출 구조 개혁을 단행한다는 의지를 표명했다(손기섭, 2012: 162). 〈표 9-2〉는 고이즈미 정부의 신자유주의적 재정 구조 개혁 노력을 잘 보여주고 있다.

'잃어버린 10년'을 경험하고 나서 출범한 고이즈미 정권은 대대적인 구조개혁과 규제완화를 단행하였다. 고이즈미 정권 하에서 5년여 간 지속적으로 추진된 신자유주의 정책인 구조개혁과 규제완화는 기업 활력 제고를 주안으로 했다는 점에서 '친기업 정책'이라고 부르기도 한다. 친기업적 성격을 갖는 기업 활동 규제완화의 내용은 대기업 정책, 수도권 규제, 노동규제, 환경 규제, 기업 구조조정, 창업 및 회사제도의 여섯 가지로 분류될 수 있다. 특히 대기업 정책 분야를 살펴보면, 규제완화로서 지주회사 설립 허용, 주식 이전 및 교환제도 도입, 주식 보유제한 폐지와 함께 기업합병 점유율 제한의 완화, 이사회 제도의 개혁, M&A 활성화와 경영권 보호를 위한 제도 변화가 추진되었다(김용렬, 2008: 258-259).

고이즈미의 신자유주의 경제정책의 특징을 보면, 첫째, 기업의 투자활성화를 이끌어내기 위해 시장 규제완화 정책을 추진하였다. 이를 위해 1,500여 건의 각종 규제완화 및 제도를 개선하고 해외 이전 기업의 국내 U턴을 촉진하고자 수도권 입지 제한 시책을 폐지하는 등 친 기업정책을 추진했다. 둘째, 노동시장 유연화 정책으로 근로자 파견에 대한 규제개혁을 단행하고 근로자 파견기간을 1년에서 3년으로 연장했다. 또한 고용보험 조건을 완화하고 파트 타임 노동지침을 개정함으로써 아르바이트, 파견노동자, 계약직 등 고용형태를 다양화 하였다. 셋째, 작고 효율적인 정부를 통한 재정의 효율화를 위해 공공부문을 개혁했다. 이를 위해 정부산하 법인 163개 중 136개에 대해 폐지, 민영화, 독립 법인화 등을 추진하고 공무원 평가제도를 연공서열 중심에서 능력 위주로 전환하고 공공사업에 대해서는 민간 경영방식을 도입하여 비용절감을 추진하였다. 넷째, 금융기관 부실채권을 정리하고 금융정상화를 도모하기 위해 금융 구조조정 정책을 단행했다. 2002년 10월 "금융재생프로그램"을 발표한 후 2003년 4월에 「산업재생기구」를 설립하여 금융기관이 보유하고 있는 부실채권을 인수함으로써 부실채권을 정리하였다(조재욱, 2009: 264-265).

고이즈미 개혁 중 특히 우수한 부문은 금융부문 개혁이었다. 1990년대 일본이 장기불황에 빠지게 된 가장 큰 이유는 거품 붕괴에 따른 충격도 있지만 그보다는 오히려 거품경제 붕괴로 인한 부실기업과 금융기관의 부실채권을 신속하고 과감하게 구조조정하지 못한데 기인한다. 일본은 1990년 이후 10여 차례가 넘는 대규모 경기부양책을 시도했으나 결과적으로 천문학적인 국가채무만을 남긴 채 실패하고 말았다. 고이즈미는 금융위기의 근본적인 타개책은 부실채권 처리를 통한 금융 건전성 회복이라 판단하고 이를 위해 금융기관의 구조조정을 단행했다. 고이즈미 내각은 은행의 부실채권 처리뿐만 아니라 수익의 향상을 촉구했다. 일본 금융청은 공적자금을 투입한 업적 부진 은행에 대해 업무개선 명령을 발동했다. 그 결과 2004년도 일본 주요 은행들의 순이익이 급증하였으며, 2003년 3월 9.0%에 달하던 부실채권비율이 2004년 9월에는 5.3%로 하락하였다. 결국 2002년 3월 43조 엔에 달하던 금융기관의 부실채권은 지속적으로 감소되어 2004년 9월에는 26조 엔까지 급감하였다(조재욱, 2009: 268-269).

그러나 부실채권 처리를 '구조개혁'의 중점사업으로 내건 고이즈미 총리의 강경한 '금융재생프로그램'은 금융 불안을 재현해, 주요 은행주가 급락하고 닛케이지수는 2003년 4월 28일 거품 이후 최저인 7,607을 기록했다. 주요 은행이 파산하면 은행주를 대규모로 보유한 생명보험회사가 파산하고, 이들이 파산하면 은행이 이들에 투자한 기금이나 후순위채가 부실화해 둘의 연쇄파산이 우려되었다. 2002년 10월부터 2003년 3월까지 주가 추락은 서의 공황 수준이었다. 주가 공황에 기인하는 금융위기는 2003년 5월 리소나 그룹에 대한 자본 투입 시 주주책임을 묻지 않게 함으로써 끝이 났다. 이를 '대마불사'의 신호로 받아들인 외국인들의 은행주 매입이 시작되면서 주가가 상승했다(하가 겐이찌, 2009: 237).

2005년 5월 주요 은행의 결산이 몰린 시점을 겨냥하여 정부는 드디어 '금융 정상화' 선언을 발표했다. 거품붕괴 이후 15년 동에 걸쳐 이어온 금융 불안정성이 해소된 것이다. 금융청이 발표한 「부실채권 처분손실 등의 추이」에 따르면 2002년부터 2007년 3/4분기까지 처분손실 누계는 98조 6천억 엔이다. 예금보험기구가 교부국채를 현금화한 것은 10조 4천억 엔인데 이는 예금전액 보호조치가 없었다면 사라지고 말았을 금액이다. 「금융안정화법」과 「조기건전화법」에 의해 투입된 공적자금과 리소나 은행에 대한 자본증자분을 합치면 12조 4천억 엔이 넘는다. 2005년까지 예금취급기관의 파산 건수는 181건이며, 이 중 은행은 20개이나 정상화한 것은 주요 은행들뿐이다. 대형은행들의 부실채권 비율은 정점인 2001년 말 8.7%에서 2007년 말 1.4%로 낮아졌으나, 지역은행은 8.1%에서 3.8%로 낮아진데 불과하다(하가 겐이찌, 2009: 237).

고이즈미 개혁의 한계와 민주당으로의 정권교체

1990년대 초반 버블경제 붕괴 후 '잃어버린 10년'이라고 불리는 장기 경기침체 속에서 고이즈미 정권은 이를 극복하기 위해 민영화와 규제완화 등 '작은 정부'를 추구하는 신자유주의 정책을 적극적으로 추진하였다. 특히 고이즈미의 노동시장 유연화 정책은 기업이윤의 급등과 채무상환에 큰 도움을 주었다. 그러나 노동시장 유연화 정책은 심각한 사회부작용을 낳았다. 이는 즉각 비정규직 양산과 노동자들의 임금 감소로 이어졌다. 1990년 20%였던 비정규직 노동자가 2005년에는 30%를 상회하였고, 저임금·비정규직 노동자로 직장을 옮겨 다니는 후타리족[11]들이 10년 사이에 2배나 늘

11 이는 Free + Arbeit를 줄인 말로 90년대 일본에서 경제불황으로 인해 직장 없이 갖가지 아르바이트로 생활하는 청년층에게 붙여진 신조어이다.

어 400만 명을 넘어섰다. 이러한 소득격차 문제는 계층 간 확대로 이어졌고 일본의 사회통합을 저해하는 심각한 문제로 대두되었다. 일본사회에서는 소득격차 확대 문제를 "또 다른 분단국가의 탄생", 또는 "격차사회"라는 말로 표현하고 있다(조재욱, 2009: 269-270). 특히 노동자파견법 등 노동법 개정을 추진한 결과 2008년에는 비정규직 노동자 비율이 30% 중반까지 치솟았으며 여성과 청년층에서는 비정규 노동자 비율이 50%를 넘어섰다(김성원, 2011: 24).

고이즈미의 노동시장 개혁은 일본경제의 체질을 취약하게 만들었다. 소득 양극화로 인해 일본경제는 내수시장의 규모가 점점 줄어들어 수출에 대한 의존이 더욱 심해졌다. 2002년부터 6년에 걸친 경기회복을 주도한 것은 대기업이었다. 대기업은 구조조정을 거쳐 재무 체질을 강화하고 수출과 해외 판매를 확대함으로써 경기회복을 주도했다. 경기회복의 주요인은 내수보다는 수출증가에 의한 것이었다. 그러나 수출에 의존한 경기회복은 대기업과 일부 지방에만 나타났고, 가계, 저소득층, 중소기업, 지방경제에는 이르지 못하였다. 그 결과 정규직과 비정규직, 대기업과 중소기업, 제조업과 비제조업, 대도시권과 지방 사이에 격차가 확대되어 온 것이 그간 상황이다(김용복, 2011: 220). 수출의존의 취약한 경제 체질은 2008년 미국발 세계 금융위기로 세계 경제가 침체될 때 일본의 수출이 급감함으로써 직격탄을 맞았다.

5년에 걸친 고이즈미 정권의 '구조개혁'의 정책수단은 종래의 규제완화와 세출 억제에 따른 재정건전화가 핵심이었다. 그러나 재정건전화 노력은 사회보장시스템과 지방재정을 곤란에 빠뜨리고 내수확대를 저지했다. 정부는 엔저 유도를 위해 2003년 1월부터 다음해 3월까지 37조 엔 어치의 달러 매입에 개입했으나, 그 혜택은 수출 대기업에게만 돌아갔다(하가 겐이찌, 2009: 238).

고이즈미 개혁에 의해 부실 은행채권 문제는 해결되었으나 이후 일본의 재정적자와 국가부채가 또 다른 일본위기론의 근거로 대두되었다. 2010년

GDP 대비 재정적자는 9.6%에 달했고, 국가부채 비율도 225.9%로 급상승했다. 이는 1995년 당시 재정적자 4.6%, 국가부채 비율 92.4%와 비교해볼 때 매우 심각한 상황이었다. 이는 장기불황, 인구 고령화로 인한 연금과 의료비 지출 등에서 기인한 것으로 쉽게 해결되기 어려운 구조다. 그러나 일본 정부는 채무위기에 대한 낙관적인 견해를 갖고 있는데 이는 일본 국채의 95%를 일본인이 가지고 있기 때문이다. 대부분 국가들은 외국 금융기관이 국채를 보유하고 있어, 외국 은행들이 이를 상환하도록 요구할 때 금융위기가 발생하기 쉽다. 반면에 일본의 높은 저축률은 일본 국채의 95%를 일본인들이 소유하도록 만들었다. 따라서 일본은 높은 국가부채 비율에도 불구하고 국가 부도 위험으로부터 상대적으로 안정된 상태에 있다고 말할 수 있다(김용복, 2011: 217).

신자유주의적 개혁을 추구한 고이즈미 정부는 필연적으로 신자유주의 자체가 지닌 부작용을 낳았다. 고이즈미 개혁의 부작용을 정리해보면 다음과 같다. 우선, 영미식 모델의 시장원리주의는 분식회계 및 주가조작 사건과 같은 비윤리적인 대형기업 범죄를 유발시켰다. 그러나 더욱 중요한 것은 신자유주의의 개혁과정에서 두텁던 중산층이 해체되고 계급격차가 뚜렷해지기 시작했다는 점이다. 일본의 전통적 고용제도가 약화됨으로써 노동자들의 급여수준이 감소되고 일본 사회의 불안이 확대되었다. 전통적 노동자의 권리는 가장 상층의 소수에게만 주어지고 대부분은 주변부 노동자로 살아가는 양극화된 노동구조로 변환되었다. 고이즈미식 구조개혁은 일본경제를 회생시켰지만, 한편으로는 격차사회와 같은 사회적 양극화를 심화시키고, 일본사회의 경제적 안정성을 훼손시킨 것이다(김용복, 2011: 222-223).

이러한 상황 하에서 미국발 경제위기가 일본을 강타하자 일본사회에 사상 초유의 실업·빈곤문제가 초래되었다. 미국발 경제위기의는 수출 위주의 일본 경제에 심각한 타격을 주었다. 수출 부진의 영향으로 2009년 초에 발생한 대량 해고사태에서 가장 먼저 피해를 본 계층은 비정규직 노동자,

특히 파견노동자들이었다. 이들은 직장을 잃고, 동시에 직장에서 제공해왔던 사원 기숙사에서 쫓겨나 노숙자로 전락하였다. 이후 해고의 대상은 정규직 노동자로 확대되어 실업자가 급증하였으며, 신규채용의 급감은 심각한 사회문제로 대두되었다. 2009년 7월 실업률은 5.7%에 이르렀다(김성원, 2011: 24).

고이즈미 개혁의 탈 디플레이션의 노력은 2008년의 세계 금융위기라는 외부적 영향 하에서 실패로 끝나고 말았다. 세계 금융위기는 2000년대 중반 세계경제 호황에 기대어 성장했던 일본 기업들에게 공급과잉 상황을 만들었고, 그 결과 2009년 일본은 전후 최악의 -5.5%의 경제성장률을 기록했다. 이러한 상황 속에서 디플레이션은 다시 일본의 중요한 과제로 부상하게 되었다. 디플레이션 해결 문제는 이후 2013년 아베安倍晋三 내각에서 경제정책의 핵심 과제로 자리 잡게 되었다.

2009년 이후의 디플레이션을 고착화시킨 소득 하락은 고이즈미 정부의 구조개혁 과정에서 도리어 강화되었다. 고이즈미 정권은 기업 활동에 호의적 환경을 마련하기 위해 규제를 완화하는 구조개혁을 다방면에서 실시하였다. 고용제도 면에서 계약직과 파견노동의 비정규직 고용에 대한 규제완화가 진전되었으며, 비정규직의 임금 수준은 정규직의 48%로, 비정규직화를 통한 소득하락이 이어졌다. 2000년대 일본은 다른 선진국과 마찬가지로 제조업 고용의 감소와 의료, 복지 등 서비스 분야의 고용 증가를 보여왔는데 이들 새롭게 증가하는 서비스직은 전반적 임금 수준이 매우 낮았다. 2002-2010년 사이에 일본의 의료 및 복지 분야에서의 고용은 38% 증가했지만, 임금은 13% 감소했다. 구조개혁으로 창출된 신산업분야의 새로운 일자리가 저임금직의 창출로 이어졌고 이는 결국 전반적인 임금 삭감의 결과로 이어진 것이다(이정환, 2014: 105).

저성장 사회 속에서 시행된 개혁주의적 경제정책은 한정된 국가수입 구조에서 복지예산 삭감의 형태로 나타났고, 지방과 도시의 격차, 빈부 격차를 가속화시켜 국민의 저항을 불러왔다(최희식, 2013: 178). 일본에서 커지는 '격차사회론'의 핵심은 수적 통계가 아닌 심리적 반응에 있었다. 고용격차, 지역격차, 교육격차, 복지격차 등 용어의 폭넓은 사용에서 보듯이, 다양한 분야에서 '보호받지 못하고 있다'는 일본인들의 심리적 박탈감이 격차사회론으로 결집되었다고 볼 수 있다. 문제는 격차사회론이 일본사회에 폭넓게 수용되었다는 사실이다. 구조개혁이 부의 불평등을 증가시키고, 이 상황 속에서 삶의 질이 크게 악화된 것이다. 특히 주목할 점은 부의 불평등 경향의 세대별 차이다. 일반적으로 소득격차는 고령 세대의 경우에 보다 높고, 청년 세대의 경우에 낮은 경향이 있다(이정환, 2014: 107). 장기불황 속에 등장한 소득하락으로 인한 삶의 질 악화가 신자유주의적 구조개혁을 통해 더욱 악화되면서 일본 사회에 정부와 정치에 대한 불만이 고조되었다.

고이즈미의 신자유주의 구조개혁은 기업복지와 공적복지의 동시 약화를 초래했다. 고이즈미 정권 하에서 추진된 노동시장 유연화 조치와 본격적인 부실채권 처리로 각 기업은 대규모 인원 삭감과 정규직의 비정규직화에 나서면서 기업복지는 약화됐다. 그 결과 사회적 약자뿐만 아니라 기존의 중산층까지도 복지에서 배제될 위험에 놓이게 되었다. 이러한 신자유주의적 개혁은 그 부작용과 폐해로 인해 지탄의 대상이 되었고, 그런 와중에 발생한 2008년의 글로벌 금융위기는 그동안 추진되어온 신자유주의 개혁의 한계점을 적나라하게 노출시켰다. 글로벌 금융위기에 따른 소득감소로 중산층의 상당수가 구조조정을 당하면서 중산층에서 탈락하는 동시에 사회안전망에서도 소외되어 사회적 약자로 전락하는 사례가 대거 발생한 것이다(정미애, 2013: 189). 고이즈미의 신자유주의 개혁은 부분적인 성공을 거두었으나 그 결과 국민들의 삶의 질은 더욱 악화되었다. 국민들의 복지수준은 이전보다 악화되었으며 파견노동의 강화로 저임금 구조가 정착되었다. 그 결과 국민들의 소비수준은 더욱 악화되어 디플레이션이 일상화되었다.

일본 민주당의 '증세 없는 복지확대'의 허와 실

전후 자민당 집권 하에서 일본 사회의 주요 대립 축은 보수 대 혁신이었다. 그러나 1980년대 이후 저성장과 재정적자로 인해 신자유주의적 쟁점들이 부상하면서 일본정치는 새로운 정책 대립축이 형성되었다. 즉 시장경제를 중시하여 규제완화와 기득권의 재검토를 요구하는 '신자유주의'와 재분배 정책의 유지·확대를 주장하는 '복지주의' 축이 대립하게 된 것이다(정미애, 2013: 187).

일본은 세계 금융위기 이전 고이즈미 집권을 시작으로 약 6년 동안 호황상태를 구가했다. 2002년부터 2007년까지 엔저 기조 하에서 수출이 증가하면서, 일본은 전후 최장의 경기회복 과정을 낳았다. 이러한 일본의 경제회복 과정에 찬물을 끼얹은 것은 2007년 미국에서 시작된 글로벌 금융위기다. 글로벌 금융위기 발생 후 2008년 9월을 기점으로 일본의 수출이 급속도로 악화됐다. 이어 이어진 세계 경제 침체는 수출주도형 경제인 일본 경제에 심각한 타격을 가했다. 더 심각한 것은 갑작스런 엔고 현상 이었다. 글로벌 금융위기가 발발하자 서구의 금융위기에서 한발 벗어나 있던 일본 금융시장의 안정성이 부각되었고, 이로 인해 세계 금융자본의 엔화에 대한 투자가 집중되어 엔화의 평가절상이 이루어진 것이다. 엔화가 급격히 평가절상 되면서 1달러 가격이 110엔 대에서 90엔 대로 인상되었다. 이러한 엔고 현상은 일본 기업들의 해외시장에서의 수출경쟁력을 떨어뜨리는 요인이 되었으며, 그 결과 일본의 국내총생산이 급속히 하락하여 전후 최대의 불황기에 들어서게 된 것이다(정미애, 2013: 193).

고이즈미 사퇴 이후 아베, 후쿠다, 아소麻生太郎로 이어지는 자민당 체제는 자민당 자체가 신자유주의 개혁에 동의하는 재계와 신자유주의로 피해를 보는 대도시권 중산층 모두를 정치적 지지기반으로 하는 이해상충적인 상반된 지지 기반을 갖고 있었다. 따라서 자민당 정권은 신자유주의적 개혁을 보다 강화하려는 노력도, 신자유주의적 개혁에서 과감하게 벗어나려는 노력도 보여주지 못했다. 이러한 가운데 야당인 민주당은 2007년 참의원 선거공약에서 주장한 복지주의 노선을 2009년 중의원 선거로 이어 나갔다.

2007년 민주당 선거공약의 핵심은 '반 고이즈미'인 동시에 '반 신자유주의'라고 할 수 있었다. 민주당 선거정책은 고이즈미 내각의 신자유주의 개혁의 부정적 측면을 치유하기 위한 보편적 복지정책의 확대를 강조하였다. 참의원 선거를 한 달 남짓 앞두고 국회의 사회보험청 개혁관련 법안 심의 도중에 사회보험청이 관할하고 있는 연금기록이 5,000만 건 누락된 사실이 발각됐다. 또한 1,430만 건의 후생연금이 컴퓨터로 관리되지 않은 채 마이크로필름 상태로만 관리되는 등 연금관리 체계상의 문제가 드러났다. 연금기록 누락사건을 계기로 사회보장시스템에 대한 국민들의 불안감이 증폭되었고, 이는 자민당에 대한 불만으로 표출되었다. 그 결과 2007년 참의원 선거에서 자민당이 패배하고 민주당이 제1당으로 부상하는 결과를 낳았다(정미애, 2013: 196).

2007년 민주당은 "소비세율을 현행대로 유지하면서 세금의 낭비를 철저히 없애 보편적 복지 확충을 위한 재원으로 사용한다"는 입장으로 자민당에 도전했다. 2008년 9월 일본을 강타한 글로벌 금융위기와 일본의 경제 침체는 반 자민당 정서의 확산에 결정적 계기를 제공했다. 2009년 중의원 총선거에서 민주당이 480석 중 308석을 차지하며 대승을 거두었다. 자민당의 참패는 신자유주의적 개혁에 대한 일본 국민의 신뢰가 무너진 것을 의미했다(정미애, 2013: 197). 민주당은 고이즈미 구조개혁에 반대하며 "생활이 제일"이라는 슬로건을 내걸고 2007년 참의원 선거, 2009년 중의원 총선거에서 승리하면서 정권교체에 성공했다. 자민당의 신자유주의 개혁으로 인한 사회 양극화와 복지비용 증대에 대한 국민들의 불만이 2009년 중의원 총선거에서 "생활정치" 이념을 표방한 민주당에 대한 지지와 정권 교체로 이어진 것이다(정미애, 2013: 188).

세계 금융위기에 따른 일본의 경기침체가 민주당의 핵심 정책 노선인

〈표 9-3〉 자민당과 민주당의 정책 비교

	자민당(고이즈미 내각)	민주당(오자와 대표 시기)
정책노선	신자유주의	신자유주의로부터의 탈피
정책방향	공급 사이드 중시 민영화·규제완화를 통한 경기회복	수요 사이드 중시 양극화·빈곤문제 해결을 통한 사회안정
정부역할	작은 정부	큰 정부
고용보장 사회보장정책	노동시장의 규제완화·복지억제 보험방식 사회보장제도 선별주의	노동시장의 규제강화·복지확대 부조방식 사회보장제도의 확충 보편주의

출처: 정미애, 2013: 192, 〈표 1〉.

보편적 복지 주장에 힘을 실어주는 요인이 되면서 2009년 9월 민주당 정권이 들어섰다. 그러나 당시 일본은 수출부진에서 시작된 경기침체가 내수부진과 겹쳐 악화되는 이중 침체의 위험 속에 처해 있었다. 세수 증가의 기반이 되는 성장 없이 복지를 확대하는 것은 매우 어려운 일이다. 공공사업 축소와 낭비되는 정부예산의 축소를 통해 복지예산을 확보한다는 민주당의 구상도 구체적 사안에 들어가면 축소할 수 있는 공공사업과 낭비성 정부예산을 발견하는 것이 쉽지 않았다(정미애, 2013: 194).

〈표 9-3〉은 민주당과 자민당의 정책적 차이를 비교한 것이다. 자민당은 버블경제 붕괴 이후 경기회복을 위해 신자유주의 노선에 입각하여 노동시장의 규제완화, 선별주의적 복지정책에 의한 복지축소, 민영화와 규제완화를 추진하였다. 반면에 민주당은 신자유주의 정책으로부터의 탈피를 주장하면서 경제발전과 경기회복 보다는 현재의 사회 양극화, 빈곤문제의 해결을 통한 사회의 안정을 중시하면서 노동시장의 규제강화와 보편주의적 복지정책 확충을 통한 복지강화를 주장하였다(정미애, 2013: 192-193).

이미 언급했듯이 2008년 글로벌 금융위기로 발생한 대량실업과 빈곤문제는 2009년 정권교체의 주요한 원인이 되었다. 그러나 이러한 대량실업, 빈곤문제는 단지 경제위기로 인한 일시적인 사건이라기보다는 제2차 세계대전 이후 일본이 구축해온 복지정책의 구조적 한계를 드러내는 사건이었다. 충실한 기업복지와 취약한 공적복지를 특징으로 하는 일본형 복지사회는 높은 수준의 지속적인 경제성장과 완전고용에 가까운 고용상태를 통해서만 성공적으로 운영될 수 있는 것이었다. 그동안 일본 자민당의 공적복지는 기업복지에서 배제된 고령자, 장애인, 모자가정을 포함하는 보완적 복지형태로 선별적으로 이루어져 왔다(정미애, 2013: 205).

이에 대해 민주당은 선별적 복지정책에 반대하며 보편적 복지정책을 구체적 공약으로 내세운 것이다. 그러나 2009년 민주당의 매니페스토에는 막대한 대국민 직접지원에 대한 재원확보 대책이 미흡했다. 민주당은 2013년을 기준으로 구체적인 방안을 명시했는데, 2013년 매니페스토 실행에 필요한 16.8조 엔을 예산낭비 억제(9.1조 엔), 정부자산 매각 및 활용(5.0조 엔), 조세특별조치 폐지(2.7조 엔)의 세 가지 방법으로 확보한다는 계획을 제시했다. 민주당은 연금제도개혁 법안을 마련하는 2013년까지, 향후 4년간 소비세율을 현행 5%로 유지하고(〈표 9-4〉 참조) 중소기업에 대한 법인세를 현행 18%에서 11%로 인하한다는 계획이었다. 그러나 일본 학계는 2000년 이후 매년 30조 엔 정도씩 정부가 국채를 발행하고 있는 상황을 타개하기 위해서는 법인세율은 낮추고 소비세율은 높여야 한다고 주장해

〈표 9-4〉 OECD 국가들의 소비세율 비교 (2011년, 단위 %)

국가	표준 세율	국가	표준 세율	국가	표준 세율	국가	표준 세율
아이슬란드	25.5	아일랜드	21	독일	19	스페인	16
덴마크	25	오스트리아	20	그리스	19	룩셈부르크	15
헝가리	25	체코	20	네덜란드	19	뉴질랜드	12.5
노르웨이	25	이탈리아	20	슬로바키아	19	호주	10
스웨덴	25	포루투갈	20	터키	18	한국	10
핀란드	22	슬로베니아	20	영국	17.5	스위스	7.6
폴란드	22	프랑스	19.6	이스라엘	16	캐나다	5
벨기에	21	칠레	19	멕시코	16	일본	5

정미애, 2013: 206, 주 24, 〈표〉에서 재인용.

왔다(정미애, 2013: 206).

2009년 민주당은 중의원 총선에서 생활정치를 전면에 내세워 승리하여 정권을 잡았지만, 2008년에 발생한 글로벌 금융위기 이후 지속되는 경기 침체와 2011년에 발생한 동일본대지진 등으로 점차 생활정치 노선에서 후퇴하게 된다. 민주당 집권기인 2011년에 발생한 동일본대지진과 이어진 후쿠시마 원전사고는 국민들의 소비지출을 감소시켰고 이것이 임금감소, 고용축소로 이어지면서 일본 경제를 크게 위축시켰다. 동일본대지진은 제조업의 국내생산 조건을 크게 악화시켰다. 이 때문에 생산거점이 해외로 이전되었고, 그 결과 국내 고용이 줄어들었다(김용복, 2011: 228). 생산거점의 해외 이전은 엔고에 의해 이미 2010년의 여름경부터 급속히 증가했지만, 대지진에 의해 국내생산의 비용이 높아졌기 때문에 그 필요성이 더욱 강해진 것이다. 기업의 해외 이전은 국내총생산의 감소를 가져오지만 해외에서 기업이 벌어들인 이익을 일본에 송금하면 소득 수지의 흑자가 증가하여 무역수지 적자를 상쇄하는 결과를 낳았다. 2005년부터 경상수지 흑자의 반 이상이 이러한 소득 수지 흑자로 실현되었고, 경제위기 이후에는 그 경향이 더욱 강해졌다. 소득 수지 흑자 규모는 2008년 무역수지 흑자의 3.9배, 2009년에는 3.1배에 달했다(김용복, 2011: 229).

한편, 지진 피해복구와 원전사고 피해 보상 및 사고수습을 위해 필요한 막대한 재원을 마련하기 위해 일본 정부는 대규모의 적자 국채를 발행할 수밖에 없었다. 동일본대지진과 후쿠시마 원전사고로 인해 미처 상정하지 못했던 세출 부문의 급증이 야기됨으로써 증세의 필요성이 강하게 제기되었다. 이러한 상황에서 일본 민주당이 보편적 복지정책을 지속적으로 추구하는 것은 어려운 일이었다(정미애, 2013: 194). 민주당의 간 총리는 2010년 7월 참의원 선거를 앞두고 선거 메니페스토에 구체적으로 정책을 입안했다. 이 중 가장 눈에 띄는 내용은 소비세 증세였다. 소비세를 올리지 않겠다던 중의원 선거에서의 공약이 1년 만에 바뀐 것이다(정미애, 2013: 202). 이는 증세 없는 재정건전성 확보를 공약으로 내세웠던 민주당의 기본 노선과는 정면으로 배치되는 것이었다. 소비세 인상은 오히려 자민당의 오랜 공약 중의 하나였다. 소비세 인상은 재정건전성 확보를 위해 민주당이 원래 추구했던 방안이 비효과적이었다는 선언과 같은 것이었으며, 이는 민주당의 정체성 자체의 변동과 관련되는 것이었다(정미애, 2013: 203).

이렇듯 집권 민주당의 보편적 복지정책은 2011년 3월에 발생한 동일본대지진으로 인해 결정적인 계기를 맞이했다. 예상하지 못했던 엄청난 피해를 가져온 동일본대지진으로 인해 일본정부는 피해 복구를 위한 막대한 재원이 필요하게 되었고, 피해 지역의 재건을 위한 공공사업 예산이 증가할 수밖에 없는 상황이 되었다. 2011년 4월 22일 일본정부는 4조 153억 엔의 동일본대지진 복구비를 포함하는 2011년도 제1차 보정예산안의 개요를 각의 결정하였다. 2010년 7월 참의원 선거 패배로 과반수를 확보하지 못한 민주당으로서는 부흥재원 마련을 위한 적자국채 발행 법안이 중의원과 참의원 모두를 통과하기 위해서는 자민당과 공명당의 협조가 필수적이었다(정미애, 2013: 208-209).

동일본대지진 수습 후 간 총리가 자진 사퇴 조건으로 지진 피해 부흥재원 마련을 위한 제2차 보정예산안과 적자국채 발행 법안, 그리고 후쿠시마 원전 사고에 대한 대응책으로서의 재생에너지특별조치법의 통과를 내세웠다. 이에 민주당 집행부와 자민당, 공명당 집행부는 세 법안의 통과를 둘러싸고 협의에 들어갔다. 자민당과 공명당은 세 법안의 통과 조건으로 민주당 선거공약의 핵심이었던 복지정책의 축소 및 폐지를 요구하였다. 야당의 요구에 대해 민주당 집행부는 보편적 복지정책의 후퇴를 받아들이기로 했다(정미애, 2013: 210-211).

2010년 6월 하토야마 유키오에 이어 민주당의 두 번째 총리로 취임한 간 나오토菅直人는 기존의 민주당 정책노선과 상이한 소비세 인상을 제안하였다. 하지만 증세 없는 복지확대라는 기존 정책노선 유지를 주장하는 오자와 이치로와 당내 갈등을 야기하면서 당을 혼란으로 몰아넣었다. 2011년 9월 취임한 노다 요시히코野田佳彦가 간 전 총리의 소비세 인상 제안을 이어받아 입법화를 보다 적극적으로 추진하면서 민주당 당내 갈등은 심화되었다. 결국, 2012년 6월 소비세 인상 안이 중의원에서 통과된 후 오자와와 그의 동조세력은 민주당을 탈당하였다. 이는 민주당의 증세 없는 복지확대라는 정책노선이 붕괴하는 것을 의미하는 것이었다(이정환, 2013: 150).

2007년 이후 민주당의 증세 없는 보편적 복지확대의 정책노선은 고이즈미의 신자유주의적 구조개혁에 대한 반대 테제로 등장하였고, 이를 통해 민주당은 2009년 집권에 성공할 수 있었다. 정책적 측면에서 반 고이즈미 노선에 입각하여 성공한 민주당은 정당정치의 측면에서 보수양당체제를 일본에 견고화할 수 있는 세력으로 기대를 모았다. 하지만 민주당 지도부가 2010년 이후 소비세 인상으로 정책전환을 추구하면서 민주당과 자민당의 정책적 측면에서 입장 차가 현저하게 줄어들었고 양당 대립구도는 급격하게 소멸되었다. 민주당의 소비세 인상으로의 정책전환은 정책 대립구도와 보수양당체제의 정당정치 구조에 혼란을 초래한 원인이었으며, 그 혼란 속에서 민주당은 2012년 12월 중의원 선거를 통해 몰락했다[12](이정환, 2013: 150). 소비세 인상법 안은 2012년 8월 참의원을 통과하여 최종적으로 성립되었고, 2012년 12월에 치러진 중의원 총선거에서 민주당은 자민당에 참패하고 정권을 내주게 되었다. 지난 2009년 중의원 총선거에서 민주당

12 일본 현대정치사에서 소비세 인상안은 언제나 집권 내각에게 정치적 좌절을 안겨 주었다. 일본에서 소비세가 처음으로 정치적 쟁점으로 부각된 것은 오히라 마사요시大平正芳 내각 시절이었다. 오히라 총리는 1978년 일본에서 최초로 소비세 도입의 필요성을 주장하였다. 이는 광범위한 대중적 반발을 야기해 1979년 선거에서 자민당이 크게 패했다. 이후 1986년 나카소네 야스히로 총리가 다시 한 번 소비세 도입을 시도하였는데, 다시 대중의 강한 반발에 직면하였다. 1988년 우여곡절 끝에 다케시타 노부루竹下登 내각에서 최초로 3% 소비세가 전면적으로 부과되었다(이정환, 2013: 152). 1990년대 들어 3%의 소비세율로는 재정수요를 감당할 수 없다는 판단 하에서 소비세 인상 제안이 재등장했다. 1993년 자민당 탈당파와 기존 혁신 정치세력의 연립정권으로 들어선 호소카와 모리히로細川護熙 내각은 소비세를 국민복지세로 이름을 바꾸고 세율을 5%로 인상하려고 시도하면서 무너졌다. 사민당을 비롯한 혁신정치세력들이 이에 대해 반발하면서 결국 1994년 연립정권이 붕괴되었다. 이후 소비세율은 1998년 하시모토의 자민당 정권 하에서 5%로 인상되었다(이정환, 2013: 152).

은 복지주의에 기초한 생활정치를 전면에 내세우고 자민당의 정책 중심에 대항하는 대안을 구체적으로 제시함으로써 민주당에 대한 유권자의 기대와 반 자민당 정서를 효과적으로 흡수할 수 있었지만, 2010년에는 복지정책에서의 방향 선회로 민주당의 정체성에 대한 논란을 불러와 결국 선거 참패로 이어진 것이다(정미애, 2013: 204).

민주당의 소비세 인상으로의 정책전환은 정책 대립구도와 진보-보수 양당체제의 정당정치 구조에 혼란을 초래한 원인이 되었으며, 그러한 혼란 속에서 민주당은 2012년 12월 중의원 선거에서 대패하면서 몰락했다[13](이정환, 2013: 150). 애초에 일본 민주당의 증세 없는 보편적 복지확대의 정책노선은 당내 탄탄한 합의에 기반하였다고 보기보다는 반 고이즈미에 입각한 면이 컸다. 탄탄한 합의기반이 부재한 상태에서 당 지도부에 의한 정책노선 전환이 시도되었을 때, 이에 대한 당내 저항과 반발은 피할 수 없었다. 민주당의 선거 패배는 자민당과의 대결구도가 아닌 복지주의의 해법을 둘러싼 정당 내 갈등에 기인한 측면이 컸다고 볼 수 있다(정미애, 2013: 215).

2009년 8월 30일 중의원 선거에서 총 480석 중 308석을 차지하여 절대과반을 차지하며 집권에 성공한 일본 민주당은, 2012년 12월 16일 총선거에서 겨우 57석만을 차지하며 자민당에 대패하고 3년 만에 자민당

13 일본 현대정치사에서 소비세 인상안은 언제나 집권 내각에게 정치적 좌절을 안겨주었다. 일본에서 소비세가 처음으로 정치적 쟁점으로 부각된 것은 오히라 마사요시大平正芳 내각 시절이었다. 오히라 총리는 1978년 일본에서 최초로 소비세 도입의 필요성을 주장하였다. 이는 광범위한 대중적 반발을 야기해 1979년 선거에서 자민당이 크게 패했다. 이후 1986년 나카소네 야스히로 총리가 다시 한 번 소비세 도입을 시도하였는데, 다시 대중의 강한 반발에 직면하였다. 1988년 우여곡절 끝에 다케시타 노부루竹下登 내각에서 최초로 3% 소비세가 전면적으로 부과되었다(이정환, 2013: 152). 1990년대 들어 3%의 소비세율로는 재정수요를 감당할 수 없다는 판단 하에서 소비세 인상 제안이 재등장했다. 1993년 자민당 탈당파와 기존 혁신 정치세력의 연립정권으로 들어선 호소카와 모리히로細川護熙 내각은 소비세를 국민복지세로 이름을 바꾸고 세율을 5%로 인상하려고 시도하면서 무너졌다. 사민당을 비롯한 혁신정치세력들이 이에 대해 반발하면서 결국 1994년 연립정권이 붕괴되었다. 이후 소비세율은 1998년 하시모토의 자민당 정권 하에서 5%로 인상되었다(이정환, 2013: 152).

의 아베에게 정권을 내주었다. 이러한 민주당 정권의 몰락은 2010년 이후 민주당 지도부가 추구한 소비세 인상으로의 정책 전환과 이를 둘러싼 분열에 대한 일본 유권자의 심판에서 주로 기인한다(이정환, 2013: 149-150). "증세 없는 복지확대"를 내걸었던 민주당은 복지주의라는 대항축이 흔들리면서 복지를 확대하기는커녕 증세만 한 채 정권을 다시 자민당에게 물려주고 말았다.

아베의 신자유주의 실험

민주당의 전면적 복지국가 실험이 실패한 이후 2012년 12월 선거에서 정권을 잡은 아베 신조安倍晋三 자민당 총재는 선거운동 기간 내내 디플레이션에 빠져 위축되는 일본 경제를 살리기 위해 일본은행의 윤전기를 돌려서라도 무제한 돈을 풀겠다는 양적완화를 약속했다. 이른바 아베노믹스의 시작이었다. 아베는 전임 고이즈미 내각의 뒤를 이어 더욱 강력하게 신자유주의 경제정책을 추구했다. 아베는 과거 정권들과는 전혀 다른 과감하고 대담한 양적완화정책을 써서 디플레이션에 빠져 희망이 보이지 않았던 일본 경제에 성장 신화를 재건해보겠다는 강력한 의지를 갖고 국민에게 다가간 대중정치인이라 볼 수 있다.

아베의 신자유주의 개혁: 아베노믹스

아베 정부는 강력한 경기부양정책을 기반으로 일본 경제를 회생시키겠다는 강력한 의지를 표명했는데 경제정책의 최우선 순위로 장기 디플레이션에서의 탈출을 두었다(이성우, 2013: 219). 아베는 일본경제의 근본적인 문제는 장기 디플레이션에 있으며 이는 고평가된 엔화 환율에 상당부분 기인하고 있다고 인식했다. 특히 아베는 리먼 사태 이후 일본은행의 금융완화정책이 과감하게 시행되지 않아 엔화 강세가 심화되었고 그 결과 일본 주력산업의 부진이 야기되었다고 보았다(이재원·한영기, 2013. 2). 이와 같은 상황 인식을 바탕으로 아베 정부는 디플레이션으로부터의 탈출을 위해 과감한 양적완화, 경기부양을 위한 신속한 재정확대 정책을 추진하는 한편 법인세 인하와 대담한 규제개혁 철폐로 민간투자 중심의 성장전략을 적극적으로 도모하였다(이재원·한영기, 2013. 2). 아베는 디플레이션에 빠져 희망이 보이지 않았던 일본 경제에 성장 신화를 다시금 상기시키는 대중정치적 심리효과를 불러일으켰다(최희식, 2013: 179-180).

아베는 20년 동안 지속된 장기 경제불황에서 탈피하기 위해 '세 개의 화살' 정책을 제창했다. 첫 번째 화살은 '대담한 금융정책'으로 양적완화를 통해 소비자 물가상승률을 2년 이내 2%까지 끌어올리는 것을 목표로 하고 있다. 일본은행은 정부와의 협조를 약속하고 목표를 이룰 때까지 양적완화를 연계하겠다는 공동성명을 발표했다. 이러한 무제한적 양적완화의 목적은 엔화 환율을 낮추어 수출을 늘리고 상품경쟁력을 증대시키는 것이었다. 두 번째 화살은 "기동력 있는 재정정책"이다. 이는 대규모의 공공설비 투자를 통한 국내경제 활성화와 국채매입과 장기보유를 통한 본원통화를 확대하고자 하는 것이다. 즉, SOC를 중심으로 막대한 재정지출을 확대하는 것이다. 세 번째 화살은 민간투자를 촉진하는 "성장전략"으로 규제완화 및 건강 장수사회를 조성하는 성장산업 육성, 노인층 및 여성 참가를 통한 중장기 성장전략을 정책 내용으로 내세웠다(최희식, 2013: 180; 김규판, 2014: 79-80; 송정현, 2014: 488).

첫 번째 화살과 두 번째 화실은 엔저를 유도하고 내수를 자극하여 디플레로부터 탈각하려는 단기적 효과를 노린 정책이다. 두 번째 화살인 기동적 재정정책은 추경예산 10조 엔을 계상하면서 시작되었다. 이후 동일본대지진 복구, 대규모 재해발생을 대비한 사회간접자본의 재정비를 위해 향후 10년간 200조 엔을 투입한다는 「국토강인화정책」이 발표되며 본격화되었다(최희식, 2013: 180). 세 번째 화살인 성장전략은 새로운 성장전략을 통해 일본 경제의 기초체력을 증진시키기 위한 장기적 정책이다. 아베노믹스의 성공은 일본 경제의 장기적인 성장 비전을 제시하는 성장전략에 달려있다. 이를 위해 과감한 규제개혁과 기업친화적 정책이 추진되었다. 이러한 성장전략은 일본재생본부의 「산업경쟁력회의」에서 논의되었으며, 여기에는 고이즈미 내각에서 우정사업 민영화 등 규제개혁을 주도했던 다케나카 헤조 게이오대학 교수가 참여하였다. 2013년 좀 더 명확해진 세 번째 화살인 성정전략에서 주목받는 것은 대규모 규제개혁을 실시하는 '국가전략특구', '원전 재가동', '법인세 인하' 등이다(최희식, 2013: 181). 일본 정부가 아베노믹스를 통해 기대하는 것은 리먼 사태 이후 상대적으로 고평가된 엔화 환율이 균형 상태로 회복되는 것과 디플레이션 극복을 위해 2%의 물가 목표를 2년 내 조기 실현하는 것이며, 최종적으로는 수출 증가가 지속되고 인플레이션 기대 심리가 확산되면서 설비투자 및 민간소비 증가가 유발되도록 함으로써 일본 경제가 본격적으로 회복되는 것이었다(이재원·한영기, 2013. 4).

아베노믹스에 힘이 실리는 이유는 아베총리의 리더십과 아베와 뜻을 같이하는 구로다黑田東彦 일본은행 총재의 확실한 정책실현 의지에서 찾아진다(김규판, 2014: 79). 또한 아베노믹스는 경제정책의 성과 목표로 명목 GDP 3% 성장, 물가상승률 2% 인상, 실질국민총소득 성장률 0.6%, 10년 후 1인당 명목국민소득 150만 엔 증가 등의 매니페스토Manifesto를 제시한 데 있다(송정현, 2014: 488).

일본의 경제발전 과정에서 미 달러에 대한 엔화 환율은 결정적으로 중요한 역할을 했다(〈표 9-5〉 참조). 역사적으로 볼 때, 1985년 플라자 합의 이후 3차례의 엔고 현상이 발생했는데 그 내용을 간단히 정리해보면 다음과 같다. 제1차 엔고(1985.9-1988.4)는 일본의 무역수지 흑자와 미국의 쌍둥이 적자 확대를 줄이기 위한 플라자 합의에 따른 것으로 당시 달러당 237엔이었던 가치가 달러당 124엔으로 치솟았다. 2차 엔고(1990.2-1995.2)는 일본의 무역수지 흑자 지속에 따른 국제수지 불균형 완화 요구로 일어난 것으로 1달러당 159엔이던 가치가 1달러당 84엔으로 치솟았다. 3차 엔고(2007.7-2012.9)는 미국발 금융위기와 유럽 재정위기에 따른 안전 자산인 엔화 선호현상에서 발생한 것으로 1달러당 123엔 이었던 것이 1달러당 78엔으로 치솟았다. 2007년 서브프라임 금융위기, 2008년 리먼 사태 이후 글로벌 금융위기 및 유럽 재정위기의 확산 과정에서 미국의 양적완화 정책은 상대적으로 일본 통화의 평가절상 압력으로 이어져 엔고 상황이 지속된 것이다(김영근, 2014: 400-401).

그동안 엔고라는 문제의 발단은 언제나 미국의 국내경기 사정이었고 그것을 극복하기 위한 방책은 미국의 급진적인 통화정책이었다. 이에 대한 일본의 정책적 대응은 시장(미국)의 요구대로 환율의 평가절상 및 시장개입을 통한 달러화 축적이라는 '외압 순응형'으로 일관했다. SII/미일구조협의(1981-1991) 및 미일포괄경제협의(1993-1996) 과정에 있어서 미일 관계는 미국의 개혁 요구에 대해 일본이 순응하는 '외압-순응형 국가' 모델이었다는 것이 설득적이다. 즉 그동안 일본의 구조개혁은 일본이 미일 마찰 과정에서 자발적으로 변화를 모색하기보다는 일본의 구조적 문제 및 제도를 시정하는 등 미국의 외압(요구)에 수동적으로 대응하는 형태였다(김영근, 2014: 414). 따라서 엔고 현상은 상대적으로 미국이나 유럽의 정책요구에

〈표 9-5〉 엔화 약세가 경상수지에 미치는 영향* (조 엔)

엔/달러	수출	수입	무역수지	소득수지	경상수지
85	1.8	2.1	-0.3	0.3	0.0
90	3.4	3.9	-0.5	0.8	0.3
95	4.9	5.6	-0.7	1.0	0.6
100	6.2	7.0	-0.8	1.3	0.8
105	7.3	8.3	-1.0	1.6	1.0
110	8.4	9.6	-1.2	2.0	2.0

* 1달러 당 80엔인 경우와 비교할 때의 영향

자료: 미즈호 종합연구소(2013: 1)

출처: 이재원·한영기, 2013: 10.

융합하는 정책결과로 이어진 것이다. 금융패권국인 미국과 유럽의 국제통화체제는 일본 정부가 2007년부터 2012년까지 약 5년에 걸쳐 일본이 엔고정책을 유지한 데에 대한 대가로 2013년 초 경제위기에 처한 일본 정부가 아베노믹스를 통한 양적완화를 추진하는 과정에서 엔저를 용인해주었다고 볼 수 있다. 아베노믹스의 추진 과정에서 일본은, 과거와는 반대로, SII 혹은 미일포괄경제협의에서 플라자 합의에 따른 대외정책 결정패턴이었던 미국의 '내압-투사형 국가' 모델을 활용하고 있는 것으로 해석된다. 즉, 아베 정부는 '외압'에 순응하는 대신 국내의 '내압'을 국제사회(미국)에 설명하고 이를 조정하는 역할을 수행하려 했다는 것이다(김영근, 2014: 414). 따라서 아베의 양적완화는 미일 간 교섭에 있어서 상호작용의 결과로 해석할 수 있다(김영근, 2014: 401).

아베 내각의 첫 번째 화살인 금융정책의 내용을 좀 더 구체적으로 살펴보면, 2013년 1월 22일 시라카와 일본은행 총재가 2% 물가안정 목표를 도입하고, 자산매입 기금을 2012년 말 70조 엔에서 2013년 말에 101조 엔으로 확대하는 등 과감한 금융완화 방침 발표했다. 그리고 구로다 신임 일본은행 총재는 2013년 4월 4일 물가 목표를 2년 내 조기실현하기로 하고 이를 위해 본원통화 공급 및 국채·ETF(성장투자신탁) 등의 매입을 2년 내 2배 늘리는 방안을 발표했다(이재원·한영기, 2013. 3). 즉, 2017년 말 약 138조 엔이었던 시중 금융기관의 보유 잔고인 본원통화를 2013년 말 200조 엔, 2014년 말에는 270조 엔으로 증액시킨다는 것이었다. 시중 금융기관은 이를 민간 경제주체에 대출함으로써 그 풍부한 자금이 소비와 투자로 이어져 민간의 경제활동이 활성화되고 물가도 상승할 것이라는 것이 아베와 일본은행의 계산이었다(얀베 유키오, 2020: 252-253).

그러나 2%의 인플레이션을 그것도 2년 후인 2014년까지 달성하겠다는 첫 번째 화살의 목표는 애초부터 성공 가능성이 매우 희박한 야심찬 것이었다. 실제로 일본의 소비자 물가상승률은 경제 침체가 처음 시작되던 해인 1991년 3.3%를 기록한 이후 아베가 집권한 2012년 까지 22년 동안 한

번도 2%를 넘어본 적이 없었다. 또한 이를 달성하려는 양적완화 또한 상식을 뛰어넘는 수준이다. 일본 정부가 향후 매입하려는 국채 및 회사채의 규모는 2010년 1월을 100으로 놓고 볼 때 2013년 중반에 150을 돌파하고 2015년 초에는 220까지 도달할 계획을 세우고 있다. 미국의 자산매입규모가 2010년 1월을 100으로 했을 때 2014년 초 170에 도달한 후 더 이상 증가하지 않는 것을 볼 때 일본의 양적완화는 가히 파격적이다. 아베노믹스는 제로금리에 더하여 국채와 회사채를 대량 매입함으로써 본원통화의 공급을 엄청나게 늘리는 방식을 취했다. 이는 윤전기를 돌려 무제한으로 엔화를 풀겠다는 아베 총리의 약속과 일치하는 것이다(박종규, 2013: 73-74).

아베노믹스의 가시적 효과는 금융시장에서 나타났다. 일본 니케이 지수는 2012년 11월 9,059였으나 6개월 뒤인 2013년 5월 14,523으로 60%나 상승했다. 또한 통화팽창으로 달러당 엔화 환율도 크게 떨어졌다. 2012년 11월 달러당 81.05엔 이었던 엔화 환율이 2013년 5월에는 100.99엔으로 6개월 만에 24.6%나 절하되었다. 결국 첫 번째 화살은 아베노믹스 초기에 실물경제 회복에 어느 정도 성공했다고 볼 수 있었다(박종규, 2013: 75). 일본정부는 2013년 1월 11일 동일본대지진 복구, 노후 인프라 개선, 자연재해 예방 강화 등을 위해 20.1조 엔 규모의 긴급경제대책 마련하고, 1월 24일 세제 개편에서는 설비투자 증가 및 급여 인상분에 대해 법인세 혜택(재무성 추계 2,400억 엔)을 부여하는 등 투자여력을 제고하였다. 아울러 2013년도 공공투자사업 예산을 그 동안의 축소기조와 달리 전년 대비 15.6% 늘어난 5.3조 엔(2012년 추경예산 포함시 7.7조 엔)으로 확대 편성하였다. 아베 정부는 「국토강인화기본법」을 제정하여 재해 예방 강화 및 물류 시스템 확대에 10년간 200조 엔의 예산을 투입할 것을 계획하였다(이재원·한영기, 2013. 4).

아베노믹스의 두 번째 화살인 기동적 재정정책은 2013년 중 경기회복을 위해 13조 엔의 추경을 편성하여 2013년의 재정적자 규모를 GDP의 11.5%로 확대시키는 것이었다. 그러나 〈표 9-6〉에서 보듯이 2009년 당시

〈표 9-6〉 PIGS 국가들의 GDP 대비 재정수지 및 국가채무

(단위: %)

연도	재정수지				국가채무			
	그리스	이탈리아	포르투갈	스페인	그리스	이탈리아	포르투갈	스페인
2008	-9.9	-2.7	-3.7	-4.5	112.5	106.1	71.6	40.2
2009	-15.6	-5.4	-10.2	-11.2	129.3	116.4	83.1	53.9
2010	-10.7	-4.3	-9.8	-9.7	147.9	119.3	93.2	61.3
2011	-9.4	-3.7	-4.4	-9.4	170.6	120.8	108.0	69.1
2012	-6.4	-3.0	-4.9	-10.3	158.5	127.0	123.0	84.1

출처: 박종규, 2013: 76 〈표 1〉에서 재인용.

재정위기로 PIGS 국가라는 불명예스러운 이름으로 불렸던 남유럽 국가들 중에서도 GDP대비 재정적자 비율이 11.5%를 넘은 것은 2009년 그리스 뿐 이었다. 따라서 GDP 대비 11.5%의 재정적자를 내는 일본은 이미 재정위기 상태에 놓여있다고 보아도 좋을 것이다. 더 나아가 PIGS 국가들 가운데 GDP 대비 국가채무 비율이 일본의 240%에 근접하는 나라는 없었다(박종규, 2013: 76).

아베는 2013년도에 총액 5조 5,000억 엔에 달하는 추경예산을 편성하여 공공사업에 투입하였다. 그 결과 공공투자는 2012년에 비해 6.7%가 늘어나 경제성장률을 2%까지 높이는데 결정적인 기여를 했다. 이는 아베 내각의 등장으로 경기가 좋아졌다는 인상을 만드는데 결정적 역할을 했다. 그러나 두 번째 화살의 역할은 거기까지였다. 2013년 이후 공공투자 확대가 민간 소비와 투자 증가로 연결되지 않았고, 공공투자가 이후에도 계속해서 증가하는 일도 없었다. 2014년의 공공투자 성장률은 0.7%로 떨어졌고 이후 경제성장 기여도는 크게 낮아졌다(얀베 유키오, 2020: 257-259).

한 가지 고려할 점은 일본은행의 보유 국채가 2013년 3월말 현재 GDP의 12%에 달함에 따라 국채가격 하락 시 대규모 평가손 발생 및 이에 따른 일본은행 자기자본비율의 훼손 가능성이 있으며, 또한 시중은행과

생명보험 등의 금융권이 GDP의 60%에 달하는 국채를 보유하고 있어 금리 변동 리스크에 상당히 노출되어 있다는 것이다. 국내은행의 보유 채권은 장·단기금리 모두 1% 상승 시 -6.6조 엔의 평가손실이 발생하고, 2%와 3% 상승 시 각각 -12.5조 엔 및 -16.5조 엔의 평가손이 발생할 것이 예상되고, 장기금리 1% 상승 시 -3.6조 엔, 2%와 3% 상승 시 각각 -4.9조 엔과 -7.8조 엔의 평가손 발생이 예상된다(이재원·한영기, 2013: 24). 2012년 9월 말 당시 일본의 국채는 총 948.4조 엔에 이르고 있었으며 국고 단기증권 소유자별 내역을 살펴보면 은행 등이 42.4% (401.9조 엔), 생보사 등이 19.3%(183.0조 엔), 일본은행이 11.1%(104.9조 엔), 공적연금이 7.9%(66.6조 엔), 연금기금이 3.0%(28.9조 엔), 해외 9.1% (85.9조 엔), 가계 2.7%(25.5조 엔), 일반정부 2.6%(24.2조 엔), 재정융자기금 0.2%(2.3조 엔), 기타 2.7%(25.2조 엔)으로 은행권에서 70% 이상을 소유하고 있음을 알 수 있었다(이재원·한영기, 2013: 23).

아베노믹스의 핵심 정책은 무엇보다 세 화살 중 '집중적 양적완화' 및 '재정지출 확대'전략으로 요약될 수 있다. 엔저 현상에 대해 미국의 대응은 일본 경기회복 대책의 일환으로 이를 용인해주고 그 대안으로 일본의 구조개혁을 요구하고 있다. 이는 곧 아베정권이 신성장 전략으로 삼겠다는 세 번째 화살인 성장전략과 연결된다(김영근, 2014: 397). 세 번째 화살은 일본을 세계에서 가장 기업하기 좋은 나라로 만들겠다는 아베노믹스의 최종 목표를 말한다. 이를 위한 가시적인 시책은 경단련의 주장을 받아들여 법인세를 인하한 것이다. 아베 내각은 2014년 당시 25.5%이던 법인세율을 지속적으로 인하하여 2018년에는 23.2%가 되었다. 이에 따라 지방세 등을 포함한 실세 효율은 34.62%에서 29.74%로 낮아졌다. 또한 2018년 6월에 '노동개혁관련법'을 통과시켰는데 정부는 잔업 시간의 상한선을 높게 규제하여 가혹한 노동 행위를 합법화 시켰으며, 정규직과 비정규직의 불합리한 대우 격차를 해소한다는 명목으로 만들어진 '동일노동·동일임금'법은 정규직의 대우가 나빠지는 것을 현실화하였다. 결국 기업하기 좋은 나라 만들기 프로젝트는 노동의 희생을 통해서 기업의 수익을 올리는 방향으로 진행된 것이다(얀베 유키오, 2020: 259-265).

2015년 9월 자민당 총재에 재선된 아베 수상은 '제2단계' 아베노믹스를 발표하였다. 2단계의 첫 번째 화살은 GDP 600조 엔 달성을 목표로 제시한 '희망을 만들어내는 강한 경제', 두 번째 화살은 희망 출생률 1.8의 실현을 위한'꿈을 잇는 육아 지원', 세 번째 화살은 간호 이직 제로라는 일과 간호가 양립할 수 있는 '안심으로 이어지는 사회보장'을 제시했다. 그러나 이것이 왜 제2단계인가와 제1단계의 결과는 어떻게 되었는지에 대한 설명이 전혀 없이 제시된 것이었다. 이는 제1단계에서 성과를 올리지 못한 아베노믹스에서 유권자의 눈을 돌리기 위해 제시된 것이라는 평가다(얀베 유키오, 2020: 268-269). 실제로 제2단계 목표는 2018년 말까지 전혀 달성되지 않았다. 2018년의 GDP는 약 550조 엔에 그쳤고, 2018년의 출생률은 1.42였으며 2017년의 간호 이직은 99,000명에 당했다. GDP야 어찌됐든 출생률 상승은 젊은이들의 대폭적인 임금 인상과 노동력 단축이 필요한 것인데 그런 정책은 전혀 나오지 않았다. 아베노믹스의 제2단계는 전적으로 하나의 말장난에 지나지 않은 것이었다(얀베 유키오, 2020: 269).

아베노믹스의 정책적 한계와 문제점

아베노믹스는 초기에 엔저를 유도하여 일본 기업의 수익을 증대시켰고, 주가 또한 상승하여 일정의 성과를 보였다. 특히 2020년 올림픽 유치 성공은 일본 경제에 활력을 불어넣었다. 아베 정부는 이러한 경제성장이 기업 수익 확대로 연결되고 고용증대 및 임금상승으로 이어져 전체적인 국민소득이 향상되는 선순환 구조를 노렸다. 실제 아베 수상은 금후 10년간 명목 GDP 3% 성장을 실현시키고, 1인당 국민소득을 현재의 384만 엔에서 150만 엔 증가한 534만 엔으로 증대시키겠다고 호언하였다(최희식, 2013: 182).

하지만 선순환 구조는 쉽게 나타나지 않고 있다. 아베 내각은 대기업들에게 임금인상을 촉구하고 있지만, 국제경제의 불투명성으로 임금인상을 결정한 기업은 소수다. 오히려 엔저로 인해 원자재의 수입물가가 상승하여, 석유가격에 민감한 내수산업은 애로를 겪고 있다. 동시에 엔저에 따른 생필품 가격의 상승, 금리 상승으로 인한 주택융자 이자 부담 등의 증가로 인해 국민생활에 실질적인 부담이 증가하고 있다. 문제는 현재 아베 수상이 기업친화적 경기부양 정책에만 집중하며, 성장에 따른 부의 재분배에 대해서는 명확한 의지와 구체적 정책을 보여주고 있지 못한다는 점이다(최희식, 2013: 182).

아베노믹스의 양적완화는 실물경제 측면에서 한계에 봉착해 있다. 아베노믹스 초기에 의욕적인 양적완화 추진으로 일본경제는 초기 1년 동안 어느 정도 회복세를 보였다. 그러나 2014년 4월 소비세 인상을 강행하자 상황이 역전되었다. 소비세 증세와 사회보장제도 개혁은 이미 민주당 정권 때 법률이 만들어져 실행할 수밖에 없는 사항이었다. 그러나 소비세 증세는 난항을 겪었다. 첫 번째는 2014년 4월 예정대로 5%에서 8%로 인상하였으나 두 번째 10%로의 인상은 여러 번 연기를 거쳐 2019년 10월에야 겨우 시행되었다. 그리하여 소비 세수는 1년분의 소비세가 전부 들어온 1990년의 4.6조 엔에서 2019년 19.4조 엔으로 14.8조 엔이 늘었다. 반면에 동일 기간 동안 법인세수는 18.4조 엔에서 12.9조 엔으로 5.5조 엔이 감소하였다(얀베 유키오, 2020: 270).

소비자 물가지표 중의 하나인 근원 인플레이션core inflation의 경우, 2013년 4월부터 플러스대로 진입해 2014년 4월에는 1.3%대로 상승해 디플레이션 탈출 기대를 갖게 했다. 그러나 2014년 4월 소비세를 5%에서 8%로 올리자 소비세 인상효과를 제외한 근원 인플레이션율은 다시 1%대로 하락했다. 또한 엔화 가치 약세가 수출에 미친 영향도 미미하여 2011년 2.5조 엔을 기록한 일본의 무역적자는 이후에도 계속 악화되어 2012년에는 6.9조 엔, 2013년에는 11.5조 엔의 무역적자를 기록했고 2014년에도 9월까지 이미 10.5조 엔의 적자를 기록했다(김규판, 2014: 80).

엔화 약세에도 불구하고 일본의 수출이 계속 적자를 보이는 가장 큰 이유는 해외로 생산거점을 옮긴 일본 기업들이 현지에서 부품을 조달함으로써 해외 생산용 자본재나 부품을 일본으로부터 수입하는 경향이 줄어들었기 때문이다. 이외에도 일본의 강점인 전기·전자 분야에서 일본 제조업의 국제경쟁력이 상대적으로 크게 약화된 점과 국제 경기 침체로 일본 기업이 경쟁력을 갖고 있는 자본재 분야의 수출이 크게 늘어나지 못하고 있는 점이 수출 부진의 원인으로 지적된다. 또한 엔화 약세는 국내 소비를 활성화시키기 보다는 도리어 수입물가 상승에 따른 국내 물가 상승 압력이라는 부정적 효과로 국내 소비를 위축시키고 있다. 기업의 설비투자가 크게 증가하지 않고 임금수준 역시 크게 개선되지 않는 현 시점에서 양적완화에 따른 수입물가 상승은 도리어 디플레이션의 원인이 되고 있다(김규판, 2014: 80-81).

아베노믹스의 가장 큰 문제점은 역시 재정건전성 문제다. 아베노믹스에는 구체적인 재정 건전화 전략이 전혀 들어있지 않다. 경기부양을 위한 양적완화 정책 항목에는 정책 전개 내용과 방법, 목표 수치까지 명확히 제시된 반면, 재정건전화 항목에서는 '세출 및 세입의 효율향상을 위해 필요한 조치를 검토한다' 정도의 애매모호한 표현만 기재되어 있다(송정현, 2014: 490). 일본의 재정상황은 매우 불안하다. 경제규모 대비 국가채무가 이미 세계 최악이고 재정지출 규모에 비해 과세 기반이 너무 얕고 좁다. 2011년 현재 일본의 국세부담률은 GDP의 9.1%에 불과하다. 2012년에 국가채무는 이미 GDP의 240%로 국채수입의 25배에 해당하며, 재정적자 또한 GDP의 11.5%로 재정적자 부담률이 국세 세입을 크게 능가하고 있다. 그리고 지속작인 양적완화로 일본의 국가채무는 계속 증대하고 있다. 나아가 계획대로 인플레이션율이 2% 수준으로 올라가면 현재 소비자물가 상승률이 -1%인 점을 감안하면 실질 인플레이션율이 3%에 달할 것이다. 만약 이러한 인플레이션 상승분이 금리에 반영되어 금리가 상승한다면 국가채무가 240%에 달하는 현실에서 국가채무의 추가 이자지급은 GDP의

7.2%(240%×0.03)에 달할 것이다. 이러한 추가 지출만으로도 2011년 현재 일본 국세부담률의 80%에 달하는 어마어마한 규모다. 아베노믹스의 성공으로 실물경기가 회복되고 디플레이션에서 탈출하더라도 자동적으로 불어나는 어마어마한 국채이자 문제를 해결하지 못하면 일본은 또 다른 재정위기 상황에 직면할 것이다(박종규, 2013: 77-78).

아베 정권에 들어서 일본의 국가채무는 급증하고 있다. 2014년 11월 10일 일본 재무성은 국채와 차입금, 정부담기증권을 포함한 국가채무가 2014년 9월말 기준으로 1,038조9,150억 엔이라고 발표했다. 또한 사회보장비 증가 등으로 2014년 국가채무는 1,143조9,000억 엔에 이를 것으로 전망했다. 일본의 2013년 GDP 대비 국가채무 비율은 231.9%로 이는 동년 미국(106.3%), 영국(110%), 독일(63.4%)보다 훨씬 높을 뿐 아니라 PIGS 국가 중 가장 열악한 이탈리아의 146%보다 훨씬 높았다(한국금융연구원, 2014b: 21).

국가채무를 줄이는 유일한 길은 세금 인상이다. 그러나 경제성장이 이루어지지 않는 현실에서의 세금 인상은 내수 소비 감축으로 이어진다. 2014년 4월 소비세 인상 여파로 내수가 축소되자 일본은행은 추가 금융완화를 시행했다. 2014년 10월 31일 일본은행 금융정책회의는 추가 금융완화를 결정했다. 이를 위해 장기국채 보유 잔액을 50조 엔에서 80조 엔으로 증가시키고 국채 평균 잔존 만기 기간도 7-10년으로 확대했다. 2013년 국공채 잔액은 2012년에 비해 46조 증가한 751조 엔 이었으며, 2014년에는 780조 엔으로 증가할 전망이다. 이는 GDP대비 232%에 해당하는 막대한 금액이다. 2014년 일본의 일반회계세출 95.9조 엔 중 24%인 23.3조 엔이 국채발행 잔액에 대한 이자경비로 지출될 전망이다(송정현, 2014: 492).

또한 아베노믹스에 재정건전화 전략이 빠져 있다는 사실에서도 확인되듯이, 아베정권의 재정건전화 정책에는 중대한 모순성이 있다. 향후, 경기부양 정책, 국토강인화정책, 2021년으로 연기된 올림픽 대비 인프라 정비 등으로 상당한 재정이 필요할 것이다. 만약 재정규율이 지켜지지 않으면,

이는 재정적자 문제를 더욱 심화시켜 그렇지 않아도 심각한 국채가격의 하락(=국채이자의 상승)을 더욱 심화시켜 일본경제를 파국으로 몰아갈 것이다(최희식, 2013: 182). 무엇보다도 아베노믹스가 일본경제에 오점을 남긴 것은 일본은행의 중립성을 훼손시켰다는 점이다. 아베 수상은 2% 인플레이션 목표를 수용하지 않으면 일본은행법을 개정해서라도 실행하겠다며 일본은행을 압박하여, 2013년 1월 2% 인플레이션 목표 설정을 합의한 '정부와 일본은행 공동성명'을 이끌어내었다. 그러나 일본은행은 목표달성의 구체적인 시기를 명기하지 않고, 정부에게 재정규율을 강화할 것을 약속받아 내는 등 일본은행의 주장을 관철시키기도 했다. 하지만 정부는 2013년 3월 20일 시라카와 총재를 사직시키고 구로타 아시아 개발은행 총재를 일본은행장으로 임명하였다. 정부의 기대대로 일본은행은 2013년 4월 4일, 2% 인플레이션 목표를 2년 이내에 실현하며. 장기국채 매입을 통해 시중통화량은 2년 내에 2배 늘리는 것을 골자로 하는 '질적·양적 금융완화'를 발표했다. 이에 따르면, 일본은행은 연간 60-70조 엔의 장기국채를 공개시장조작으로 매입하는데, 이는 신규발행 국채의 70% 정도를 매입하는 것이 된다. 향후 국채 발행이 여건상 늘어갈 것을 감안하면, 일본은행의 금융완화정책은 '부채의 화폐화' 정책으로 전락할 우려가 있다. 이는 일본 국채에 대한 신뢰를 약화시켜, 국채가격의 하락에 따른 국채이자의 상승을 가져와 파국의 상황을 몰고 올 수 있다. 이미 촉발된 일본은행의 중립성 문제는 재정건전성 문제와 연동되며 이후 정치적 갈등을 유발할 가능성이 존재한다(최희식, 2013: 184).

평가

아베 정부가 연간 60-70조 엔의 양적완화 실시를 발표(2013년 4월 4일)하기 전인 3월의 엔화 가치는 1달러당 94.04엔 이었으며 본원통화량은

146조 엔이었다. 그리고 3년이 지난 2016년 3월의 엔화 가치는 112.42엔이었으며 본원통화량은 366조 엔이 되었다. 아베 정부는 지난 3년간 220조 엔의 돈을 풀었고 2016년 1월에는 마이너스 금리 정책 도입을 전격적으로 결정했다(한국경제, 2016. 4. 4: A12). 양적완화 이후 엔화가치는 계속해서 하락해 2015년 7월에는 124엔대로 30% 이상 떨어졌다. 엔저에 따라 기업실적 기대치가 높아져 닛케이 지수는 2015년 6월 18년 만의 최대치인 20,868.03에 이르렀다. 그러나 이후 중국의 경기 둔화와 국제 유가 급락이 이어지면서 일본의 양적완화의 빛이 바랬다. 이후 다시 엔화가치가 높아져 2016년 3월에는 112.42엔이 되었으며, 니케이 지수도 지난 연말에 비해 15% 하락했다. 이에 따라 소비자물가 2% 달성은 요원한 일이 되었다. 아베노믹스 3년째인 2015 회계년도(2015.4-2016.3)의 소비자물가지수는 0.8%에 그쳤다. 일본국내총생산GDP 증가율도 목표치인 2%에 한참 못 미치고 있다. 2012년 0.9%였던 GDP성장률은 2013년 2%를 달성했으나 이후 계속 떨어져 2014년에는 -1.0%를 기록했고 2015년에도 0.7%에 그쳤다. 믿었던 기업실적 개선도 주춤하고 있다. 기업실적은 일본 토픽스 기업 중 증권사 실적 추정치가 있는 918개사의 회계연도 순이익 추정치로 살펴볼 수 있는데, 2015년 10월 이들 기업들의 순이익 전망치는 전년도 대비 19.3% 증가한 32조7,100억 엔이었다. 그러나 엔화 강세 반전으로 이들 기업들의 2106년 3월의 순이익 전망치는 전년도 대비 5.1% 증가한 28조8,200억 엔으로 낮아졌다. 대기업 제조업 업황판단 지수도 3년 만에 최저를 기록하면서 기업들의 체감경기가 크게 악화되었다. 경영환경에 대한 불안감이 확산되면서 주요 기업 기본급 인상폭도 3년 만에 최저로 떨어졌다. 아베노믹스 실시 3년이 지난 현 시점에서 아베총리가 집권 후 구상해온 '엔화약세 → 기업실적 호전 → 소비 및 투자 증가 → 경기회복' 구도가 혼선을 빚고 있는 것이다(한국경제, 2016. 4. 4: A12).

일본사회에는 소비세 인상에 대한 트라우마가 존재한다. 지난 1989년 4월 3%의 소비세가 도입된 후 일본은 디플레이션 등 경기악화를 경험한 바 있다. 1997년 하시모토 총리가 5%로 소비세 인상을 단행한 후 그동안 성장세를 보이던 일본 경제가 둔화세를 보이기 시작했으며 이듬해 아시아 금융위기의 여파와 겹쳐 -1.5%의 성장을 기록하였다. 민간소비도 1989년 소비세 인상 직후인 2분기에 1.7% 감소하였고 1997년 소비세 인상 직후인 2분기에 3.5% 감소하였다(한국금융연구원, 2014a: 16).

아베 정부 하에서 2014년 4월 소비세가 5%에서 8%로 인상되었다. 소비세 인상은 아베노믹스의 실천과 재정건전화를 위한 당연한 수순이었다. 그러나 그 여파는 엄청났다. 소비세 인상에 따른 경기둔화는 일시적일 것이라는 예상과 달리 2014년 3/4분기 성장률은 전분기 대비 -0.4%를 기록하면서 2/4분기에 이어 연속 마이너스 성장을 기록하였다. 일본 GDP의 60% 이상을 차지하는 가계소비도 2014년 2/4분기에 -5.2%로 떨어졌고 이후 3/4분기에 0.3%로 증가해 그 실질 구매력 회복 속도는 매우 미미하게 나타났다. 설비투자 증가율을 보면 2014년 1/4분기에 7.5% 플러스 투자에서 2/4분기에는 -4.8%의 투자로 돌아섰고 3/4분기에도 -0.2%로 소비세 인상 이후 설비투자 증가율은 계속 마이너스를 기록하였다. 수출증가율은 더욱 심각하여 2014년 1/4분기에 6.4%의 높은 증가율을 보이던 수출은 2/4분기에 -0.5%로 적자로 돌라섰고 3/4분기에는 1.3%로 미미한 회복세를 보였다(한국금융연구원, 2014b: 20).

이에 아베총리는 2014년 11월 18일 2015년 10월로 예정되어 있던 소비세 인상(8% → 10%) 시가를 18개월간 연기하기로 발표했다. 일본 정부는 2020년까지 균형재정을 달성한다는 목표 하에 세수 확충을 위해 2015년 10월 소비세를 10%로 인상할 계획이었다. 그러나 2014년 11월 10일 현재 국가채무 총부채가 1038조9,150억 엔(이중 국공채 채무는 780조 엔)이고 2013년의 GDP 대비 국가부채 비율이 231.9%인 현 시점에서 소비세 추가 인상 시기 연기는 부채 감축목표 달성을 불확실하게 하고 국채금리 상승으로 향후 국채 상환여력을 약화시킬 것으로 아베 정부의 재정건전화 노력을 불투명하게 하고 있다(한국금융연구원, 2014b: 21). 우여곡절 끝에 2019

년 10월 10%로 소비세 인상이 이루어졌다. 임금 상승은 거의 정체되어 있고 복지비용은 계속 증가하는 가운데 단행된 소비세 인상으로 일본의 내수 소비는 더욱 위축될 것으로 보인다. 이 와중에 코로나19의 습격과 기대했던 2020 올림픽의 연기는 일본 경제회복을 더욱 늦출 것으로 전망된다.

이제 대부분의 일본 사람들은 더 이상 아베노믹스가 임금상승이나 고용증대로 이어질 것으로 보고 있지 않다. 나아가 아베노믹스가 실패할 것으로 믿는 사람들이 성공할 것이라고 믿는 사람들을 능가하고 있다(한국금융연구원, 2014b: 21). 당초 아베노믹스는 향후 10년간 연평균 2%의 실질GDP 성장률 및 2년 내에 2%의 소비자물가상승률을 달성할 것을 공언하였으나 일본의 GDP 성장률은 2015년 2분기에 -1.3%를 기록했으며 3분기에도 마이너스를 기록할 것으로 전망되고 있다. 그리고 소비자물가상승률은 2015년 현재 4개월 연속 0%대에 머물고 있다(한국금융연구원, 2015a: 14).

2020년이 되면서 제2차 아베 내각이 출범한 지 7년이 지났다. 지난 기간의 결과를 통계로 살펴볼 때 아베노믹스는 실패했다고 평가된다. 아베노믹스는 명목성장률 3%, 실질성장률 2%를 목표로 내걸고 일본 경제의 재생을 추진하였다. 그러나 지난 7년 동안 명목성장률이 3%를 넘은 것은 단 한 번, 소비세율 인상으로 명목 GDP가 성장한 2015년 한 해 뿐이었다. 2013년에서 2018년까지 6년간의 평균성장률은 1.7%이었으며, 6년간의 실질성장률은 1%에 그쳤다. 디플레이션을 극복하기 위해 일본은행은 2% 소비자물가 상승률을 목표로 내걸었으나 이를 달성한 것은 2014년 한해에 그쳤을 뿐 대부분 1%에도 훨씬 못 미쳤으며 심지어 2016년에는 마이너스 성장률을 기록하기도 했다. 이처럼 스스로 내걸은 목표치에 한참 미달한 아베노믹스는 실패로 평가할 수밖에 없다(얀베 유키오, 2020: 282-284).

나아가 아베노믹스는 사람들의 생활의 질을 후퇴시켰다. 지난 6년간 국민들의 월 실질 소득은 42만 5천 엔에서 45만 5천 엔으로 3만 엔이 증가해 7%가 올랐다. 그러나 소비자 물가가 소비세 인상 영향으로 5.3% 올랐다. 이를 뺀 실질소득은 6년간 1.7% 증가하는데 그쳤다. 반면 월 소비지출은 지난 6년간 31만 3천 엔에서 31만 5천 엔으로 2%인 2천 엔밖에 오르지 않았다. 물가상승을 고려하면 지난 6년간 실질소비가 4% 감소한 것이다. 이렇듯 가처분소득의 상승률보다 소비자 지출의 상승률이 낮은 것은 소비성향이 낮아졌음을 의미한다. 아베노믹스는 이 모든 충격을 저소득층인 셀러리맨 세대에게 안겨주었기 때문에 하층 사람들의 고통은 더욱 심해졌다. 특히 저소득층은 2018년 의료비와 교육비 지출을 2012년에 비해 10% 줄였다. 아베는 소비세를 증세하고 사회보장제도를 개악함으로써 서민들의 생활을 더욱 어렵게 만들었고 이는 소비증가 부진으로 이어지면서 디플레이션을 가속화시켰다. 지난 6년 동안 법인 기업의 인건비 지급액은 5% 증가했는데, 이 사이 소비자 물가 증가율 4.3%를 빼면 실질 임금 증가율은 0.7%에 불과했다. 반면에 기업의 경상이익은 73%가 증가했고, 지급 배당금도 66% 증가했다(얀베 유키오, 2020: 280-287).

소비 부진의 가장 큰 원인은 소득증가 부진에 있다. 통계 비교가 가능한 2012년에서 2017년까지의 자료를 보면, 지출항목별로 볼 때 눈에 띄는 것이 두 가지 있다. 낮은 민간 소비 지출 성장률과 높은 수출 성장률이다. 실질 민간 소비액을 보면 2012년의 235조 엔이 2018년 238조 엔이 되어 6년 간 3조 엔에 그쳐 연평균 0.3%의 증가율을 보였다. 반면 수출을 보면 2012년의 73조 엔이 2018년 93조 엔으로 증가해 6년간 20조 엔이 증가했다. 이 시가 실질 GDP 증가액은 36조 엔으로 그 중 55%가 수출증가에 따른 것이었다. 수출을 제외하면 6년간 GDP 실질 성장률은 0.6%가 된다. 이는 고이즈미 내각 5년간 평균성장률과 큰 차이가 없다(얀베 유키오, 2020: 278-279). 기업 친화적 정책으로 수출이 늘면서 기업 이익은 증가하는 반면 임금 수준은 제자리걸음을 하는 가운데 복지 개혁으로 복지비용이 증가하면서 사람들의 소비 수준은 거의 개선되지 않았다. 동일노동·동일임금 정책에 따라 정규직 노동자의 임금도 하향 조정되면서 아베노믹스를 통한 사람들의 삶의 질은 더욱 저하되었다고 말할 수 있다.

10장. 아베 정권의 혐한론의 실체

들어가는 글

혐한嫌韓이란 한국을 혐오하는 것 또는 그런 사람을 의미한다. 혐한의 역사는 역사적으로 이루어 졌다. 사면이 바다로 둘러싸인 섬나라 일본에 가장 가까이 있으면서 일본의 중국 대륙 진출 과정에서 꼭 거쳐야만 하는 가깝고도 먼 나라가 바로 한국이다. 역사의 중요 과정에서 일본은 한국을 적(또는 악)으로 돌리고 내부 합리화를 시도해 왔다. 한국은 끊임없이 일본과 대립해왔으며(예: 왜구의 침입과 토벌) 일본은 내부 불만이 있을 때마다 한국을 불만을 밖으로 돌리는 대상으로 삼아왔다(임진왜란, 명치유신 때의 정한론). 근세사에서 혐한론은 20세기 초 35년간 일본이 한국을 식민지화한 역사에서 찾아진다. 관동 대지진 당시 조선인 학살에서 나타났듯이 식민지 시절 한국인은 불만 표출의 대상이자 감정적인 공격성을 드러낼 대상이 되었으며 전쟁 후에는 재일한국인이 일본의 혐오 대상이 되었다. 이렇듯 일본의 혐한은 21세기 초에 갑자기 나타난 현상이 아니라 역사적으로 추적될 수 있는 사실인 것이다.

전쟁 후 일본 내에서 재일 한국인에 대한 인종주의적 차별은 계속 되어 왔지만 한국 그 자체를 향한 혐오 의식은 수면 아래 가라앉아 있었다. 그 동안 한국은 일본과 견줄 수 없는 미약한 나라로 일본이 고려할 만한 정도로 무게 있거나 영향력 있는 나라가 아니었기 때문이다(혐한/일본-나무위키, 2020: 7). 그러나 1988년 한국이 성공적으로 올림픽을 치르고 국가의 위상이 서서히 높아지더니 2002년에는 일본과 같이 공동으로 월드컵을 성공적으로 치르는데 더해 한국은 일본 축구가 감히 꿈도 꾸어보지 못한 월드컵 4강 신화까지 이룩하였다. 이후 피겨 스케이트 여왕 김현아가 일본 유망주를 누르고 세계를 제패한 사실은 한국을 무시하고 우월 의식에 사로잡혀 있던 일본인들의 자존심을 크게 상하게 만들었다. 2010년대에 이르러서는 한국 드라마와 K-POP 등의 한류 열풍이 일본을 강타하면서 한때 한국의 톱스타와 아이돌이 일본 TV를 점령하였다. 특히 일본 여성들이 한류에 열광하며 한류를 주도하자 마초 의식이 강한 일본 남성, 특히 우익 성향의 남성들이 바짝 긴장하며 한국을 경계하기 시작했다.

이런 상황에서 2012년 일본에 사전 양해 없이 이명박 대통령이 독도를 방문하고 이에 더해 천황 사죄 요구를 하자 드디어 일본 우익들의 불만이 반한으로 표출되기 시작하였다. 아베 집권 이후 반한 감정은 혐한 감정으로 변모하여 기름에 불 붓듯이 일본 사회 전체에 빠르게 퍼져나갔다. 이후 혐한의 양상은 출판 업계나 언론을 통해 급속하게 확대·재생산되기 시작했다. 당시 아베 지지율이 워낙 높아 매스컴이 아무리 아베 정권을 비판해도 반응이 시큰둥한데 반해 이명박 대통령의 독도방문과 천황 사죄 요구, 박근혜 대통령의 반일 발언 등은 일본 매스컴이 공격하기 쉬운 풍부한 화제 거리를 제공해 주었으며 일본 잡지사와 출판사들이 상업적인 계산으로 이를 선정적으로 보도하면서 혐한이 심화되었다. 출판계는 앞 다투어 혐한 서적을 출판하였고 각종 혐한 서적은 불티나게 팔렸다. 이에 고무된 산케이 신문 등 보수 언론을 필두로 일본 출판계는 더욱 자극적이고 선정적이며 편향된 혐한 기사들을 써내려갔다. 특히 여성 한류 팬에 곱지 않은 시선을 보내던 일본의 중년 남성들이 혐한 기사에 열광하기 시작했다.

이 과정에서 아베를 비롯한 정치권은 인종적 차별을 부르짖는 이러한 행태를 막기보다는 도리어 혐한에 가세하여 한국 때리기에 앞장섰다. 이 장에서는 왜 아베 총리가 혐한론을 부추기는가 하는 아베 정권의 혐한론의 실체와 그 내용을 중심으로 일본의 혐한론을 분석해보고자 한다.

21세기 혐한의 배경

혐한의 배경에는 지난 30년 동안 지속된 일본의 경제 침체와 그에 따른 일본의 국제적 위상의 약화와 상대적으로 한국의 약진이라는 정치·경제적 상황이 가장 결정적인 요인이라고 보는 학자들이 많다. 일본의 경제력과 기술력이 한국(과 중국)에 비해 압도적이던 시절에 일본은 한국(과 중국)에 비해 정치와 경제 모든 면에서 압도적인 우위에 있었기 때문에 한국의 반일 행위에 대해 여유를 갖고 바라볼 수 있었다. 그러나 일본의 경제 불황이 장기화되는 가운데 2010년을 넘어서면서 상황이 급변하였다. 그 동안 소니와 같이 과거의 명성을 가진 일본 가전 업체들이 고전을 면치 못하는 사이에 일본이 전혀 경쟁상대로 생각하지 않았던 한국이 급속한 기술 발전을 이룩해 삼성전자와 현대자동차 같은 기업이 일본의 아성을 위협할 정도로 약진하였다. 특히 삼성전자의 이익은 이제 일본 유명 가전업체의 이익을 다 합친 것을 능가하고 있으며 일본 철강업체도 한국에 추월당했고 자동차 역시 현대와 기아 등 한국 업체들의 도전에 직면하게 된 것이다. 나아가 1990년 3만 불이던 일본의 국민 1인당 GDP가 거의 30년 동안 3만 불대를 지속하다가 4만 불의 벽을 넘은 것이 불과 몇 년 전이다. 반면에 1990년 당시 1만 불도 안 되던 한국의 국민 1인당 GDP가 이제 3만 불을 넘어 일본을 바짝 추격하고 있다. 심지어 구매력으로 표현되는 한국의 국민 1인당 PPP GDP는 2017년부터 일본을 추월하면서 한국인의 실제 생활 수준은 일본을 능가하고 있는 것으로 나타나고 있다.

이러한 상황 변화에 대한 일본인들의 불안감과 두려움이 정치권 및 우익 단체들을 중심으로 혐한이라는 모습으로 표출되고 있다는 것이 중론이다. 즉 정치, 경제, 사회 모든 면에서 한국의 급속한 존재감 상승에 대한 일본인의 두려움, 경계심, 질투심이 피해자 의식을 갖게 만들었고 나아가 한국 때문에 일본이 손해를 보고 있는 듯한 '박탈감'마저 생겼다는 것이다. 나아가 위안부 문제나 강제 징용 문제와 같이 한국이 계속 주장하고 있는 일본 과거사 사과 문제는 세계적 인권국가이고 일류 국가라고 자부하는 일본인들의 자존심을 더욱 자극하고 있고 이것이 혐한을 부추기고 있다는 것이다(혐한/일본-나무위키, 2020: 13-14).

일본은 1990년부터 시작된 버블 붕괴와 그로부터 30년 동안 지속되어 온 경제 침체, 2011년의 동일본 대지진과 후쿠시마 원전사고의 후유증, 그리고 2020년 코로나19 사태에 따른 도쿄올림픽 연기 등으로 일본이 다시 일어설 수 없을지도 모른다는 불안감과 한국 등 후발 주자에게 추월당할지도 모른다는 극도의 두려움, 나아가 이제는 일본이 아시아를 주도하는 국가가 아닐 수 있다는 좌절감이 중국보다는 만만한 대상인 한국을 향한 혐한이라는 모습으로 분출되고 있다고 볼 수 있다. 요약하자면 일본의 쇠락과 한국의 약진에 대한 일본 내부의 불안감과 두려움, 그리고 질투심이 혐한의 중요한 요인 중 하나라고 볼 수 있다(혐한/일본-나무위키, 2020: 14). 따라서 일본의 혐한 광풍은 과거사 문제 해결을 요구하는 한국의 태도가 문제일 수도 있지만 더욱 근본적인 것은 일본 내부의 문제로서 내부 문제를 대외적으로 한국이라는 대상(희생양)을 찾아 퍼붓는 것이라고 볼 수 있다.

지난 30년간 지속된 일본의 경제적 불황은 1억 명의 중산층을 자랑하던 일본 경제의 자부심을 무너뜨렸고 나아가 양극화의 심화를 상징하는 소위 말하는 '격차사회'를 만들었다. 중년층의 샐러리맨들은 일자리를 잃었고 청년층은 실업난 속에서 안정된 일자리를 갖지 못하고 아르바이트로 살아가는 '프리터'와 워킹 푸어working poor를 양산했다. 일본인들이 더 이상 과거의 경제적 풍요로움을 경험할 수 없게 된 가운데 한국과 중국의 경제적 도약은 일본인들의 상대적 박탈감과 자신감의 상실로 이어졌다. 이러한 가운데 계속되는 한국의 과거사 사죄에 대한 요구는 한국에 대한 반발심으로 자라났다. 이런 가운데 아베의 보수 우익 정치권은 정치적 위기 때마다 자국 내의 불만을 외부에 적을 만들어 돌림으로써 정권을 유지시키는 방법을 썼다(혐한/일본-나무위키, 2020: 14-15). 아베 정권은 민간 우익에 동조하여 사회주의 이웃 국가인 북한과 중국에 더해 한국을 혐오하는 정서를 부추겼다. 일본은 이웃 아시아 3국인 중국, 북한, 한국 모두를 적으로 돌리면서 불편한 관계를 이어갔다. 박탈감과 반발심으로 가득 찬 극우 세력은 가장 만만한 한국에 대한 공격을 노골화 했고 이것이 혐한으로 표출되었다. 즉 일본 내 혐한은 아베 보수우익 정권과 극우 세력의 합작품으로 나타난 것이라고 볼 수 있다.

일본 극우의 사상적 배경과 아베의 혐한론

일본 보수의 분열: 보수 본류와 보수 비주류

아베의 대 한국 정책을 이해하려면 먼저 아베의 정치적 지향을 이해해야 한다. 아베는 소위 말하는 극우를 대변하는 대표적 인사다. 극우라는 말은 보수와는 다른 개념이다. 일본의 보수 세력은 크게 '보수 본류'와 '보수 비주류'로 나뉜다. 아베를 비롯한 극우파는 원래 보수 비주류 세력이다. 보수 비주류는 일제 강점기의 불법성을 부정하고, 일본이 1945년 이전의 '대일본제국'처럼 다시 동아시아의 패권을 장악해야 한다고 생각하는 사람들을 말한다.

1945년 태평양 전쟁 패전 이후 일본 국내 정치 세력의 주류를 이루었던 사람들을 '보수 본류'라고 부른다. 패전 후 연합국의 점령 통치를 받던 일본은 1951년 연합국과 샌프란시스코 강화조약을 체결해 패전과 전범을 정한 국제관계의 판결을 인정하는 대신 주권을 회복할 수 있었다. 1952년 4월 샌프란시스코 강화조약 발효와 동시에 미·일 안전보장조약을 체결한 일본은 미국과 동맹관계를 맺고 반공 진영에 편입되었다. 일본에서 이러한 샌프란시스코 강화조약을 수용한 세력이 바로 보수 본류다. 보수 본류는 기본적으로 세 가지 특징을 갖는다. 첫째, 샌프란시스코 체제를 받아들인다. 다시 말해, 일본이 침략 국가이자 전범 국가였다는 사실을 인정하는 것이다. 둘째, 평화헌법을 지키려고 한다. 평화헌법이라 하는 이유는 제9조에 일본이 전쟁을 포기하고 전쟁의 수단으로서의 군대를 가질 수 없도록 규정했기 때문이다. 보수 본류는 특히 헌법 제9조를 지키려고 한다. 마지막으로, 보수 본류는 미국과 협력하려 한다는 특징이 있다(호사카 유지, 2019: 137-138).

보수 본류의 대표적인 인물은 요시다 시게루(吉田茂 , 1878-1967)였다. 요시다 시게루의 사상과 정책 방향은 '요시다 독트린'이라고 불렀다. 요시다 독트린의 핵심 내용은 미국에 의존해 안전 보장을 확보함으로써 일본의 방위력을 최소한으로 억제하고, 경무장, 즉 전수방위의 자위대로 만족하는 대신 경제의 부흥·발전을 국책으로 최우선하여 일본을 경제대국으로 만든다는 것이었다. 이 독트린에 따라 보수 본류는 빠른 시일 내에 경제 부흥을 일으켜 일본의 국제적 지위를 회복한다는 것을 목표로 삼았다. 요시다 독트린은 전후 일본 외교의 기본 원칙이 되었고, 일본은 1945년 이후로 이 기조를 지켜왔다(호사카 유지, 2019: 138-139).

일본 보수에는 보수 본류에 대비해서 또 하나의 세력인 '보수 비주류'가 있다. 현재 자민당에서 아베 신조가 중심으로 있는 극우파 세력이 보수 비주류 세력이다. 보수 비주류의 대표적인 인물은 기시 노부스케(岸信介, 1896-1987)다. 아베 신조의 외조부이기도 한 기시 노부스케를 일본 보수 비주류, 즉 극우파의 시작으로 본다. A급 전범 혐의자로 체포되었던 기시 노부스케는 이후 반공주의자로 인정받고, 미국과의 협력의사 속에서 1948년 12월 석방되어 사회로 복귀했다. 이후 탄탄대로를 걸으며 1957-1960년까지 제 56대, 57대 일본 수상이 되었다. 기시 노부스케는 평화헌법 개정을 자신의 정치 목표로 삼았다. 헌법 개정의 주요 목적은 일본군의 부활, 즉 국가주의의 부활이었다. 샌프란시스코 강화조약에서는 일본을 전범국가로 규정하고 A급 전범 28명에 대한 재판에서 도조 히데키 등 7명에게 사형 판결을 내렸다. 하지만, 현재 일본 헌법에는 전범과 관련된 항목이 아예 존재하지도 않는다. 그래서 A급 전범으로 죽은 사람의 유족들은 지금도 일본 정부로부터 연금을 받으며 잘 살아가고 있다(호사카 유지, 2019: 142-144).

보수 비주류 세력의 등극

1950년대에 일본의 보수 세력이었던 자유당과 일본의 민주당이 자유민주당(자민당)으로 통합되었다. 이후 자민당은 압도적으로 우위를 차지했고, 사회당이나 공산당 등 야당은 정치의 중심에서 소외되었다. 이러한 정치 체제를 '55년 체제'라고 부른다. 55년 체제는 자민당 1당 우위 체제였다. 그런데 1993년 자민당 보수 본류에 속하는 의원들이 대거 탈당하면서 자민당이 참의원 선거에서 참패해 자민당 일당 독주 체제가 38년 만에 붕괴되었다. 이후 보수 본류는 퇴색하고 보수 비주류 세력이 급부상했다.

이런 비주류가 어떻게 일본 정치의 핵심으로 부각되었을까? 1993년 7월 자민당이 참의원 선거에서 참패했다. 이때 호소가와 모리히로(1938-)를 중심으로 비자민 연립정권이 만들어졌다. 호소가와도 원래 자민당의 보수 본류 출신이었다. 이처럼 1990년대 초반에 자민당 내 보수 본류 출신의 의원들 다수가 탈당하는 사태가 벌어졌다. 그 이유를 살펴보자. 자민당 안에는 다나카 카쿠에이(田中角榮, 1918-1993)가 이끄는 상당히 큰 파벌이 있었다. 그러나 록히드사로부터 뇌물을 받은 록히드 사건을 계기로 다나카 내각은 내분으로 붕괴하기 시작했다. 다나카 파벌에서 다케시타 노보루(竹下登, 1924-2000)의 파벌이 빠져나가면서 거대한 보수 본류의 다나카 파벌이 무너져 내렸다. 다케시타 노보루는 파벌을 이끌고 1987-89년까지 총리를 역임했지만 그도 1988년 리쿠르트 사건에 연루되어 총리직을 사임했다. 이처럼 정치 스캔들이 연이어 터지자 보수 본류의 주요 인물들이 대거 물러나게 되었고 그들이 이끌던 파벌들은 위기에 처해졌다. 이에 보수 본류에 속하는 의원들이 개혁을 외치며 자민당을 떠나기 시작했다. 하토야마 유키오(1947-)도 원래 자민당 내 보수 본류에 속하는 인물이었는데, 1993년 자민당을 떠나 2009년 민주당에서 일본 총리가 되어 정권 교체를 이끌어내었다(호사카 유지, 2019: 145-146).

결국 자민당은 1993년 8월 호소카와 모리히로 연립정권에 권력을 넘길 수밖에 없었다. 그런데 자민당의 미야자와 내각은 정권을 떠나기 전 1993년 8월에 '고노 회담'을 발표했다. 당시 관방장관인 고노 요헤이(河野洋平, 1937-)가 위안부문제에 대해 담화를 발표한 것이다. 요점은 첫째, 위안소 설치와 관리, 그리고 여성들의 이송에 구 일본군이 직·간접적으로 관여했다는 것이고, 둘째, 여성들의 모집 과정에서 감언·강제가 있었고, 관헌 등이 이에 직접 가담함 적도 있었다는 것, 그리고 셋째, 위안부의 생활은 강제적인 상황 하에서 이루어진 고통스러운 것이었다는 것을 인정한다는 내용이었다(호사카 유지, 2019: 147).

이 담화를 계기로 당시 일본에서는 모든 중학교 사회과 교과서에 위안부 문제 내용이 실렸다. 하지만 호소카와 내각도 비리 문제가 터지면서 1994년 4월 총사퇴를 할 수밖에 없었다. 이어 등장한 하타 쓰토무(1935-2017) 내각도 세력 간 내분으로 두 달 만에 총사퇴했다. 10개월 만에 정권은 다시 자민당 쪽으로 넘어가는 사태가 발생했다(호사카 유지, 2019: 147-148). 1994년 6월 자민당과 사회당의 연립내각이 성립되고 당시 사회당 당수인 무라야마 도미이치(村山富市, 1924-)가 총리가 되었다. 사회당 출신으로 상당히 리버럴했던 무라야마는 1995년 8월 15일 전후 50주년 기념식에서 '무라야마 담화'를 발표했다. 그는 기념식에서 일본의 '식민지 지배'와 '침략'에 대해 세계를 향해 공식적으로 사과했다(호사카 유지, 2019: 148).

하지만 자민당 내 극우파 세력은 이 담화에 대해 격렬하게 반발했다. 극우파들은 당 내에 '역사검토위원회'를 조직해 일본이 일으킨 전쟁은 침략 전쟁이 아니라 아시아를 백인 지배 하에서 구원한 '해방 전쟁'이라는 주장을 역설하기 시작했다. 자민당 내 역사검토위원회는 『대동아 전쟁의 총괄』이라는 책을 출간하여 위안부의 존재 자체를 부정하고, 일본은 침략 전쟁이 아닌 해방 전쟁을 했으며, 나아가 일본은 절대 전범국가 아니라고 주장했다. 이제 자민당 내 극우파들은 위안부 강제 연행을 인정한 고노 담화와 식민지 지배 및 침략 전쟁을 사과한 무라야마 담화를 부정하는 것을 최고의 목표로 삼았다. 당시 정치 신인이었던 아베 신조도 극우파들의 주장에 강하게 동조했다. 아베 신조는 위안부 문제라는 역사적 사실 자체가 없었다고 강력히 주장한다. 그리고 문부과학성에 교과서 개선을 위한 작업을 적극적으로 요구해나갔다(호사카 유지, 2019: 149-150). 극우파 세력이 고노 담화와 무라야마 담화를 부정한다는 것은 결국 한국의 역사인식에 반대한다는 이야기가 된다. 아베를 비롯한 극우파 세력은 적반하장으로 일본의 과거사를 비판하는 한국의 역사인식을 비판하면서 자신들의 정체성을 확립하려고 했다. 한국을 비판하면서 존재감을 더욱 부각시킨 이들이 바로 아베 정권의 모체였다(호사카 유지, 2019: 150).

1999년 오부치 총리 급사 후 총리가 된 모리 요시로(1937-)가 1999-2001년까지 총리를 역임했는데, 모리 요시로는 바로 기시 노부스케 계열, 즉 극우파였다. 그의 후임으로 역시 기시 노부스케 계열의 고이즈미 준이치로(小泉純一郎, 1942-)가 총리가 됐다. 이러한 흐름 속에서 기시 노부스케 계열에서 연속해서 총리가 나왔다. 고이즈미는 2001년 4월부터 2006년 9월까지 약 5년 5개월 동안 총리를 역임했고 이 고이즈미 내각에서 아베 신조가 관방 부장관, 자민당 간사장, 관방장관 등을 역임했다. 아베 신조는 2006년 9월 자민당 총재 선거에서 압승해 고이즈미 내각을 이어 제1차 아베 내각을 꾸리게 되었다. 이때부터 2009년까지 자위대를 정식 군대로 개편해야 한다고 주장하는 기시 노부스케 계열의 정치인들이 총리로 등장하는 시대가 이어졌다(호사카 유지, 2019: 150-151).

일본의 우경화와 극우파의 사상적 배경

오늘날 보수 비주류를 극우파라고 부른다. 극우파는 보수 본류와는 정반대의 내용을 주장해 왔다. 이들은 '역사 수정주의자'로 불리는데, 역사 왜곡은 물론 샌프란시스코 체제도 변경시키려고 한다. 일본의 극우 세력은 일본이 과거에 타국을 침략했다는 사실 자체를 부인한다. 일본은 아시아를 백인 지배에서 해방시키는 해방 전쟁을 실시했는데, 전쟁에서 패배했기 때문에 전범국가, 침략국가로 낙인찍혔을 뿐, 실제로는 전범국가도 아니고 침략국가는 더욱 아니라는 주장이다. 현재 아베 정권이 도쿄재판의 결과를 부정하는 행위는 전후의 샌프란시스코 체제를 부정하고 일본이 침략국가나 전범국가가 아니었다고 주장하는 것이다. 그들은 샌프란시스코 체제가 일본을 전범국가 또는 적성국가로 규정하고 있는 내용을 인정하지 않는다. 또한 평화헌법을 개정해 자위대가 아닌 정식 군대인 '일본군'을 부활시키고자 한다. 또한 미국과 협력하려고 하는 데에서는 보수 본류와 큰 차이가 없지만, 협력하고자 하는 내용에서 큰 차이를 보인다. 그들은 미국과 함께 전쟁을 치르고자 하는 것이다(호사카 유지, 2019: 140). 아베 정권과 보수 비주류 사람들은 일본이 태평양 전쟁에서 패했기 때문에 전범국가가 되었지, 이겼더라면 지금처럼 침략국가라는 낙인이 찍히지 않았을 것이라고 주장한다. 그들은 일본군을 부활시켜서 미군과 연합해야 한다고 주장한다. 이제 미국과는 더 이상 싸우지 않고 함께 협력해서 전쟁을 치른다면 일본은 전쟁에서 계속 이길 수 있고, 이것을 통해 일본인의 열등감을 씻어낼 수 있다고 생각하는 것이다. 이렇듯 '미국과 함께 전쟁하는 일본 만들기'는 일본 극우파의 기본적인 전략이자 사상인 것이다(호사카 유지, 2019: 141).

아베 총리를 비롯한 극우파의 거침없는 우경화 행동과 언동은 어디에서 기인할까? 이는 제2차 세계대전 후 연합국 사령부가 일본의 철저한 자기반성 없이 '전후처리'를 서둘러 봉인함으로써 면죄부를 주었기 때문이다. 이를 두 가지 측면에서 살펴볼 수 있다. 하나는 반성과 배상의 기회를 봉인해버린 제도적 장치, 즉 쇼와 천황의 불기소를 결정한 '도쿄재판'이고, 다른 하나는 일본에 관대한 강화를 규정한 '샌프란시스코 강화조약'이다(서현섭, 2019: 335).

'도쿄재판'이란 제2차 세계대전 후 연합국이 일본인 중대 범죄인을 대상으로 행한 전후 재판을 말한다. 정식 명칭은 '극동 국제 군사재판'이나 도쿄에서 열렸기 때문에 일반적으로 도쿄재판이라고 부른다. 도쿄재판의 원고는 미국, 영국, 프랑스 등 11개국이었고 피고는 도조 히데키 전 수상 이하 25명의 정계 및 군부 지도자들이었다. 재판은 1946년 5월 3일 개정되어, 1948년 11월 12일까지 약 2년 6개월간 진행되었다. 주요 기소 대상은 '평화에 대한 죄(A급 전쟁범죄)'를 포함한 전쟁범죄에 대한 것으로 주로 서구 연합국에 대한 전쟁 행위와 관련되어 있었다. 재판 결과 도조 수상 등 7명에겐 교수형을, 고이소 구니아키 조선 총독 등 18명에겐 종신 금고형이 선고되었다(서현섭, 2019: 336).

그러나 도쿄재판의 근본적인 문제점은 일본의 아시아에 대한 침략행위와 조선 식민지 지배에 대한 책임이 완전히 배제되었다는 것이다. 당초 조선 독립운동에 대한 탄압, 식민지 지배의 만행 등 인도적 범죄 소추가 검토되었으나 기소하지 않는 것으로 결론이 났다. 원고인 11개국 중에도 식민지 보유국이 있었으므로 식민지 지배 자체를 문제시하는 것을 꺼렸기 때문이다. 이에 따라 한국을 비롯한 아시아 국가들에 대한 일본인의 제국주의적 인식은 죄의식 없이 남아 있게 되었다. 결국 전쟁의 책임을 소수의 피고, 그것도 군부, 특히 육군에게 전가시키는 식의 청산이 이루어지고 만 것이다. 이에 따라, 천황과 일본 국민이 전쟁에 협력했다는 분명한 사실은 도외시되고, 도리어 일본 국민은 전쟁의 희생자라는 피해자적 전쟁관이 형성되었다. 이에 따라 전후 일본에서는 과거의 불행한 역사에 대해 응당 책임을 져야 할 세력과 그 후계자들이 도리어 전후 권력을 장악하고 일본을 이끌면서 전전의 제국주의 사상과 역사관이 전승된 것이다. A급 전범으로 수감되었던 기시 노부스케는 석방되어 정계에 복귀하여 총리직에까지 올랐다. 그의 외손자가 바로 아베 신조다. 천황은 기소는커녕 증인으로 채택되지도 않았다. 맥아더는 천황이 전쟁 수행에 실질적으로 관여했다는 증거는 포착되지 않았으며, 천황을 전범으로 소추할 경우 일본인의 맹렬한 저항에 직면하게 될 것이며 최악의 경우 일본이 공산화될 우려도 있다고 보았다. 결국 천황은 전후에도 여전히 국가와 국민 통합의 상징으로 존재하면서 일본의 극우익 세력 부활의 상징적 역할을 하였다(서현섭, 2019:

336-339).

일본의 우익들은 도쿄재판 결과 뿐 만이 아니라 도쿄재판조차 부정하고 있다. '새로운 역사 교과서를 만드는 모임'은 도쿄재판이 승자의 일방적인 재판으로 일본인의 자존심과 자신감을 빼앗고, 스스로를 범죄인으로 여기고 살아가게 했다는 주장을 펼치고 있다. 아베 총리도 이들의 주장에 동조한다(서현섭, 2019: 340).

샌프란시스코 강화조약에 대해 살펴보자. 1951년 9월 8일, 일본과 48개 연합국 간에 벌어진 제2차 세계대전을 종결한 '대일 평화조약'이 서명되어 1952년 4월에 발효되었다. 이로써 일본은 독립국가로서 국제사회에 복귀했다. 이것이 샌프란시스코 강화조약의 개략이다(서현섭, 2019: 340).

애초에 미국을 비롯한 연합국은 일본에 철저한 징벌과 배상을 부과할 계획이었으나, 최종적으로는 징벌도 없고 배상 청구권도 없는 '관대한 강화'로 끝나고 말았다. 샌프란시스코 강화조약은 천황의 전쟁 책임은 고사하고 일본의 전쟁 책임에 대해서도 전혀 언급하지 않음으로써 극히 이례적이라고 평가받았다. 이는 한국전쟁 등 냉전체제의 정치·군사적 대립이 첨예화되는 상황에서, 일본을 자유진영의 일원으로 편입시키고자 했던 미국의 정치적 계산에 기인한다. 샌프란시스코 강화조약에서 일본의 전쟁 책임을 언급한 부분은 제11조인데, '일본국은 극동 국제 군사재판과 일본 국내 및 국외의 다른 연합국 전쟁범죄 법정의 재판을 수락한다'라는게 전부였다(서현섭, 2019: 341-342).

도쿄재판과 샌프란시스코 강화조약 제11조에 의해 일본 내에서는 전쟁의 책임에 대한 이중적인 기준이 마련되었다. 대외적으로는 강화조약 제11조의 규정대로 도쿄재판의 판결을 수락한다면서 필요한 최소한의 책임을 인정하면서도, 대내적으로는 전쟁 책임 문제를 사실상 부정하거나 승자의 전쟁이라고 강변한다. 이러한 이중 잣대가 역사 교과서 왜곡과 정치가들의 망언으로 이어졌다. 1995년 3월 와타나베 미치오 외상은 "일본이 한국을 통치한 적은 있으나 식민지배라는 단어는 샌프란시스코 강화조약 등 공식 문서 어디에도 씌어져 있지 않으며, 한일합병조약은 쌍방 간에 원만히 체결된 것"이라고 주장했다. 전쟁책임이라는 관점에서 보면 일본인들조차 놀랄 정도의 '관대함'이 일본이 가해자로 반성하고 책임을 질 기회를 말살해 버렸다(서현섭, 2019: 342-343).

아베정권이 들어서면서 일본은 급격히 우경화하였다. 이러한 일본의 우경화는 과거 한국의 우경화와는 전혀 비교할 수 없을 정도로 급속하게 또 광범위하게 진행되었다. 어떻게 이런 급속한 우경화가 선진 자유민주주의 국가인 일본에서 가능한 것인가? 그것은 일본의 민주주의가 국민들의 피눈물 나는 투쟁에 의해 이루어진 것이 아니라는 데에서 기인한다. 전전의 군국주의 일본은 한창 전쟁 중에 갑자기 항복한 상태에서 점령군인 맥아더가 민주주의를 하라니까 전혀 준비 없이 민주주의 국가가 된 것이다. 따라서 피땀 흘려 민주주의를 이룩한 한국과는 달리 일본에서는 민주주의의 주체 세력이 없는 가운데 과거의 군국주의의 잔재가 반성 없이 다시 집권세력이 된 것이다. 따라서 일본에서는 언제든지 과거의 군국주의가 부활할 가능성이 잠재해 있다고 볼 수 있다(일본의 우경화-나무위키, 2020: 4). 오늘날 일본은 지난 30년의 장기 침체 속에서 경제 회생의 가능성이 명확하지 않은데 비해 한국과 중국의 경제 성장은 가시화되어 일본을 위협하고 있다, 이런 가운데 일본의 과거 영광을 재현할 가능성이 점점 희박해지자 극우세력이 득세하면서 군국주의가 부활할 조짐을 보이고 있는 것이다. 혐한은 이 과정에서 한국을 때림으로써 국내 극우파의 결집을 다지는 일환으로 나타난 것으로 이해될 수 있다.

아베의 혐한론

아베 신조는 1993년 7월 중의원에 당선된 이래 역사 수정주의자의 행보를 지속하고 있다. 일본의 침략전쟁 부인, 사죄와 반성 거부, 위안부 동원의 강제성 부인, 교과서에서 위안부 기술 삭제, 독도 영유권 교육 강화, 야스쿠니 신사 공식 참배, 교육 기본법 개정 강행, 방위청을 방위성으로 승격, 집단적 자위권 행사를 위한 헌법 해석 변경, 러일전쟁은 식민지 지배하에 있던 많은 아시아인과 아프리카인들에게 용기를 준 일이라는 발언 등등, 아베는 집요하게 자신의 역사 수정주의적 정치 이념을 구현해오고 있다.

최근의 한국에 대한 수출 규제 조치도 이러한 맥락에서 이해할 수 있다. 아베는 한국을 길들여 자신의 하위 파트너로 끌어들이려고 시도하고 있다. 아베를 비롯한 보수 정치 세력은 반성과 사죄는 자학이라고 비판하면서 역사 왜곡을 서슴지 않았으며, 메이지 유신으로 태동한 제국주의 시대를 찬미하고 있다. 그는 침략전쟁의 역사를 반성하기는커녕 과거의 영광을 그리워하고 있는 것이다. 아베를 비롯한 일본의 우익들에게 메이지 시대는 좋았던 옛 시절이다. 청일전쟁과 러일전쟁, 조선 병합은 그 시절의 아름다운 기억이다. 그러니 한반도에서 저지른 식민지배에 대한 사죄와 반성은 애초에 그들의 마음속에 자리 잡을 수가 없었다(서현섭, 2919: 362-366).

아베 정권은 '아름다운 나라 만들기'라는 슬로건을 힘차게 내세웠다. 아름다운 나라 만들기는 일본이 '전후 레짐', 즉 패전 국가이자 전범국가라는 인식에서 벗어나는 것으로부터 시작되었다. 아베 신조는 일본이 보통 국가가 되어야 하고 이는 자위대가 아닌 정식 군대를 가져야 한다는 정치적 목표를 설정했다. '아름다운 나라 만들기'라는 슬로건은 과거에 일본이 아무런 잘못도 저지르지 않았다는 사상을 토대로 한다. 극우파들은 일본은 과거에 아시아를 침략하지 않았고, 위안부 문제도 불법이 아니라 합법이라고 주장했다. 왜곡된 사상과 역사인식이 '아름다운 나라 만들기'라는 슬로건 아래 서서히 나타나기 시작했다(호사카 유지, 2019: 158-160).

이런 사상적 배경을 지닌 아베 정권은 태생부터 한국에 대한 비판 세력이었다. 위안부 문제 등 한국의 역사 인식을 비판하면서 자신들의 정체성을 확립하고 존재감을 부각시킨 사람들이 일본의 극우파이자 아베 정권의 핵심 세력이다. 그 이유는 한국과 중국만이 일본 극우파의 주장에 강한 반론을 제기하기 때문이다. 일본의 극우파로서는 그들의 정체성을 확립시키기 위해서는 강대국인 중국보다 한수 아래로 생각하는 한국을 세게 때리는 것이 유리하다고 생각한다. 극우파 중에서도 혐한파들은 2006년 제1차 아베 내각 때부터 활동을 개시했다. 그들의 중심은 '재특회'다. 재특회는 재일 한국인을 일본으로부터 추방하는 것을 목적으로 하여 인터넷상의 혐한 발언과 혐한 시위로 한국인뿐만 아니라 한국 자체를 폄하시키는 세력이다.

2012년 12월 다시 총리가 된 아베 신조는 북한의 핵 문제를 시시때때로 거론했다. 아베 논리에 따르면, 북한의 핵 문제에 대항하려면 일본은 강한 군사력을 갖는 나라가 되어야 한다는 것이다. 따라서 일본이 강해지려면 자위대를 정식 군대로 부활시켜야 한다. 아베가 북한에 대해 강경하게 대응하면 할수록 아베의 지지율은 상승 곡선을 그렸다. 이후 아베는 남한 때리기에도 열을 올렸다. 특히 아베에게 위안부 문제는 단골 이슈였다. 한국 때리기를 하면 할수록 아베 지지율은 상승되었다. 아베의 한국 때리기는 떨어진 지지율을 회복시키는 최선의 방법이 되었다(호사카 유지, 2019: 171-174).

혐한론을 주도하는 단체들

일본회의

배후에서 아베 총리에게 정보와 행동 지침 등을 제공하는 조직이 실제로 존재한다. 그것이 일본 최대 규모의 극우 단체인 '일본회의'이다. 이 단체는 정권의 핵심에서 영향력을 키워가고 있지만 기묘하게도 일본 언론의 주목을 거의 받지 않고 잘 알려져 있지도 않다. 일본회의는 일본 최대 규모의 극우 정치결사로 평화헌법으로 대표되는 현행 전후체제를 부정하고, 전쟁 전 및 전시의 일본 체제와 사상을 복원하는 것을 그 목표로 하고 있다. 이를 위해 헌법 개정, 수정주의 역사 교육, 제국 시기의 법제 보존 및 부활을 추진하는 단체로 일본 우익의 정치·사회계의 구심점이 바로 일본회의라 할 수 있다(일본회의-나무위키, 2020: 2).

일본회의는 1997년 5월 30일, '일본을 지키는 국민회의'와 '일본을 지키는 모임'이라는 두 단체가 통합해 발족한 민간조직이다. 일본회의의 근간이 되는 조직 중 하나인 '일본을 지키는 국민회의'는 1981년 10월, 당시 성공리에 원호(연호) 법제화 운동[14]을 추진한 조직들과 인원들을 바탕으로 설립되었다. 당시 여러 갈레로 나뉘어 있던 우파 조직들이 한데 모여 활동하기 시작한 것이 '일본을 지키는 국민회의'의 기반이 되었다. 국민회의는 개헌을 최대 목표로 내걸었지만, 더 나아가 자주방위와 일본의 전통에 근거한 교육의 실현을 목표로 독자적인 교과서 편찬에 적극적이었다. 국민회의는 1997년에는 '새로운 역사교과서를 만드는 모임'을 발족하여 고등학교 일본사 교과서인 신편 일본사를 편찬하였다, 새 교과서를 만든 우익의 목표는 전쟁에서 패배한 기억을 갖고 있는 패배자 일본이 아니라 세계무대에서 미국과 어깨를 겨누는 강대국 일본을 만드는 것이었다. 강대국 일본을 만들기 위해서는 무엇보다도 일본 국민들이 일본 역사를 자랑스럽게 여겨야 하는 것이라고 보았고 이를 위해 과거 일본의 패배와 만행의 흔적을 역사에서 지워버리는 것이 중요했다. 그래서 그들은 정신대 문제나 난징 대학살 등 일본군이 행한 만행을 새 역사 교과서에서는 삭제 하는 역사 왜곡을 단행하였다. 이러한 상황에서 한국이 요구하는 위안부 문제에 대한 일본의 사죄는 있을 수 없는 일이고 한국이 이러한 요구를 할수록 혐한 감정은 깊어질 수밖에 없었다. 일본의 복고주의 역사관은 강대국 일본 구상의 핵심이고 이를 위해 교과서 역사 왜곡은 필수적인 과정 이었다(야스다

14 헤이세이나 쇼와 등 일본 특유의 연호 관련법령은 황실전범에 규정되어 있었는데 패전 후 GHQ가 이를 삭제하여 법률적 근거가 상쇄된 상태였다. 이에 우익계 인사들이 연호제를 지지할 법률을 다시 제정하여 법적 근거를 갖추고자 한 것이 원호(연호) 법제화 운동이다. 1975년부터 운동이 시작되었는데 1979년 일본 국회에서 원호법이 제정됨으로써 4면 만에 목표를 달성했다(일본회의-나무위키, 2020: 3).

고이치, 2019: 262-264; 일본회의-나무위키, 2020: 3).

'일본을 지키는 모임'은 국민회의보다 많이 앞선 1974년에 결성되었다. 이는 우파계 종교의 대동단결이라 말할 수 있을 정도로 우파계 종교 인사들이 중심이 되어 결성했는데 임제종 승려 아사히나 소겐에 의해 시작되었다. 일본 신토의 중심이자 '신사본청'에 막강한 영향력을 행사하는 메이지 신궁의 주요 인물들과 신흥종교단체가 만나 결성한 '일본을 지키는 모임'은 일본 내 우파 조직들 중에서 종교계 인사들이 모인 막강한 조직으로 성장했다(일본회의-나무위키, 2020: 4). '일본을 지키는 모임'은 결성 취지서에서 "애국심이 희박"해진 일본의 현 상황에서 "전후의 폐풍을 일소해서 윤리 국가를 재건"하기 위해 노력한다고 했는데 이는 전후 시대를 부정하려는 것이었다. 이 과정에서 전쟁 당시 '천황 사상'을 신자들에게 호소하며 전쟁 선동에 앞장선 신흥종교단체 '생장의 집'이 가담하여 중요한 역할을 했다(야스다 고이치, 2019: 257).

'신사본청'은 에세 신궁을 본종으로 일본 신사계의 중심이자 정점에 군림하는 조직으로, 일본 전국에 퍼진 8만 여개 신사 중 9할 이상을 산하에 두고 있다. 신사본청은 전후 GHQ가 '국가 신토'를 완전히 철폐시키면서 탄생한 조직이지만 조직 탄생 이후 그들은 도리어 국가 신토의 부활을 꿈꾸어 왔다. 신사본청은 황국의 도를 가르치고 황국문학을 배워 운용할 것을 건학의 이념으로 받들고 있다. 황국이란 천황이 통치하는 나라, 천황을 최고 정신적 통합자로 섬기는 나라를 의미한다. 신사본청의 본종은 이세 신궁이나 자금력이나 권력 측면에서는 메이지 신궁이 핵심을 차지하고 있다(일본회의-나무위키, 2020: 4-5).

'생장의 집'은 1930년 타니구치 마사하루가 창설한 종교로 그는 일본은 세계의 지도국이며, 일본인은 세계의 지배자로서 신에게 선택받은 거룩한 백성이라고 믿은 자민족 중심주의에 심취한 인물이었다. 나아가 대일본 제국은 신국이고 천황은 절대적인 신이라는 '천황 신앙'중심의 교리와 당시 전쟁을 발판으로 생장의 집의 교세가 크게 확장되었다. 전후 그는 좌익 학생조직인 '전공투'에 맞서 활발한 활동을 전개하면서 일본 내 좌파 운동권 세력의 소멸이라는 대전환을 이루어내는데 크게 공헌하였다. 이후 생장의 집 계열 우파 활동가들은 '일본청년협의회'를 조직하였으며 이들이 '일본을 지키는 모임'과 '일본을 지키는 국민회의' 양쪽 모두에서 핵심 사무를 맡으며 우파 조직 실무진 인적 구성의 핵심부를 구성했다(일본회의-나무위키, 2020: 5-6).

이 두 조직이 결합한 데에는 당시 두 조직의 사무국이 하나였다는데 있다. 원호 법제화 운동이 성공적으로 마무리 된 이후 이들이 서로 협력하여 조직을 통합하여 1997년 '일본회의'가 탄생한 것이다. 일본회의는 그 지향이 매우 보수적이고 복고적인데 그 지향점을 보면 전통의 국민성을 수호하기 위해 부부성별제도나 새로운 가족관 도입에 반대하고, 국가 명예를 지키기 위해 야스쿠니신사 참배 운동을 전개하고, 자위대의 역할 확대를 통해 전쟁이 가능한 국가를 지향하고, 남성 천황 중심의 전통적인 남성 중심 사회를 건설하는 것 등을 목표로 하고 있다(일본회의-나무위키, 2020: 11-12).

일본회의는 전후의 우파 인사들과 우파 종교계가 대동단결한 조직이라 할 수 있다. 그렇다면 왜 이 시기에 일본회의가 발족했을까? 그 계기는 1990년대 초에 일어난 자민당 일당 지배체제의 붕괴와 그로 인한 정치구조의 변화를 들 수 있다. 이 조직이 결성된 결정적인 계기는 1995년에 발표된 '무라야마 담화'였다. 1993년 '고노 담화'에 이어 1995년 '무라야마 담화'까지 나오자 일본 극우 세력들이 일본회의를 만들어 대항하려고 한 것이다. 일본회의의 목적 중 하나는 일본 침략 역사를 정당화하기 위해 보수의 논리를 만드는데 있었다. 보수의 논리가 없으면 앞으로 일본 보수 세력은 계속 내리막길을 가게 될 것이라고 우려했기 때문이다(호사카 유지, 2019: 223).

그렇다면 일본회의가 주장하는 '보수의 논리'란 무엇일까? 먼저 그들은 1945년 이전의 대일본제국을 가장 이상적인 형태의 국가로 본다. 따라서 그들은 일본 천황을 1945년 이전처럼 절대 권력을 가진 국가원수로 추대하여야 한다고 주장한다. 일본회의는 메이지시대의 천황제를 부활시켜 대일본제국을 재건해 국가주의 시대로 복귀하려고 하는 것이다. 같은 맥락에서 일본회의는 일본이 보통국가가 되어 정식 군대를 가져야 한다고 주장한다. 그들에게 '일본은 침략 국가'였다는 명제는 좌파세력이 만들어낸 새빨간 거짓말일 뿐이다. 그들은 일본은 침략전쟁을 벌인 것이 아니라 백인 지배로부터 아시아를 해방시키는 해방전쟁을 일으킨 것뿐이라고 주장한다. 따라서 위안부나 난징 대학살과 같은 역사적 사실도 부정한다. 일본회의는 과거의 일본은 범죄를 저지르지 않은 절대적으로 선한 나라라고 미화한다. 일본은 운이 나빠 미국에 패했기 때문에 전범국가로 낙인찍혔을 뿐이라는 것이 그들의 주장이다. 그들에게 야스쿠니 신사는 일본을 위해 목숨을 바친 군인들을 위령하는 장소이기 때문에 정중하게 여겨야 하고, 야스쿠니 신사참배는 일본인이라면 누구나 당연히 해야 할 신성한 행위라고 주장한다. 개헌, 군대 부활, 천황 중심의 일본 재건, 야스쿠니 신사 참배 추진 등 일련의 일본회의의 주장들은 아베 정권의 사상과 100 퍼센트 일치한다(호사카 유지, 2019: 224-225).

일본회의가 추구한 큰 사업 중하나가 앞서 언급한 새로운 교과서 만들기다. 일본회의가 보기에, 전후에 제정한 교육기본법은 헌법과 마찬가지로 미국이 만든 것으로, 학교 교육에서 일본의 전통 문화와 애국심을 말살하는 악법이었다. 일본회의는 1997년 설립과 함께 '새로운 역사교과서를 만드는 모임'을 만들었다. 이의 목적은 애국 교과서를 만드는 것이었다. 그들은 공격 목표를 일본의 침략전쟁이나 난징대학살, 종군위안부 등 일본의 가해 역사를 다룬 교과서로 정하고 이에 대항해 일본인의 긍지를 되찾는 교과서를 만들고자 했다. 그들은 새 교과서에 가해의 역사를 담지 못하게 했다. 그들은 일본의 젊은이들이 과거역사로 주눅 들지 않고 당당히 세계 경영에 참여하길 바라고 있다. 일본회의는 교육기본법 개정 운동을 헌법 개정의 전초전으로 평가했다. 그리고 2006년 아베 정권은 마침내 교육기본법을 개정했다. 개정 내용에는 “전통과 문화 존중”, “풍부한 정조와 도덕심” 등 일본회의 요망사항이 반영되었다(야스다 고이치, 2019: 278-280).

일본회의의 정체는 단순한 운동 단체가 아니라 정치에 직접적으로 영향력을 행사해 자신들의 우파 정책과 주장을 실현하는 것이 특징이다. 일본회의는 한국을 혐오하는 이른바 ‘혐한’ 활동과도 관련이 깊다. 혐한 시위운동을 배후에서 지원하기도 하고, 자체적으로 혐한 관련 책을 활발하게 출판하기도 한다. 산케이 신문 등 보수 언론 매체나 여러 기관, 단체와도 연계되어 있어 활발하게 홍보·언론·출판 활동을 진행하고 있다. 현재 아베 내각의 장관 20명 중 15명 정도가 일본회의에 가입해 있다. 1997년에는 일본 국회의원들은 일본회의를 지원하기 위해 초당파적인 성격의 「일본회의 국회의원 간담회」라는 모임이 만들었다. 일본 전체 국회의원은 중의원 485명, 참의원 245명으로 총 730명인데, 그중 40%에 해당하는 약 300명의 국회의원들이 「일본회의 국회의원 간담회」에 소속되어 있다. 또한 일본회의에 소속된 지방의회 의원들 약 1,600명도 전국에서 활동하고 있어 일본회의가 가지는 정치적 영향력은 가히 절대적이라고 말할 수 있다(호사카 유지, 2019: 218-219).

재특회

일본에서 혐한 시위가 본격적으로 시작된 것은 2006년으로 당해 년도에 일본 내에서 행동하는 극우 단체의 하나로 ‘재일 한국인의 특권을 허용하지 않는 모임’(이하 재특회)이라는 혐한 단체가 결성되었다. 재특회는 사쿠라이 마코토가 2006년 12월 설립하고 이듬해 1월부터 집회를 시작했는데 이는 1기 아베 내각의 출범과 일치한다. 사쿠라이는 2006년에 벌어졌던 고노 담화 철회 요구 서명운동이 행동보수의 기원이라고 설명한다(하종문, 2018: 262). 그들의 무기는 가두시위 이상으로 막대한 영향력을 지닌 인터넷을 이용한 혐한 발언과 한국인에 대한 인신공격이다. 그래서 그들을 ‘넷우익’이라고도 한다. 재특회의 활동은 주로 넷우익 활동으로 이루어졌는데 위안부 문제가 최대의 과제였다. 그들은 2012년 한국을 비호하는 민주당을 매국노라고 비난하면서 “위안부(매춘부)는 있었지만 종군위안부(성노예)는 존재하지 않았다”, “군에 의한 강제연행이란 있을 수 없다.”는 내용의 성명을 발표하였다. 이어 재일 한국인에 대한 혐한 발언과 혐한 시위가 본격적으로 시작되었다(하종문, 2018: 277). 그들은 심지어 2015년 12월 28일 한일 양국 정부가 ‘위안부’문제 해결에 합의한 것에 대해서도 위안부 실체를 인정한 것이라 하여 매우 부정적이었으며 이에 합의한 아베 수상 까지 맹렬하게 비난했다(하종문, 2018: 279).

일본은 지금 혐한 여론에 반대 의견을 제기하면 매국노 취급을 받는 이상한 나라가 되었다. 혐한 여론에서 볼 수 있는 댓글들은 ‘전후 일본이 한국 측에 양보해왔으니 더 이상 양보할 필요가 없다’는 위험한 발상들이 주종이다. 그들의 목표는 한국이 주장하는 모든 ‘반일적’ 주장들을 말살하고 극우파들의 주장으로 한국과 일본을 도배하는 데 있다(호사카 유지, 2019: 44-49).

무엇이 재특회를 만들었는가? 야스다 고이치는 장기불황에 따른 일본의 구조변동과 그로 인한 불만과 불안이 재특회를 낳은 배경이라고 보았다. 30년 가까운 장기 경제 불황으로 고용 유연화가 심해져서 사람 취급을 받지 못하는 비정규직 노동자가 대량 생산되고 어디에도 소속되지 못하는 사람들 중 일부가 ‘일본인’이라는 정체성을 찾아 나서면서 배외주의가 성장했다는 것이다. 그들은 특권과 엘리트에 대한 계급투쟁을 하고 있는 중인데, 특권 없는 재일한국인이 특권계급으로 묘사되는 것은 모순이라 할 수 있다(오마이뉴스, 2018: 1-2).

히구치 나토오 교수는 기존 견해와 다른 견해를 보인다. 그는 재특회를 보수주의 정치의 변용이라 본다. 재특회 주장의 대부분은 이제까지 일본 정부나 매스컴이 해온 이야기의 반복에 불과하다는 것이다. 재일특권 문제는 표면적인 문제일 뿐, 핵심은 일본의 식민통치 등 과거사 문제에 대한 인식이라는 것이다. 재특회는 주류의 역사에 대하여 불협화음을 내는 존재인 재일 코리안을 오욕의 역사와 함께 말살하려고 하는 것이다.

종합해보면, 결국 종전 후 지금까지 해결되지 못한 역사문제가 일본의 침략전쟁과 위안부 문제 등을 부인하는 역사 수정주의를 낳았고, 역사 수정주의에 입각한 정보가 인터넷을 통해 대중화되면서 재특회라는 혐한 단체를 탄생시킨 것이다. 이의 해결책은 역사문제를 객관적으로 보고 상식적인 수준에서 올바르게 해결하는 길 뿐인데 현 일본의 상황으로 보아서는 요원한 일로 보인다(오마이뉴스, 2018: 2-5).

나오는 글

혐한이라는 단어가 미디어에 처음 등장한 것은 1992년이다. 당시 한국이 88올림픽을 성공적으로 치루고 급속히 경제성장을 이룩함으로써 일본에서 한국의 존재감이 커졌고 한국과 한국인에 대한 일본인들의 인식이 변화되기 시작했다. 이런 상황에서 한국이 일본 천황에게 과거사에 대한 사죄를 요구하는 것과 함께 종군 위안부 문제를 본격 거론하면서 일본인들의 자존심에 상처를 입혔다(주간조선, 2017: 4).

일본에서 혐한 시위가 본격적으로 시작된 것은 2006년 제1차 아베내각이 시작되면서부터 이다. 당시 일본 내에서 재특회가 결성되어 한국에 대한 혐한 발언과 함께 혐한 시위가 본격적으로 시작되었다. 역사 수정주의로 무장한 아베 내각은 자신의 철학에 입각해 피해자인 한국에 대해 무신경한 발언을 계속해 한국인들을 자극했고 한국 언론이 이를 받아 일본을 공격하면 일본 넷우익이 다시 한국을 공격하는 과정이 되풀이되면서 혐한이 깊어졌다.

2012년 말 제2기 아베 정권이 들어서면서 혐한은 더욱 기승을 펼치기 시작했다. 2013년부터 2014년까지 혐한 서적들이 봇물 터지듯이 쏟아져 나왔다. 이것을 제1차 혐한 서적 붐이라 부른다. 그리고 2017년 문제인 정부가 들어서면서 위안부 문제와 일본 강제 징용 문제가 부각되면서 제2차 혐한 서적 출간 붐이 불었다. 혐한을 주도하는 이른바 '넷우익'은 문재인 정부를 반일·친북 정부라고 맹비난하고 있다. 이들은 왜곡된 정보와 사진, 그리고 혐한 논리를 각색하여 역사적 사실에 정통하지 않은 일본인들을 대상으로 혐한 논리를 확산시키고 있다. 넷 우익에 더해 혐한을 생산하고 소비하는 가장 큰 마당이 출판계이다. 불황과 경영난에 빠진 출판계는 돈 되는 내용이라면 무엇이든지 출판할 준비가 되어 있었다. 이런 상황에서 일본 극우파가 부추겨 널리 확산되고 있는 혐한은 저예산으로 큰 수익을 낼 수 있는 매력적인 아이템이 되고 있다. 이들은 사회적 분위기에 편승하여 별다른 책임감이나 죄책감 없이 혐한의 내용을 부풀려 돈벌이에 이용하였다(주간조선, 2017: 2-4).

아베 정권은 지지도가 떨어질 때마다 내셔널리즘을 부추겨서 한일관계를 의도적으로 악화시켜 국민들의 대내적 비판을 한국으로 돌리게 하고 있는데 이것으로 정권의 지지도는 상승되었으나 일본 내 혐한은 더욱 심화되고 있다. 재특회가 되풀이해서 주장하는 '조선인은 일본에서 나가라' 등의 혐한 발언은 내셔널리즘을 부추겨서 차별주의를 확산시키고 있다. 재특회가 국내 문제에서 국민들의 눈을 돌리려고 한국이나 한국인을 적으로 만드는 수법은 재특회가 아베 정권의 친위대임을 보여준다. 아베 정권이 특정 단체에 동조하여 혐한을 부추김으로써 한일관계를 더욱 악화시키고 있는 것이다(호사카 유지, 20109: 50-55).

일본의 극우 아베 정권은 외부에 적을 만들어서 국민들의 눈을 외부로 돌린다. 그들의 표적은 2017년까지는 북한이었으나 강제 징용자 판결 문제에 대한 한국 대법원의 판결이 확정된 2018년 10월 이후부터는 한국이 일본의 표적이 되었다. 아베 정권은 일본인들의 불만을 표출할 수 있는 대상으로 한국을 선택한 것이다. 아베 정권은 인사권을 장악하고 혐한 분위기 조성으로 그들의 극우 사상을 정당화해가고 있으며, 극우 언론을 자극해 혐한을 부추기는 과정에서 역사 수정주의를 정당화시키고 있다. 아베는 일본국 헌법을 개정해 자위대를 정식 군대로 변경, 일본을 전쟁할 수 있는 나라로 만들어서 1945년 이전의 대일본제국 부활을 꿈꾸고 있다(호사카 유지, 2019: 73-75).

아베 정권은 혐한이라는 광기와 인사권 장악이라는 수법으로 '독재' 정권을 창출해냈다. 그들은 부상하는 한국 경제를 망가뜨리고 한국을 일본인의 적으로 돌려 전쟁할 수 있는 국가로 가는 개혁을 준비하고 있다. 그럼 아베 정권은 전쟁할 수 있는 나라를 만들어서 누구와 싸우려고 하는 것인가? 아베 정권은 1945년 이전까지 존재했던 대일본제국을 부활시키려는 극우파 세력이기 때문에 그들은 한반도와 일본이 평화적으로 공존해야 한다는 목적 자체를 부정한다. 오히려 과거 일제 강점기와 같이 한반도를 일본 영향 하에 두려는 것이 그들의 진짜 속내다. 한반도를 일본의 세력 하에 두지 않으면 언젠가 평화 공존을 이룩한 남북한이 일본보다 더 강력한 통일국가가 될 수 있다고 우려하기 때문이다(호사카 유지, 2019: 75). 따라서 최근 아베가 시도한 일본의 대 한국 수출 규제 조치는 한국의 경제적 부상을 막는 데 장기적 목적이 있었다고 말할 수 있다.

일본의 혐한은 지난 30년 동안 지속된 불황의 위기 속에서 극우의 아베 정부와 극우 사회 세력이 과거 일본의 군국주의적 영화를 되살려보고자 하는 퇴행적 행보 속에서 나타난 현상이라고 볼 수 있다. 특히 그동안 무시해왔던 한국의 급성장과 맞물려 한국이 제시하는 과거사 정리는 아베를 비롯한 극우파가 지향하는 강국론 목표와 정면으로 충돌하게 됨으로써 한국을 굴복시키자는 목표 아래 혐한이 가속화되었다고 볼 수 있다.

일본 극우가 표방하는 이념은 위험하기 짝이 없다. 그들의 사상은 정교분리와 국민주권 등 근대 민주주의 국가의 기본원칙을 부정하고 있다. 일본회의라는 극우 민간단체가 아베 내각을 좌지우지하면서 일본 민주주의 자체를 위험에 빠뜨리고 있다. 국민회의와 넷우익이 일본 국민의 우익 전체를 대표하는 것처럼 행동하고 있지만 실상 이들은 전체 국민의 극히 일부만을 대변하는 한 무리의 사람들에 불과하다. 많은 사람들이 이들의 행동을 비판하고 있다. 특히 인종차별이 문제시 되는 국제사회에서 이들 일본 극우파들이 혐한에서 보여주는 차별의식은 일본이 정상적인 민주 인권국가로 발달해 가는데 커다란 장애가 될 것이다. 또한 만인주시 속에서 일본의 손바닥으로 하늘 가리식의 교과서 역사 왜곡은 전 세계의 지탄의 대상이 될 뿐 아니라 일본 젊은이들이 비판적 안목을 지닌 올바른 지성인으로 자라는 것을 방해할 것이다.

Ⅲ부

대만의 발전과 전망

11장. 대만의 민주화와 경제성장의 딜레마

들어가는 글

필자는 권위주의 정권을 무너뜨리고 민주화를 이룩한 신흥 민주주의 국가들은 이후 어떻게 변화 발전하였는가에 많은 관심을 갖고 살펴보았다. 이 장은 하나의 사례로서 대만의 정치적 민주화 과정과 이후의 경제발전에 대해 고찰해보고자 한다.

대만은 1970-80년대에 장제스蔣介石 총통과 대를 이은 장징궈張經國 총통의 강력한 권위주의적 일당 독재 하에서 눈부신 경제성장을 이룩하여 1980년대 말에 한국과 함께 발전국가를 대표하는 동아시아신흥공업국으로 급부상했다. 그러나 경제발전과 함께 주민들의 민주화 욕구도 함께 발전하였다. 40년 넘게 국민당 1당 독재체제를 경험한 대만 사회에서 민주화의 궁극적인 목표는 국민당 1당 독재 타도와 총통 직선이었다.

대만의 민주화 경험은 다른 나라들의 사례들과 공유하기 어려운 독특한 특징을 갖고 있다. 대만의 민주화에 대한 요구는 국민당 권위주의 체제에 대항하는 기층 민중들의 요구로부터 시작되었지만 그 과정은 격렬하지도 폭력적이지도 않았다. 더 나아가 이러한 민중들의 요구에 대해 집권당인 국민당의 최고 통치자들이 앞장서서 개혁을 주도하여 야당 설립 허용, 계엄령 철폐, 입법위원(한국의 국회의원) 직선제 실시, 총통 직선제 실시 등의 중요한 정치 개혁을 이루어 냈다. 시대 조류를 읽은 집권당 내 개혁파 집행부가 집권당 내 보수 세력의 저항을 물리치고 위로부터의 양보와 개혁을 통해 민주화를 주도한 것이다. 따라서 대만의 민주화 과정은 비폭력적이었고 위로부터의 정치적 개혁에 국민들이 동참하는 방식으로 진행되었다. 대만의 위로부터의 민주화는 민주화 운동을 시작한지 불과 15년 만에 성공적으로 달성되었다.

대만 민주화에 대한 시련은 민중이라는 내부 반발 세력보다는 도리어 외부로부터 왔다. 총통 직선과 정권교체라는 국내 민주화를 성공적으로 달성한 후 국가 독립이라는 대명제를 추구하던 대만 집권 세력은 중국이라는 대외 변수 앞에서 한계를 노정했다. 중국의 간섭과 위협 하에서 대만은 대만 독립을 위한 민주화 운동의 지속이냐 아니면 독립운동을 중단하고 경제성장에 치중하느냐의 선택의 기로에 놓이게 되었다. 총통 직선과 정권교체라는 정치적 민주화가 이룩된 후 어느 정도 시간이 지나자 대만 주민들은 차기 총통 선거에서 대만 독립을 주장하는 민진당 후보보다는 중국과의 관계 개선을 통 경제성장을 주창한 국민당 지도자를 선택하였다. 그러나 다시 8년이 지난 후 총통 선거에서 대만 주민들은 다시 대만 독립을 주장하는 민진당 후보를 선택함으로써 선순환적인 정권교체의 길을 열었다.

그렇다면 대만의 민주화는 어떻게 그렇게 짧은 시간에 성공적으로 진행되었을까? 그리고 이후 어떤 이유로 총통 선거과정에서 경제성장 또는 대만 독립이라는 이슈중 하나를 선택하는 것일까? 이 글에서는 대만의 민주화가 어떻게 진행되었는지를 살펴본 후 정치적 민주화가 대만 경제발전에 끼친 영향을 살펴보았다. 나아가 대외적으로 중국 변수가 대두된 이후의 민주화 진행과정과 및 경제발전을 살펴보면서 대만 특유의 민주화와 경제발전 간의 관계를 살펴보고자 하였다.

이론적 배경

민주화를 분석하는 이론적 시각에 대한 접근은 대부분 구조결정론과 그에 대한 대안으로 정리된다. 임혁백은 민주화를 분석하는 시각을 크게 구조결정론적 시각과 발생론적 시각으로 나누었다. 구조결정론적 시각은 사회경제적 구조가 정치체제를 결정한다고 보는 시각이다. 이 시각에 따르면 사회경제구조의 발전이 일정 수준에 이르면 자동적으로 정치체제의 민주화가 이룩된다는 것이다. 그러나 이러한 시각은 다양한 측면에서 비판 받았다. 우선적으로 구조적 조건들의 변화가 민주화의 전제인지 결과인지가 분명치 않으며, 동일한 사회경제적 구조를 가진 나라들이 서로 다른 정치체제를 발전시키는 것에 대한 설명이 필요하며, 최근 가장 문제가 되는 것은 구조이론 속에는 정치행위자들의 역할이 무력해진다는 것이다(임혁백, 1990: 53-54).

이에 비해 발생론적 시각은 인과관계, 비非 단선론적 설명, 우연성과 행위자의 선택, 원인을 강조한다. 이 시각은 구조적 결정보다는 정치행위자들의 전략적 선택을 강조한다. 이 관점은 다시 "위로부터의 민주화"와 "아래로부터의 민주화" 시각으로 나뉠 수 있는데, 전자는 민주화는 기본적으로 위로부터의 양보에 의한 개혁을 통해 이루어진다는 시각이고 후자는 사회 밑바닥의 민중으로부터의 압력이 축적된 결과로 나타난다는 시각이다(임혁백, 1990: 53-56). 그러나 두 관점 모두 한계를 지니고 있어 인과적 연관관계를 설명하기 위해서는 이 두 시각의 상호 보완적 결합이 필요하다.

임혁백은 대안으로 전략적 선택이론을 제시하고 있다. 즉, 전환과정에서 구조적 조건이 정치행위자들의 선택을 제안하지만 전환은 관련된 정치행위자들에 의해서 결정된다. 정치행위자들은 그들의 이익을 극대화하는 방향으로 상호작용 하고, 그 결과는 관련된 정치행위자들이 어떠한 전략을 선택했느냐에 따라 결정된다는 것이다. 전환은 반대세력의 성장으로 체제에 일방적인 비대칭적 힘의 관계가 깨짐으로써 체제가 균형점에서 이탈했을 때 시작된다고 본다. 이 계기는 반대세력들이 실현가능한 정치적 대안을 조직했을 때 가능하다. 즉, 민주화로의 전환은 집권 권위주의 블록이 강경파와 온건 개혁파로 분열될 되고, 반대세력이 공동보조를 맞춰 정치적 대안 세력을 조직했을 때 가능하다고 보는 것이다(임혁백, 1990: 57-59).

대만의 민주화 과정을 설명하는데 안승국은 정치행위자 이론을 적용했다. 안승국은 흔히 민주화 이론은 세보르스키(Przeworski 1986)의 연구에 따라 거시적이고 객관적인 구조를 강조하는 구조적 접근과 정치행위자의 전략과 선택을 중시하는 정치행위자이론의 두 유형으로 나뉜다고 보았다. 구조적 접근은 사회의 구조적 또는 사회경제적 조건에 초점을 맞추어 체제변화를 설명하는 것으로 체제의 객관적 조건이 민주화의 향방을 결정한다고 보는 것이다. 그러나 이러한 접근은 주요 정치행위자들의 선택과 상호작용을 무시함으로써 변동 과정의 역동성을 보지 못한다는 한계점을 갖고 있다. 이에 비해 정치행위자이론은 정치변동에 미치는 정치행위자 간의 상호작용을 강조한다. 안승국에 따르면 민주화의 결과는 상이한 정치행위자들의 전략적 선택에 좌우된다. 결과는 선택과 게임의 규칙에 따라 좌우되는 것이기 때문에 이 이론의 또 다른 특징은 그 결과의 불확실성이다(안승국, 2001: 284-286).

안승국은 지배세력과 반대세력 간의 전략적 상호작용을 정치변동의 핵심에 놓고 있다. 민주화 게임의 전제는 지배세력과 반대세력 간의 정치적 게임의 전개에서 지배세력이 반대세력의 정치행위를 통제하지 못할 때 시작된다. 정치적 게임에 참여하는 세력들은 상이한 선호를 갖고 있고 동일 세력 내의 다른 행위자의 반응에 대한 정보가 충분치 못하기 때문에 한 세력에서 이루어진 선택은 다른 세력에 영향을 미친다. 그리고 각 세력은 두 가지 선택이 가능하다. 지배세력은 반대세력을 억압하거나 관용할 수 있으며 반대 세력은 체제를 수용하거나 체제에 도전할 수 있다(안승국, 2001: 286-287).

민주화 과정은 지배세력과 반대세력 간의 죄수의 딜레마게임으로 이루어지는데 이의 특징은 행위자의 선택이 동시에 이루어지는 것이 아니라 순차적으로 이루어진다는 것이다. 민주화는 “반대세력의 체제수용에 따른 관용에 대한 지배세력의 선호가 커질수록 지배세력이 반대세력에 의해 기만당할 가능성이 작아지므로 지배세력은 관용에 따른 부담을 더 많이 감수하게" 된다. 게임이 반복됨에 따라 민주화를 위한 최적의 균형점은 지배세력의 관용과 반대세력의 체제수용에서 이루어진다고 본다(안승국, 2001: 288).

김범석도 임혁백이나 안승국과 마찬가지로 민주화 과정을 설명하는 일반적인 이론으로 구조중심 이론과 과정중심 이론을 들고 있다. 그리고 다른 이론가들과 마찬가지로 전자는 주요 정치행위자들의 선택과 상호작용을 무시하여 체제 변동에 대한 인과적 설명을 제시하지 못한다고 비판하면서 과정중심 이론이 체재 내 엘리트들과 반대파들의 전략적 상호작용을 잘 설명한다고 주장하였다. 과정중심 이론가들은 구조를 단지 행위에 대한 외부적 제약조건일 뿐이라고 보고 행위자들이 자신들의 이익을 추구하는 전략적 선택을 함을 강조하였다. 그러나 이러한 이론은 민주화를 촉진시킬 수 있는 역사적, 구조적 요소를 의도적으로 무시하고 행위자들의 의지와 능력을 과도하게 강조하는 문제점을 갖고 있다고 지적하였다(김범석, 2002: 239-240).

이에 대해 김범석은 구조적 제약과 행위자 선택과의 상호연관성을 추구할 수 있는 대안으로 '경로의존적 접근법'을 택해 구조중심 이론과 과정중심 이론을 통합하고자 하였다. 경로의존적 접근법은 행위자들의 선택과 상호작용을 분석하고 그러한 이행양식은 장기적으로 구체제의 구조적 특성에 의해 영향을 받는다는 것을 보여주고자 한다. 즉 경로의존적 접근법은 단기적인 행위자적 요소와 장기적인 역사적 구조 모두를 분석하는 것이다(김범석, 2002: 241-242).

김범석은 민주화 이행양식은 민주화 이행과정을 주도하는 행위자들과 그들이 사용하는 전략이라는 측면에서 정의된다고 보았다. 이행전략은 일방적으로 힘에 의지하는 것에서부터 다자간 타협을 시도하는 것으로 구분한다. 행위자는 아래로부터의 이행, 즉 피지배세력들로부터의 변동요인들과 위로부터의 이행, 즉 체제 내의 지배엘리트들이 민주화 과정에서 중요한 역할을 발휘하게 된다. 김범석은 대만의 이행전략은 일방적으로 힘에 의지하고 행위자는 위로부터의 이행, 즉 체재 내 지배엘리트들이 민주화 과정에서 중요한 역할을 수행한 사례로 보았다. 이는 반대세력으로부터 체제에 가하는 압력이 극히 미약한 상황에서 지배엘리트들이 일방적이고 효과적으로 체제변동을 시도한 경우다. 이러한 민주화 과정에서 체제 변화에 관한 정치적 의제를 반대 세력이 정하는 것이 아니라 집권 엘리트들이 일방적으로 정하게 되는 것이다. 이런 민주화 과정은 이후 민주주의 공고화 과정이 상대적으로 더디게 진행되기 쉽다(김범석, 2002: 241-242).

위로부터의 민주화라는 특징을 갖고 있는 대만의 민주화 과정은 구조적 요인보다는 정치행위자 집단들 간의 상호작용과 선택의 결과로 이해하는 것이 일반적이다. 필자로 이러한 견해에 근본적으로 동의하고 있고 또한 이러한 논리에 따르고 있다. 그러나 이들의 선택과 상호작용은 대만 특유의 정치, 사회 및 역사적 요인으로부터 자유롭지 못하다. 즉 대만의 정치행위자들의 행동은 대만의 독특한 정치, 사회, 역사, 문화적 환경 속에서 배태된 것이다. 특히 중국 대륙의 위협 하에서 강화된 국민당 일당독재의 당국체제는 민주화 이전 대만 사회의 노동운동과 사회운동을 극도로 약화시켜 이들이 세력화되는 것을 방지했으며 중국의 위협은 민주화 이후에도 지속해서 대만의 정치 및 경제 행위에 영향을 미쳤다. 따라서 대만의 민주화는 50년간 일당 독재를 지속할 수 있었던 역사, 제도적 요인을 고려하는 경로의존적 접근법과 민주화를 가능케 한 정치행위자들의 선택을 동시에 고려하여 설명하는 것이 더욱 설득력이 있게 보여진다. 민주화 이후에도 중국 변수는 정치행위자들의 선택을 제약하여 이후 대만의 민주화 및 경제발전에 크게 영향을 미치고 있다.

이 글은 한편으로는 대만의 민주화는 한국과는 다르게 민중세력 중심의 끈질긴 대정부 투쟁의 결과라기보다는 일반 대중과는 격리된 정치행위자들의 선택과 상호작용의 결과였음을 보여주고자 하였다. 특히 대만의 민주화는 체재 내 지배엘리트들의 선택과 결정이 민주화 과정에서 중요한 역할을 수행한 대표적인 사례로 볼 수 있다. 그러면서도 다른 한편으로는 그러한 행위가 중국의 적대행위를 비롯한 대만 특유의 정치사회적 환경과 역사 속에서 이루어짐으로써 중국이라는 대외적 변수가 대만의 민주화와 경제발전에 중요하게 작동하여 왔음을 보여준다. 따라서 대만의 민주화 과정에서는 한국에서의 5·18 민주화 운동이나 6월 민주화 투쟁과 같은 민중세력과 집권세력 간의 투쟁의 역사를 볼 수 없다.

대만의 민주화 과정에 대한 고찰

대만 정권 성립과 본성인과 외성인의 갈등

1945년 일본이 패망하자 대만 주민들은 해방의 기쁨을 만끽하였다. 1985년 청일전쟁 이후 50년 동안 일본의 식민지 지배하에 있다가 해방을 맞이한 대만 주민들의 기쁨과 환희는 이루 말할 수 없었다. 그러나 해방 직후 국민당의 장제스가 파견한 첸이陳儀 정부는 대만 주민들이 기대하던 조국의 모습이 아니었다. 첸이 정부는 일본으로부터 넘겨받은 자산을 민간인에게 불하하는 대신 국민당 소유로 전환시켰다. 그리고 공무원과 정부 요직을 외성인들이 독점하면서 당시 3만 6천 명에 달하는 본성인[1]들은 강제로 공직에서 퇴출시켰다. 나아가 항일운동에 참여했던 대만 지식인들을 과격분자로 몰아세운 반면 친일인사 단체 회원들과 어용인사들을 중용하였다(지은주, 2009: 183). 이렇듯 대만에서는 해방 후에도 본성인인 대만 원주민을 약탈하는 식민지적 경제 약탈구조가 유지되었고 변한 것이라고는 단지 지배층이 일본인으로부터 대륙 본토에서 넘어온 중국인인 외성인으로 바뀐 것 뿐 이었다. 대만 주민의 다수를 점하고 있는 본성인들은 해방

1 본성인은 대만에서 태어나 대만에서 성장한 사람들로 출신 성省이 대만 섬과 부속 도서인 경우인 경우를 말한다. 민남인閩南人, 객가인客家人, 원주민이 이에 해당된다. 이에 반해 외성인은 중국 대륙에서 태어나 1949년 국민당 정부가 대만으로 패퇴할 때 함께 건너온 본토인들을 말한다(지은주, 2009: 43).

후에도 정치적·경제적으로 소외되면서 또다시 '피지배자'의 지위로 전락하였다.

이러한 가운데 대만의 민심을 결정지은 2.28 사건이 발생했다. 2. 28 사건은 본성인과 외성인이 충돌한 최초의 사건이었다. 국민당 정부의 통치에 불만이 증대되는 상황에서 1947년 2월 27일 타이베이에서 불법 담배 판매상을 단속하던 전매국 단속원이 담배 밀거래를 하던 본성인 노파를 구타하는 사건이 벌어졌다. 이를 지켜보던 군중이 항의하자 전매국 직원은 이들을 향해 발포하였다. 이어 경찰은 이에 대해 항의하는 사람들에 대해 과잉 진압을 했다. 이에 분노한 주민들은 다음날인 2월 28일 경찰의 과잉진압에 항의하는 대규모 시위를 벌였다. 주민들은 단속원들의 강압적인 조처에 항의하면서 방송국을 점령하고 파업을 감행했다. 이러한 시위에 대해 첸이 정부가 이를 무력으로 진압한 사건이 2. 28 사건이다. 당시 많은 본성인 지식인들과 정치 엘리트들이 살해되거나 실종되었으며, 무고한 시민들도 다수 살해되었다. 정확한 통계는 집계되지 않고 있지만 당시 최소한 1만 명에서 2만 명에 이르는 사람들이 살해되거나 실종되었을 것으로 추산되고 있다(지은주, 2009: 182-187).

2.28 사건 이후 본성인과 외성인 간의 대립은 극도로 심화되었다. 본성인들은 외성인이 주축이 된 국민당 정부가 자신들을 차별한다는 것과 자신들은 여전히 일제 식민지 시기와 다름없이 2등국민으로 처우 받고 있음을 자각하였다. 본성인들은 2. 28 사건을 통해 외성인이 지배자요 새로운 통치자이고 본성인 스스로는 민중이며 피통치자임을 재인식했다(지은주, 2009: 185).[2]

---

[2] 2. 28 사건이 어느 정도 진정되면서 '2. 28 사건 처리위원회'가 구성되었는데, 이 위원회는 정부측에 사태의 근본적인 해결을 위해 정치개혁이 필요하다는 점을 주장했다. 이에 정부는 정치개혁 요구의 일부를 수용하여 대만성 행정장관 공서제도를 성정부 제도로 바꾸고, 대만성 내의 현장과 시장을 선거를 통해 선출하며, 대만성 주석이 대만경비 총사령관을 겸임하지 않고 가능한 한 대만 출신을 성정부 위원과 관리로 임용한다는 것을 주요 내용으로 하는 2. 28 사건

대만 민주화 과정은 외부에서 들어와 새로운 지배자가 된 외성인 지배 집단의 차별 정책에 대한 본성인들의 반발과 투쟁으로 시작되었으며 대만 민주화 역사는 본성인이 외성인과 동등해지는 과정이라고 볼 수 있다.

국민당 정부는 1940년대 말 국공내전에서 패배하여 대만으로 퇴각한 후 대만을 대륙 수복의 기지로 간주했다. 국공내전에서 패퇴한 장제스의 국민당國民黨은 1949년 대만臺灣으로 이전한 후 레닌주의적 정당 체제를 강화하여 '당·군·국가'라는 세 주체가 일체가 된 전제적인 통치 체제를 만들어 냈다. 국민당 일당 독재 체제는 두 가지 제도에 의해 뒷받침되었다. 하나는 국민당으로의 권력 집중이고, 또 하나는 국민당을 제외한 정치 집단이나 시민사회에 대한 억압이었다. 전자는 1948년 제정된 전시비상법체제인 '동원감란시기임시조례動員戡亂時期臨時條例'[3](이후 임시조례)이고 후자는 1949년 발표된 '계엄령'이었다. 임시조례는 총통에게 절대적인 권한을 부여하고 무제한적으로 연임이 가능하도록 하였고, 국가안전회의 등 비상대책기구를 설치할 수 있는 권한을 총통에게 부여함으로써 국민당 일당 독재의 기틀을 마련하였다. 이에 따라 1960년 장제스는 총통으로 3선되었을 뿐 아니라 1975년 현직에서 사망할 때까지 5선을 역임하였다(이와사키 이쿠오, 2002: 78, 80). 국민당은 1991년 5월 리덩후이李登輝 총통에 의해 임시조례가 폐지될 때까지 자신들 마음대로 정치를 자행하였다. 임시조례는 국민당 이외의 정당 결성을 인정하지 않는 것으로 상징되며 그것을 보장해준 것이 1949년에 발표된 계엄령이었다. 이를 바탕으로 국민당은 치안유지라는 명목 하에 국민들의 어떠한 정치 활동도 관리·통제할 수 있는 권한을 갖게

처리 기본 원칙을 발표하였다. 그리고 7명의 본성인 인사를 성 정부 위원으로 임명함으로써 대만 출신자가 성 정부 위원의 과반수를 차지하게 되었다. 이로써 대만 정치 민주화의 첫 씨앗이 뿌려졌다(신상진, 2002: 157).

3 이 조항은 앞으로 있을 중국대륙 무력 수복을 위해 반공을 목표로 한 '국가동원체제'를 갖추기 위해 헌법을 초월하는 권한을 총통에게 부여한 것이다. 헌법은 총통의 임기를 6년으로 하고 3선을 금하고 있었으나 국민당은 '임시조례'를 활용하여 총통 선출에 대한 한 헌법의 제약을 받지 않도록 하였다(이와사키 이쿠오, 2002: 78).

되었다.

그러나 국민당 정권이 본성인에 대해 억압정책으로만 일관한 것은 아니었다. 외성인이 주축이 된 국민당 정권은 토착 주민들인 본성인에 대한 정통성 확보 및 미국의 지지를 얻기 위한 유화 정책으로 1950년대부터 지방자치를 실시하였다. 당시 대륙에서 이주해온 외성인들은 정치를 독점하였을 뿐만 아니라 일본이 남기고 간 주요 기간산업들을 국유화하여 국민당의 자산으로 만들었다. 그러나 민간 경제부문은 인구의 대부분을 차지하고 있는 본성인들이 장악하고 있었다. 따라서 사회 상층부에 대한 국민당의 통제는 강하나 사회 기반인 기층에 대한 국민당의 통제력은 매우 약했다. 이에 국민당 정부는 대중의 정치기반을 확대하여 정권의 정통성을 확보하는 차원에서 지방자치를 실시하여 대중의 정치참여를 포용하였다. 나아가 국민당 정부는 지방선거를 통해 토착 세력 중에서 정권의 대리인을 양성하였다. 이 과정에서 국민당 정부는 후보 지명권을 통해 저항 세력을 길들이는 동시에 지방 세력을 포섭할 수 있었다(전성흥, 2004: 7-8).

대만 민주화의 서곡

대만 정치 발전의 계기는 외부로부터 촉발되었다. 1970년대에 들어서면서 대만과 국민당 정권을 둘러싼 국제 환경이 크게 변했다. 1971년 10월 25일 UN 2758호 결의문에서 UN은 장제스 정권이 불법적으로 중국을 대표하면서 점유하고 있는 UN 관련 모든 지위에서 중화민국(中華民國, 당시 대만의 공식 명칭)을 축출하고 그 자리에 중화인민공화국(中華人民共和國, 중국)의 권리를 승인하였다(양태근·구패훤, 2012: 197). 1972년 2월, 미국의 닉슨 대통령은 역사적인 중국 방문을 통해 중국을 승인하였고, 7년 후인 1979년 1월 미국은 대만과 단교하였다. 이를 계기로 중화인민공화국이 실질적으로 중국을 대표하게 되었다. 이러한 미국의 움직임을 따라서 서구 국가들을 비롯하여 많은 나라들이 일제히 대만과의 국교를 단절하고 중국을 승인하였다. 대만이 UN에서의 중국 대표권을 상실하고 UN에서 축출

됨에 따라 대만은 국제 정치에서 고립되는 처지가 되었다. 이에 따라 대만 국가 체제가 심각한 위기 상황에 이르렀다. 국제사회에서의 대만의 고립은 국내적으로 국민당 통치의 정통성을 약화시키면서 민주화의 요구를 증폭시키는 계기가 되었다(전성흥, 2004: 11).

과거 대만의 역사를 살펴보면, 1895년 청일전쟁 후 청조清朝가 대만을 일본에 넘긴 것을 시작으로 일본 패망 후 일본은 대만을 국민당 정부에게 넘겼다. 이제 또 다시 대만의 운명이 중화인민공화국과 미국에 의해 국제사회에서 버려지는 처지에 처하게 되면서 대만인들의 상실감은 매우 컸다. 이에 대만의 지식인들은 대만이 국제사회에서 지지를 회복할 수 있는 방법은 대만이 중화인민공화국보다 더 정치적으로 민주화되는 것이라고 보았다(신상진, 2002: 159). 이에 화답하여 1972년 행정원장에 취임한 국민당의 2인자 장징궈가 지방 선거에서 대만 출신 젊은 간부를 대거 국민당 후보로 발탁하고 동시에 본성인들을 국민당과 정부 요직에 기용함으로써 국민당 스스로가 변화를 시작하였다(양태근·구패훤, 2012: 200).

정치를 독점한 국민당은 정권 초기부터 생존과 지배의 정통성 확대를 위해 강력하게 경제개발을 추진했다. 그러나 현장의 개발 주체는 본성인이었기 때문에 경제발전은 상대적으로 본성인의 경제 사회력을 강화하는 결과를 가져왔고, 이를 무기로 본성인들이 정치 참여와 민주화를 요구하기 시작했다. 1970년대에 들어와 대만의 UN 퇴출을 계기로 대만 정치의 초기 민주화운동이 시작되었다. 대만의 민주화 운동은 외성인이 주축이 된 국민당의 고압적이고 비민주적인 독재에 반대하는 본성인들에 의해 주도되었다. 이렇듯 대만의 민주화란 정치·사회적인 맥락에서 볼 때 국민당의 권력 억제 및 본성인의 정치 참여를 의미하였다(이와사키 이쿠오, 2002: 85).

시대 변화의 징후는 1972년 지방선거에서 나타나기 시작했는데 성省의원, 입법의원, 국민대표대회 의원, 시의원의 선거에서 지식인들이 무소속으로 출마하여 여러 사람이 당선되었다. 국민당은 1969년부터 사망한 입법의원들의 의석을 재 충원하기 위해 보충 선거를 실시했는데 충원 의석

수가 소수였기 때문에 선거는 자못 치열했다. 특히 1977년 지방선거에서 국민당적을 보유하지 않은 인사들이 지방 현장/시장 선거에서 20석 중 4석, 성省 의원 선거에서 77석 중 21석을 획득함으로써 대만의 민주화 운동이 국민당에 대항하는 정당을 설립할 수 있는 원동력을 얻게 되었다(양태근·구패훤, 2012: 203).

이들 지식인들의 현실정치 참여는 중산층들이 선거에 보다 많은 관심을 갖도록 하는 계기가 되었다. 정당 조직이 허용되지 않는 상황에서 조직력이 열세였던 비非국민당 소속 입후보자들을 중심으로 자신들의 상대적 열세를 만회하고자 선거유세를 목적으로 정치적 결속을 도모하여 '당외黨外'라는 정치조직을 결성함으로써 준準정당 세력으로 등장했다. 당외는 중앙민의대표中央民意代表 증원선거[4]인 입법의원 증원선거와 국민대표대회 대표 증원선거 등을 거치면서 점차 세력을 확대했다. 당외는 처음에는 비 국민당 인사들을 지칭하는 개념으로 사용되었으나 정당 창당이 불법화 되어 있는 상황에서 국민당에 반대하는 정치세력이 결성한 비 정당조직을 의미하는 것이 되었다(신상진, 2002: 160; 안승극, 2001: 289).

당외 조직은 1978년 중앙민의대표 증원선거에서 최초로 선거후원단을 조직하여 조직적인 선거 활동을 전개하였으나 미국이 중화인민공화국과 외교 관계를 수립하고 대만과는 단교하고 대만 주둔 미군을 철수한다고 공식 선언하자 국민당이 국가비상사태를 선포하고 예정된 중앙민의대표 선거를 중단시킴에 따라 당외 활동도 중단되었다(양태근·구패훤, 2012: 203). 급변하는 국내외 정치 상황에 맞춰 당외 정치 운동을 진행하던 각 정파들이 힘을 모아 1978년 8월 24일 '메이리다오美麗島'라는 잡지를 창간하여 정당 창당의 사전 작업으로 자신들의 정치 이념을 선전하고자 하였다. 그러

4 중앙민의대표 선거는 대륙에서 선출된 의원들이 종신의원직을 보유하고 있어 사망 등 결원이 있을 경우에만 선거를 실시하기 때문에 증원增員이란 용어가 부가되고 있다. 중앙민의대표는 국민대회대표, 입법위원, 감찰위원 등 3가지를 지칭한다(전성흥, 2004: 12, 각주 12).

나 메이리다오 운동은 그해 12월 10일 국제인권의 날에 카오슝高雄시에서 발생한 시위대와 진압부대 간의 무력 충돌高雄事件로 좌절되었다. 카오슝 사건 발생 다음날 새벽 국민당 정부는 메이리다오 잡지사를 폐쇄하고 지도부를 체포하여 이들이 국가 반란 음모를 기도하였다는 죄목으로 군사재판에 회부하였다.[5] 이후 당외 운동에서 메이리다오의 급진노선은 퇴조하고 캉닝시안康寧祥의 온건노선이 채택되었다(안승극, 2001: 289).

1978년 12월의 카요슝 사건으로 연기되었던 중앙민의대표 선거가 국민당과 당외 간의 막후교섭으로 1980년 12월 6일에 실시되었다. 선거결과는 국민당의 압도적인 승리였다. 국민당은 입법의원 선거에서 73.6%를 득표하였고 당외는 8.3%, 무소속은 18.1%를 득표했다. 이어 1983년에 치러진 입법의원 선거에서도 국민당은 72.9%를 득표하여 16.7%에 그친 당외에 압승하였다(안승국, 2007: 37-38). 그럼에도 고무적인 것은 1980년 입법의원 증원선거와 1981년 감찰의원 증원선거 및 지방선거에서 카오슝 사건에 연루되어 투옥된 인사들의 가족과 변호사들이 대거 당선되었다는 것이다. 이는 대만 주민들이 이들을 지원한다는 것을 보여준 것으로 이를 바탕으로 당외는 후에 가두 투쟁에서 의회로 진출하여 합법적인 야당 설립을 추진하는 방향으로 발전하게 되었다(신상진, 2002: 161).

1980년 선거 패배 후 한동안 당외는 급진파와 온건파 간의 심각한 내분에 빠져들었다. 온건파는 체제 반대세력의 기반을 확립하고 체제에 영향력을 행사하기 위해서는 선거에 적극 참여하여 의석을 확보해야 한다고 주장한 반면 급진파는 국민당 일당독재 하에서 의회를 통한 투쟁은 효과적이지 못하기 때문에 대중시위를 통한 장외 투쟁을 전개해야 한다고 주장하였다. 이러한 두 파벌간의 대립은 마침내 노선 투쟁으로까지 확대되었

5 당시 핵심 인물로 지목되어 재판에 회부된 8명의 피고인과 이들을 변호한 15인의 인권변호사들이 향후 민진당의 주역이 되면서 메이리다오 사건은 대만 민주화 운동의 기념비적 사건으로 정의되고 있다(양태근·구패훤, 2012: 204).

다. 온건파는 체제 내의 개혁을 주장했고 급진파는 체제 자체를 바꾸고자 하였다. 이러한 내부 분열은 당외를 약화시켰다(안승국, 2007: 38-39).

1983년의 선거 결과 당외는 선거 시기 동안에만 운영되어 왔던 선거지원조직을 대체할 수 있는 상설 조직의 필요성을 절감했다. 이에 따라 당외는 공직자 출신 정치인들을 중심으로 1984년 5월 11일 '당외공직인원공공정책연구회黨外公職人員公共政策硏究會'(이후 공정회)를 결성하여 새로운 통합의 계기를 마련했다. 공정회는 1985년 11월 지방선거에서 후보자 추천대회를 개최하였고 공정회의 추천을 받은 인사들이 대거 당선되면서 재기의 발판이 마련되었다[6](전성흥, 2004: 12-15). 공정회는 1986년에 실시되는 국민대표대회 보충선거를 대비하기 위해 국민당의 방해에도 불구하고 분회 설립 운동을 통해 정치적 저항 운동을 강화했다. 장외 세력은 1986년 5월에 수도분회의 설립을 선포하고 이어 6월에 민주화일정표를 제출하였다.[7] 공정회는 민주화일정표에 따라 신당 창당 작업을 시작하여 마침내 1986년 9월 28일 민주진보당(民主進步黨, 이후 민진당)의 창당을 선언하고 11월 10일 「제1차 전국대표대회」를 개최하고 정식으로 출범하였다(안승국, 2001: 290; 전성흥, 2004: 15). 이는 당시 '신당설립금지법'에 어긋나는 행동이었으나 당시 장징궈 총통이 간접적으로 정당의 결성을 용인하면서 민진당은 야당으로 활동을 개시하게 되었다.

정부가 정당 결성을 용인하자 민진당은 곧바로 정당 조직을 구축·정비해 갔다. 이는 국민당이 전략적인 차원에서 전향적인 정책으로 선회했음을 의미하였으며 동시에 대만의 민주화, 국민당 일당 독재 종언의 시작을 알

6 당외는 선거에서 연구회가 추천한 省 의원 후보 18명 중 11명, 타이베이 시의원에는 추천 후보 10명 전원, 카오슝 시의원에는 추천후보 6명 중 3명을 당선시켰다. 이 선거에서 당외는 평균 30%의 득표율을 획득했으며 타이베이시에서는 40%의 지지를 획득했다(안승국, 2007: 39-40).

7 민주화일정표는 1987년 신당창당, 1988년 계엄령 해제, 1989년 전면총선 실시, 1990년 총통직선제 쟁취, 1991년 대만해협 양안에 평화정착을 이룩하는 것으로 되어있었다(장성구·오희연, 1990: 110).

리는 서곡이 되었다. 민진당 창당 후 2개월 만에 치러진 입법의원 선거에서 캉닝시안을 비롯한 12명, 국민대회대표 선거에서는 10명이 당선되어 민진당은 평균 33%의 득표율을 기록했다(안승국, 2001: 291). 이를 통해 민진당은 국민당에게는 많이 뒤졌음에도 대만 입법원에서 교섭단체를 구성할 수 있게 되었다. 이로써 대만 역사상 처음으로 야당이 어느 정도 행정부를 견제하는 기능을 수행할 수 있게 되었다(이와사키 이쿠오, 2002: 88).

일단 민주화가 시작되자 이후 봇물 터지듯 국민당 독재 체제를 지탱했던 제도나 조치가 차례로 무너지기 시작하였다. 민주화운동이 확산되고 주민들의 호응이 커지자 국민당은 주도적으로 개혁을 지향하는 조치를 취하기 시작했다. 1986년 10월 국민당 중앙상임위원회는 계엄령 해제안과 신당설립금지법 폐지안 그리고 비상시기 인민단체조직법 개정안을 통과시켰다. 그리고 국민당 정부는 마침내 1987년 7월 15일 0시를 기해 계엄령을 해제했다(안승극, 2001: 292). 이로써 그동안 40년 가까이 지속되어온 '비상시기'가 종료되어 국민당 독재를 지탱해 온 강력한 무기가 소멸되었다. 계엄령 해제는 민주화를 촉진시키는 결정적인 계기가 되었다.

대만 민주화의 달성과 딜레마

1980년대 중반 이후 대만 민주화 과정에서 나타난 주요 특징은 통치 엘리트 집단 중심으로 위로부터 민주화 개혁이 주도되는 동시에 집권 국민당의 지배가 지속되었다는 점이다. 그 시작은 장징궈 총통의 확고한 의지가 정당 결성 용인과 계엄령 해제 등 위로부터의 개혁 추진에 중요한 역할을 했을 때부터였다.

1988년 장징궈 총통이 사망하고 부총통인 리덩후이가 총통직을 이어받은 후 리덩후이는 야당의 요구인 대만인의 참정권 보장, 국회 전면 재선거, 헌법 체제 재검토, 새 헌법 제정 등을 수용함으로써 위로부터의 민주화를 강도 높게 감행하였다(김중섭, 2010: 336-337). 1989년 1월에는 복수 정당을 인정하는 정당 설립에 관한 인민단체법을 공포하고, 1989년 2월에는 선거

활동을 제약하던 선거법을 개정하였고 동년 12월에 새로운 선거법에 따라 선거를 실시하였다. 1990년 3월 리덩후이는 당내 보수파의 견제를 누르고 다시 총통으로 재 선출되었다. 그러나 총통선거는 “만년국회”[8]의 국민대회에 의해 실시되었고 일반 국민들은 투표에 참여할 수 없었다. 이에 대한 개헌을 요구하는 시위가 일어났고 리덩후이는 신속히 개혁 요구를 받아들여 개헌을 추진하였다. 그러나 혼란을 방지하기 위해 기존의 1947년 헌법은 건드리지 않고 추가 조항을 제정하는 방식으로 점진적인 개헌을 추진하였다. 리덩후이는 1990년대 임기 동안 총 6차례의 개헌을 단행하여 중국대륙과의 관계 재설정을 비롯하여 입법의원 재선거, 총통 직선, 대만성 정부 기능 정지 등 대만의 실질적인 민주화를 이룩하고자 하였다. 그 궁극적인 목적은 중화민국의 주권 범위를 중국대륙에서 대만으로 국한시켜 대만 주민들의 실질적인 참정권 회복 등 기본권을 실현시켜 대만의 독립을 실현하는 것이었다(김중섭, 2010: 337).

이러한 국민당에 의한 위로부터의 민주화 개혁 노력은 국민당에 대한 국민들의 지지로 이어졌다. 리덩후이 정부는 1991년 입법의원 선출에 관한 헌법조항을 수정하여 원래 전 중국에서 선출하도록 되어 있는 입법의원을 대만 지역 주민에 의해서만 선출하는 것으로 수정하여 제2대 입법의원 선거를 위한 법적 근거를 마련하였다. 1989년 2월의 중앙민의대표퇴직조례와 1991년 5월의 헌법추가수정조문에 의해 종신제대표들이 퇴진하

8 대만의 국회는 입법원과 국민대회로 구성된 양원제라고 할 수 있다. 국민대회는 헌법을 제정/개정하는 권한과 총통 선출권을 갖고 있었다. 입법원은 한국의 국회와 유사한 기관으로 일반적인 입법권을 행사하는 기관이다. 입법원과 국민대회로 구성된 초대 국회는 중국 대륙에서 구성되었다. 그러나 1949년 정부가 대만으로 이주한 후 중국 대륙에서의 선거가 불가능한 관계로 1990년대 초까지 그 임기가 계속되면서 만년국회라는 소리를 들었다. 초기에는 결원이 생기면 초대 선거의 차점자로 보충하는 등 비합법적인 방식으로 결원을 충원했으나 1972년 대만이 유엔에서 퇴출된 이후 통치권의 정당성 강화 차원에서 매 3년 마다 중국 본토를 제외한 대만 지역에서 국민대회대표와 입법의원을 재선출하는 ‘증원선거’를 실시해오고 있다(박윤철, 2007: 61).

고 이어서 대만 역사상 최초로 구성원이 전면 교체되는 '이행선거'인 제2기 국민대표대회선거와 입법의원 선거가 1991년과 1992년에 각각 실시되었다.

1991년 12월 21일에 실시된 국민대회대표 선거는 44년 만에 제2기 대표 선출을 위해 실시되는 것으로 이는 헌법 개정을 주관하는 중요한 선거였다. 이 선거에서 국민당은 71.1% 득표율로 248석을 차지한 반면 민진당은 24% 득표율로 66석을 획득하는데 그쳤다. 15개 군소정당과 무소속은 11석을 획득하였다. 이어 1992년 12월 19일에 실시된 입법의원 선거에서 민진당은 1년 전에 비해 상당한 약진을 보였다. 국민당이 60.5% 득표율에 161석 중 103석을 차지한데 비해 민진당은 31.9% 득표율에 50석을 획득했다(안승국, 2007: 43-44).[9] 이제 국민당은 정책 추진 과정에서 민진당과의 협력을 필요로 하게 되었다. 이로써 40년 동안 지속된 만년국회는 역사 속으로 사라지게 되었다. 이들 선거로서 국민당의 통치 정당성은 더 이상 「중국 대표성」에서 나오는 것이 아니라 대만 주민들의 투표에 의해서 부여되었다. 이는 중화민국의 합법성과 권리는 대만 주민으로부터만 나오고 중국 대륙과는 무관하다는 의미가 된다(김중섭, 2010: 339). 과거 국민당 권위주의 통치의 근원은 중국 공산당과의 내전에서 비롯된 '계엄령'과 '동원감람시기임시조례'였다. 계엄령은 1987년 장징궈에 의해 해제되었고, 임시조례는 리덩후이 정권 하에서 1991년 4월 30일자로 종료되었다. 임시조례의 종료는 중국 공산당과의 내전상태를 일방적으로 종결시켰다는 것을 의미하며 동시에 앞으로 중화민국 헌법의 효력이 대만 지역에만 미친다는 것을 의미하였다.

국민당 내 보수적인 통치엘리트들은 본성인 출신의 리덩후이 총통의 등

9 이 투표 결과에 대한 해석은 보기에 따라 다를 수 있다. 한편으로는 민주화 개혁에도 불구하고 국민당의 일당 우위가 다당제 하에서도 여전히 굳건하였다는 것을 보여주는 것일 수 있고(문흥호, 2004) 다른 한편으로는 민진당의 당내 약진으로 민진당이 국민당의 정치적 동반자로 인정받게 된 것을 강조할 수 있다(안승국, 2007: 45).

장을 지지하지 않았다. 또한 리덩후이도 1988년의 「13차 당대회」와 1990년 총통선거 후보지명 등 권력투쟁 과정에서 지속적으로 당내 반대세력을 제거하려 하였다. 이에 국민당 내 반대파들은 신국민당연선新國民黨連線을 결성하고 리덩후이와 노선 대립을 하였다. 이들은 총통 선거 방식 중 직선제와 간선제를 둘러싸고 심한 논쟁을 벌였다. 결국 1993년 8월 10일 신국민당연선 세력은 국민당을 탈당하여 신당을 창당하였다(전성흥, 2004: 24-25). 대만 사회에서 총통은 국가원수로서 중화민국 주권의 상징이다. 중국과의 관계를 끊고 싶은 민진당 등 반대세력은 줄곧 총통 직선제를 주장해왔다. 반대로 「중국 대표성」을 유지하고 싶었던 국민당 보수파는 계속 간접선거를 주장했다. 1992년 논란 끝에 총통 임기를 6년에서 4년으로 줄이고 1회 연임할 수 있다는 규정이 확정되었고, 1994년 제3차 개헌 때 "총통은 자유지역 인민이 직접 선출한다"는 규정이 통과되었다(김중섭, 2010: 339). 이후 1996년 직선제 총통 선거에서 리덩후이는 야당 후보를 누르고 초대 민선 총통으로 당선되었다.

리덩후이는 중화민국의 주권을 대만 지역으로 국한시키고 중국 대륙과는 무관하다는 것을 증명하려 했다. 그럼으로써 대만은 중국과 대등한 위치에 있는 주권 국가라는 것을 만방에 알리고 대만이 중국의 지방 정부라는 인식을 타파하려 한 것이다. 1992년 대만의 국가통일위원회는 [하나의 중국 함의]라는 문건을 발표하여 '하나의 중국'에 대한 해석을 제시했다. 즉, 양안은 모두 '하나의 중국'에 동의하지만 중국이 주장하는 '하나의 중국'은 '중화인민공화국'이고, 대만이 주장하는 '하나의 중국'은 '중화민국九二共識'임을 분명히 하였다(김중섭, 2010: 338). 리덩후이는 양안을 '국가 대 국가'의 관계 정의하면서 주권 국가끼리 대등해야 한다는 주장을 강조했다. 대만의 민주화 과정에서 불거진 대만의 독립 논의는 이후 대만 민주화 논의에서 핵심적 이슈였고 이 과정에서 대만과 중국 간의 갈등은 깊어져 갔다. 퇴임 후의 리덩후이는 과거 민진당의 노선을 걸었고, 이후 집권한 민진당은 과거 리덩후이의 정책을 이어받았다(김중섭, 2010: 341-345).

이렇듯 리덩후이 총통 시기의 대만의 민주화는 이제 국내 문제를 넘어서서 중국과의 관계에서 대만 독립을 주장하는 방향으로 전개되었다. 대만 민주화는 대만 독립이라는 더 큰 목표가 성립된 것이다.

2000년 3월에 18일에 있었던 총통선거에서 국민당이 리엔짠連戰과 쑹추위宋楚瑜로 분열되면서 최종 투표 결과 민진당의 천수이벤陳水扁과 뤼슈렌 후보가 39.9%인 4,977,697표를 얻어 중화민국 총통과 부총통에 당선되었다(쑤치, 2017: 147). 국민당을 이탈한 무소속의 쑹추위 후보가 36.8%인 466만 표, 국민당의 리엔짠 후보가 23.1%인 293만 표를 획득함으로써 민진당 천수이벤 후보가 40%에 다소 못 미치는 지지를 얻어서도 총통으로 당선된 것이다. 이로써 대만 정치를 반세기 동안 지배해 온 국민당 1당 지배가 종언을 고함과 동시에 국민당 정부가 대만으로 이주한 후 처음으로 평화로운 정권교체가 이루어졌다. 대만에서 국민당 50년 독재가 종식된 것이다. 민진당의 승리는 국민당에 대한 국민의 승리라고 할 수 있었다(이와사키 이쿠오, 2002: 97-98).

이 선거에서 개혁과 패기의 이미지를 갖고 있는 본성인 출신의 진보적 인사가 총통으로 당선됨으로써 대만 본성인들은 그동안의 패배주의를 극복하고 대만인으로서의 정체성을 부각시키는 계기를 맞이했다. 대만인들은 그동안 현실성 없는 대륙 지향적 정서와 정책, 그리고 패배주의적 성향에 식상하여 무력감을 극복하고 국내외적으로 대만인의 정체성을 부각시킬 수 있는 인물을 선택한 것이다(문흥호, 2003: 45).

그러나 다른 한편에서 대만 독립을 추구하는 민진당 후보가 총통에 당선됨으로써 중국과의 양안관계에서는 긴장관계가 초래될 가능성이 한층 높아졌다. 실제로 천수이벤 정부는 대만이 중국의 불가분한 일부분인 지방정부가 아니라 주권과 영토를 가진 독립국가라는 점을 분명히 하고 이의 연장선상에서 '하나의 중국과 하나의 대만一中一臺'을 민진당의 공식적인 입장으로 표방하였다(문흥호, 2004: 47-54).

1996년 총통 직선제가 이루어지고 2000년 선거에 의한 정권교체가 이루어짐으로써 대만의 50년 숙원인 정치적 민주화가 달성되었다. 이후 민진당 정부가 할 일은 민주화를 공고히 하는 것이었다. 천수이벤은 초유의 대만 정권교체를 대만 민주주의의 승리라고 선언한 후 대만의 민주화를 국내적인 차원에서 국제적인 차원으로 확대하고자 하였다. 국내 민주화가 완결되자 천수이벤은 곧바로 중국과의 관계에서 대만 독립 문제를 정치적으로 쟁점화하여 민주화의 새로운 목표로 정착시켰다. 이는 리덩후이의 정책을 계승한 것으로 리덩후이 이후 대만인이라는 자각이 강화되었고 민진당 집권 이후 이러한 정체성 의식이 꾸준히 증가하였다. 대만의 민주화 과정에서 이전에는 본성인과 외성인의 갈등이 민주화의 추진력이 되었지만 민진당이 정권을 잡은 이후 본성인과 외성인을 구별하는 종족 정체성 차이는 더 이상 영향력이 없는 변수가 되었다. 즉, 정치적 민주화와 그에 따른 정권교체 이후 종족 간 균열은 대만의 정체성 정치에서 주변화된 것이다. 정권 교체 이후 본성인과 외성인의 차이가 극복된 반면 독립에 대한 주장이 민주화의 새로운 목표로 자리 잡은 것이다.

국내 민주화가 이룩된 이후 대만에서 궁극적인 정치적 문제는 '통독 문제'로 중국과의 통일인가 아니면 대만의 독립인가 하는 국가 형태였다. 대만 독립이 주요 이슈가 되면서 중국과의 갈등이 수면 위로 떠올랐다. 정권교체 이후 천수이벤 총통이 대만 독립 문제를 더욱 강경하게 이슈화하면서 정치적 정체성 이외의 다른 균열들의 영향력은 약화된 반면 국가 정체성 이슈는 더욱 첨예해졌다. 이후 대만 독립 주장에서 불거진 중국인 정체성과 대만인 정체성 간의 갈등이 대만 민주화의 중요한 이슈가 되었다. 민진당 정권 8년을 통해 천수이벤은 대만 독립 문제를 민주화의 최고 핵심 의제로 끌어올렸다.

천수이벤 집권기(2000-2008) 동안 대만 주민의 정치적 정체성 변화를 살펴보면 대만인들의 정체성 추이가 변하고 있음을 잘 알 수 있다. 정권 교체가 이루어진 처음 2-3년 동안 대만인들의 정치적 정체성은 대만인으로의 각성이 크게 작용하여 자신이 대만인 이라는 규정하는 사람들의 비율이 50%를 넘은 반면 자신이 중국인이라고 자각하는 비율은 계속 떨어져 2008년에는 3%에 그쳤다. 이들 중간에 자신이 정치적으로는 대만인이지만 문화적으로는 중국인이라는 이중 정체성을 갖고 있는 비율이 점차 높아지고 있다. 천수이벤 집권 말기에 오면 대만인으로서의 정체성은 조금 낮아지고 이중 정체성은 점차 높아져 양쪽 모두 45%를 전후한 비슷한 분포를 보였다(지은주, 2012: 369). 이렇듯 민진당 정권이 들어서면서 대만에서 중국인이라는 의식은 거의 없어진 반면 대만인으로의 의식은 대세를 이루었다. 그럼에도 불구하고 이중 정체성을 가진 대만인들이 계속 증가하고 있다는 것은 대만 주민들이 대만 독립이라는 정치적 문제와 함께 중국과의 관계 및 경제적인 실리 문제도 함께 고려 한다는 것을 말해준다.

대만의 딜레마는 바로 대중 관계를 둘러싼 정치와 경제의 상반된 움직임이다. 정치에서는 중국으로부터의 독립의 움직임이 강하더라도 경제적 상호의존은 계속 강화되고 있다. 지속적으로 많은 유력한 대만 기업들이 활발하게 대규모로 중국에 투자하면서 이제 대만은 세계 유수의 대 중국 투자국이 되었다. 대만의 정치적 자립에는 경제적 번영이 불가결한데 현 상황에서 대만의 경제 발전은 중국과의 긴밀한 경제적 협력 관계 속에서만 가능한 것이다. 이처럼 대만의 대 중국 관계는 한편으로는 대만의 정치적 독립 문제로 갈등하지만 다른 한편으로는 더욱 긴밀한 경제 관계가 진행되는 딜레마에 직면하고 있다.

대만 독립 문제는 곧바로 중국의 양안정책과 충돌하는 것이었다. 독립 추구라는 대만의 민주화 목표는 이제 대만 내부 문제로 그치는 것이 아니라 대외적으로 중국과의 갈등으로 이어지게 된 것이다. 중국이 G2를 구성하는 강대국으로 부상한 상황에서 대만이 따로 독립하겠다는 주장이 받아들여지기는 결코 쉽지 않은 일이다. 대만의 정치적 정체성 추구와 독립 의지 표명은 중국과의 갈등만 증폭시켜 왔다. 대 중국 관계에서 독립에 대한 중국의 위협이 상존하고 있고 또한 대만 경제의 상당 부분이 중국에 의존하고 있는 현실에서 경제적 이해관계는 대만인의 의식을 결정하는 중요한 요소가 되고 있다. 대만인들은 독립을 적극 추구하지만 현실에서는 현상유지가 최선임을 알고 있다. 천수이볜 집권 이후 독립에 대한 지지가 크게 늘어나기는 했지만 전반적으로 대만 주민들 사이에서는 중국과의 갈등을 증폭시키기보다는 현상유지를 원하는 여론이 압도적으로 높게 유지되고 있었다. 실제로 2008년 실시된 총통 선거에서 국민당과 민진당 양 당 모두 현실을 감안하여 양안 관계의 현상유지라는 일치된 정책을 내세웠다.

점차적으로 중국과 대만 지도부 모두에서 균열의 내용이 타협적인 것으로 바뀌고 있었다. 대부분의 대만인들은 통일이든 독립이든 적은 비용을 수반하는 것을 지지하는 방향으로 나아가고 있다. 정체성은 더 이상 이데올로기적 감정만이 아니라 물질적 이익의 관점으로도 이해되고 있다. 젊은 세대로 올수록 이러한 실용적이고 유연한 태도가 더욱 강하게 나타났다. 이는 정치적 정체성에 대한 인식이 경제적 이해관계에 의해 영향을 받는다는 것을 보여주는 것으로 정체성 이슈가 차츰 타협 가능한 의제로 전환되고 있음을 말해주고 있다(허석재·김진용, 2014: 191-195).

대만의 민주화와 경제발전

1990년대 민주화가 진행되면서부터 대만은 점차적인 경제적 침체를 경험하였다. 1990년대 대만 대외 경제 환경의 가장 중요한 변화는 중국의 경제적 부상이었다. 그러나 리덩후이와 천수이볜 정부는 대만 독립 이슈 등 정치적 목적에서 소극적인 대륙 정책 기조를 유지했으며 그 결과 중국의 경제성장이라는 기회 요인을 충분히 활용하지 못했다. 대만 정부는 중국에 대한 직접 투자나 기술 합작 투자를 금지하였으며, 중국 투자는 제3국에 자회사를 설립해 진출하는 경우만 가능했다. 중요한 사실은 대만 정부의 대對중국 투자 규제 하에서 이루어진 불법적인 대륙 투자가 대만의 모기업과 대륙 진출 기업 간의 분업 관계를 사실상 불가능하게 함으로써 대만의 산업 공동화를 심화시켰다는 것이다(이수행·정상은, 2010: 250-251).

2000년대에 들어서 대만의 경제 침체는 눈에 띠게 진행되었다. 2001년 미국의 IT 버블 붕괴로 전 세계적으로 IT 및 전자 산업이 침체되었는데 이는 전자 산업을 주종으로 하는 대만 경제에 큰 타격을 주었다. 한편 대만 기업들은 독자적인 자신의 브랜드를 개척하기 보다는 ODM/OEM을 통해 글로벌 네트워크 기업과 긴밀한 연결을 통해 중국의 생산 기지를 자신의 하부 네트워크로 구축하여 발전해왔다. 즉 대만 기업들은 비교적 높은 수준의 대만 기술력과 중국의 값싼 노동력을 결합하여 생산 비용을 감축함으로써 높은 경제적 성공을 이루어 왔다. 그러나 2000년대에 들어와 중국 기업들의 추격 속에서 대만 기업들의 기술적 우위가 약화되어 대만기업이 누리던 상대적인 경제적 지대가 축소되었다(이근 외, 2013: 106-108). 1990년대 이후 대만의 전통적인 노동집약적 산업은 고임금과 아울러 중국 등 신흥개발도상국의 부상으로 급속히 국제 경쟁력을 상실했다. 그동안 대만 경제성장에 따른 대만 환율의 평가 절상이 이루어 졌고 대만 기업들은 절상된 통화 가치를 통해 대만 국내 산업의 해외 이전, 특히 중국으로의 이전을 확산시켰다. 그러나 리덩후이 정부와 천수이벤 정권이 주도하는 독립 주장에 따른 양안관계의 악화 속에서 중국에 투자한 대만 기업들의 경제활동이 크게 위축되었다.

대만이 2000년대 이후 급속히 확산된 동아시아 지역경제통합에서 사실상 배제되면서 대만의 고립화가 가속화되었고 외국 자본의 대만 투자도 줄어들었다. 대만은 2001년 WTO에 가입하였고 이후 민진당의 천수이벤 정부가 FTA를 적극적으로 추진하였으나 중국의 개입으로 좌절되었다. 1997년 아시아 금융위기에서도 6% 대의 높은 경제성장률을 보이던 대만의 경제성장률은 2000년 5.8%, 2001년에 이르러 -2.2%로 곤두박질쳤다. 천수이벤이 재선에 성공한 2004년 이후 대만 경제성장률은 평균 5%대를 회복하였으나 2002년 5.17%를 기록하였던 실업률은 이후 크게 나아지지 않고 4% 대에 머물고 있었다. 2000년 13,090달러였던 대만의 1인당 국민소득은 2001년 11,692달러로 급강하 하였으며 2007년에도 겨우 15,122달러에 그치는 등 대만은 오랜 동안 1인당 국민소득이 20,000달러를 넘어서

지 못하는 중진국 함정에 빠졌다. 대만은 1992년 1인당 소득 10,000달러를 달성한 이후 17년 동안 20,000달러 달성을 이루지 못하였다. 특히 아시아 금융위기가 시작된 1997년부터 2004년까지 8년 동안 대만의 1인당 소득은 13,000달러 수준에서 정체되었다(지은주, 2012: 365).

이러한 경제 침제에도 불구하고 대만의 대 중국 의존도는 더욱 심화되고 있었다. 1991년 42억 달러였던 양안무역 총액이 천수이볜이 집권한 이후 2001년에는 323억 달러로 늘었으며 천수이볜 집권 말기인 2007년에는 1,245억 달러로 급등하였다. 2007년 대만의 대 중국 수출액은 1,010억 달러로 수입액 235억 달러의 4배에 달했다(이장원·전가림, 2012: 43). 이렇듯 2000년대에 들어 양안간의 정치적 갈등 관계가 심각함에도 불구하고 양안간의 경제적 교류는 오히려 증가해 왔고 대만의 경제적인 대 중국 의존도는 더욱 커져만 갔다. 이러한 양안교역의 불균형은 시장 논리에 따른 것이라기보다는 중국의 정책적 의도에 따른 것이라고 보아야 할 것이다. 중국의 조치는 실질적인 경제적 이해관계보다는 장기적으로 대만을 중화문화권에 포함시켜 대만의 대 중국 경제의존도를 높이고자 하는 정치적 계산에 따른 것이었다(지은주, 2012: 365). 실질적으로 2009년 2월, 8년 만에 재집권한 국민당 정부와 중국 양안 간에 체결된 경제협력기본협정Economic Cooperation Framework Agreement, ECFA의 조기수확프로그램Early Harvest Program, EHP[10]에서 대만의 수출 상품에 대해 중국은 539개 항목을 개방(134.8억 US달러)한 반면 중국의 수출 상품에 대해 대만은 267개 항목만을 개방(28.6억 US달러)했다. 이러한 불평등한 협정으로 인해 대만은 대 중국 교역에서 수백억 달러의 흑자를 보고 있다(전가림, 2014: 74). 이러한 수치는 중국의 대 대만 경제교류가 다분히 정치적인 것임을 보여주고 있다. 대만은 이러한 중국의 의도를 알고 있음에도 불구하고 중국과의 교역을 확대해왔는데 이

10 조기수확프로그램(EHP)이란 FTA가 본격적으로 발효되기 전에 양측이 개방하기로 한 품목에 대해 우선 개방하는 제도이다.

는 양안 간 교역으로부터 대만이 얻는 수익이 매우 컸기 때문이다.

그렇다면 중국과 갈등관계에 있던 천수이벤 정권이 어떻게 중국과의 교역을 확대할 수 있었을까? 2000년 대만 총선에서 대만 독립을 주장하는 민진당이 승리하자 당시 중국의 장쩌민江澤民 주석은 그동안의 대만에 대한 강경책이 도리어 대만 독립 행보를 강화시켰다고 보고 유화적인 전술을 구사하여 대만이 '하나의 중국' 원칙만 고수한다면 이외의 어떠한 문제도 협의할 수 있음을 밝혔다(이권호, 2003: 243). 단 중국의 대화 상대는 천수이벤의 민진당이 아니라 당시 국회를 장악하고 있던 야당인 국민당임을 명확히 했다. 당시 국민당은 천수이벤 집권기 동안에도 친민당과 공조로 의회를 장악했으며 민진당의 양안정책에 대해 반대 입장을 견지하고 있었다. 집권 이후 천수이벤은 중국에 화해 제스처를 보냈으나 중국은 민진당을 배제한 채 국민당 인사들과 교류 협력을 논의했다. 천수이벤 집권 기간 동안 민진당 정치 인사의 중국 방문이 허용되지 않는 가운데 중국의 첸지첸錢其琛은 국민당 부주석인 우포슝吳伯雄과 양안문제를 논의하였고, 이후 후진타오胡錦濤 주석은 국민당 총통 후보였던 리엔짠 및 친민당 주석인 쏭추위와 양안 교류와 교역 문제에 대해 회담하였다. 이렇듯 천수이벤 집권 기간 동안에도 대만의 양안 정책의 주도권이 국민당에 주어진 가운데 중국과의 경제 협력이 계속되었고 대 중국 무역 의존도도 높아져 갔다(지은주, 2012: 366-367).

요약해볼 때, 대만의 정치와 경제는 밀접한 연관을 갖고 있다. 특히 지배적인 정치 집단의 통치 이념은 대만의 경제성장을 좌우하는 중요한 요인이 되었다. 1988년 민주화가 본격적으로 시작되기 이전의 권위주의적 국민당 정부는 강력한 국가의 주도 하에 민생주의에 입각한 경제 우선 정책을 실시하였다. 그러나 리덩후이 총통 취임 이후 정치 우선 정책으로 전환함에 따라 경제 전반의 인센티브 메커니즘이 극도로 훼손되어 경제성장의 잠재력을 크게 저하시켰다. 특히 1990년 이후 대만 독립을 위한 정치적 행보가 본격화되고 양안관계의 갈등이 가시화됨에 따라 리덩후이 정부는 대 중국 투자 및 경제 진출에 소극적인 정책을 편 반면 적극적인 친 동남아 경제 정책을 폈다. 이는 정책 판단 실패로서 이로 인해 대만 경제의 국제 경쟁력은 크게 위축되었다. 이렇듯 정치권이 정치 투쟁에 몰입하여 인기영합적인 대륙 정책을 폄으로써 당시 요구되던 적절한 경제발전전략을 세우는데 실패한 것이 2000년대 초중반 대만 경제침체의 중요한 요인이 되었다. 그러나 이러한 정치적 변화에 따른 경제적 침체에도 불구하고 대만의 대 중국 교역은 계속 증가하고 있었으며 이에 따라 대만 경제의 중국 의존도는 더욱 높아져갔다.

마잉지우 정권의 출범과 대만의 경제발전

2008년 총통 선거 당시 주된 논제는 집권 민진당의 경제정책의 실정 문제였다. 총통 선거에서 국민당과 민진당의 가장 첨예한 정책 대결은 대 중국 정책으로 집권당인 민진당은 대만의 분리 독립을 주장한 반면에 국민당은 중국과의 원만한 관계 개선을 희망하는 정책으로 양당은 양안정책에서 완전히 상반된 정책을 추구했다. 그러나 민진당 집권 8년 동안 경제 정책 실패에 따른 실업자의 증가로 인해 국민들은 현 정권을 외면하고 있었다. 집권당인 민진당이 제시한 대만 독립 주장은 이미 대만 국민들에게 식상한 상태였다. 결국 대만 독립으로 일관하는 민진당의 정책보다는 경제정책을 회생回生시키기 위한 발판으로 중국을 이용하자는 국민당의 양안 공동 시장 공약이 국민들의 정서에 더욱 다가들었다. 국민당의 마잉지우馬英九 후보가 구체적으로 제시한 경제 정책인 633플랜(경제성장률 6%, 국민소득 3만 달러, 실업률 3% 이하) 등이 경제 침체에 불만을 느끼고 있는 주민들로부터 표를 얻는 계기가 되어 2008년 총통 선거에서 국민당의 승리를 이끌어 내었다(박광득, 2009: 331). 정권교체로 민주화가 완성된 지 8년이 2008년 총통 선거에서 대만 유권자들은 더 이상 실속 없는 통일과 독립이라는 통독 정체성 논쟁보다는 경제적 실리를 선택한 것이다.

2008년 선거에서 민진당이 패배하고 국민당이 승리한 것은 대만 유권자들이 실리적인 경제성장을 선택했기 때문이었다. 경제가 침체되면서 대만에서 대만 독립이라는 정치적 민주화 문제는 더 이상 독립된 쟁점으로 기능하기 보다는 물질적 이해와 결부된 문제로 인식되었다(허석재·김진용, 2014: 191). 민진당이 주장하는 대만 독립이라는 정책은 국민당과는 다른 차별화된 정책으로, 2000년에 이룩한 정권 교체 시 주민들의 관심을 환기시킨 핵심적인 주제였으나 이후 계속된 중국과의 갈등 관계 심화 및 장기화된 경제 침체는 주민들의 우려와 불편을 가져왔다. 점차적으로 주민들은 중국과의 대립과 갈등이라는 정치적 상황 하에서 경제침체를 무릅쓰고 독립을 추구할 것이냐 아니면 적당한 선에서 타협하고 경제적 실리를 추구할 것이냐의 선택에 놓이게 되었다. 결국 천수이벤 정부가 민주화의 공고화로 제기한 대만 독립 이슈는 국민들로부터 지지를 받지 못하는 정책이 되었으며 이는 2008년 선거에서 민진당의 지지도를 떨어뜨리는 중요한 원인이 되었다(박광득, 2009: 328).

국민당의 승리는 양안간의 협력의 장을 재개하여 지난 12년간 양안간의 불편한 관계를 청산하는 계기가 되었다. 양안간의 정치적인 문제는 현실적인 해결이 난망한 것으로 '하나의 중국'에 대한 인식 차이를 어떠한 방법으로 좁혀나갈 것인가에 대한 해법이 존재하지 않는다는데 있다. 중국이 주장하는 하나의 중국 원칙을 대만이 수용하였을 경우 대만의 지위는 하나의 국가가 아니라 중국의 일부분으로 추락함으로써 중국이 주장하는 일국양제一國兩制에 의한 중국 통일의 길로 접어들 수 있다는 것이다. 반대로 이를 수용하지 않았을 경우 어떻게 상호 협력하든 양안간의 갈등은 여전히 남아 있는 표면적인 협력에 불과한 양안관계가 될 가능성이 많다. 이에 대한 최선의 선택은 양안간의 정치적 이슈를 일단 잠재우고 경제적인 이슈에 집중하는 것이었다.

사실상 양안 간에는 1992년 반민반관단체라고 할 수 있는 해협회(중국

해협양안관계협회)와 해기회(대만 해협교류기금회)의 만남으로 구이공식九二共識[11]을 도출한 바가 있다. 이때는 제한적이기는 하지만 비교적 안정적이고 순탄한 양안관계를 유지하였다고 할 수 있다. 그러나 리덩후이 총통의 대만 독립론이 대두되고 하나의 중국 원칙을 전면 부정하는 양국론[12] 발언이 있은 후 양안 간 대화는 중단되었다. 이후 민진당 정권 말기에 이르기까지의 양안관계는 분리 독립과 하나의 중국 원칙의 대립으로 긴장 관계의 지속이었다(박광득, 2009: 339).

2008년 5월 20일 마잉지우 총통의 취임식에서 신삼불정책新三不政策이라고 할 수 있는 불통不統, 불독不觸, 불무不武[13]를 주장했는데 이는 중국과의 정치적 측면을 고려한 것으로 중국과의 관계개선과 긴장완화라는 양안관계를 추진하겠다는 의지의 표현이었다(박정수, 2010: 400; 박광득, 2009: 340). 이는 중국과의 통일이나 대만독립 같은 민감한 정치적 문제를 피함으로써 기존에 강조되었던 대만 독립 문제보다는 양안관계의 평화와 번영을 위해 경제적 교류와 협력을 중시하겠다는 선언이었다.

마잉지우 정권의 출범으로 양안관계가 새롭게 변하였다. 마잉지우의 국민당 정부는 '하나의 중국' 원칙을 수용한다는 전제 하에 국민당과 공산당 간에 당 대 당 협의를 확대했다. 2008년 5월에는 분단 후 59년 만에 처음으로 중국의 장관급 인사를 대표로 하는 인사들이 대만을 방문했다. 그리고 2008년 11월 3일 중국의 해협회 회장과 대만 해기회 이사장의 만남이 대만에서 성사되었다. 이러한 양회의 만남으로 양안간의 3통三通[14]시대가

---

11 1992년 양안간의 만남에서 합의된 내용으로 양안은 하나의 중국이라는 원칙에 상호 동의하되 그 표기는 각자의 口頭로 한다는 내용으로 하나의 중국에 대한 해석은 각자가 알아서 해석한다는 것이다. 대만의 '하나의 중국' 기본원칙은 1992년 8월 1일 대만 국가통일위원회가 발표한 '九二共識 一中各表'로 이는 대만은 하나의 중국 원칙에는 동의하지만 양안간의 누구도 主가 될 수 없고 양안 모두는 중국의 일부분이라는 견해다(박광득, 2005: 236).

12 양국론은 중국이 주장해온 하나의 중국 원칙을 정면으로 부정하는 것으로, 그 후 중국은 대만의 분리 독립을 막는 정책으로 일관하였다.

13 대만은 통일하지도 않고, 독립하지도 않으며, 무력충돌도 하지 않겠다는 뜻.

개막함으로써 양안은 더욱 밀접한 관계로 발전하게 되었다. 이번 합의를 통해 양안간의 역사적 전환점이 마련되었다. 이후 양안간의 항공편 수는 매주 108편으로 증가되었고, 중국은 63개 도시의 항구를 개방하고 대만은 11개 항구를 개방하여 인적 물적 교류를 확대하였다(박광득, 2009: 339-340). 마잉지우는 대만의 장기적인 경제침체에서 벗어나기 위해 중국과의 경제협력 확대를 상징하는 '하나의 중국시장一中市場' 정책을 추진하였으며, 이러한 가운데 양안관계가 점차 신뢰를 회복하면서 2010년 6월 중국판 FTA라고 할 수 있는 경제협력기본협정Economic Cooperation Framework Agreement, ECFA이 추진되어 대만과 중국의 경제 상호 개방이 이루어졌다(문흥호, 2012: 138).

그러나 마잉지우 총통의 4년 임기 동안 실시한 친 중국 경제 정책에서 나타난 중국과의 지나친 밀착과 경제 종속화로 인한 대만의 자주 독립적 지위 약화를 우려하는 여론이 급성장했다. 이는 2012년 대선에서 민진당 총통 후보의 지지기반이 되었다. 따라서 2012년 총통 선거의 주요 쟁점은 대만의 정체성과 중국과의 관계설정, 양안 간 경제협력 범위와 수준, 대만의 국제적 지위와 안보 등에 집중되었다. 그러나 민진당은 대만의 독립이라는 정체성을 주장할 수밖에 없는 태생적 한계와 과거 천수이벤 정부의 경제 실정에 대한 국민들의 부정적인 인식을 극복하지 못했다. 반면에 국민당의 마잉지우 후보는 지난 임기 4년간 대만의 고질적인 현안인 통독統獨논쟁[15]

14 三通이란 통상(직교역), 통항(물류와 인적인 교류), 통편(우편교류)로 중국이 대만과의 통일을 위해 1979년부터 계속 추진해 온 정책이다.

15 대만에서 통일과 독립 문제는 국민당과 민진당의 강령과도 같은 것이다. 국민당은 대만 천도 이후 무력에 의한 대륙탈환에서 평화적인 통일에 이르기까지 방법에서의 차이는 있지만 일관되게 통일을 지향한다. 반면에 민진당은 당 강령에서 대만 독립을 명시하고 천수이벤 당선 이후에는 대만공화국으로의 변경 시도 등 일관되게 대만 독립을 주장한다. 따라서 양당의 입장은 통일과 독립의 스펙트럼 상에서 양 극단에 위치하고, 유권자들의 인식도 그러하다. 대만 주민들 중에서 절대적으로 독립에 찬성하는 입장을 가진 사람은 드물다. 가장 중요한 이유는 중국으로부터의 위협 때문이다. 그러나 만약 중국 위협이라는 변수가 사라진다면 대만 독립을 원하는 주민 수가 크게 증가할 것이다(지은주, 2009: 86-88).

과 상호대립을 완화하고 사회적 통합을 이룬 측면을 강조하고, 양안의 정치적 관계에 대한 소모적 논쟁을 지양하고 인적 교류 및 경제 교류를 강화해 중국과 윈-윈 관계를 확대하자고 주장함으로써 공감을 얻었다. 지난 2008년 총통 선거 때와 마찬가지로 2012년 총통 선거에서도 대만 유권자들은 실속 없는 정치적 논쟁보다는 경제적 실리를 중시하는 선택을 하였다(문흥호, 2012: 138-140).

2008년에 이어 2012년 총통 선거에서도 대만 유권자들은 대만 독립 추구라는 정치적 노선보다는 경제 활성화를 약속한 마잉지우의 경협확대 노선을 선택했다. 그렇다고 대만의 대다수 주민들이 대만의 정체성과 자주독립 문제 자체에 대해 무관심하거나 반감을 갖고 있는 것은 아니다. 다만 이 문제를 극단적인 대립구조로 이해하기 보다는 보다 장기적인 과제로 유보하고 현실적인 양안의 평화와 공영 방식을 선호한 것이다. 대만 주민들이 추구하는 궁극적인 목표는 정치적으로 대만의 자주 독립적 지위의 획득하여 민주화를 완성시키고 경제발전을 이룩하여 풍요로운 삶을 사는 것일 것이다. 그러나 현실에서 이 둘은 양립되기 어렵게 되어 있다. 중국이 G2로 부상하여 정치적·경제적 주도권을 쥐고 있는 현 상황에서 중국이 원치 않는 대만의 자주 독립적 지위는 불가능하며 이를 강행할 경우 대만의 평화와 풍요가 보장되기 어려운 것이 현실이다(문흥호, 2012: 144-146).

2008년과 2012년 총통 선거에서 대만 국민들이 국민당의 마잉지우를 선택한 배경은 양안의 평화 안정 및 교류협력의 확대를 바라는 마음이었다. 이러한 양안관계의 평화 공영에 대한 공감대는 '하나의 중국' 원칙에 대한 불만을 잠재우고 대만의 독립적 지위에 대한 갈망을 장기적인 과제로 내면화 시켰다. 이는 또한 중국과의 경제 협력 강화의 부작용으로 지적되는 경제 종속화 가능성과 빈부격차의 확대 문제보다 대만경제의 재도약을 위한 출구로 양안 경협 확대의 필요성을 우선시 한 것이다. 대만의 민주화가 중국과의 갈등 및 경제적 침체를 가져올 때 대만인들의 선택은 더 이상의 민주화 노력보다는 경제적 실리를 추구하는 데 모아진 것이다.

요약해 볼 때, 2000년 50년 만의 정권교체를 통해 대만의 민주화가 완성되면서 대만 주민들 사이의 오랜 숙원이었던 외성인과 본성인 간의 종족 갈등이 막을 내렸다. 국내적으로 민주화를 완성한 민주당 정부는 이후 대만 민주화의 방향을 대만 독립이라는 국외적인 문제로 확장시켰다. 그러나 이러한 정책은 당장 중국의 반발을 불러왔다. 중국은 대만 독립 주장에 대해 대만을 무력 침공할 수도 있다는 초강경 정책으로 응수했다. 중국과의 갈등은 대만 경제에 부담으로 작용하였고 대만 주민들은 정치적 민주화의 지속이냐 아니면 경제 활성화냐 중 하나를 택해야만 하는 처지에 놓이게 되었다. 이에 대만 주민들은 중국과의 경협확대를 통한 경제 활성화를 선택하였다.

나오는 글

1986년 야당인 민진당 설립을 계기로 본격적으로 시작된 대만의 정치적 민주화는 리덩후이 정권의 개혁기를 거쳐 2000년 민진당 천수이볜 후보가 총통으로 당선되어 50년 만의 정권교체를 이룩하면서 국내적으로 달성되었다. 이후 대만은 안정된 민주주의 국가로 거듭나게 되었다. 국내 민주화가 달성된 이후 천수이볜 총통은 대만 독립이라는 대외적 민주화를 추구하였다. 천수이볜은 정권교체의 여세를 몰아서 대만인의 정치적 정체성 및 대만 독립 문제를 정권의 제일 모토로 내세우면서 대만의 자주 독립을 추진하였다. 대만인 정체성 문제와 독립 문제는 이미 1990년대부터 본성인 출신인 리덩후이 국민당 총통이 제기하고 추구해온 이슈였다. 천수이볜은 좀 더 안정된 상황에서 대만 독립 문제를 더욱 강하게 밀어부쳤다.

1990년대와 2000년대의 근 20년간 대만에서는 민주화 및 독립이라는 정치 현실이 경제 문제를 압도하였다. 그 결과 대만 정부와 대만 독립을 저지하는 중국과의 마찰은 피할 수 없는 현실이 되었고 이 과정에서 중국

대륙으로의 진출 시기를 놓친 대만 경제는 침체를 면치 못했다. 1970-80년대 대표적인 동아시아 신흥공업국으로 경이적인 경제성장을 하던 대만은 1990년대 이후 정치적 민주화 투쟁 및 독립 투쟁을 거치면서 2000년대에 이르러 심각한 경제 침체를 경험하였다.

비록 대만의 민주화를 이룩한 민진당 정권이지만 이후 실현 불가능한 독립 투쟁은 양안관계의 마찰을 심화시켰고 이는 경제침체로 이어졌다. 민진당 정권 8년 동안 지속된 독립 주장에 식상한 대만 주민들은 2008년 총통 선거에서 중국과의 관계개선을 통한 경제성장을 주장하는 국민당의 마잉지우 총통을 당선시켰다. 마잉지우는 지난 20년 동안 추구해온 대만 독립과 민주화 문제를 수면 아래로 가라앉히고 오로지 중국과의 관계 개선을 통한 경제발전에 주력하였다. 마잉지우 집권기에 대만의 경제는 어느 정도 회복되었으나 국민당 정권의 지나친 관상官商 유착과 계속되는 실업률 증가와 취업난은 국민당의 경제정책에 대한 우려를 자아내고 있다.

중국이 G2로 거대해진 현실에서 대만 독립을 실현하기란 쉽지 않은 일이다. 대만은 계속적으로 현 상태를 유지하면서 중국과의 관계 개선을 통해 경제성장을 지속할 수밖에 없다. 대만 성립 초기부터 대만은 본성인 대 외성인의 두 민족 간 정체성 문제로 고민하여 왔다. 그러나 정치적 민주화로 인해 민진당과 국민당이 번갈아 정권을 잡게 됨에 따라 본성인과 외성인의 정체성 문제는 더 이상 이슈가 되지 못하고 수면 아래로 가라앉았다. 그러나 천수이벤이 대만 독립을 추진함에 따라 독립이 새로운 민주화 이슈로 대두되면서 중국과의 갈등이 첨예화되었다. 중국은 대만 독립 문제에 매우 강경하게 대처하고 있다. 대만 독립은 대만에 국한된 문제를 넘어서서 중국의 소수민족 정책과 직결되어 있기 때문이다.

대만 주민들은 진심으로는 대만 독립을 원하지만 현실적으로는 중국과 타협할 수밖에 없다. 국내적으로 달성된 대만 민주화는 대만 독립 이슈로 확대되고 국제화 될 때 중국이라는 변수 속에서 무력화 되었다. 중화민족 특유의 현실적 감각은 대만인들로 하여금 독립이라는 정치적 이슈를 보류한 채 중국대륙에 진출하여 경제적 성과를 얻어내도록 하고 있다. 정치적 민주화 이슈가 경제적 실리 문제로 대치되고 있는 것이다. 그러나 대만이 독립을 이룩하지 못하는 한 대만의 주권은 보장되지 못하고 주권이 보장되지 못하는 한 더 이상의 민주화는 불가능할 것이다. 더욱 막강해진 중국의 힘은 대만의 독립 행보를 더욱 제약할 것이며 동시에 대만 경제의 대중국 의존 및 종속은 더욱 심해져갈 것이다. 대만 집권당의 현상유지 정책은 중국에 대한 대만의 이러한 현실을 가속화시킬 것이다.

요약해 볼 때, 대만의 민주화 과정에서 대부분의 결정은 국민당과 민진당의 정치행위자들 간의 협상과 선택으로 이루어졌다. 주민들의 역할은 이들 정치 세력이 제시한 선택지 중 하나를 선택하는 것이었다. 집권 세력 주도로 위로부터 진행된 국내적 대만 민주화 과정은 시민세력과 정치세력 간의 커다란 마찰 없이 일사천리로 진행되었다. 그러나 민주화의 공고화를 위한 대만 독립 문제는 대 중국 관계에서 커다란 한계에 직면하였다. 대만 독립과 경제성장이 중국이라는 변수 앞에서 양립할 수 없는 문제가 되었고 대만 주민들은 민주화와 경제 중 어느 하나를 선택해야 하는 상황에 놓이게 되었다. 지난 2008년과 2012년 총통 선거에서 보듯이 대만 주민들은 중국과의 관계에서 정치적 민주화보다는 경제성장이라는 실리를 택했다. 그러나 언젠가는 대만 독립이라는 정치적 문제가 당면 문제가 될 것이고 이를 대비하기 위해서는 독립에 대한 좀 더 확고한 의지와 비전을 가진 정당과 지도자가 필요할 것이다. 그러나 현실에서 경험하듯이 대만이 택할 수 있는 선택의 폭은 크지 않을 것이다. 이것이 대만 민주화와 경제성장 간의 딜레마인 것이다.

12장. 국민당의 친 중국 경제 정책 실패와 정권교체

들어가는 글

2016년 1월 16일 치러진 대만 총통 선거에서 민진당의 차이잉안蔡英文 후보가 56.1%를 득표해 31.0%를 득표한 국민당의 주리문朱立倫 후보와 12.8%를 득표한 친민당의 쑹추위宋楚瑜 후보를 큰 표 차로 이기고 당선됨으로서 대만은 8년 만에 정권교체를 이룩하였다. 또한 총통 선거와 동시에 치러진 입법의원 선거에서도 민진당이 전체 113석 중 60.1%인 68석을 차지해 국민당의 35석을 크게 앞섰다(동아일보, 2016. 1. 18). 차이잉안 당선자는 친중국 성향인 현 마잉주馬英九 정부와는 다르게 집권 후 독자적인 대만의 목소리를 낼 것으로 보여 양안관계에 적지 않은 변화를 가져올 것으로 보였다.

2016년 대만 선거에서도 판세를 가른 키워드는 '중국'과 '경제'였다. 국민당의 마잉주 총통은 2008년 당시 글로벌 경제위기를 극복하기 위해서 양안 간 협력을 추진한다는 공약으로 지지를 받았지만 한 때 반등했던 경제성장률은 최근 몇 년 동안 계속 떨어져 총통 선거 전해인 2015년에는 거의 0% 성장률을 기록하였다. 국민당의 마잉주 정부가 추진한 친 중국 경제정책은 대만의 경제 활력 저하라는 부메랑이 되어 돌아와 이번 선거에 결정적으로 국민당 후보에게 부정적인 영향을 미친 것이다(한국경제, 2016. 1. 18). 친 중국 정책 결과 특혜를 입은 것은 주로 중국에 진출한 대기업(臺商: 타이상)들이었고 중소기업과 일반 주민들의 소득에는 큰 변화가 없어 상대적으로 경제적 불이익을 경험하였다. 대기업들은 재산세를 대폭 내리는 조치를 취하도록 대만 정부를 유도한 뒤 축적된 부를 부동산에 집중 투자해 부동산 거품을 만들면서 비난의 대상이 되었다(동아일보, 2016. 1. 23). 동시에 심해져가는 부의 불평등과 주택 문제, 지속되는 높은 실업률, 그에 따른 청년 실업과 비정규직 양산은 주민들의 삶의 질을 악화시켜 국민당의 친 중국 정책에 대한 주민들의 불만을 가중시켜 왔다.

이 장은 2016년 1월 총선거에서 대만 주민들이 야당인 민진당을 선택한 이유를 밝혀보고 차후 양안관계를 전망해보고자 하였다. 정치적 독립 이슈와 경제발전이라는 양대 이슈의 대만 선거에 대한 영향은 정치·경제적 상황 변화에 따라 다양하게 나타났다. 때로는 두 요인 중 한 요인이 결정적인 변수로 작동하기도 하였고, 때로는 한 요인이 다른 요인에게 부정적으로 작동하기도 하였으며, 혹은 두 요인 모두가 긍정적 또는 부정적으로 작동하기도 하였다. 대만 독립을 목표로 한 정치적 이슈와 그에 대한 중국의 대응이 민주화 시기인 2000년의 대만 선거에서 정권교체를 이룩한 중요한 요인이었다면 민주화를 달성한 이후에는 정치적 독립이라는 민주화의 최종 목표보다는 경제성장이라는 현실적 이슈가 대만 선거에서 주민들의 선택에 더 크게 영향을 미쳤다. 최근 2008년과 2016년에 일어난 두 차례의 대만 정권교체 과정에서 핵심적인 선거 이슈는 모두 경제문제였다.

논의 전개를 위해 먼저 대만과 중국과의 관계 변화를 살펴보았다. 이를 위해 대만 민주화 이전에 대만과 중국에서 주장하는 '하나의 중국' 논쟁을 살펴본 후, 1990-2000년대 대만 민주화 과정에서 본격화되는 '하나의 중국' 논쟁과 그에 따른 양안관계의 변화를 살펴보았다. 이후 양안관계 변화가 대만의 선거에 미치는 영향을 살펴보았다. 특히 '중국' 변수가 대만의 대만화(정치)와 경제발전(경제)과 어떻게 관련되고, 나아가 대만 선거에 어떤 영향을 미쳤는가를 살펴보았다. 이 글에서는 특히 국민당 마잉주 총통의 친 중국 정책과 그 결과가 2016년 대만 총선에 미친 영향을 좀 더 자세히 분석하여 살펴보았다. 글 말미에 2019-2020년 홍콩사태가 2020년 대만 총통선거에 미친 영향을 간략하게 분석하였다.

대만의 민주화와 '하나의 중국' 전략 변화

대만 민주화 이전의 '하나의 중국' 전략

중국과 대만의 지도자들은 일관되게 '하나의 중국'을 주장하지만 '하나의 중국'에 대한 명확한 정의를 내리는 것은 쉬운 일이 아니다. 과거에 중국中國이 정식 국명으로 쓰인 적도 없고 어떤 고정된 지명으로 사용된 적도 없다. 나아가 중국이 어떤 단일 민족명이나 하나의 민족으로 구성된 국가를 지칭한 적도 없었다. 1949년 중화인민공화국 정부가 북경에 수립되고 난 이래 중국은 중화인민공화국이 중국의 유일한 정부이며 '두개의 중국'을 만들려는 일체의 음모에 반대한다고 주장했다. 마오쩌둥毛澤東은 1958년 금문도 폭격 시에 팽더화이彭德懷의 발표를 통해 "세계에는 오직 하나의 중국이 있을 뿐, 두 개의 중국은 없음"을 강조했다(이권호, 2003: 228-254). 이후 중국은 양안 간 통일문제를 논하는 공식 문서에서 '하나의 중국'에 대한 인정을 협상과 담판의 기본전제로 삼고 있다.

대만의 장제스蔣介石와 그의 아들 장징궈蔣經國 총통의 집권 당시 국민당 정부 역시 일관되게 '하나의 중국'을 주장하고, '대만 독립', '두개의 중국' 또는 '하나의 중국과 하나의 대만一中一臺'에 반대했다. 여기서 국민당 정부가 주장하는 '하나의 중국'은 공산당 정부가 주장하는 '중화인민공화국'이 아니라 1912년 성립하여 지금까지 지속되어온 '중화민국'으로 중화민국이 중국의 유일한 합법 정부라는 것이었다. 중국과 대만 간의 '하나의 중국' 논쟁의 핵심은 중국의 법통 계승자가 누구인가 하는 것이었다(김중섭, 2010: 338; 이권호, 2003: 240-241).

1980년대 말까지 중국과 대만은 모두 내정 문제에 집중하면서 양안 간 교류가 거의 없었다. 1980년대에 중국과 대만 양안 간에는 공식적인 접촉이나 직접적인 대결 어느 것도 거의 나타나지 않는 시간을 보냈다. 중국은 개혁 개방에 주력하였고 대만은 민주화에 따른 정치 개혁을 추진하였다.

양안간의 접촉이 시작된 것은 1990년 6월 중국의 3세대 지도자로 등장한 장쩌민江澤民이 '전국통전공작회의'에서 대만의 분리 정책인 '일국양부一國兩府'와 '하나의 중국과 하나의 대만一中一臺'을 맹렬히 비난하고, 공산당과 국민당이 대등한 입장에서 통일을 협상할 것과 양안의 직교역通商, 물적·인적 교류通抗, 우편 교류通郵의 '3통三通'[16]의 실현을 통해 광범위하게 교류할 것을 제안하면서부터였다(전가림, 2014a: 565).

대만은 1987년 11월 대륙 출신자外省人들의 중국 친척 방문을 허용한 이후 급격히 확대된 양안 교류협력 과정에서 파생된 각종 현안들을 처리하기 위한 준정부 기구로 '해기회海峽交流基金會'를 설립했다. 해기회는 형식적으로는 민간 조직의 성격이지만 실제로는 행정원 대륙위원회로부터 권한을 위임받아 대만 정부를 대신하여 민간 차원의 양안 교류 협력과 관련된 제반 사안의 논의·협상 업무를 담당하였다. 해기회는 중국과의 공식적인 정부 간 접촉·협상이 불가능한 상황에서 정부의 권한을 위임받아 이를 대행하는 재단법인으로서의 성격을 띠었다(문흥호, 2010: 316-318). 대만 당국은 해기회 문건 속에 "'하나의 중국' 원칙의 견지, 국가 통일의 추구"를 명확히 표시하고, 해기회는 중국에 대한 서비스를 위해 건립되었다고 명시하고 있다.

대만의 해기회에 대응하는 중국의 교섭 상대로 1990년 11월에 설립된 조직이 '해협회海峽兩岸關係協會'다. 중국지도부는 대만이 대만의 대 중국 정책인 '3불정책'[17]을 철회할 움직임을 전혀 보이지 않는 상태에서 이를 지나치게 강요하기보다 우선 준정부 기구 간의 접촉을 통해 점진적으로 양안의 공식 협상을 유도하는 것이 바람직하다는 전략적 판단을 하였다. 이에 따라 대만이 설립한 준정부 차원의 중재 기구와의 접촉을 통해 3통을 촉진하는 계기로 활용하기 위해 1991년 12월 26일 '사단단체법인' 형식의

16 중국은 대만과의 통일을 위한 전제 조건으로 '3통'을 강하게 주장하였다. 이에 대해 대만은 중국과의 공식 협상을 거부하는 '3불정책三不政策'을 고수하였다.

17 不統, 不獨, 不武를 말함.

해협회를 설립한 것이다(문흥호, 2010: 313). 해협회는 양안 간의 왕래 및 구체적인 문제는 중국 내부의 사무이며 협상과 담판 중에 '하나의 중국' 원칙은 반드시 견지하여야 한다고 제시하고, 대만이 오직 하나의 중국이라는 기본 태도를 표명한다면 그것의 정치적 함의를 말하지 않아도 된다고 주장하였다.

이에 대해 1992년 8월 1일 대만 당국은 국가통일위원회를 통해 '양안 모두는 하나의 중국 원칙을 견지한다. 그러나 쌍방에게 부여된 함의는 다르다'는 '구이공식九二共識'을 주장했다. 즉 '대만은 중국의 일부분이다. 그러나 대륙도 중국의 일부분이다'라고 주장한 것이다(박광득, 2005: 135-136). 구이공식에서, '92'는 1992년을 뜻하고 '공식'은 공통인식共通認識을 뜻한다. 공식이란 합의 즉 일치된 의견의 중국식 표현이다.

해기회와 해협회는 1992년 11월 홍콩에서 회담을 열고 '하나의 중국을 인정하되 중국과 타이완은 각자의 명칭을 시용하기[一中各表]'로 상호 합의했다(정동근, 2007: 254). '하나의 중국'에 대해 대만은 '하나의 중국 원칙에 동의하지만 양안간의 누구도 주主가 될 수 없고, 양안 모두는 중국의 일부분이다'라는 견해를 밝힌 반면 중국은 이를 심각하게 고려하지 않고 중국에 유리한 측면만을 선별하여 대만의 국가통일위원회의 발표문에 대해 '대만당국은 대만이 중국의 일부분이라는 것을 인정하였으며, 양안 모두는 하나의 중국 원칙을 견지하여 통일의 입장을 추구하고 있다'라고 해석하였다(박광득, 2005: 136).[18] 이에 따라 중국은 구이공식을 준수하고 국가 통일

18 양안의 양회는 1992년 11월 '홍콩회의'에서 하나의 중국 원칙에 대해 일치된 의견을 형성하지 못하고 각자의 입장에서 방안을 제시하였다. 즉, 대만의 입장은 '하나의 중국'을 인정하지만 중국과 대만은 이를 각각 '중화인민공화국'과 '중화민국'으로 다르게 표기한다는 것이다(지은주, 2012, "정체성과 경제적 이익의 동학: 2008년 대만 총통선거에서 유권자의 선택." 『한국정치학회보』 46권 1호, p.372). 쌍방이 '하나의 중국' 원칙을 견지한다고 하더라도 '하나의 중국'에 대한 함의는 각자 다르다는 것이다. 이것이 대만이 해석한 92공식의 핵심 내용이다. 이에 대해 중국은 '양안은 하나의 중국 원칙을 견지하며 국가통일에 노력한다. 그리고 사무적인 상담 중에서 하나의 중국에 대한 정치적 함의는 언급하지 않는다는 것을 각자 구두 발표의 형식을 빌어

을 달성하자는 주장을 계속 해오고 있는 것이다.

해기회와 해협회의 기능이 극대화된 결정적 계기가 된 것은 1993년 4월 27-29일에 싱가포르에서 개최된 '왕꾸회담汪辜會談'이었다. 이는 국공 합작의 성격을 갖춘 분단 이후 최초의 공식 접촉으로 비록 민간 차원의 회담이지만 실질적으로는 공식적인 중국과 대만의 정치적 접촉이었다. 비록 회담에서 양쪽 모두 소기의 성과를 이루지는 못했지만 그동안 공식적인 접촉이 없었던 양안관계에 있어서 양안 간의 적대 관계를 해소하고 이해 증진을 위한 새로운 전기를 마련한 것으로 당시에는 획기적인 사건이었다. 양측은 연락 체계를 구축하는 한편 회담을 제도화하여 민간 교류를 확대하자는 내용과 방안에 합의하였다(박광득, 2005: 137-138). 이는 이후 후속 실무회담으로 1993년 11월의 '샤먼 회담廈門會談', 같은 해 12월 '타이페이 회담臺北會談' 등에서 중국 진출 대만 기업의 투자보장 협정, 어로 분규 등을 중심으로 협상을 벌였으나 쌍방의 정치적 입장차로 합의점을 찾지 못했다. 근본적인 협상 결렬 이유는 협상 과정에서 중국은 대만의 정치적 지위를 전혀 인정하려 하지 않은데 비해 대만은 양안의 협상을 대등한 정부 대 정부 차원으로 격상시키고자 한 데 있다(문흥호, 2010: 321-322).[19]

이상에서 보듯이 해기회와 해협회 양안 협상 과정에서 논의의 핵심은 '하나의 중국'을 어떻게 이해하느냐 하는 것이었다. 우선, 기본적으로 양안 간에 '하나의 중국'을 지향한다는 원칙에는 합의를 했지만 '하나의 중국'의

발표한다'고 이해하였다. 따라서 중국은 양안 합의 당시 대만이 중국의 제안에 대해 구체적인 반대를 하지 않은 관계로 92공식은 양안 모두가 동의하는 수준에서 이루어졌고 대만도 이에 대한 적극적인 반대를 하지 않았다고 보았다(박광득, 2005: 137).

19 이후 양안간의 회담은 1995년 6월 리덩후이 총통의 미국 방문으로 무기한 연기되었다가 클린턴의 대통령의 방중 이후 1998년 10월 해기회 이사장의 샹하이上海 방문으로 '2차 왕꾸회담'이 재개되었다. 그러나 대만은 민주 통일과 대만의 장래는 대만이 결정해야 한다는 것을 거듭 강조하면서 하나의 중국과 두 개의 대등한 실체를 주장한 반면 중국은 이를 거부하고 대만을 중국의 일부분으로 간주하여 대만을 정치적 실체로 인정할 수 없다는 주장을 반복함으로써 양안관계에 어떠한 결론을 도출하지 못했다(박광득, 2005: 140-141).

내용에 대해서는 각자 자기중심적으로 이해했다. 하나의 중국에 대한 구체적인 내용에서 양안 간의 주장은 전혀 다른 것이다. 대만의 '국가통일위원회'에서 주장하는 하나의 중국은 1912년 성립하여 지금까지 지속된 중화민국이며, 그 주권은 전체 중국에 미치나 지금의 통치권은 단지 중화민국의 통치 지역에 제한되어 있다고 보았다. 따라서 대만은 중국의 일부분이며, 대륙 역시 중국의 일부분이라고 보았다. 결국, 대만에서 말하는 중국은 대륙의 공산당 정권과 대만의 국민당 정권으로 분열되어 있으며 각자는 독자적인 통치권을 가진 실체라는 것이다. 대만은 중국이라는 고유명사는 단지 중화인민공화국을 의미하는 것이 아니라 지리, 정치, 역사, 문화 등 다양한 의미를 내포하는 것이라 주장하면서, 대만은 대륙과 함께 중국의 영토라고 주장한다. 이에 대해 중국 정부는 2000년 2월『하나의 중국 원칙과 대만문제』라는 백서 발간을 통해 '하나의 중국'에 대한 입장과 정책을 발표했다. 이에 따르면 세계에는 하나의 중국만이 있으며 대만은 분할될 수 없는 중국 영토의 일부분이며 중앙 정부는 북경에 있다는 것이다. 백서는 또한 1949년 10월 1일, 중화인민공화국의 건국으로 중화민국은 역사적 지위를 종결했고, 중화인민공화국 정부가 중국의 주권을 행사하고 있으며, 대만의 주권도 이에 포함되어 있다는 것을 강조했다(이권호, 2003: 241-243).

대만의 '대만화' 추진과 양안관계의 변화

1988년 장징궈 총통이 사망한 후 정권을 이어받은 리덩후이李登輝 총통은 그동안 교착상태에 빠진 양안간의 교류 협력에 더욱 적극적으로 대처할 필요성을 인식하였다. 리덩후이는 대륙 정책 및 통일 방안에 대한 대만의 기본 입장을 정리한 '국가통일강령'에서 대륙과 대만이 함께 중국의 영토이며, 국가 통일을 촉진 완성하는 것이 중국인의 공동의 책임이라고 주장하였다. 리덩후이는 "대만과 중국은 대등한 관계이지 대만이 중국의 지방정부가 아니라는 점과, 중국은 오직 하나 뿐이라는 '하나의 중국' 원칙"

을 강조했다(이권호, 2003: 241-243).

그러나 1990년 리덩후이가 당내 보수파의 견제를 누르고 다시 총통으로 재 선출 되면서 리덩후이의 양안정책은 대만을 중국과 분리시키는 방향으로 크게 변화하였다. 리덩후이는 1990년대 임기 10년 동안 총 6차례의 개헌을 단행하여 중국 대륙과의 관계 재설정, 입법의원 재선거, 총통 직선, 대만성 정부 기능 정지 등 중화민국의 '대만화'를 추진했다. 그는 외교 분야에서 '중국대표성'을 포기하는 조치를 취하고 북경 정부의 존재를 인정함으로써 중국으로부터의 탈피를 시도하였다. 그 궁극적인 목적은 중화민국의 주권 범위를 중국 대륙에서 대만으로 국한시켜 대만 주민들의 실질적인 참정권 회복 등 기본권을 실현시켜 대만을 민주화된 독립국으로 인정한다는 것이었다(김중섭, 2010: 336-337).

과거 국민당 권위주의 통치의 근원은 중국 공산당과의 내전에서 비롯된 '계엄령'과 비상시기 임시조례인 '동원감란시기임시조례'였다. 그러나 계엄령이 1987년 장징궈 총통에 의해 해제되고, 비상시기 임시조례가 1991년 4월 리덩후이 총통에 의해 종료가 선언됨으로써 국민당의 권위주의 통치의 근거가 모두 사라졌다. 비상시기 임시조례의 종료는 중국 공산당과의 내전 상태가 종결되었다는 것을 의미하며 동시에 이는 앞으로 중화민국 헌법의 효력은 대만 지역에만 미친다는 것을 의미하였다.

리덩후이 정부는 1991년 입법의원(한국의 국회의원에 해당함) 선출에 관한 헌법 조항을 수정하여 원래 전 중국에서 선출하도록 되어 있는 입법의원을 대만 지역 주민에 의해서만 선출하는 것으로 수정하여 제2대 입법의원 선거를 위한 법적 근거를 마련하였다. 이를 근거로 1991년과 1992년에 제2대 입법의원 및 국민대회 선거가 실시되었고, 40년 동안 지속된 '만년국회萬年國會'[20]는 역사 속으로 사라지게 되었다. 이로써 국민당의 통

20 만년국회는 국민당이 대만으로 퇴각하기 전 중국 대륙 전역에서 선거로 뽑힌 입법의원들이 대만으로 정부를 옮긴 후, 더 이상 대륙에서의 선거가 불가능해지자 전란 중이라는 명목으로, 더

치 정당성은 더 이상 '중국 대표성'에서 나오는 것이 아니라 대만 지역 주민의 투표에 의해서 부여되게 되었다. 이는 중화민국의 합법성과 권리는 대만 주민으로부터만 나오고 중국 대륙과는 무관하다는 의미가 된다(김중섭, 2010: 339).

1992년 대만의 국가통일위원회는 『"하나의 중국" 함의』라는 문건을 발표하여 '하나의 중국'에 대한 해석을 제시했다(구이공식). 즉, "양안은 모두 '하나의 중국'에 동의하지만 중국이 주장하는 '하나의 중국'은 '중화인민공화국'이고, 대만이 주장하는 '하나의 중국'은 '중화민국'이며 그 통치권은 대만 지역에 한정된다"는 것이었다(김중섭, 2010: 338). 이렇듯 국민당의 리덩후이 총통에 의해 대만의 '대만화'가 가속화되었다.[21] 더 나아가 리덩후이는 집권 말기인 1999년 7월 양안관계를 '국가와 국가, 적어도 특수한 국가와 국가'의 관계라는 '양국론兩國論'을 주장하였다. 즉 양안을 '국가 대 국가'의 관계로 정의하면서 주권 국가끼리 대등해야 한다고 주장한 것이다. 이에 중국 정부는 '일국양제'의 통일 백서 발간을 통해 "만일 대만이 어떠한 명목이든 중국으로부터 분리되는 중대 사태가 발생하거나, 또는 외국이 대만을 침략하는 일이 발생하거나, 그리고 대만이 평화적 담판을 통하여 양안 통일 문제를 해결하자는 제의를 무기한 거절하는 등의 세 가지 사태가 발생한다면 단호한 조치를 취할 것이다"라고 엄포를 놓았다(이권호, 2003: 247).

1990년대 대만의 민주화가 진행됨에 따라 대만의 정체성 문제가 이슈화되면서 중국의 강경한 '하나의 중국' 주장은 중국의 의도와는 다르게 대만

이상의 선거 없이 계속해서 입법의원 자격을 유지해온 입법원을 말한다(양태근·구패훤, 2012: 198).

21 리덩후이는 6차례의 헌법 개정으로 '중화민국'의 주권을 '대만 지역'으로 국한시키고 대만은 중국 대륙과는 무관하다는 것을 증명하려 했다. 그럼으로써 대만은 중국과 대등한 위치에 있는 주권 국가라는 것을 만방에 알리고 대만이 중국의 지방 정부라는 인식을 타파하려 했다(김중섭, 2010: 341-345).

의 독립 세력에 힘을 실어주는 계기가 되었다. 중국의 위협과 고조되는 양안관계 속에서 2000년에 치러진 대만 총통 선거는 중국이 의도했던 것과는 정반대로 독립을 주장하는 야당인 민진당으로의 정권 교체로 귀결되었다. 2000년 3월에 있었던 총통 투표 결과 39.3 퍼센트를 득표한 민진당의 천수이벤陳水扁 후보가 36.8 퍼센트를 득표한 무소속의 쑹추위宋楚瑜 후보 및 23.1 퍼센트를 득표한 국민당의 롄잔連戰 후보를 누르고 당선됨으로써 국민당 독재 50년이 종식되고 야당인 민진당으로의 정권 교체가 이루어졌다(이와사키 이쿠오, 2002: 97-98). 대만 성립 후 50년 만에 처음으로 이루어진 정권교체에서 국민들의 선택을 결정지은 것은 민주화와 그에 따른 정치적 독립이라는 정치적 이슈였다. 이 과정에서 경제적 이슈는 전혀 영향을 미치지 못했다. 당시 대만은 민주화에 따른 정치 개혁에 올인하는 과정에서 경제성장은 크게 침체되었지만 이것이 선거에서 중점 이슈로 등장하지는 못했다.

이 선거에서 개혁과 패기의 이미지를 갖고 있는 대만 본성인 출신의 진보적 인사인 천수이벤이 총통으로 당선됨으로써 대만 본성인들[22]은 그동안의 패배주의를 극복하고 대만인으로서의 정체성을 부각시키는 계기를 맞이했다. 그러나 다른 한편에서 대만 독립을 추구하는 민진당 후보가 총통에 당선됨으로써 중국과의 양안관계에서에서 긴장 관계가 초래될 가능성이 한층 높아졌다. 정권교체 이후 천수이벤 총통이 대만 독립 문제를 더욱 강경하게 이슈화하면서, 정체성 이외의 다른 균열들의 영향력은 약화된 반면 국가 정체성 이슈는 더욱 첨예해졌다. 대만 독립을 강조하는 천수이벤은 대만 독립 문제를 정치의 핵심 의제로 끌어올렸다. 실제로 천수이벤 정부는 대만이 중국의 불가분한 일부분인 지방 정부가 아니라 주권과 영

22 본성인은 1949년 대륙에서 중국인들이 들어오기 전부터 대만 섬에 거주해오던 대만 거주 중국인들을 말하는 것이고 외성인은 1949년 장제스 정부를 따라 대륙에서 대만 섬으로 이주해온 중국인들을 의미한다.

토를 가진 독립 국가라는 점을 분명히 하고 이의 연장선상에서 '하나의 중국과 하나의 대만一中一臺'을 민진당의 공식적인 입장으로 표방하였다(문흥호, 2004: 47-54). 2002년 8월 천수이벤은 "대만과 중국 양안에는 각기 독립 국가가 존재한다"는 이른바 '한 지역, 한 국가一邊一國'라는 언급과 더불어 국민투표 방식을 통해 대만의 미래와 현재 상황을 결정해야 한다는 주장을 했다. 이는 중화민국이 중국에 속하지 않고 엄연히 독립해 있다는 사실에 대한 강조로 대만의 독립을 기정사실화하는 주장이었다. 이는 리덩후이 총통의 양국론과 같이 대만 독립의 입장을 견지하는 주장으로 중국이 주장하는 '하나의 중국' 원칙에 대한 공공연한 도발이었다(이권호, 2003: 248). 천수이벤 정부는 '4불1무'4不1沒有[23]를 선언하여 중국의 일국양제에 대응하였고, '4요1무'4要1沒有[24] 정책으로 더욱 강력한 독립 의지를 표명했다(김예경·김민지, 2010: 325). 이러한 과정 속에서 양안관계는 극도로 악화되었다.

2000년 대만 총선에서 대만 독립을 주장하는 민진당이 승리하자 장쩌민은 2002년 8월에 열린 중공 16대 보고에서 '하나의 중국'에 대한 강경책이 도리어 대만 독립 행보를 강화시켰다고 보고 유화적인 전술을 구사하여 '하나의 중국' 원칙의 기초 위에 어떠한 문제도 협의할 수 있음을 밝혔다. 그러나 중국의 대화 상대는 천수이벤의 민진당이 아니라 당시 국회를 장악하고 있던 국민당이었다. 천수이벤 집권기 동안 국민당은 친민당과의 공조로 의회를 장악했으며 민진당의 양안정책에 대해 반대 입장을 견지하고 있었다. 집권 이후 천수이벤은 중국에 화해 제스처를 보냈으나 중국은 민진당을 배제하고 친 국민당 노선을 견제했다. 천수이벤 집권 기간 동안 민

---

23 4불은 중국이 무력을 쓰지 않으면 독립을 선언하지 않고, 국호를 변경하지 않고, 양국론 입헌을 추진하지 않고, 대만독립에 관한 국민투표를 추진하지 않는다는 것이고 1무란 국가통일강령과 국가통일위원회의 문자 폐기는 없다는 것이다(김예경·김민지, 2010: 325).

24 4요는 대만 독립이 필요하고, 새헌법이 필요하고, 올바른 국호의 사용이 필요하고, 발전이 필요하다는 것이고 1무는 대만에는 좌우 노선은 없고 독립문제만 있다는 것이다(김예경·김민지, 2010: 325).

진당 정치 인사의 중국 방문이 허용되지 않는 가운데 중국의 첸지첸錢其琛은 집권 민진당을 제쳐놓고 국민당 부주석인 우포슝吳伯雄과 양안문제를 논의하였고, 이후 후진타오胡錦濤 주석은 국민당 총통 후보였던 롄잔 및 친민당 주석인 쑹추위와 양안 교류와 교역 문제에 대해 회담하였다. 이렇듯 천수이벤 집권 기간 동안에 양안 간의 정치적 갈등은 고조되었지만 양안 정책의 주도권이 국민당에 주어진 가운데 중국과의 교역 확대 등 경제적 협력은 지속되었다(지은주, 2012: 366-367).

양안관계에 대한 미국의 역할

양안관계를 논할 때 꼭 집고 넘어가야 할 변수가 미국이다. 미국은 양안관계에 영향을 미치는 매우 중요한 변수로 작용해 왔다. 대만의 지도자들이 독립노선을 추구할 수 있었던 데에는 미국의 암묵적인 후원이 있어 가능한 것이었다. 2000년 집권한 민진당의 천수이벤 총통이 대만 독립노선을 추구하자 양안관계에 긴장이 고조되었다. 2005년 3월에 개최된 중국의 전국인민대회에서 국가 중앙군사위원회 주석에 공식적으로 선출돼 당·정·군을 장악하고 명실상부한 중국의 제1인자로 등극한 후진타오 공산당 총서기 겸 국가 주석은 선출 당일 압도적 찬성으로 '반분열국가법'을 통과시켰다. 이는 타이완의 독립 시도에 쐐기를 박고 양안 통일을 실현하기 위한 법이었다. 여기서 핵심 사항은 대만의 독립을 저지하기 위해 필요할 경우 비평화적 수단, 즉 무력을 사용한다는 내용이었다(정동근, 2007: 249). 후진타오 주석은 대만과 평화를 유지하되 독립은 허용하지 않겠다는 견해를 분명히 밝힌 것이다(정동근, 2007: 250). 반분열국가법이 통과되면서 양안관계는 새로운 국면을 맞게 되었으며 중국의 위협 속에 대만 정부의 대만 독립 추구는 양안관계를 첨예한 갈등 상황으로 몰아갔다. 이로써 대만 민진당의 독립 추구와 중국의 반분열국가법 제정은 대만문제가 미·중 관계의 지뢰임을 재확인시켰다(한종수, 2005: 5-18).

전통적으로 대만해협에 대한 미국의 정책은 흔히 '전략적 모호성'(유동원, 2006: 261-277: 한종수, 2005) 또는 '현상유지'(문흥호, 2008)로 특징지어지는 것으로 미국은 한편으로는 대만의 독립에 반대하면서, 다른 한편으로는 대만문제를 해결하기 위해 무력을 사용하는 것에 반대하는 '이중 전략'을 구사해왔다(한종수, 2005: 16). 그러나 현실은 미국의 전략과는 정 반대로 진행되어 민진당 정부는 대만의 독립을 추구하고 있으며 이에 대해 중국은 무력을 사용하겠다고 언명한 것이다.

미국은 1950년 1월 중국 내전에 무력으로 개입할 의사가 없음을 분명히 하였으나, 한국전쟁이 발발하자 대만에 대한 군사적 보호를 명령하였고, 1954년 12월 대만과 공동방위조약을 체결하였다. 1955년 1월 미국 의회에서 '대만결의안'[25]이 통과됨으로써 대만과 미국은 군사적 동맹관계가 되었다. 이후 대만문제는 미국과 중국 관계에서 심각한 갈등요인으로 작용하여 왔다. 이후 1972년 중국과 미국의 관계 개선을 계기로 1972년, 1979년, 1982년 세 차례에 걸쳐 발표된 미·중 공동성명[26]을 통해 미국은 하나의 중국을 인정하고 대만이 중국의 일부라는 중국의 주장에 동의하였다. 그러나 미 의회는 1979년 '대만관계법'을 제정하여[27] 대만과 민간차원에서 관계를 지속하는 한편 계속 대만에 무기를 판매하여 중국을 견제하였다. 미국은 중국에 대한 견제 세력으로 대만을 적절하게 통제하고 지원하였다. 미국은 하나의 중국을 인정하면서도 대만 방위에 동참함으로써 중국의 대만 통일을 상호합의에 의해 무력 사용 없이 평화적으로 해결할 것을 바라고 있다

25 "미국대통령은 그가 필요하다고 인정할 경우 미국의 무장부대를 이용하여 대만과 팽호열도의 안전을 수호하고, 방어를 위해 무장공격도 감행한다."는 내용(유동원, 2006: 263).

26 1972년 상하이 공동성명에서 미국은 대만을 중국의 일부라고 인정하였고, 1979년 1월 1일 미·중 외교관계가 수립되면서 미국과 대만간의 상호방위조약이 폐기되었다. 여기서 미국은 오직 하나의 중국만이 존재하며 대만은 중국의 일부분임을 인정했다. 1982년 공동성명에서 미국은 1979년 협정 원칙을 재확인하고 앞으로 대만에의 무기판매를 제한하고 줄여나갈 것을 약속했다(한종수, 2005: 9).

27 1979년 4월 발효된 대만관계법은 대만의 미래를 비평화적으로 결정하려는 어떤 조치도 대만해협과 미국의 평화와 안정을 위협하는 것으로 간주한다고 규정함으로써 대만에 방어적 무기를 판매하는 것을 정당화시켰다(한종수, 2005: 10).

(유동원, 2006: 270-274). 따라서 천수이벤 정부의 독립 추구 움직임과 이를 통한 국제적 지위 향상 움직임은 하나의 중국에 대한 미국의 모호한 태도를 적극 이용한 측면이 있다.

경제침체와 양안관계의 갈등, 그리고 정권교체

정치 우선 정책의 한계와 경제침체

대만의 정치와 경제는 밀접한 연관을 갖고 있다. 특히 지배적인 정치집단의 통치이념은 대만의 경제성장을 좌우하는 중요한 요인이 되었다. 1990년대와 2000년대 초중반 대만 경제가 침체에 빠진 데에는 정치적 요인이 크게 작용했다. 1988년 이전의 국민당 정부는 민생주의에 입각한 경제 우선 정책을 실시하여 고도 경제성장을 이룩할 수 있었으나 리덩후이 총통 취임 이후 정치 우선 정책으로 전환함에 따라 경제 전반의 인센티브 메커니즘이 극도로 훼손되어 경제성장의 잠재력이 크게 저하되었다. 특히 1990년 이후 대만 정부가 대 중국 투자 및 경제 진출에 소극적인 정책을 편 반면 적극적인 친 동남아 경제 정책을 편 것은 정책 판단 실패로서 이는 대만의 국제경쟁력을 크게 위축시켰다. 또한 정치권력이 정치 투쟁에 몰입하여 인기 영합적인 대륙 정책을 폄으로써 당시 요구되던 적절한 경제발전전략을 세우는데 실패한 것이 2000년대 대만 경제 침체의 중요한 요인이 되있다.

실질적으로 경제문제는 대만 독립을 주장하는 리덩후이나 천수이벤 정권에 커다란 걸림돌로 작용하였다. 1980년대 말부터 집권한 국민당의 리덩후이 정부(1988-2000)와 민진당의 천수이벤 정부(2000-2008)는 정치적 민주화와 대만 독립을 강하게 추진하였는데 이 과정에서 정치색이 농후한 평등주의 정책의 추진이 정책의 효율성을 저하시켰다. 특히 이들이 추진한 경제 정책이 중국 등 후발국의 추격에 적절히 대응하지 못하면서 대기업과 중소기업 모두 경쟁력이 약화되었다. 천수이볜이 집권한 2000년 대만 경제는 5.8 퍼센트의 경제성장률을 기록했으나 집권 1년 후인 2001년에 이르러 -2.2 퍼센트로 곤두박질쳤다. 이후 2004년 대만 경제성정률은 5 퍼센트 대를 회복했으나 2002년 5.17 퍼센트를 기록했던 실업률은 이후 크게 나아지지 않고 계속 4 퍼센트 대에 머물러 있었다. 또한 2000년 13,090 달러였던 대만의 1인당 국민소득은 2001년 11,692 달러로 떨어졌으며 2007년에도 겨우 15,122 달러에 그치는 등 경제침체가 지속되었다(지은주, 2012).

1990년대 대만 대외 경제 환경의 가장 중요한 변화는 중국의 경제적 부상이었다. 1990년대에 중국이 부상하면서 한국과 일본 등은 중국에의 적극적인 진출을 통해 경제성장과 산업 고도화를 이룩한 반면 대만은 정치적인 이유로 중국을 제대로 활용하지 못하면서 신산업 동력이 지체되었다(이수행·정상은, 2010: 243-245). 리덩후이와 천수이볜 정부는 대만 독립 이슈 등 정치적 목적에서 소극적인 대륙 정책 기조를 유지했으며 그 결과 중국의 경제성장이라는 기회 요인을 충분히 활용하지 못했다. 대만에서는 중국에 대한 직접투자나 기술 합작을 금지하였으며, 중국 투자는 제3국 자회사를 설립해 진출하는 경우만 가능했다. 중요한 사실은 대만 정부의 대중국 투자 규제 하에서 이루어진 불법적인 대륙 투자가 대만의 모기업과 대륙 진출 기업 간의 분업 관계를 사실상 불가능하게 함으로써 대만의 산업 공동화를 심화시켰다는 것이다(이수행·정상은, 2010: 250-251).

대만의 어려움은 바로 대중對中 관계를 둘러싼 정치와 경제의 상반된 움직임에 있다. 정치에서는 중국으로부터의 독립 움직임이 강하더라도 경제의 움직임은 그렇지 않았다. 많은 유력한 대만 기업들이 활발하게 대규모로 중국에 투자해서 이제 대만은 세계 유수의 대중국 투자국이 되었다. 대만의 정치적 자립에는 경제적 번영이 불가결한데 대만의 경제는 중국과의 긴밀한 관계 속에서 더욱 번성하고 있는 것이다. 실제로 대 중국 직접무역 규제에도 불구하고 1993년 중국이 대만의 제2 무역국이 되었고 2001년에는 제1 무역국이 되었다. 2000년 199억 달러였던 대 중 무역 흑자는 이후 계속 늘어 2008년에는 426억 달러가 되었으며 2011년에는 475억 달러에 이르렀다. 그러나 2000년 대 중국 무역수지를 제외한 무역수지는 -87억 달러였으며 이것이 2008년에는 -274억 달러, 2011년에는 -207억 달러가 되었다. 이처럼 대만의 대 중국 무역의존도는 매년 심화되고 있으며 대 중국 무역에서의 흑자로 전체 무역적자를 보전하고 있어, 대만의 대 중국 무역의존도는 매우 심각한 수준에 이르고 있었다. 또한 대만의 대 중국 투자도 계속 증가해 2011년 기준으로 대 중국 투자액 비중은 79.5 퍼센트였고 건수 비중도 74.4 퍼센트로 매우 높았다(양평섭·이승신·문익준·여지나·노수연·정지현, 2012: 12-18). 이처럼 천수이벤 정권 하의 대만의 대 중국 관계는 정치의 독립 지향, 경제의 긴밀화라는 상호 모순적 상황에 직면해 있었다(이와사키 이쿠오, 2002: 99-102).

2000년대 후반에 갈수록 이러한 균열의 내용이 점점 더 타협적인 것으로 바뀌었다. 대만에서 궁극적인 정치적 문제는 중국과의 통일인가 아니면 독립인가 하는 국가 형태의 문제다. 2005년 후진타오가 통과시킨 반분열 국가법은 대만 사회 전반에 커다란 압력으로 작용했다. 통일이냐 독립이냐 하는 문제에 대해 대만의 양 당 모두는 현실을 감안하여 양안 관계의 현상유지라는 점에서 일치되는 정책을 내세웠다(허석재·김진용, 2014: 182-188, 193-195). 실제에 있어서 중국이 G2를 구성하는 강대국으로 부상한 상황에서 대만이 따로 독립하겠다는 천수이벤의 주장은 현실성이 떨어졌다. 천수이벤 집권 이후 독립에 대한 지지가 크게 늘어나기는 했지만 전반적으로는 현상유지를 원하는 여론이 압도적으로 높게 유지되었다. 대부분의 대만인들은 통일이든 독립이든 적은 비용을 수반하는 방향을 지지하였다. 대만인의 정체성은 더 이상 이데올로기적 감정으로 나타나는 것이 아니라 물질적 이익의 관점으로 이해되고 있었다. 젊은 세대로 올수록 이러한 실용적이고 유연한 태도가 더욱 강하게 나타났다. 이는 정체성에 대한 인식이 물질적 이익에 영향을 받는 것을 보여주는 것으로 정치적 이슈와 경제적 이슈가 차츰 타협 가능한 의제로 전환되고 있었다(허석재·김진용, 2014: 191-195). 정체성의 내용 안에는 양안 간의 관계 개선을 통한 경제적 이득에 대한 기대도 함께 나타났다. 대만에서 정체성 정치는 더 이상 독립된 쟁점으로 기능하기 보다는 물질적 이해와 결부된 문제로 인식되고 있었다(허석재·김진용, 2014: 191). 이러한 변화는 2008년 총통 선거에서 중국과의 교역과 통상을 앞세워 경제성장을 약속한 국민당의 마잉주馬英九 정권의 탄생으로 이어졌다.

국민당으로의 정권 교체와 마잉주 정부의 친 중국 경제정책

2008년 선거에서 대만 유권자들은 정치적 이슈를 묻어둔 채 경제성장에 대한 기대로 정권교체를 선택했다. 선거에서 민진당이 패배하고 국민당이 승리한 것은 대만 유권자들이 통일이냐 독립이냐 하는 정체성의 정치보다는 실리적인 경제성장을 선택했기 때문이었다. 민진당이 주장하는 대만 독립이라는 정책은 국민당과는 다른 차별화된 정책이라는 특성은 있으나 주민들로부터 지지를 받지 못하는 정책으로 이는 2008년 선거에서 민진당의 지지도를 떨어뜨리는 중요한 원인이 되었다. 2008년 총통 선거에서 국민당과 민진당의 가장 첨예한 정책 대결은 대 중국 정책으로 집권당인 민진당은 대만의 분리 독립을 주장한 반면에 국민당은 중국과의 원만한 관계 개선을 추구함으로써 양당은 양안정책에서 완전히 상반된 정책을 추구했다(박광득, 2009: 328).

2008년 총통 선거에서 주된 논제는 집권 민진당의 경제정책 실패였다. 민진당 집권 8년 동안의 경제정책 실패와 그에 따른 실업자의 증가로 인해 주민들은 현 정권을 외면하고 있었다. 따라서 집권당인 민진당이 제시한 대만 독립 주장은 이미 대만 주민들에게 식상한 상태였다. 결국 대만 독립으로 일관하는 민진당의 정책보다는 경제를 회생시키기 위한 발판으로 중국을 이용하자는 국민당의 양안 공동 시장 공약이 주민들의 정서에 더욱 다가들었다. 국민당의 마잉주 후보가 제시한 633플랜(경제성장률 6%, 국민소득 3만 달러, 실업률 3% 이하)과 같은 구체적인 경제 정책들이 경제 침체에 불만을 느끼고 있던 주민들로부터 표를 얻는 계기가 되어 2008년 총통 선거에서 국민당이 승리를 이끌어 내었다(박광득, 2009: 331).

국민당의 승리는 양안이 협력의 장을 재개하여 양안간의 불편한 관계를 청산하는 계기가 되었다. 양안 간의 정치적인 문제는 현실적인 해결이 난망한 것으로 '하나의 중국'에 대한 인식 차이를 어떠한 방법으로 좁혀나갈 것인가에 대한 해법이 존재하지 않는다는데 있다[28]. 중국이 주장하는 '하나의 중국' 원칙을 대만이 수용하였을 경우 대만의 지위는 하나의 국가가 아니라 중국의 일부분으로 추락함으로써 중국이 주장하는 일국양제一國兩制에 의한 중국으로의 흡수 통일의 길로 접어들 수 있다는 것이다. 반대로 이를 수용하지 않았을 경우 어떻게 상호 협력하든 양안 간의 갈등은 여전히 남아 있는 표면적인 협력에 불과한 양안관계가 될 가능성이 많다. 이에 대한 최선책은 양안간의 정치적 이슈를 일단 잠재우고 경제적인 이슈에 전념하는 것이다.

마잉주 정권의 출범으로 양안관계가 새롭게 변하였다. 마잉주 후보는 대선 과정에서 소모적인 통일·독립(통독) 논의의 종식과 양안의 평화공존을 역설했는데 이는 실속 없는 독립 주장에 식상한 대만 유권자들의 전폭적인 지지를 얻었다. 2008년 5월 20일 마잉주 총통의 취임식에서 '신삼

28 민진당의 양안정책은 중국이 주장하는 '하나의 중국' 원칙에 대한 반대 입장을 고수하였다. 민진당이 주장하는 선거 전략은 대만인의 이익을 대변해주고 대만인을 중심으로 한 정치를 하여야 한다는 전략으로서 대만 독립이 양안정책의 골격이었다. 그러나 민진당은 '하나의 중국' 원칙에 대해서도 전면적이고 적극적인 반대를 한 것이 아니라 상황에 따라 중국의 비위를 거슬리지 않는 범위 내에서 실시하였다. 반대로 중국이 대만 독립을 묵시적으로 승인한다는 것은 대만의 분리 독립을 허용하는 것으로 이는 중국 내 55개 소수민족의 분리 독립을 허용하는 계기가 될 수 있으며 특히 티벳 분리 독립의 토대를 마련하는 하나의 시금석이 될 수 있다는 점에서 중국으로서도 절대 용인할 수 없는 것이다. 또한 대만의 분리 독립은 대만과 미국관계를 더욱 공고히 하고 동북아에서 미국의 입지를 강화시켜줌으로써 코앞에서 중국의 안전을 위협하는 계기가 될 수 있을 것으로 보여 중국으로서는 결코 대만의 분리 독립을 허용할 수 없는 입장인 것이다(박광득, 2009: 331-334).

불新三不' 정책이라고 할 수 있는 불통不統, 불독不觸, 불무不武[29]를 주장했는데 이는 중국과의 정치적 상이성을 인정하고 중국과의 관계 개선과 긴장 완화를 통해 우호적인 양안관계 속에서 경제적 상호 이익을 취하겠다는 의지의 표현이라고 할 수 있다(김예경·김민지, 2010: 326: 박광득, 2009: 340; 박정수, 2010: 400). 이는 중국과의 통일이나 대만 독립 같은 민감한 정치적 문제를 피함으로써 기존에 강조되었던 대만 독립보다는 양안관계의 평화와 번영, 협력과 교류를 중시하겠다는 선언이었다. 마잉주의 정책 전환은 앞서 말한 '신삼불新三不'정책과 대만의 경제 도약을 위해 중국과 경제적 윈-윈win-win을 강조하는 '주본토走本土노선'에 기초하였다(문흥호, 2010: 323).

대만 주민들이 국민당과 마잉주 정권을 지지한 배경은 양안의 평화 안정 및 교류 협력의 확대를 바라는 마음이었다. 이러한 양안관계의 평화 공영에 대한 공감대는 '하나의 중국' 원칙에 대한 불만을 잠재우고 대만의 독립적 지위에 대한 갈망을 장기적인 과제로 내면화 시켰다. 이는 또한 양안 교류협력의 부작용으로 지적되는 대만의 경제 종속화 가능성과 빈부 격차의 확대에 대한 우려보다는 대만 경제의 재도약을 위한 출구로 양안 경협 확대의 필요성을 우선시한 선택이었다.

마잉주의 당선은 양안관계 발전을 위한 구체적인 정책으로 이어졌다. 마잉주 총통 당선 직후부터 국민당 정부는 '하나의 중국' 원칙을 수용한다는 전제하에서 국민당과 공산당의 '당 대 당' 협의를 확대했다. 이와 함께 중국과 대만은 해협회와 해기회의 협상 기능을 복원하여 정부 간 협의를 대체했다. 해기회의 장방쿤 이사장과 해협회의 천원린 회장의 '장천회담'은 2008년 6월의 1차 베이징北京회담[30]이래 2008년 11월 2차 타이페

---

29 대만은 통일하지도 않고, 독립하지도 않으며, 무력충돌도 하지 않겠다는 뜻.

30 1차 회담은 그동안 장기간 유명무실했던 양안의 협상 창구가 전개되었다는 점과 중국이 요구하고 대만이 끈질기게 거부했던 양안의 '삼통'을 대만정부가 사실상 허용했다는 정책상 변화가 일어났다(문흥호, 2010: 325).

이臺北회담,[31] 2009년 3차 난징南京회담,[32] 2009년 12월 4차 타이중臺中회담[33] 등 중국과 대만에서 네 차례 번갈아 회의를 갖고 양안교류의 제도화와 확대 발전을 위한 조치들을 폭넓게 논의했다(문흥호, 2010: 323). 협상에서의 기본 원칙은 현 단계에서 대만의 정치적 지위나 주권과 같은 합의가 불가능한 쟁점 사항은 일단 논의를 보류하고 상대방을 인정하는 태도를 견지하고 협상 과정에서 대만의 주체성, 대등성을 고려한다는 것이었다. 아울러 경제적 분야, 즉 민생, 경제발전 문제를 우선시하여 양안 주민들의 공동 번영을 도모하여 양안의 경제적 윈-윈을 실천한다는 것이었다(문흥호, 2010: 324-325). 양회의 만남으로 중국이 주장해왔던 양안 간의 3통三通[34]이 이루어지게 되면서 양안은 더욱 밀접한 관계로 발전하게 되었다.

그러나 협상 과정이 결코 순탄한 것만은 아니었다. 2008년 타이페이 회담 중 야당인 민진당이 주도하는 대규모 시위와 이에 호응하는 국민들의 항의가 이어졌다. 회담개최 반대 시위는 대만 주권의 옹호였지만 회담의 초점은 경제문제에 집중되었다. 시위 과정에서 대만 주민들이 가장 중시한 점은 바로 양안 간의 평등한 입장과 대만 주권의 보장이었다. 그동안 양안관계 악화로 중국 동해안에 대만을 향해 배치되어 있는 만 여 개의 미사일이 철수되지 않은 상황에서 중국과의 어떤 협상도 그 선의를 믿을 수 없다는 것이 많은 대만인들의 생각이었다. 그러나 민진당이 주도한 시위는 구태의연한 정치투쟁과 반反 중국 분위기로 일관해 시대에 부응할 만한 양안

31 2차 회담에서는 실무적인 차원에서 구체적인 논의와 협상이 이루어졌다. 특히 양안의 항공 운송, 해양 운송, 우편, 식품 안전 등 4개 분야에서 합의서가 제출되었다(문흥호 2010: 325).

32 3차 회담에서는 양안관련 범죄 소탕을 위한 사법적 공조, 양안의 금융부문 협력, 정기 직항로 개설 등 3개 분야에 관한 합의서를 체결했으며 중국인들의 대만 내 투자 허용에 대해서도 합의했다. 이는 양방향 협력으로 의미가 있다(문흥호, 2010: 325).

33 4차 회담은 양안협상이 일단락된 회담으로 농산물 검역, 어로 선원 노무협력, 표준계량·검증협력 등 3개 부문에 대한 합의서를 체결했다(문흥호, 2010: 326).

34 三通이란 통상(직교역), 통항(물류와 인적인 교류), 통편(우편교류)로 중국이 대만과의 통일을 위해 1979년부터 계속 추진해 온 정책이다.

담론을 수립하지 못했을 뿐만 아니라 지나치게 과격한 시위방식으로 사회적 불안과 대립 분위기를 조성함으로써 대다수 국민들의 지지를 받지 못했다. 그러나 이 과정을 통해 대만에는 여전히 민진당을 지지하는 세력이 강하게 남아있음을 알 수 있었고, 협상 과정에서 국민들의 관심사가 '대만의 주권 보장과 대등한 위치 확보' 임을 대내외적으로 천명하는 계기가 되었다(최말순, 2008: 72-75).

시진핑 시대에 들어서 2013년 6월 12일 국민당 명예주석인 우보슝이 시진핑 주석과 회의를 가졌는데習吳會 이 회의에서 중국은 그동안의 '하나의 중국' 원칙보다 진일보한 '하나의 중국 골격一個中國框架'이라는 주장을 하였다. 이는 양안 모두 중국에 속한다는 말로 이는 '양안은 하나의 중국兩岸一中', 즉 그동안의 '하나의 중국'에 대한 강조에서 '대만과 중국은 하나'라는 점을 강조하고 있다. 동시에 시진핑은 이견을 뒤로하고 공통점을 찾아 상호신뢰를 증진시키고 양안관계가 점진적이고 안정적으로 발전할 것을 주문하였다(박광득, 2013: 70-71). 이로써 시진핑 시대에 중국과 대만의 경제협력은 상호신뢰 속에 더욱 증진되게 되었다. 시진핑의 양안정책은 정치적 측면에서의 양안 간 통합에 대만의 반대가 기심한 만큼 우선 경제적으로 양안 통합을 먼저 달성한 후 정치적인 문제는 차후에 고려하자는 기존의 주장을 더욱 강화한 것이다.

마잉주 정권은 대만의 장기적인 경제 침체에서 벗어나기 위해 중국과의 경제협력 확대를 상징하는 '하나의 중국시장一中市場' 정책을 추진하였으며, 이러한 가운데 양안관계가 점차 신뢰를 회복하면서 2010년 6월 중국판 FTA라고 할 수 있는 경제협력기본협정Economic Cooperation Framework Agreement, ECFA을 추진하여 중국과 경제를 상호 개방하였다. 그러나 2008년 6월 1일 회의를 기점으로 2013년 6월 9차 회의가 성사되기까지의 과정을 보면 ECFA 체결 과정에서 중국의 많은 양보와 배려가 있었고 대만도 이를 충분히 인식하고 있었다.[35] 그러면서도 양측은 서로 다른 해석을 하고 있다. 대만은 애초에 ECFA가 FTA와 같은 국가와 국가 간 체결되는 경제협력체이므로 중국이 대만을 하나의 국가로 인정하고 있다는 자의적 평가를 한 반면 중국은 이를 통해 대만을 중화경제권 안으로 포섭하여 중국-대만-홍콩-마카오로 이어지는 중화경제권이 완성되었다고 보았다. 중국이 ECFA를 추진한 배경에는 단순히 경제적인 측면 뿐 아니라 양안간의 갈등 관계를 지속하기보다는 약간의 경제적 희생을 감수하더라도 대만과의 관계 정상화를 이룩함으로써 양안간의 발전을 중국에 유리한 쪽으로 끌어가기 위한 것과 미중 관계에서 우위를 차지하기 위한 정치·외교적인 측면도 고려한 선택의 결과였다(박광득, 2013b: 75; 전가림, 2014b: 76). 그러나 ECFA에 대한 대만의 입장은 중국과는 다르게 결과를 두고 보자는 관망세가 강했다. 2010년 ECFA 체결 후 향후 일정으로 제시된 것이 관세 감면, 서비스업 개방, 투자합작에 관한 3가지 후속 조처였다. 2010년 ECFA 체결 당시에 대만 사회에서 찬반논란이 있었으나 폭발적이고 지속적인 반대운동은 없었다. 대부분의 사람들은 체결 결과에 대한 예측을 기반으로 한 찬반 논쟁을 통해 그 결과를 지켜보자는 생각이었다(김민환·정현욱, 2014: 17-19).

친 중국 정책의 한계와 경제침체에 따른 민진당으로의 정권교체

2014년이 되자 상황이 크게 변하였다. 2014년은 ECFA 체결 후 4년의 구체적인 경험이 투영된 시기였다. 2014년 3월 17일 집권 국민당의 일방적인 주도로 서비스분야의 투자 장벽을 없애는 양안서비스무역협정 비준

35 가장 눈에 띄는 특징은 양안간의 개방화 정도가 비대칭적이라는 점이다. ECFA가 정식 발효하기 전에 양측이 개방하기로 한 조기수확프로그램(EHP)에서 대만의 수출상품에 대해 중국은 539개 항목, 138.4억 USD를 개방했고 이 가운데 18개 농수산 품목은 중국이 주도적으로 개방했다. 반면 중국의 수출상품에 대해 대만은 267개 항목만 개방했고 금액도 28.6억 USD에 불과했다. 서비스 무역의 EHP에서도 중국은 대만 금융 11개 및 3개의 비금융서비스업을 개방한데 비해 대만은 중국에 1개의 금융과 8개의 비금융서비스업을 개방했다. ECFA로 대만은 대략 25.6-26.3만 명의 취업유발 효과가 발생했으며 7년 동안 외국인직접투자 유입규모가 약 89억 USD가 되어 ECFA는 일방적으로 대만에게 유리하게 체결되었다(전가림, 2014b: 72-76).

안이 30초 만에 날치기로 통과되자 대학생들이 이에 항의하면서 대만 민주화운동이 시작되었다. 양안서비스무역협정은 중국과 대만 사이에 서비스업에 관한 투자, 경영, 취업 방면의 규제를 크게 낮추고 시장 개방을 허용하는 것을 골자로 하고 있었다. 학생들의 민주화운동은 양안의 경제협력협정과 같은 중요한 정책이 국민들에게 공개되지 않고 밀실에서 진행되는 것에 대해 반발해 일어난 것으로 '밀실 서비스무역협정 반대운동'이라고도 불렸으며 참가 학생들이 밝고 따뜻한 대만의 미래를 추구한다는 의미로 한송이 해바라기를 들고 있다고 하여 '해바라기 학생운동'이라고도 불렸다. 학생운동 단체 소속 대학생들과 활동가 등 2,000여 명은 3월 18일 밤 경찰의 저지선을 뚫고 사상 초유로 입법원 본회의장을 기습 점거해 농성에 들어갔다. 대학생들은 3월 18일부터 4월 10일까지 23일 동안 입법원을 점거하면서 양안 서비스무역협정(EC) 체결을 반대하는 시위를 벌였다(네이버 블로그, 2014. 12. 9).[36,37]

양안 서비스무역협정 체결에 대해 격렬한 반대운동이 전개된 것은 4년간의 ECFA 경험을 부정적으로 판단하는 대만 사람들이 많다는 것을 반영하였다. 그 논리의 핵심은 대륙과의 경제협력 과정에서 이익을 본 측과 그렇지 않은 측이 극명히 대조된다는 점이다. 대륙과의 경제협력 과정에서 특혜를 받은 민영 대기업들이 출현했고, 산업구조가 대기업 OEM 업체 위주로 변화했으며, 기업 간 관계는 수평적 네트워크에서 대기업과 OEM 업체의 수직적 네트워크로 전환되었다(김민환·정현욱, 2014: 20). 여기서 대기

36 http://blog.naver.com/OpenMagazineViewer.nhn?blogId=kum_univ&logNo=220206 (검색일: 2015년 5월 13일).

37 입법원을 점령한 학생들은 입법원장이 학생들의 핵심 요구사항인 '양안협력 감독 장치에 대한 선 법제화 뒤 양안 서비스무역협정 심의할 것'를 약속함으로써 기습적으로 입법원 본회의장을 점거한 지 23일 만에 자체 해산했다. 이후에도 학생들은 계속해서 협정이 발효되면 대만경제의 중국 종속이 가속화되고, 대만 청소년의 미래 일자라기 줄어들게 될 것임을 강하게 주장했다(연합뉴스 2014. 3. 23, http://app.yonhapnews.co.kr/YNA/Basic/Article/Print/YIBW showArticlePrintView (검색일: 2015년 5월 13일).

업(臺商: 타이상)들은 커다란 이득을 본 반면 중소자본 및 중산층은 상대적으로 지위하락을 경험하였고, 노동자들의 실업과 비정규직이 확대되었다. 이들이 무역협정 체결에 반대하는 주도적 세력들이었다. 이들은 협정이 체결되면 대만인들의 일자리 박탈과 임금수준 상승 제약, 그리고 이에 따른 소득감소가 더욱 확대되고 궁극적으로 대만의 복지 수준이 하락할 것을 우려하였다(김민환·정현욱, 2014: 21). 나아가 중국 노동자들이 이 분야에 진입하게 되면, 대만인 노동자들의 불안정성이 더욱 증대될 것이고, 중국 기업들의 대만 진출로 비정규직 확산 및 임금 하락이 더욱 확산되고 나아가 대만 기업체들이 대륙에서의 저비용 고용을 증대시킬 가능성 등에 대해 우려했다(김민환·정현욱, 2014: 21). 이들 반대세력은 양안 서비스무역협정이 자본가들을 제외하고는 보통의 대만사람들에게는 부정적 결과를 가져올 것이라고 주장했다.

한편, 국민당 정부가 친중국 정책을 펼치자 대만 기업들이 중국 본토로 몰려갔다. 1991년 이후 2015년 11월까지 대만의 직접 해외투자 건 수 5만 5526건 중 75 퍼센트가 대 중국 투자였다. 2015년 말 현재 대만의 전체 수출 중 45 퍼센트, 국내총생산의 15 퍼센트를 중국에 의존하고 있었다. 그 결과 대만은 세계에서 대 중국 경제의존도가 가장 높은 국가가 되었다.[38] 대만 경제의 대중국 종속이 현실화된 것이다. 이 과정에서 폭스콘을 필두로 대만의 대표 IT기업들이 중국 본토로 생산기지를 옮기면서 대만에는 산업공동화와 함께 극심한 취업난이 뒤따랐다. 대만의 20-30대 젊은이들 사이에는 '22K 세대'(대만판 '88만원 세대')라는 자조적인 신조어까지 등장했다.[39] 또한 대만 근로자들의 실질 임금이 10년째 정체되면서 국민당

38 상대적으로 중국 비중이 높은 호주와 한국의 대중국 수출 의존도는 각각 34 퍼센트와 25 퍼센트였고, 국내총생산의 대중국의존도는 각각 11 퍼센트와 6 퍼센트였다(『한국경제』 (2016. 1. 18).

39 22K 세대는 대만판 '88만원 세대'로 K는 1000을 의미하는 접두어로 대졸 초임이 2만 2000(22K) 대만달러(한화 약 79만원)에 불과하다는 뜻이다. 대만 교육부가 2009년 갓 졸업한

정부의 친 중국 정책이 소수 대기업의 배만 불렸다는 비판이 대두되었다(한국경제, 2016. 1. 18: 3). 중국과의 경제협력이 본격화된 이후에도 대만의 실업률은 개선되지 않는 가운데 특히 청년 실업률은 계속 높아져갔다. 이에 청년층은 특히 ECFA 체결 이후 자신들의 처지가 악화되었다고 느꼈고 이것이 학생을 중심으로 한 2014년 대만 민주화운동의 가장 큰 원인이 되었다(김민환·정현욱, 2014: 27-28).

이후 학생운동 세력들은 요구사항을 쟁취하기 위해 시민과의 정기적인 직접적인 접촉을 확대하는 방식으로 운동을 전개해 나갔다. 이들은 단체를 만들어 양안 서비스무역협정의 불리한 부분을 시민들에게 직접 설명하고, 반대서명운동을 벌여나갔다(네이버 블로그, 2014. 12. 9). 이렇듯 대만에서는 점차 심해지는 대 중국 무역의존도와 이에 따른 중국의 흡수 통일에 대한 두려움을 가진 대만 시민들과 대학생들의 양안 경제협력 반대와 대만 독립 분위기의 확대가 2014년 내내 지속되었으며 이것이 2014년 11월에 치러진 지방선거에서 국민당의 패배로 이어졌다.[40]

지방선거에서 집권 국민당의 패배에 공헌한 또 다른 사건은 근래에 체결된 대만과 중국 간의 서비스 무역 협정 중 '중국인이 대만에서 취업할 수 있다'는 관련 조항에 대한 대학생들의 반감 고조였다. 이 조항은 가뜩이

대졸자를 고용하면 2만2000 대만달러의 취업보조금을 준 데서 유래했으나 이후 기업의 대졸 초임 가이드라인으로 변질했다(『한국경제』 (2016. 1. 18).

40 홍콩의 우산혁명이 한창 진행 중인 2014년 11월 29일 대만에서는 대만 역사상 최대 규모의 지방선거가 동시에 치러졌다. 직할시 6개 지역과 현/시 16개 지역에서 실시된 선거에서 집권당인 국민당은 직할시 1개 지역과 현/시 5개 지역 등 총 6개 지역에서 당선자를 내는데 그쳤다. 이는 국민당이 현재 직할시 중 4개 지역과 현/시 중 11개 지역 등 총 15개 지역에서 시장을 차지하고 있는 것에서 볼 때 이번 선거에서 국민당이 대패한 것이라 말할 수 있다. 반면에 야당인 민진당은 현재 6개 지역에서 시장을 하고 있는데 비해 13개 지역에서 승리함으로써 지지도를 크게 높였다. 또한 무소속 후보도 크게 약진하여 직할시장 1명, 현/시장 2명의 후보가 당선되었다. 특히 한국의 서울 시장 격인 타이페이 시장 선거에서 야당의 지원 속에 무소속인 커원저柯文哲 후보가 50%라는 압도적인 지지로 승리함으로써 국민당에게 참패를 안겼다(MK뉴스, 2014. "反中 취업난, 대만 집권당 참패 불렀다." http://news.mk.co.kr/news ReadPrint_2013.phy?year=2014&no=1478548 (검색일: 2014년 11월 30일).

나 실업률 증가와 취업난으로 고민하고 있는 대만 젊은이들에게 커다란 위협으로 인식되었다. 이는 대만 주민들로 하여금 결국 대만이 필요한 정부는 향후 중국과의 관계에서 더욱 강력한 목소리를 낼 정당이자 대만 독립과 대만인들의 이익을 대변할 수 있는 정부라는 인식으로 이어졌고 이는 결국 민진당에 대한 지지로 이어졌다.[41]

2014년 대만의 11.29 지방선거는 국민당의 친 중국 양안관계 정책에 대한 국민의 심판성격을 띠었다. 비슷한 시기에 일어난 홍콩의 우산혁명은 이러한 흐름에 기름을 부었다. 홍콩 우산혁명은 그동안 중국이 주장하는 '하나의 중국'과 다수의 대만인들이 지지하던 '현 상황 유지'라는 실체적 현실과의 차이를 되짚어보는 계기가 되었다. 중국이 주장하는 일국양제에서 '하나의 중국'이 의미하는 바를 극명하게 보여준 홍콩의 행정원장 선거체제의 실상을 보고 대만 주민들은 이번 지방선거를 통해 중국에 너무 밀착되어 있는 국민당 정부에게 경고를 보낸 것이었다.

홍콩 시위는 대만의 지방선거 결과에 적지 않은 영향을 주었다. 우산혁명은 그렇지 않아도 서비스무역협정 비준 문제로 국민당의 지나친 친중국 노선에 대한 우려 속에서 중국으로 흡수 통일되는 것이 아닌가 하는 의구심을 지닌 대만인들의 우려를 증폭시켰으며 이는 2014년 11월 지방선거에서 대만 주민들이 실질적인 독립에 대한 지지를 보내는 계기가 되었다.[42] 투표에 참가한 대만 주민들은 중국 주도의 흡수 통일에 대한 거부 의사를

---

41 양태근, 2014. "창비주간논평." http://weekly.changbi.com/?p=5397&cat=5 (검색일: 2014년 12월 10일).

42 2015년 2월 6일 중국관영 환구시보環球時報 영자지 글로벌타임스와 대만 중국시보中國時報가 2월 3-4일 중국시민 1,309명과 대만시민 1,700명을 대상으로 실시한 여론조사에 따르면 2016년 치러지는 대선에서 야당인 민진당이 승리할 것이라는 응답이 대만 시민의 44.6%, 중국 시민의 41.4%에 달했고 국민당의 승리를 점치는 응답자는 대만 시민의 4.9%, 중국 시민의 19.9%에 불과했다. 그럼에도 불구하고 양안이 계속 소통을 강화해야 한다고 응답한 대만 시민은 40%, 중국 시민은 61%였고, 대만 시민 63% 이상이 무역 협정을 계속 진행시켜야 한다고 답했다(연합뉴스 2015. 2. 2. http://www.yonhapnews.co.kr/bulletin/2014/12/06/0200000000AKR20141206047400 (검색일: 2015년 2월 2일).

투표를 통해 표명한 것이다. 이를 계기로 대만 주민들 사이에 대만은 중국과는 다른 독립 국가라는 정체성 의식이 상승하게 되었다. 국민당의 친 중국 경제 성적표는 2015년 내내 더욱 악화되어 집권 국민당의 친 중국 정책에 대한 주민들의 불신은 더욱 커져갔다. 이는 결국 2016년 1월 16일 총통 및 입법위원 선거에서 민진당으로의 정권교체로 이어졌다.

대만 정권교체의 의의

2016년 1월 16일 총통 선거에서 당선된 차이잉원 당선자는 지난 8년 동안 국민당의 마잉주 정권이 추구해온 친 중국 정책에서 벗어나겠다는 의사를 분명히 표현하였다. 한국을 비롯한 세계가 경제 대국인 중국과 경제 협력을 강화해가고 있는 가운데 대만은 중국과 거리를 두겠다는 의사 표시를 명확히 한 것이다.

왜 대만은 중국과 거리를 두려는 것일까? 대만 주민들은 지난 8년 동안 친 중국 정책을 펼친 결과 대만은 별로 얻은 것이 없었을 뿐 아니라 중국 경제에 대한 지나친 의존은 최근 중국 경제의 침체에 따라 대만 경제도 동반 침체하게 되었다고 본다. 마잉주 총통은 집권 당시 경제성장률 6 퍼센트, 국민소득 3만 달러, 실업률 3 퍼센트 이하라는 633 플랜을 제시하여 친 중국 정책에 대해 밝은 경제 전망을 제시하였다. 실제로 마총통 초기에는 이 정책으로 대만이 금융위기에 벗어나는데 공헌 했다. 그러나 시간이 지나면서 대륙과의 교류에 따른 부정적인 결과가 확산되었다. 실제로 정권 초기에 크게 개선되었던 경제성장률은 이후 계속 떨어졌고, 그나마 경제성장이 이루어져도 주민들의 소득은 크게 개선되지 않았다. 국민소득은 2만 달러를 넘지 않고 있었으며, 높은 실업률은 조금도 개선되지 않고 있었다. 국민당의 중국 올인 정책은 최근 중국 경제성장이 둔화되면서 대만에 도리어 부메랑이 되어 돌아왔다. 2010년 한 때 10.63 퍼센트까지 치솟았던 대만 경제성장률은 2011년부터 2-3 퍼센트대로 급격히 떨어지더니 2015년에는 0 퍼센트에 그쳤다(한국경제, 2016. 1. 18).

대만은 지리적으로 중국과 가깝고 언어도 같다. 따라서 대만 기업들은 다른 나라들 보다 중국에서 기업하기가 유리했다. 따라서 친 중국 정책을 펼치자 대만 기업들은 물밀 듯이 중국 본토로 진출했다. 이와 함께 기회를 찾아 떠나는 인재유출 현상도 심각하게 일어났다. 이 과정에서 정경 유착의 대기업들만 협력의 과실을 차지하고 대부분의 중소기업과 주민들은 그 과정에서 제외되었다. 이들 대륙 진출 대기업인 타이상臺商들은 대륙에서 번 돈을 대만으로 갖고 들어오면서 재산세를 대폭 낮추는 조치를 얻어내었고, 들어온 돈이 투기적으로 부동산에 투자되면서 부동산 거품을 만들어 내었다(동아일보, 2016. 1. 18). 이에 따른 집 값 앙등에 따라 젊은이들의 내 집 마련 꿈은 더욱 멀어졌으며, 상대적으로 젊은이들의 친 중국 정책에 대한 불만은 더욱 증폭되었다.

OEM 방식으로 중국 기업에 물건을 납부하는 대만 중소기업들은 비용 절감에만 주력하고 창의적인 신 성장 사업과 제조업 육성을 게을리 하였다. 반면에 중국 기업들은 기존에 수입품에 의존하던 중간재 시장 구조를 국산품으로 대체하며 자국 내 공급망을 구축해갔다. 현지 기업이 성장함에 따라 중국 기업에 부품 소재를 공급하는 홍색紅色 공급망에 주로 의존해오던 대만 중소기업들은 언제 팽 당할지 모르는 불안한 상황으로 몰리고 있다. 현지 기업의 가격 기술 경쟁력이 급속도로 향상되는 현 시점에서 대만 부품소재 기업들의 전망은 더욱 어두워 졌다(동아일보, 2016. 1. 23).

친 중국 정책에 따른 대만 주민들의 부정적 인식은 한 여론 조사에 잘 나타났다. 대만의 대표적인 여론조사 기관인 '타이완즈크'가 2015년 11월 실시한 바에 의하면 양안 간 경제 통합으로 '희생자가 됐다'는 응답이 39.9 퍼센트로 '수혜자가 됐다'는 응답 21.1 퍼센트보다 월등히 높았다. 그리고 응답자의 62 퍼센트가 대만 경제의 중국 의존도가 너무 높다고 대답했으며, 심지어는 대만으로 오는 중국 관광객이 너무 많다는 응답률(44.5 퍼센트)이 적당하다는 응답률(30.6 퍼센트)보다 높았다. 그 이유로는 많은 사람들이 본토인 관광객의 증가로 대만인의 삶의 질이 떨어질 것에 대한 우려라고 답했다(66.9 퍼센트). 또한 첨단산업 인수합병이라는 중국 투자에 대해서도 부정적인 견해가 강했는데 응답자의 60 퍼센트가 이것이 안보에 미치는 영향이 우려된다고 답했다(동아일보, 2016. 1. 23). 전반적으로 대만 주민들은 중국과의 관계 개선이 대만 경제에 끼치는 영향에 대해 부정적인 인식을 갖고 있었으며 중국과 너무 가까워지는 것을 기피하는 경향을 보였다.

대만의 양안 협력 경험은 중국과의 경제협력에 큰 비중을 두는 한국과 같은 국가들에게 많은 시사점을 던져준다. 지나친 대 중국 경제 의존도는 자칫하면 경제 주권도 넘겨주게 된다. 그럴 경우 그 나라의 경제 향방은 대륙의 경제 흐름에 종속되게 된다. 대만이 최근 경제적 위기를 겪게 된 주된 이유는 중국과 너무 가까웠기 때문에 중국이 경제 성장이 둔화되자 덩달아 대만 경제도 어려워 졌다는 것이다. 이에 따라 대만 경제는 이제 중국과 멀어지기 또는 중국과 거리두기를 시도하는 것이다.

새로운 태풍의 핵 홍콩

2020년 1월 11일 대만에서는 제15대 총통 선거가 있었다. 집권 민진당에서는 차이잉원 현임 총통과 라이칭더를 총통과 부총통 후보로 내세워 8,170,281표를 얻어 과반 수를 넘는 57.13 퍼센트의 득표를 얻어 재집권에 성공했다. 상대 후보인 국민당의 한궈위·장신정 후보는 5,522,119표로 38.6 퍼센트를 득표했으며, 친민당의 쑹추위·위상 후보는 608,590표를 얻어 4.26 퍼센트를 득표하는데 그쳤다.

사실상 차잉이원 총통은 재임 중 무리하게 탈원전 정책을 추진하다가 대만 전체의 3분의 2를 암흑천지로 만드는 등 실정을 많이 하여 지지율이 19 퍼센트까지 떨어지고 2018년 지방선거에서도 참패하여 정권 재집권의 전망이 밝지 않았다. 그러나 2019년 봄부터 발생한 홍콩 민주화운동 여파로 대만 전역에서 중국 위협론이 커지면서 반중국 감정이 고조되었다. 홍콩 시위는 중국을 범죄인 인도 대상 지역에 포함시키는 법 개정안으로 촉발되었다. 홍콩 야당과 시민단체들은 법이 개정되면 반체제인사와 인권운동가 등 정치범의 중국 인도가 현실화될 것을 우려하는 동시에 반정부 체제 독립 운동가들을 중국 본토로 송환하는데 법이 악용될 것을 염려했다. 특히 2019년 8월 8일을 기점으로 홍콩 범죄인 인도 반대 시위가 격화되면서 대만 주민들은 중국이 추진하는 일국양제에 대해 강한 회의를 갖게 되었다. 이러한 중국에 대한 불신 속에서 대만 독립을 주장하는 민진당 차이잉원 총통에 대한 지지율이 급반전하기 시작했다. 그 과정에서 중국과 당당히 맞서는 차이잉원의 당당한 모습과 동성혼 법제화는 차이잉원 총통의 지지율을 더욱 상승시켰다. 이는 결국 민진당 후보들의 대승으로 이어졌다. 2020년 총통선거의 이슈는 다분히 대만 정치 독립이었고, 이는 다분히 정치선거였다고 말할 수 있다. 그리고 역대 대만 선거에서 중국과 홍콩 모두는 선거에 중대한 영향을 미치는 매우 중요한 외생 변수가 되어 왔다.

중국은 2020년 5월 22일에 열린 전국인민대표대회(전국인대: 한국의 국회 격)에서 '국가 안보를 수호하기 위한 법률 제도와 집행 기제' 초안 심의를 시작했다. 법률 초안에 '홍콩 내의 국가 분열, 국가정권 전복, 테러 활동, 외국·외부 세력이 홍콩 문제에 간섭하는 활동을 금지, 처벌한다'는 내용이 담겼다. 처벌 수위는 법 위반 시 최대 징역 30년형에 처해질 수 있게 재정될 것으로 예견되었다. 이 법이 제정되면 홍콩에서 더 이상 대규모 시위를 할 수 없고, 야권 인사들의 선거 활동을 막는 수단이 될 것으로 예상되었다(동아일보, 2020. 5. 23).

중국 정부의 홍콩 국가보안법 제정 움직임에 맞서 수천 명의 홍콩 시민들이 반대 시위를 벌였다. 그러나 홍콩 내 친중파의 반격도 만만치 않아 앞으로 홍콩의 앞날이 우려스럽게 전개되었다. 더 우려스러운 것은 홍콩 경제다. 미국은 1992년 홍콩정책법을 제정해 관세·투자·무역·비자발급 등에서 홍콩을 중국 본토와 달리 특별대우 해왔다. 그러나 이 법이 제정되면 홍콩에 대한 일국양제가 깨지게 되고 홍콩은 더 이상 존재하지 않게 되는 것이다. 미국은 홍콩에 대한 특별대우를 철회할 것이고 이에 따라 홍콩에 대한 모든 특혜가 사라질 것이다. 당연히 미국이 수입하는 홍콩산 제품에도 중국산 제품과 똑같이 최고 25%의 징벌적 관세가 적용될 것이었다. 홍콩은 더 이상 아시아의 금융 중심지로서의 기능을 잃을 것이고 홍콩으로부터의 심각한 자금 이탈이 나타날 것이었다(한국경제, 2020. 5. 25). 미국은 2019년 11월 홍콩인권법안을 제정해 홍콩의 자치 수준을 매년 점검하고 특별 지위 유지 여부를 결정하기로 하였다. 홍콩이 특별 지위를 잃으면 홍콩은 중국 본토와 마찬가지 대우를 받게 돼 미국이 부과하는 최대 25%의 보복 관세를 부담하게 된다. 이렇게 되면 홍콩에 사업장을 둔 1,300개 이상의 미국 기업에 영향을 주며 투자 매력도가 떨어져 대거 자본 이탈 가능성이 대두된다(동아일보, 2020. 5. 25). 이제 홍콩은 미중 갈등의 새 뇌관이 되는 가운데 희생양이 될 위기에 처하게 되었다.

2020년 5월 22일 중국 전국인민대표대회에서 초안이 제출되고 난후 40일이 지난 2020년 6월 30일 홍콩보안법이 통과되었다. 총 66개 조항으로 구성된 보안법에 따르면 국가 분열과 국가 정권 전복, 테러 활동, 외국 세력과의 결탁 등 네 가지 범죄를 어기면 최고 무기징역이라는 형량을 받게 되어 있다. 이로써 홍콩은 더 이상 특별행정구가 아니라 중국의 지방정부가 된 것이다. 적용 범위도 넓어 지난해 '범죄인 인도법 개정안'인 '송환법'에 반대하며 시위를 벌인 홍콩 시민은 모두 처벌 대상이 되고, 이는 홍콩 내 외국인에게도 적용된다. 7월 1일에 시행된 홍콩보안법으로 홍콩에는 정치적 자유가 사라지게 되었다. 아울러 홍콩에 적용되던 일국양제도 무너졌다(한국경제, 2020. 7. 2).

중국이 대만에게 제시하는 양안관계는 중국-홍콩과 같은 일국양제 체제다. 즉 대만과 중국은 한 국가로서 서로 상이한 두 체제를 유지한다는 것이다. 앞으로 50년간 홍콩의 체제 유지 및 자율성을 보장한다는 1984년 영국과 중국의 합의를 바탕으로 1997년 홍콩은 한 국가 두 체제 즉 일국양제를 실시하기로 하고 영국에서 중국으로 양도되었다. 그러나 본토인이 대거 홍콩으로 이주한 가운데 홍콩 내 친 중국 세력이 매년 강화되면서 홍콩의 자율적 체제 운영은 안팎으로 크게 도전받았다. 중국은 최근 여러 해 동안 자국의 필요에 따라 이를 체계적으로 파기함으로써 홍콩의 자율성을 위협하더니 드디어는 홍콩보안법을 통과시켜 홍콩의 일국양제 지위를 무력화시켰다. 수년 동안 주기적으로 나타난 홍콩 시위는 중국이 홍콩의 자율성을 더 이상 보장해주지 않고 중국 독재 체제에 홍콩을 흡수시키려는 국면에서 나타난 민주화 운동이라 볼 수 있다. 홍콩 사태는 대만 주민들의 타산지석이 되고 있다. 홍콩 사태를 바라보는 대만 주민들에게 중국이 주장하는 일국양제에 대해 강한 불신과 회의가 더해지고 있다. 대만 주민들은 독립을 잃으면 결국 주권도 잃게 되고 힘들게 이룩한 정치적 민주주의도 잃을 수 있다는 것을 더욱 확실히 자각하게 되었다. 홍콩 사태를 바라보면서 대만 주민들은 더욱 더 독립의 소중함을 자각하고 중국과의 관계에서 거리를 둘 것이다. 대만과 중국의 관계는 더욱 첨예화될 것이다.

나오는 글

오랜 동안 대만 정부는 중국과의 경제 통합 및 경제 종속에 대한 우려에도 불구하고 경제발전을 위해 현 상태를 유지하는 수준에서 중국과 타협해 왔다. 실제로 과거 강력하게 대만 독립을 주장한 리덩후이와 천수이벤 총통의 민주화 운동과 독립 추구 노력은 결과적으로 대만의 경제침체로 이어진 바 있다(국민호, 2015: 133-168). 2008년 총통 선거에서 중국과의 관계 개선을 통한 경제성장을 모토로 정권을 탈환한 국민당의 마잉주 총통은 취임 후 강력한 친 중국 정책을 실시하여 경제발전을 이끌었다. 지난 8년간 국민당 정권 하에서 대만은 대만 독립에 대한 정치적 논쟁을 유보하고 경제발전에 총력을 기울여 왔다. 그 정점이 2010년에 체결된 경제협력기본협정ECFA이었다. 마잉주 정권의 친 중국 정책으로 대만은 정권 초기에 소기의 경제성장을 이룩하였으나 이는 중국의 양보 속에서 가능한 것이었다. 그러나 그 대가로 대만 경제는 중국에 더욱 의존적으로 될 수밖에 없었다.

ECFA가 체결된 이후 지난 4년 간 중국과의 경제협력의 수혜자(대기업)와 비수혜자(중소기업과 일반 주민)와의 격차가 커지면서 주민들의 집권당인 국민당 정부에 대한 불신이 급증했다. 나아가 최근의 낮은 경제성장률과 높은 실업률, 계속되는 젊은이들의 취업난과 임금 정체에 대한 불만은 2014년 3월 대학생들의 입법원 점거 농성으로 표출되었고 이는 2014년 11월 지방선거에까지 이어져 집권 국민당의 선거 패패로 이어졌다. 이러한 가운데 발생한 홍콩 시위 과정에서 노정된 홍콩 행정장관 선거에 대한 중국의 간섭과 통제는 중국이 주장하는 일국양제의 허구성을 폭로하면서 대만 독립의 필요성을 일깨우는 계기가 되었다.

ECFA 체결 이후 시간이 경과하면서 친 중국 경제정책이 결과적으로 경제 활성화에 크게 기여하지 못하는 가운데 중국에 대한 경제 종속이 가시화되자 주민들은 더욱 국민당 정부의 친 중국 정책에 대해 비판적으로 변하였다. 국민당 정부의 지나친 친 중국 정책은 대만 주민들에게 대만이 중국에 흡수되지 않을까 하는 우려를 증폭시켰다. 마잉주 정권 하에서 양안 협력에 대한 특혜의 대부분이 대륙으로 진출한 대기업에게 주어지고, 상대적으로 낮은 경제성장률 속에서 저임금 상황의 개선은 전혀 이루어지지 않는 가운데, 높은 실업률은 청년들의 일자리 부족과 비정규직 저임금 노동자의 양산으로 이어졌다. 이러한 경제 침체에 대한 주민들의 불만이 학생운동을 통해 표출되었으며 이후 각종 선거 결과는 친 중국적인 국민당에 대한 문책의 성격으로 나타났다.

2016년 선거에서 민진당으로의 정권교체는 친 중국 정책을 편 국민당의 경제 실정에 대한 강력한 문책이었다. 대만 주민들은 국민당 정부의 경제 실정은 친 중국 정책 자체가 잘못된 것이 아니라 잘못된 친 중국 정책에 있다고 보고 있다. 지나친 중국 의존으로 중국 경제가 침체하자 대만 경제도 동반 침체하게 되었고 이 과정에서 서민들의 고통이 가중되었다고 본다(동아일보, 2016. 1. 23). 따라서 대만 정부는 이제부터라도 중국에 대한 경제 종속으로부터 벗어나고자 중국과의 거리두기를 통해 중국과 멀어지려 하였다. 대만 경제가 더 이상 대륙 경제에 의존하는 것에서 벗어날 때 대만 경제의 미래가 보인다는 생각이다. 이는 당연히 대만 정체성에 대한 추구와 주권의 독립 추구로 이어질 것이다. 대만의 생존은 더 이상 중국에 끌려가기 보다는 대만의 정치적, 경제적 정체성을 찾는데 있다는 공감대가 이번 선거를 통해 이룩되었다. 차잉잉원 후보는 양안 정책에 관해 대만 독립이라는 민진당의 전통적인 정책을 전면에 내세우지 않는 '현상 유지' 정책을 추구하겠다고 말해왔다. 이는 과거 민진당의 천수이벤처럼 대만 독립을 서두르지도 않을 것이고 또 마잉주처럼 중국과 너무 가까워지려 하지도 않을 것이라는 것이었다(한겨레신문, 2016. 1. 26). 그러나 '쯔위 사건'[43]에서 보여준 양국 네티즌 사이의 격렬한 감정 대립은 앞으로 양안관계가 결코 평탄치 않을 것임을 잘 보여주었다. 2020년 1월 제15대 총통 선거에서 차이잉원 현 총통의 재선은 2019년에 발생한 홍콩 민주화운동 과정에서 나타난 일국양제에 대한 불신과 회의에 크게 영향을 받은 결과라고 말할 수 있다. 2020년 6월 30일 통과된 홍콩보안법으로 인해 홍콩의 지위가 특별자치행정구에서 중국의 한 지방정부로 전락함에 따라 일국양제의 허상이 명명백백하게 드러났다. 홍콩 사태에서 보듯이 중국이 주장하는 일국양제의 허상이 백일하에 드러난 이상 대만 정부가 추구해야 할 방향은 명백해졌다. 앞으로 대만은 주권과 자유를 지키기 위해 중국과의 거리두기를 더욱 철저히 하고 미국 등 우방국들과의 관계개선을 통해 대만 독립을 위해 매진할 것으로 보인다.

43 쯔위는 한국의 한 연예기획사 소속 걸 그룹에서 활동하는 대만 소녀로 한 인터넷 방송에서 대만 국기를 흔들었다가 중국 쪽의 거센 항의를 받고 결국 공식 사과하였다. 이것이 대만인들의 민족감정을 자극하여 총통 선거 막판에 대만의 민진당 지지자들을 결집시켜 선거에 커다란 영향을 미쳤다.

보론: 한국 발전국가 모델의 성공과 한계

1960년대 초까지만 해도 세계에서 가장 가난한 나라 중 하나였던 한국이 오늘날에는 GDP가 세계 11-13위를 오르내리는 경제 선진국이 되었다.[44] 1960년대 초 한국인의 1인당 국민소득GDP은 겨우 80달러를 오르내렸으나 오늘날에는 3만 달러를 넘어섰고 구매력 평가를 기준으로 한 1인당 PPP GDP는 이미 4만 달러를 넘어섰다.[45] 이러한 경이적인 경제성장은 세계 역사상 드문 것으로 이를 흔히 '한강의 기적'이라 불렀다.

이러한 한국의 경이로운 경제성장을 설명해주는 이론이 '발전국가론'이고 그 정책의 핵심에는 국가주도의 산업정책이 자리 잡고 있다. 한국의 산업정책은 1962년 제1차 경제개발5개년계획으로부터 시작하여 30여 년 동안 한국 발전국가의 핵심정책으로 한국 경제성장에 지대한 공헌을 하였다.

한국의 산업정책은 1962년에서 시작되어 1993년 김영삼 정권 하에서 경제개발5개년계획이 공식적으로 폐지되기 까지 30여 연 동안 지속되었으며 경제기획원이라는 선도기구를 중심으로 한국의 고도 경제성장을 이끌었다. 그러나 시대의 변화에 따라 한국의 산업정책은 1993년 선도기구였

44 2019년 경제규모(명목 GDP)는 1조 6,295억 달러로 2018년에 이어 연속 세계12위를 유지했으며 구매력 평가(PPP: Purchasing Power Parity)를 기초로 한 PPP GDP는 2조 3,196억 달러로 세계 14위를 기록했다.

45 2019년 한국의 1인당 명목 GDP는 31,431달러(세계28위)로 3만 달러를 넘어 선진국으로 진입했다. 2018년 한국의 1인당 PPP GDP는 42,136달러로 일본(41,502달러)을 추월하였다.

던 경제기획원이 재무부와 함께 재정경제부로 흡수 통합됨으로써 공식적으로 종말을 고했다. 이후 실시된 신자유주의 경제정책인 경제 자유화와 금융자유화는 결국 IMF 금융위기로 귀결되었다.

발전국가와 한국의 산업정책

발전국가에 대한 고찰

발전국가는 2차 세계대전 이후에 짧은 시간 내에 두드러지게 경제적 성취를 이룬 동아시아 국가들, 특히 일본과 한국, 대만의 경제발전을 설명하는 가운데 나타난 발전이론이다. 사실상, 북미와 서유럽의 서구 선진국을 제외하면 이들 동아시아에 위치한 몇 개 나라만이 20세기 중후반에 서구와 필적할 만한 경제적 성취를 이룩했다.[46] 최근 21세기에 들어 중국이 경제적으로 급성장하고 있는데, 중국도 넓은 의미에서 발전국가의 범주에 들어갈 많은 요소들을 공유하고 있다.

이들 동아시아 국가들의 발전경험 중 공통점을 찾아 정리하여 만든 이론이 '발전국가론'이다. 우연히도 이들 국가들은 모두 동아시아에 위치해 있고 유교 문화적 전통을 지니고 있어, 후에 '아시아적 가치' 또는 '유교자본주의론' 논쟁으로 발전하기도 했다. 그러나 유교나 아시아적 가치는 모두 문화적인 담론으로 그 논리를 증명하기 어렵다는 점 때문에 그 논의가 일반화되지 못하였다. 반면에 발전국가론은 이들 국가들의 산업화 경험을 바탕으로 하기 때문에 중요한 경제발전 이론의 한 장을 장식하게

46 한국, 일본, 대만에 대해 홍콩과 싱가포르를 동아시아 발전국가라 부르고 있다. 오늘날 비서구권 국가들 중에서 경제적 성공을 이룩해 서구권 국가들과 경쟁하고 있는 유일한 나라들이 이들 동아시아 발전국가들이다. 최근 중국이 눈부신 경제성장을 이룩하면서 중국도 아류발전국가로 간주되는 경향이 있다. 이들 국가들은 동아시아에 위치한 지리적 특성과 유교문화권이라는 문화적 특성이 더해져 다른 나라들과 구분되는 독특한 특성을 지닌다.

되었다.

발전국가란 한 두 마디로 정의하기 어려운 역사·사회적 개념이다. 사실상 서로 다른 역사·사회적 궤적을 그리고 있는 나라들에게서 공통점을 찾아 일반화한다는 것은 결코 쉬운 일이 아니다. 또한 이들 나라들 간에는 상당한 이질성들이 나타나는데 이들 나라들의 경제발전에 이런 이질적 요소들 또한 적지 않은 영향을 미쳤을 것인데 이러한 사실을 어떻게 평가하고 증명해야 할 것인가 하는 실질적 문제들이 다양하게 존재한다. 발전국가론이 갖는 특이성은 당시 냉전 상황에서 자본주의 발전을 설명하는 고전경제학적 설명과 사회주의 발전을 설명하는 마르크스-레닌이즘 그 어떤 것으로도 설명할 수 없는 특성을 지닌 것으로, 이는 당시 두 진영의 설명 논리와는 구별되는 제3의 발전이론이었다.

당시 제3세계가 발전하기 위해서는 기존의 발전이론과는 다른 규칙이 필요했다. 서구 자본주의 국가들이 주장하는 자본주의 시장원리에 충실하다보면 자본과 기술이 부족한 제3세계 국가들은 항시 서구 국가들의 뒤만 쫓아가는 결과가 되어 서구를 추월하거나 서구와 경쟁할 수 있는 산업국가가 되기는 요원한 상황이었다. 이에 서구 자본주의 논리에서 등한시되던 국가를 주체로 등장시켜 국가 주도로 경제발전 계획을 짜고 산업화를 강도 높게 추진함으로써 제3세계 국가들의 열세를 만회해고자 하는 노력이 시도된 것이다.

그러나 동아시아 발전국가들은 무조건적으로 이데올로기적인 목표를 추구하는 사회주의 국가들과는 전혀 다르게 산업화를 진행시켰다. 발전국가의 공헌은 당시 금기시되었던 국가의 계획을 시장과 동등하게 "합리적"인 것으로 전제했다는 점이다. 발전국가들은 시장경제 원리에 충실하면서도 국가가 계획을 세워 효율적으로 경제발전을 추구하는 "합리적 계획국가"라 할 수 있다. 발전국가들은 국민경제 발전이라는 국가적 목표를 세우고, 합리적인 계획을 세워 그것을 실행에 옮겼다. 이 과정에서 국가는 국가경제 경쟁력 증대라는 목표를 위해 규칙적으로 또 적극적으로 국내 경제행위에 간섭했다. 또한 발전국가는 장기적인 관점에서 국민경제를 향상시키는 것을 최우선 과제로 삼았기 때문에 그들은 단기적 수익에 연연하지 않았다.

동아시아 국가들의 산업화 과정에서 공통된 점은 국가가 주축이 되어 경제발전 계획을 세우고 기업과의 긴밀한 협조를 통해 국가의 장기적인 경제적 목표를 실행하는 것이다. 이들 국가들 중 특히 한국은 특정 산업을 발전 목표로 정하고 경쟁력 있는 소수 대기업들에게 자본을 집중 투자하여 산업목표의 달성을 추구했다. 한국 정부는 '선성장 후분배'의 원칙 하에 분배보다는 자본 축적에 중점을 두어 자본가 집단을 육성했다. 이 과정에서 자본축적과 산업발달에 장애가 될 수 있는 사회 세력, 특히 노동자, 농민, 학생, 지식인 등 잠재적 거부 세력의 발흥을 강력히 차단했다. 국가는 또한 외국 자본의 침투를 막아 국내 산업을 보호 육성했으며, 생산과 기술 향상에 막대한 자본을 투여하고, 국내 기업의 국제경쟁력 향상을 위한 전략을 수립하는 등 국민경제 발전에 앞장섰다.

지난 반세기 동안 한국의 경제발전을 이끌어온 쌍두마차는 국가와 재벌이다. 이들 국가와 재벌(대기업)을 중심으로 경제발전을 설명하는 이론 틀이 '발전국가론'이다. 발전국가론은 국가와 대기업 그리고 그들 간의 긴밀한 협력관계를 중심으로 경제발전을 설명한다. 발전국가론의 근본 주장은 후발 산업국가가 경제적 성공을 이룩하기 위해서는 국가가 대기업을 활용하여 경제행위에 적극적으로 간섭해야 한다는 것이다. 여기에서 중요한 집단이 국가 관료들이다. 국가가 효율적으로 작동하기 위해서는 경영자적 능력을 지니고 합리적 판단을 할 수 있는 능력 있는 국가 관료 집단의 존재가 필요하다. 유교 문화적 전통에서 교육을 중시해온 한국은 다수의 능력 있는 관료들을 보유하고 있었다. 국가는 관료를 중심으로 산업 전반을 계획하고 산업정책을 통제하여 경제발전을 이끌었다. 국가와 관료의 경제 간섭은 전적으로 시장 순응적으로 진행되었고 그 결과 경쟁적 시장이 창출되어 경제성장을 이끈 것이다. 발전국가에서는 권력을 쥔 관료들이 국가 전체의 장기적인 발전계획을 정하고, 자본을 축적하고, 기술을 향상시키는 경제 규칙을 만들어 경제성장을 이끌었다.

발전국가의 정당성은 서구 시민사회가 말하는 자유민주주의 또는 자본주의 국가의 맥락만으로는 설명할 수 없다. 발전국가의 발전은 흔히 국가의 위기 상황과 연관된다. 전전의 일본을 비롯하여 전후 한국과 대만에서 상존하는 전쟁가능성은 국가와 사회와의 관계에 지속적으로 영향을 미쳤다. 20세기 동아시아 국가들처럼 전쟁 위협에 항시 노출되어 있는 국가들은 경제발전과 국가안보라는 최우선 목표를 지닌 유사 혁명적 상황에서 권위주의적 정권이 집권하여 목표의 성취를 위해 효율적인 발전계획을 만들고 실행하였다. 동아시아 발전국가들에게는 언제나 국가 최우선 목표, 즉 '경제발전'이 존재했다. 상존하는 국가 위기상황에서 권위주의적 발전국가들이 갖고 있는 권위의 자원은 가히 절대적인 것으로 국민들은 권위주의적 정부가 정치, 경제, 사회적 질서를 국민의 복리를 증진시키는 방향으로 변화시키고 있다는데 동의한다. 왜냐하면 이들의 권위의 정당성이 권력을 쟁취한 수단으로부터 나오는 것이 아니라 그들이 이룩한 국가의 가시적인 경제적 성취로부터 나오기 때문이다.

그렇다면 왜 동아시아 국가의 지도자들은 발전적이며 성장 지향적 경제정책을 택했을까? 이들 국가들은 국가의 안전, 정치적 이데올로기적 차원, 또는 식민지주의 극복과 같은 비경제적 동기에서 이를 충족시키는 수단으로 경제발전을 채택했다. 이들 국가들에서 전쟁이나 전쟁위협의 결과로 필연적으로 나타나게 된 민족주의 물결이 발전국가를 태동시키는 계기가 됐다. 냉전 체제 하에서 주변의 공산주의 국가들로부터 나타나는 국내외적 위협으로부터 자국 사회를 더욱 안전하고 독립적으로 만드는 수단으로 경제발전이 채택된 것이다.

그렇다면 왜 동아시아 권위주의적 정권들이 다른 비서구 국가들과는 다르게 그렇게 성공적으로 경제성장을 이룩할 수 있었는가? 동아시아 권위주의는 아프리카 국가들에서 보이는 약탈적 정권이나 단순히 권력만을 탐하는 정치적인 독재 정권과는 다르다. 유교 문화적 전통 속에서 국가 지도자들은 국민을 위한 남다른 사명감을 갖고 있었고 전통적으로 국가 권위에 순종적인 국민들은 국가 정책에 적극적으로 동참했다. 이들은 국가주도로 국가가 앞장서서 발전을 계획하고 그것을 효율적으로 수행하려 노력한 '권위주의적 발전주의'이거나, 비록 약간의 억압적 요소는 있을지라도 오랜 기간 동안 국민들의 지지를 받아온 정권이라는 점에서 다르다.

발전국가에서 국가와 기업 간의 협력이 무엇보다도 중요하다. 국가는 국민경제발전이라는 국가적 목표의 효율적인 수행을 위해 기업의 적극적인 동참이 필요했으며 상대적으로 기업은 기업 발전과 규모 팽창을 위해 국가의 도움과 보호를 필요로 했다. 즉, 발전국가론에서 국가와 기업은 서로를 필요로 하고 서로를 이용하는 공생관계였다. 일반적으로 이 관계는 어느 한 쪽이 다른 한 쪽을 이용하고 착취하는 것으로 결말이 나는데 발전국가의 경우는 이들이 상호 협력하여 공동 발전하는 경이로운 경제적 성취로 이어졌다. 이러한 국가와 기업 간의 협력은 이들 국가들의 공통된 문화유산인 유교적 자산 속에 내재해 있는 국가의 우월적 권위 속에서 가능했을 것으로 파악된다. 실제에 있어서 발전국가에서의 국가와 기업의 협력관계는 대등한 관계라기보다는 국가가 지도하고 기업이 따라가는 불평등한 협력관계였다. 둘 관계에서 국가는 기업에 대해 상위 파트너로 작동하였다. 특히 한국의 경우, 국가가 원하는 산업 발전 방향으로 기업을 유도하였고 국가의 정책에 적극 협조하는 기업들에게 각종 특혜와 혜택을 부여함으로써 국가와 기업 간의 관계를 규정하였다.

국가는 국제경쟁력을 창출하기 위해 규모의 경제를 추구하였고 이 과정에서 국제경쟁력 있는 대기업 창출이 절실했다. 이러한 상황에서 국가의 적극적인 노력으로 만들어진 대기업들이 소위 말하는'재벌'이다. 재벌 형성 과정에서 중요했던 것은 국가-주도 산업화 정책과 국가가 주도하는 산업정책에 적극적으로 참여한 기업들에게 주어진 막대한 자본과 각종 특혜였다. 여기서 창출된 이익은 재분배보다는 자본 축적을 위해 재벌들에게 집중적으로 재투자되었다. 이들 자본이 참으로 다행히 생산과 기술 발전에 재투자됨으로서 한국 경제의 급성장이 이룩될 수 있었다.

한국의 산업발전은 정치 지도자의 적극적인 지지를 받은 엘리트 관료집단이 주도하는 방식으로 이루어졌다. 국가와 관료가 주도적 역할을 한 것이다. 발전국가란 정치 엘리트인 정치권과 관료집단이 대기업들과의 상호협력 하에 경제정책에 전략적으로 개입하여 경제발전을 이끄는 국가를 말한다.

발전국가를 설명하기 위해서는 몇 가지 부가적 설명이 필요하다. 첫째, 발전국가의 산업정책이 근본적으로 사회주의적 계획경제가 아닌 자유주의 시장경제 원리 안에서 이루어졌다는 것이다. 즉, 개인의 사유재산 보장과 시장의 경쟁원리가 지켜졌다는 것이다. 둘째, 이들 국가들은 한편으로는 선진 산업국들을 추격하고 다른 한편으로는 선진 산업국들의 경제적 팽창으로부터 자국을 방어해야 한다는 두 가지 과제를 동시에 수행해야 했다는 것이다. 셋째, 발전국가는 자유 시장 경쟁원리에 충실하기 보다는 시장에 대해 국가가 정기적으로/전략적으로 개입하는 것이 더 효율적이라고 보았다는 것이다.

발전국가의 산업정책에는 몇 가지 특징들이 나타난다. 첫째, 발전국가는 산업에 우선순위를 정하고 집중적으로 육성할 전략산업을 선택했다. 둘째, 선택된 전략산업을 발전시키기 위해 국내외의 모든 가능한 가용자원을 총동원 했다. 이렇게 '선택과 집중'을 통해 동원된 자원은 특정의 전략산업 부문에 편중 배분되었다. 이에 더해 발전국가는 금융지원, 산업별 차등 지원 계획, 가격의 왜곡, 선택적 보호주의, 보조금 정책 등을 통해 전략 산업을 집중 육성하였다. 셋째, 이러한 정책을 펴기 위해 국가는 금융기관을 통제하여 국가가 원하는 전략 산업 부문에 자본을 집중적으로 배정하였다. 그러나 이들 전략 산업에 무조건적인 특혜를 배분하기보다는 주기적인 점검과정을 거쳐 그들이 이룩한 경제적 성과에 따라 지원을 차등배분 함으로써, 자본 배분의 효율성을 극대화시켰다.

산업정책을 수행하는데 있어서 특히 중요한 것은 누가 주체가 되어 어떻게 집행함으로써 부패를 줄이고 효율을 극대화시키느냐 하는 것이다. 한국의 경우, 일본과 마찬가지로, 정책 형성을 주도한 것은 '엘리트 관료집단'이었다. 1960년대 산업정책 실시 초기에 정부에 의해 새롭게 형성된 관료집단은 크게 한편으로는 전문 테크노크라트 집단과 전문 행정관료들로 구성된 정책관료 집단의 두 집단으로 이루어졌다. 이들 관료집단의 공통점은 이들이 고도의 자격을 갖춘 전문가들로 강한 자제력과 효율성을 바탕으로 경제성장이라는 목표 달성에 전념하는 동시에 자신들의 역할과 한계를 잘 인지하고 대통령의 개발 의제를 잘 파악하고 있었다는 점이다. 정책기구로는 1961년 7월 22일 공식적으로 강력한 위상과 권한을 가진 경제정책의 선도기구인 경제기획원EPB이 출범하였다. 경제기획원의 업무는 제반 경제정책의 종합적 조율에 집중되었다. 이들 국가정책 형성 집단과 정책 집행기구는 당시 고양된 민족주의적 사명감으로 무장된 채, 박정희 정부의 정치적 지원 아래, 관료적 합리성에 따라 강력한 경제정책을 수행할 수 있었다.

한국의 산업정책과 재벌의 성장

한국의 산업정책은 1960년대 초부터 본격적으로 시작되었다. 한국 산업정책의 기조는 경제발전과 직결된 자립적인 산업화였다. 1961년 5.16쿠데타로 집권한 박정희 정권의 새로운 경제전략은 수출을 통한 국가거설을 이룩하는 '수출지향적 산업화'Export-Oriented Industrialization: EOI로 대변된다. 한국은 박정희 대통령의 강력한 지도력을 바탕으로 1962년부터 매 5년 간격으로 경제개발5개년계획을 수립하여 공업화 정책과 수출주도형 산업화 정책을 지속적으로 추진하였다. 산업화 초기부터 국가는 주도권을 쥐고 경제발전에 총력을 기울였다.

주체인 제3공화국 지도부는 한국 사회 내 어느 제반 세력으로부터도 자유로운 군부엘리트에 기반을 둔 세력이었다. 그들은 집권과정에서 자본가,

노동자, 지주, 농민 등 모든 사회 세력에 빚지지 않은 관계로, 정책을 시작할 때, 그 어느 사회 세력으로부터도 심각한 도전에 직면하지 않은 상태에서 강력한 경제정책을 수행할 수 있었다. 한국은 1950-53년 내전과 1950-56년 농지개혁으로 전통적인 지주계급이 소멸한 상태에서 농민들은 수혜층이었고, 일제 시기부터 국가의 특혜에 의존해 성장해온 자본가 층은 국가에 도전할 만한 독립적인 사회세력이 될 수 없었으며 산업이 발달하지 못한 상태에서 노동자 계층의 수와 세력도 미미한 상태였다.

이에 군부 엘리트들로 구성된 집권세력에 도전할만한 사회 세력이 존재하지 않는 가운데 국가는 강력한 추진력을 갖고 경제발전 계획을 실행에 옮길 수 있었다. 당시 집권층인 군부 엘리트는 국가 안보와 경제 번영이라는 두 가지 당면 목표를 수행하는데 있어서 특정 이해를 가진 제 사회 세력의 참여로부터 자유롭게 정책을 수행함으로써 이른바 '강한 국가, 약한 사회'의 관계를 창출하였다. 이러한 배경 하에서 정부는 산업화에 대한 명확한 목표를 설정하고 억압과 유인을 효율적으로 행사하여 강력한 통제를 통한 경제성장을 추진하는 한편 대기업인 재벌에게도 억압과 유인을 통해 이들이 원하는 방향의 경제발전에 적극 동참시켰다.

5.16 혁명주체들에 위해 추진된 발전국가의 산업발전 전략은 크게 두 가지였다. 하나는 1960년대 중반 이후 지속적으로 실시되어 온 수출지향적 경공업 발전전략으로 국가의 모든 역량이 수출 증진과 그에 필요한 외자도입에 맞추어졌다. 다른 하나는 1973년에 실시된 중화학공업 추진 정책이다. 이는 제1차 석유위기라는 경제적 위기 속에서 철저히 수출지향적 산업화를 목표로 추진된 경제적 모험이었다. 그러나 이러한 추진 배경에는 경제적 목표 외에도 자주국방 이라는 군사적 목표가 크게 자리 잡고 있었다. 중화학공업의 발전은 자주국방태세를 갖추기 위한 불가결한 과제였다. 중화학공업정책은 자주국방과 밀접한 관련이 있는 철강, 비철금속, 조선, 기계, 전자, 화학 등 6개 업종에 집중되었다.

한국의 산업화 역사는 크게 세 단계로 구분될 수 있다. 첫째, 제1기는

1962-1972년에 이르는 도약단계로 이 시기는 정부의 적극적인 수출정책과 국내산업 보호로 특징지어진다. 수출에 대한 지원은 정부 통제 하에 있는 금융기관을 통해 이루어졌다. 1962-67년에 이르는 제1차 기간 동안 정부는 자주적인 공업화의 기반 구축을 목표로 기초산업을 육성하고 사회간접자본을 정비했다. 이때 집중 육성된 산업은 전력, 비료, 정유, 시멘트, 합성섬유, PVC 등이었다. 1967-71년에 이르는 제2차 기간 동안에는 수출지향적 산업정책을 추진하여 원자재의 수입대체화 노력과 함께 경공업 수출전략을 폈다. 당시 중점 산업전략은 합섬섬유, 전자기기, 석유화학 등이었다. 이 기간 동안 정부는 오로지 수출 증대가 목표였고 산업간 차별은 두지 않았다.

둘째, 제2기는 1972-1979년에 이르는 기간으로 이 시기는 중화학공업 집중 육성단계로 특징지어진다. 1972-76년에 이르는 3차 기간 동안에 국가는 수출주도형 중화학공업 건설과 산업구조 고도화 전략을 통해 철강, 석유화학, 조선, 기계 등을 집중 육성했다. 이는 커다란 산업구조 전환으로 경공업의 희생 속에서 대부분의 자본과 신용이 특장 분야의 중화학공업에 집중되었다. 이는 전반적인 수출지향적산업화의 기조는 유지한 채 중화학공업 부문을 수입대체 하고자 한 것이다. 당시 대미관계 마찰로 인해 정부는 자주국방과 정치적 정당성을 창출하기 위해서도 이 전략이 필요했다. 1973년 1월 12일 중화학공업정책에 대한 대통령의 발표가 있은 후 정부는 더욱 구체적이고 세밀한 계획을 세워 이를 집행하였다. 중화학공업의 추진은 자주국방태세를 갖추기 위해서도 불가결한 과제였다. 따라서 중화학공업정책은 자주국방과 밀접한 관련이 있는 철강, 비철금속, 조선, 기계, 전자, 화학 등 6개 업종에 집중되었다. 이들 6대 중점사업을 위해 각 산업마다 거대 산업단지를 조성했다. 이에 따라 여천 석유화학단지, 창원 기계단지, 포항 제철소, 옥포 조선소, 구미 전자단지, 그리고 온산 비금속기계단지가 만들어졌다. 이들은 자본비율이 높고 이윤 회수기간이 긴 위험부담이 큰 사업들이었던 만큼 초창기에 대부분의 민간 기업들이 참여를 꺼리는 산업이었다. 이에 정부는 아낌없는 정책지원과 정책금융 지원을 통해 민간 자본의 참여를 유도했고 이 과정에서 오늘날 한국을 대표하는 대 재벌들이 만들어졌다.

셋째, 제3기는 1979년 이후부터 1993년 김영삼 정권 등장 이전까지의 시기이다. 이 시기는 중화학공업에 대한 과잉/중복 투자와 제2차 석유위기에 따라 경제정책이 급변한 시기다. 당시 새로운 경제정책은 금융자유화와 수입 개방으로 대변된다. 이 시기는 정부의 경제 간섭이 약해지는 가운데 경제가 국제 경제정책에 더욱 깊숙이 편입되어간 시기다. 이 기간 동안 정부는 신용할당자로서의 역할을 점차로 줄여갔고 중화학공업 부문에 대한 특혜도 철회하였다. 정부는 아직 특정 정책분야에 지속적으로 영향력을 행사하고 있었지만 경제 간섭의 방향은 특정 산업 지원에서 기술발전 보조와 경쟁력 강화 쪽으로 변했다. 1982-86년의 5차 계획기간 이후 정부는 비교우위에 입각하여 국제적으로 경쟁력 있는 기술집약형 정보/기술산업을 집중적으로 육성하여 선진국형 산업화를 이룩하고자 하였다.

돌이켜보면, 박정희 정권의 정치엘리트들은 민간부문의 경제지도자나 재벌 총수에 대한 신뢰가 없었다. 그리하여 그들은 통제 기제를 발달시켰다. 가장 중요한 통제 기제는 민간소유 은행들을 몰수한 후 국유화하여 금융기관을 정부가 독점한 것이었다. 박정희 정권이 재벌들을 통제하여 정부정책에 협력케 만드는 가장 중요한 자원은 금융통제였다. 1961년 10월 5개의 간판 시중은행이 국유화되어 재무부의 통제 아래로 들어갔다. 은행을 통한 정부의 대출정책은 재벌이 정부정책에 따르게끔 하는 당근으로 쓰이기도 했고, 정부 정책에 비판적인 기업들에 대해서는 은행 대출을 철회함으로써 채찍으로 작동하기도 했다. 다음으로 중요한 통제 기제는 국세청을 활성화하여 국세청의 행정력을 강화하는 것이었다. 국세청은 주기적으로 대기업과 재벌에 대한 세무조사를 실시하여 정부의 경제정책에 비협조적인 기업들을 처벌하였다. 박정희는 결코 모든 것을 재벌의 손에 맞기지 않았다. 박정희 정부는 자주 재벌 및 대기업의 경제행위에 대해 간섭하여 그들의 경제 행위를 정부가 원하는 방향으로 이끌었다.

민간 대기업(재벌)을 통제하기 위한 재원의 또 다른 주요 원천인 외국자본 역시 정부 통제 하에 들어갔다. 정부는 경제성장이라는 정권의 목표를 실천하기 위해민간 대기업에게 금융지원을 해야 했고, 이를 위해서 정부는 외국자본을 만족시킬 수단을 열심히 추구했다. 외국 자본은 원조, 차관, 외국인 직접투자라는 세 가지 형태가 있다. 원조는 경제 원조와 군사 원조로 더욱 세분화된다. 차관은 공공차관과 상업차관을 포함한다. 전자는 흔히 정부에 제공되고 후자는 민간 기업에게 제공된다. 그러나 모든 차관은 경제기획원의 사전 승인을 받아야 들어올 수 있었고, 그 분배에 있어서도 정부로부터 매우 정밀한 검사를 받았다. 이러한 관행은 1960년대와 70년대 내내 지속되었다.

외자를 들여온다는 것은 당시 재계에 있어서 매우 신선하고 새로운 동기였다. 점차적으로 차관을 통한 자본 형성은 기업의 규모 팽창에 매우 중요한 재원이었다. 그러나 외국이 당시 낙후된 한국 기업들을 어떻게 믿고 자본을 빌려주겠느냐 하는 문제가 대두되었다. 해결책으로 외국 자본은 한국 정부에게 지불보증을 요구하였고, 정부는 외국자본에 대한 지불보증을 통해 재벌 대기업들을 통제할 수 있었다.

그 결과 힘과 권한을 가진 정부 관료나 정치인과 친밀한 관계에 있는 기업인들은 쉽게 정부의 허락을 얻어 차관을 도입할 수 있었다. 이들 대기업들은 1960-70년대를 통해 점차 재벌로 성장할 수 있었다. 특히 박정희 정부는 금융 독점과 외자 분배권 독점 등의 막강한 규제권력을 사용하여 수출지형적 재벌들을 지원함으로써 민간 경제행위에 깊숙이 개입했다. 만약 특정 재벌이 정부가 제시한 산업 계획에 따르지 않으면 정부는 그 재벌에 대한 금융지원을 중단하였고, 해당 재벌은 곧바로 파산에 직면하게 되었다.

국가와 재벌의 관계 변화

중화학공업화와 친 재벌 정책

1960년대 말이 되자 인플레이션이 만연해졌다. 정부는 만성적인 인플레이션을 줄이기 위해 긴축재정을 실시하였다. 이는 2년간 지속되었다. 이 과정에서 많은 기업들이 파산했다. 쓰러져 가는 기업들을 구제하기 위해 박정희 대통령은 극비리에 사채시장을 동결하고 국민들의 희생 하에 기업들을 구제할 것을 계획하였다. 1972년 8월 2일 대통령은 '경제 안정을 위한 긴급명령(8·3조치)'을 공포하였다. 8·3조치의 목표는 사채시장에서 빌린 돈 때문에 고통 받는 민간 기업들을 구제한다는 것이었다. 사채시장은 합법적 금융시장 밖에서 이루어지는 금융거래로 적법한 대출이 불가능하거나 긴급 융자가 필요한 기업들 사이에 널리 퍼진 것으로, 일반적으로 단기로 운용되고 높은 이자가 붙었다. 1970년대 초 불경기 속에서 재벌을 포함해 한국의 많은 제조업체들이 이러한 사채 금융업자에게 크게 의존하고 있었다.

긴급명령은 정부 관료들 사이에 정식으로 논의되지 않은 채 청와대에서 은밀히 준비되었다. 8·3조치는 재벌들의 금융위기 해결에 절대적인 도움이 되었다. 이는 또한 재벌과 정부가 더욱 밀착하는 계기가 되었다. 특히 간판 재벌들은 8·3조치의 가장 큰 수혜자였으며, 이들은 이후 더욱 박정희 정부에 충성하였다. 긴급명령은 정부와 재벌 간의 관계를 더욱 굳건히 하였으며 정부 사업에 대한 재벌의 적극적인 지원과 참여를 보장하였다. 그러나 장기적으로 볼 때, 이 조치로 인해 재벌들은 1980년대 정부 정책으로부터 어느 정도 독립할 수 있는 경제력을 축적하는 계기도 되었다.

정부의 경제정책은 1972년 '10월 유신 이후 다시 한 번 크게 변했다. '10월 유신'은 좀 더 강력하고 독립적인 정권을 창출하여 당면한 정치·경제·사회 문제를 정부가 의도하는 방향으로 추진해 가려는 목적에서 이루어졌다. 이는 학생과 지식인을 포함한 시민사회를 배제하는 등 정부에 대항하는 모든 세력을 무력화시킴으로써 더욱 강력해진 정치력으로 당시 미국과 중국의 화해무드로 대변되는 국제정세에 능동적으로 대처하고 북한의 침략에 대비하고자 함이었다.

유신을 통해 권력을 강화한 박정희 정부는 부국강병을 새 정부의 가장 중요한 목표로 제시하였다. 유신 정부는 '정치적 민주주의'를 '행정적 민주주의'로 변모시켰다. 박정희 대통령은 그 자신을 강력한 지도자로 변모시키고 관료들을 정부가 설계한 경제발전과 자주국방을 단지 수동적으로 수행하는 도구로 만들었다. 이렇게 유신 정부는 시민사회는 물론이고 집권당인 공화당을 포함한 어떠한 이해관계로부터도 독립적인 자율적인 정책 집행기구를 만들려고 하였다. 유신은 당시 한국사회의 보수주의적 지배세력, 즉 관료, 군부, 그리고 재벌들로부터 적극적인 지지를 받았다. 그러나 시민과 지식인들은 정치적 의사결정 과정에서 철저히 배제되었다. 박정희와 그의 지지자들은 급속한 경제성장을 이룸으로써 이를 보상하려고 하였다.

유신 정부는 1973년 '중화학공업화'라는 새로운 경제발전 계획을 야심차게 착수하였다. 이 계획은 비교우위를 상실해가고 있는 경공업과 소비재 산업에 대항하여 자생력 있는 경제를 건설하기 위한 것인 동시에, 더욱 격화되고 있는 선진국의 보호무역주의에 대항하기 위해 마련된 것이다. 이에 덧붙여 이는 미중 간 외교수립과 같은 급변하는 국제환경 속에서 한국 군대의 현대화를 이룩해 자주국방을 이룩하려는 것이었다. 박정희 대통령은 중화학공업을 발전시켜 새로운 무기로 무장된 군 체계를 창출하고자 한 것이다.

이후 정부는 국가의 모든 노력과 자원을 중화학공업 발전에 쏟아 부었다. 중화학공업화를 위한 대부분의 구체적인 계획은 잘 훈련받은 기술관료들과 전문가들의 자문을 받아 대통령 자신이 직접 디자인하였다. 중화학공업화 계획은 정부의 적극적인 지원 아래 재벌들이 주축이 되어 시행하였다.

사실 이 계획의 구체적인 각 프로젝트는 어느 한 재벌 대기업이 독점하기에는 너무나 방대한 자본을 필요로 하였고 그 결과를 향유하기에는 많은 시간이 걸렸다. 따라서 재벌들이 이 계획에 참여하는 것 자체가 미래를 알 수 없는 위험한 투자였다. 어느 재벌도 정부의 전적인 지원 약속 없이는 이 계획에 참여하기를 꺼려했다. 아무리 친정부적인 재벌이라고 해도 앞날을 예측할 수 없는 중화학공업화 계획에 무작정 뛰어들 수는 없는 일이었다. 따라서 정부가 세재 혜택, 금융 및 각종 지원 등의 특혜를 통해 이 계획에 참여한 기업들을 전적으로 지원하겠다는 공약을 한 이후에야 재벌들이 하나씩 둘씩 이 계획에 참여하기 시작했다. 현대를 필두로 대우, 쌍용 등 재벌들이 정부와 손을 맞잡고 중화학공업화에 시동을 걸었다. 곧이어 재벌들 간에 경쟁이 불붙기 시작하였고 거대한 자본이 중화학공업화 계획에 투자되면서 계획은 순풍을 타기 시작했다. 정부의 중화학공업화 계획에 참여함으로써 재벌들은 유신 정부로부터 각종 특혜와 거대한 규모의 재정지원을 받으면서 상품과 용역의 독과점적 지위를 누렸다. 중화학공업화 정책에 적극 참여한 기업들은 이후 주도적 재벌 기업, 즉 최상위의 재벌로 급부상하였다.

이 기간 동안 정부는 전국에서 국내 저축을 모아 국가가 독점하는 은행을 통해 일부 재벌들에게 집중 투자함으로써 선택된 소수 대기업에게 자본을 집중시켰다. 상대적으로 정치인이나 관료에게 흘러들어가는 지대는 최소화되었는데 이는 각 재벌에게 대출되는 자금이 '수출실적'이라는 객관적이고 투명한 기준에 따라 배분되었기 때문이다. 이는 결과적으로 경쟁력 있는 소수 재벌에게 거대한 자본이 집중되는 결과를 가져왔다. 그들의 주력 산업은 경공업에서 중화학공업으로 변모되었다. 정부의 비호아래 재벌 대기업들은 더욱 쉽게 자본을 축적할 수 있었고, 이 과정에서 국가와 재벌과의 관계는 더욱 긴밀해졌다.

한국에 재벌이 탄생한 것은 1960년대부터였으나 오늘날과 같은 재벌구조가 완성된 것은 1973년 중화학공업화 정책 실시 이후다. 1960년대 초기 10대 재벌 중 1972년까지 10대 재벌로 생존한 것은 삼성, LG, 대한의 셋

뿐 이었다. 또한 1972년 10대 재벌 중 1979년까지 10대 재벌로 살아남은 것은 삼성, LG, 현대 한화의 넷뿐이다. 그러나 1979년의 10대 재벌 중 1987년까지 10대 재벌로 남아있는 것은 무려 9개였다. 탈락한 것은 국제 재벌로 재벌 국제는 1987년 전두환 대통령과의 마찰로 파산·해체되었다.

1970년대 중화학공업화 이후 재벌 순위에는 큰 변화가 없었다. 심지어는 1997년 경제위기 과정에서도 재벌 순위에는 큰 변동이 없었다. 단지 1997년 기아자동차가 파산하여 현대에 흡수되고, 1998년 대우그룹이 해체되고, 1999년에 쌍용그룹이 파산하는 등 일부 재벌이 붕괴되는데 그쳤다. 살아남은 상위 재벌들은 국민경제에서 더욱 강력하고 안정된 지위를 구축하였다. 2000년대에 들어 재벌보다는 대기업 순위로 10대 기업이 발표되었는데, 2002년이 되면 현대 재벌에서 분화된 현대자동차, 현대, 현대중공업이 10대 대기업에 속하게 되었고, 삼성 계열 회사들이 점차 두각을 나타내었다.

이렇듯 한국의 재벌 성장은 정부 주도의 중화학공업 드라이브와 함께 했다. 이 과정에서 국가와 재벌은 경제성장을 위한 파트너 관계를 형성했으나 이들 관계에서 은행을 통제하고 있던 정부가 언제나 재벌의 상위에 있는 동업자 관계였다.

금융 자유화와 재벌의 독립

1979년 박정희 대통령 시해사건으로 어수선했던 정치적 혼란은 1981년 전두환 정권이 들어서면서 안정을 되찾았다. 군사 쿠데타로 정권을 잡은 전두환 정권의 취약점은 정치적 정통성 문제였다. 전두환 정권의 가장 긴급한 과제는 쿠데타로 정권을 잡은 박정희와 마찬가지로 침체된 한국 경제를 하루 빨리 회복시키는 것이었다.

1980년대 초 한국의 경제 문제는 정치적 안정만으로는 해결될 수 없는 깊은 뿌리가 있었다. 근원적인 문제는 중화학공업에 대한 중복·과잉 투자, 국제적인 불경기, 선진국의 신보호주의, 계속 더해가는 거대한 외채, 그리고 수출경제의 필연적 결과인 점차 심화되는 외부 세계에의 의존 등 다양한 요인들이 복잡하게 얽혀져 나타난 것이었다.

점차적으로 전두환 정부(1981-1987)는 국가주도 경제정책의 비효율성을 인지하기 시작했다. 이에 정부는 당시 신자유주의 유행을 좇아 국가의 직접적인 경제 간섭을 최소화하고 경제 전반에 걸쳐 경쟁을 촉진하기 위한 경제개혁을 단행하였다. 정부는 우선 다양한 이자율 격차를 줄임으로써 특별 정책지원의 특혜를 줄였다. 아울러 특정 산업에 대한 특혜적 신용지원과 세제지원을 확대하는 정치관행도 금지시켰다. 새로운 경제 전략은 시장기제를 더욱 잘 활용하고 완전 개방경제의 이점을 이용하여 경제적 안정을 이룩하는 것이었다. 동시에 정부는 5대 시중은행 주식을 민간에 이전시켜 은행의 민영화를 꾀하였다.

그러나 이러한 자유화 정책에도 불구하고 정부의 경제 간섭은 지속되었다. 1980년대 초에 비호의적인 국내 및 국제 환경 속에서 많은 재벌들이 파산위기까지 몰려 있었다. 1980년대에 불어 닥친 전 세계적인 경제위기와 계속 증대되는 외채, 중화학공업에의 중복·과잉 투자, 그리고 매년 증가일로에 있는 노동자 임금 상승은 많은 재벌들을 국제 경쟁에 취약하게 만들었다. 전두환 정부는 기업들의 파산으로 야기될 실업에 따른 경제 및 사회적 부작용에 대한 염려 때문에 이들 기업들이 부도 처리되도록 놔둘 수 없었다. 당시 재벌과 대기업들은 핵심 신용제공자로 행동하는 특정 은행과 밀접한 관계를 맺고 있었다. 그리고 아직 국가 통제 하에 있던 5대 시중은행들은 정부의 지시에 따라 지속적으로 파산에 이른 기업들을 구제하였다. 전두환 시대에 들어와 비록 5대 시중은행들의 주식이 민영화되었지만 이후에도 재벌과 은행, 국가의 3자 간의 기본적인 관계는 크게 변화하지 않았다. 왜냐하면 시중은행들은 결국에는 국가의 통제를 받는 한국은행의 지원 없이는 생존할 수 없었기 때문이다. 실제로 주요 시중은행들은 그 자체가 거대한 부실회사로 정부의 지원 없이는 생존할 수 없었다.

따라서 국가의 경제 간섭을 최소화시켜 자유롭고 자율적인 시장경제를 만들고자 하는 새로운 개혁정책에도 불구하고 많은 지불불능의 기업들이 존재하는 현실은 정부로 하여금 그들을 구원하지 않을 수 없게 만들었다. 이들 지불불능 기업들의 상당수는 재벌의 핵심기업들이었다. 이러한 경제의 기본적인 문제를 해결하지 않고서는 정부는 기존의 대출정책을 바꿀 수 없었고 국가주도적 경제구조도 변화시킬 수 없었다. 전체 은행대출에서 상위 30대 재벌이 차지하는 비중은 1983년 8월 43.2%(26.3조원)였고 1984년 4월에는 48%(61조원)로 크게 높아졌다. 이렇듯 소수 재벌에게로의 대출 집중은 은행개혁과 경제자유화 이후에도 계속되었다. 비록 경제에 대한 정부의 간섭이 1980년대를 들어 줄어들긴 했어도 정부는 아직 재벌의 경제활동에서 가장 중요한 후원자인 동시에 통제자로 남아 있었다.

1988년 서울 올림픽을 성공적으로 치러내고 아울러 소련 사회주의가 몰락하여 냉전구도가 해체되면서 한국에 대한 미국의 보호막도 사라졌다. 약육강식의 국재 경쟁이 진행되면서 한국의 지속적인 고도 경제성장은 미국의 견제 대상이 되기 시작했다. 한국 경제 개방에 대한 미국의 강력한 압박은 한국 정부로 하여금 어쩔 수 없이 국내 기업들에 대한 보호막을 줄이도록 만들었다. 정부는 특히 재벌을 통제하는데 기장 효과적인 수단이었던 정책금융을 크게 줄일 수밖에 없었다.

1980년대 후반에 들어와 경제기획원의 정책은 발전계획보다는 규제철폐 쪽으로 변화해갔고, 외국인 직접투자FDI를 제한하던 대부분의 규제도 철폐되었다. 이에 따라 그동안 '선성장 후분배'정책에 따라 진행되던 국가발전전략은 더 이상 노동자들에게 미래를 위해 현재의 이익을 희생하라는 이데올로기를 강요할 수 없게 되었다.

그러나 이 과정에서 재벌들은 경제적으로 급성장 했을 뿐만 아니라 정치적으로도 독립적이 되었다. 1980년대 후반 재벌들은 정부의 보조금이 감소되고 금융지원이 줄어드는 상황에서도 더욱 번성했다. 재벌들은 경제행위에 있어서 더욱 독립적으로 변화했고, 정부의 재벌에 대한 영향력과 통제력은 더욱 감소되었다. 재벌들의 더 많은 부를 축적할수록 그들은 대

정부 관계에서 더욱 독립적이 되었고, 그에 따라 정부와의 관계에서도 갈등의 폭이 증가했다. 더욱 크게 문제가 되는 것은 경제에서 재벌이 차지하는 비중이 너무 크기 때문에 국민 경제가 더욱 재벌의 생산력에 의존하게 된 것이다. 따라서 재벌의 위기는 전체 경제를 위태롭게 만드는 결과를 가져왔다. 이런 상황에서 정부는 재벌이 위기에 처할 때 전체 국민경제를 고려해야하기 때문에 재벌들의 파산을 모른척할 수가 없었다. 소위 말하는 '대마불사'현상이 더욱 강화된 것이다.

한국의 금융시장을 개방하라는 외부 압력의 증대와 함께 자유시장 이데올로기의 확산은 한국의 금융자유화를 앞당겼다. 그 과정에서 재벌은 금융자유화 방법과 결과 모두에 영향을 미쳤다. 따라서 몇 년 뒤인 1997년 한국의 금융위기는 한국의 금융자유화에 끼친 재벌들의 영향을 이해하지 않고는 그 원인을 충분히 알 수 없다.

정부와 재벌 간의 위계적 내부 관계는 재벌이 국민경제를 지배할 정도로 성장하고 정부의 경제정책에 지속적으로 영향을 미칠 정도로 성장함에 따라 크게 변했다. 국민경제에서의 비중이 더욱 커짐에 따라 재벌들은 더욱 더 '대마불사론'에 의존하여 기업 규모를 키워갔다. 재벌들은 정부를 은연중에 사업실패에 대한 보험을 제공해주는 '위험관리 파트너'로 간주하기에 이르렀다. 이러한 사고는 재벌들의 '도덕적 해이moral hazard'를 부추겼으며, 재벌들은 부채비율을 높여 위험부담을 증가시키는 방식으로 사업 다각화를 더욱 확장시켰다.

그러나 1980년대에도 잘 관리된 정치적 연계 즉 정경유착이 재벌들이 융자받고 투자하는데 매우 중요한 자원이었다. 비록 1980년대 후반에 전체 국내 대출에서 정책금융이 차지하는 비중은 줄었지만, 정책금융은 1980년대를 통해 전체 시중은행 대출의 60% 선을 유지했다. 전두환 정부는 다양한 행정적 절차를 통해 이들 정책금융을 배분함으로써 재벌에 대한 통제를 계속할 수 있었다. 따라서 1980년대의 금융자유화는 완전한 자유화라고 볼 수 없는데 이는 아직 정부가 정책금융 배분을 통해 재벌들을 통제하였기 때문이다.

그러나 국가와 재벌과의 관계에서 재벌들이 점차적으로 경제결정 과정에서 정부로부터 독립적으로 변화되면서 금융개혁은 재벌들에게 이익이 되는 방향으로 진행되거나 아니면 재벌들의 이해관계를 반영하는 방향으로 진행되었다. 1980년대 말의 금융자유화는 재벌들에게 또 다른 커다란 금융지원을 해주는 결과를 가져왔다. 정부는 대기업들이 다가오는 경제자유화의 변화된 환경에서 국제적으로 경쟁할 수 있도록 하는 취지에서 재벌들에게 다양한 형태의 '제2금융권non-banking financial institutions'에의 진출을 허가했다. 이들을 통해 재벌들은 정부의 금융통제로부터 확실히 독립할 수 있었다. 제2금융권의 성장은 정부의 시중은행 독점과 금융통제에 대한 재벌들의 대응이었다. 재벌들은 정부의 금융통제로부터 벗어나기 위해 제2금융권에 적극적으로 투자하였다. 제2금융권은 막대한 양의 현금을 취급하였으며 은행제도를 거치지 않고도 이들 자금을 다른 용도로 사용하거나 단기자금을 재벌 자회사들에게 공급할 수 있게 되었다. 이로써 재벌들은 정부의 금융독점에 대해 독자적으로 대응할 수 있는 수단을 지니게 되었다. 1988년 서울올림픽을 전후하여 제2금융권의 성장과 주식 및 채권시장의 발달은 사채 자금을 공식적인 제도권 안으로 끌어들였다. 이것은 재벌들이 국민들의 저축을 동원하는 수단이 되었고 재벌들의 부채비율을 크게 낮추는 계기가 되었다. 1988년에 제2금융권의 저축은 은행을 능가하였다. 이제 제2금융권은 시중은행을 대신하여 재벌의 주요 자금원의 원천이 된 것이다.

주식 및 채권시장 역시 1980년대 말부터 급부상하였다. 정부는 기업들의 부채비율을 낮추고 재벌 기업들의 대중 소유를 확대하기 위해 주식 및 채권시장의 발달을 장려했다. 제2금융시장의 발달과 주식 및 채권시장과 같은 직접금융의 성장은 재벌들의 주요 자금원을 시중은행으로부터 이들로 변화시켰다. 전체 금융시장에서 제2금융권과 직접금융의 비중은 1980년 38.1%에서 1990년 69.3%로 높아졌다. 반면에 은행대출의 간접금융 비중은 1985년 35.4%에서 1990년 19.8%로 줄어들었다. 외국은행 대출 역시 크게 줄어들었는데 이는 재벌들이 해외시장에서 직접 자본을 모을 수 있게 되었기 때문이다. 직접금융의 급속한 성장은 재벌들이 정부가 직접 통제하는 시중은행에의 의존을 크게 줄였다. 1990년대 초반에 이르자 정부는 재벌들의 투자 결정에 대한 통제권을 거의 모두 상실했다.

1990년대에는 은행 지분 상한선 폐지 및 자유로운 외국자본 수입을 위한 금융개방 등 재벌로부터의 규제철폐 요구가 급물살을 이루었다. 이러한 과정에서 이자율의 규제완화에 대한 중요한 진전이 이루어졌다. 1993년 김영삼 정권은 대출과 예금에 대한 다양한 이자율에 대한 규제를 철폐했다. 상위 30대 재벌은 그들이 빌릴 수 있는 은행대출의 총량대출 한계에 묶여있었기 때문에 그들은 제2금융권에 눈을 돌렸다. 그들은 국제 금융거래 자유화를 요구하면서 해외은행에서 자본을 직접 수입하려 하였다. 이러한 요구는 당시 한국 금융시장에 접근하려던 국제 금융자본의 이해와 일치하였다. 이는 또한 경제협력개발기구(이후 OECD)에 가입하려던 한국 정부의 이해관계에도 맞아 떨어졌다. OECD는 한국의 가입조건으로 한국 자본시장의 개방을 요구했다. 이에 따라 한국 금융시장이 개방되었다.

재벌들은 좀 더 쉽게 제2금융권의 이점을 이용할 수 있었고, 또 쉽게 은행에 접근할 수 있게 되었다. 정부는 또한 금융시장에의 진출과 사업기회에 대한 규제를 풀었다. 금융시장 개방에 따라 종합금융회사(종금사)가 우후죽순처럼 생겨났다. 이전의 소규모 투자금융회사들이 1994년 김영삼 정부의 금융자유화 정책에 따라 이름을 바꾸어 종금사가 됐다. 1994년 9개의 지방 소재 투자금융회사들이 종금사로 전환되었고, 1996년 서울 소재 투자금융회사들이 종금사로 전환함에 따라 전체 종금사 수가 30개가 되었다. 이들 종금사들의 대부분은 재벌들에 의해 소유되고 통제되었다. 재벌 소유의 종금사들은 해외에서 거대한 자본을 쉽게 빌릴 수 있게 되었다.

문제는 정부가 금융자유화를 급속도로 진행시키면서도 재벌들을 통제할 어떠한 효율적인 규제 장치도 마련하지 않았다는 점이다. 도리어 관료들은 더욱 더 재벌들과 밀착하고 재벌에 대해 협조적이었다. 당시 정부의 규제 철폐 정책은 기묘한 과정을 거쳤다. 문제는 시중은행의 장기예금 이자율은 정부통제 하에 남아있는데 비해 제2금융권 상업어음의 단기예금 이자율은 신속히 자유화된 것이다. 시중은행의 대출 금리와 회사채 이자율은 정부의 지도에 따르게 되어있는데 반해 제2금융권 상업어음 이자율에 대한 모든 제약은 제거된 것이다. 이렇듯 단기상품을 먼저 자유화하고 장기상품을 나중에 자유화한 결과는 재벌들의 단기 해외자금 수입을 위한 상업어음의 급등을 가져왔다. 상업어음과 단기자금 운용 수단은 금융거래의 중요한 부분으로 작동하였다. 단기거래의 자유화와 장기거래의 부자유화 결과, 한국에서의 금융시장은 단기 금융거래가 지배적이 되었고, 이에 따라 전반적인 금융 위험부담이 가중되었다. 이는 1997년 한국 경제위기의 주요 원인이 되었다.

1990년대 초 김영삼 정부에 의해 실시된 금융자유화는 재벌의 새로운 자금원 개발을 가능하게 해 준 반면 정부의 재벌 통제력을 급속히 감소시켰다. 이후 정부가 재벌을 통제할 수 있는 방법은 거의 없었다. 왜냐하면 정부는 과거 어느 정권 때보다 재벌들에게 더 큰 경제적 자유를 주는 자유시장 경제정책을 적극적으로 추진하였기 때문이다. 도리어 대출상한제 및 비업무용 토지 제한과 같은 일부 규제가 재벌들에게 유리하도록 수정되거나 폐지되었다. 금융자유화와 재벌에 대한 통제력 약화는 부채에 의한 투자증대를 가져와 재벌들의 부실을 키우는 결과를 가져왔다.

1990년대 가장 중요한 경제문제는 충분한 감시·감독제도 없이 단행된 금융자유화였다. 금융자유화와 함께 한국 기업들은 정부보증 없이도 해외에서 자본을 빌릴 수 있게 되었다. 기업들의 오랜 숙원이 해결된 것이다. 재벌과 금융기관들은 규제가 풀린 종금사를 통해 쉽게 해외에서 자금을 들여왔다. 당시 시중은행들은 은행 감독기구들의 엄격하고 신중한 감독 하에 놓여 있었던 반면 종금사들은 감독의 사각지대에 놓여 있었다. 국제적 신용도 부족하고 국제경영 경험도 부족한 이들 종금사들은 각종 규제에 묶여있는 장기외채보다 높은 이자를 주더라도 손쉽게 자금을 빌릴 수 있는 단기외채를 선호했다. 결국 그들의 운영 내용은 고수익 위험재산 쪽으로 기울었다. 이들 종금사들은 대부분재벌의 자회사였던 관계로 이들 해외 자금은 재벌의 자회사들에게 집중되었다. 금융자유화가 이루어진 1994년 이후 외채가 급증하기 시작했다. 특히 종금사들이 사업을 시작하면서 단기외채가 급증하였다. 1993년 22.9%였던 단기외채 비중은 1994년에는 55.0%, 1996년에는 57.1%에 이르렀다.

요약해보면, 1997년 경제위기 직전의 한국 경제는 외채에 전적으로 의존하여 발전하는 성격을 지녔다, 이는 국제경기 하강에 매우 취약한 경제 구조였다. 한국경제는 재벌에 의존하여 재벌과 함께 성장해왔는데 1980년대 후반 재벌이 급성장하고 더욱 독립적이 되자 국가와 재벌 간의 기존 관계는 경제발전에 도리어 족쇄가 되었다. 1990년대 금융자유화가 시행되자 재벌들은 정부의 감독이나 금융기관의 규제 없이 해외에서 쉽게 자본을 조달할 수 있게 되었다. 재벌들은 정부의 경제 간섭으로부터 독립할 수 있었고 그들의 경제행위는 정부의 통제로부터 자유롭게 되었다.

IMF 경제위기로 가는 길

1980년대 중반 이후 성장의 열매가 굵어져 과실이 커지면서 재벌을 비롯한 경제 세력들이 점차적으로 국가의 간섭과 통제에서 벗어나기 시작했다. 재벌의 국가에 대한 관계는 종속관계에서 동반자적 협력관계로 발전하였고, 1990년대에 들어와 민주화와 세계화의 진전과 함께 재벌들은 국가의 통제에서 벗어나 더욱 자유롭게 경제행위를 할 수 있었다. 1988년 서울 올림픽을 전후해서 대외무역 흑자가 나타나자 재벌들은 재테크에 열중하였다. 재벌들의 재테크는 기업들의 외형을 불리고 사치풍조를 조장하는 결과를 가져와 기업의 내실은 점차 부실화되었고 국민들은 과소비에 열을 올렸다.

지난 30여 년 동안 재벌에 대한 정부의 과잉보호는 '대마불사'라는 신화를 만들어내었고, 이는 재벌들의 방만한 기업운영을 부채질하여 부실화된 거대기업을 양산하였다. 이후 계속되는 대외무역 적자 속에서 이들 부실 대기업들이 기업 이익을 보존하는 주된 방법은 이자율이 저렴한 외국자본을 단기로 빌려와서 환차손으로 이를 충당하거나 동남아나 러시아에 환투기 하는 것이었다. 이 과정에서 재벌들의 외형은 계속 커져나갔지만 내실은 계속 부실해졌다.

1996년 실익보다는 집권세력의 한탕주의적 사고에서 감행된 한국의 OECD 가입은 이들 기업들이 외국자본을 더욱 쉽게 유입하는 계기가 되었다. 특히 세계화가 갖는 의미와 실익에 대한 진지한 연구·검토 없이 강행된 국제화·자유화 경제정책은 중요한 시기에 경제정책 전환의 실패를 가져왔다. 세계화 과정의 급격한 변화에 대한 판단과 대처를 게을리 했던 정치 지도층과 관료들의 무사안일은 경제위기 상황에서 전혀 이에 대처하지 못하는 무능을 보였다. 이러한 와중에서도 재벌과 은행들은 위기의식 없이 단기 수익에 눈멀어 단기성 외화자금 유입과 환투기에 주력하였다. 재벌과 은행들은 해외자본 차입에 더욱 열을 올렸다. 당시 정부는 이의 문제점을 전혀 파악하지 못했고 당연히 이에 대한 적절한 조지가 전혀 이루어지지 않았다. 사실상 1980년대 후반 이후에 국가는 이미 재벌에 대한 통제력을 상실하여 재벌들의 무분별한 경제행위를 거의 통제할 수 없었다. 은행과 기업들의 과도한 단기 해외자금 차입은 이들의 재무구조를 더욱 악화시켰으며 결국에는 한국의 금융위기를 가져온 것이다.

이러한 국내적 환경 변화와 함께 국제적 상황 또한 한국에 불리해지고 있었다. 한국의 수출구조는 소수 재벌 기업들을 중심으로 한 중화학공업과 반도체가 주종을 이루었다. 그 결과 소수 제품이 전체 수출을 주도하는 결과를 가져왔다. 그러나 19900년대에 들어와 한국이 비교우위를 갖고 있던 이들 중화학공업 제품에 대한 투자가 전 세계적으로 과잉·중복투자 되면서 한국의 제품 경쟁력이 급격히 감소하기 시작했다.

이는 당연히 한국 기업들의 부실로 이어졌다. 재벌들의 외화 차입이 급속히 증가한 데 비해 그들은 빌린 자금의 원금과 이자를 갚을 만큼 충분한 수익을 올리지 못했다. 1997년 한 해 동안, 한보에 이어 상위 30대 재벌 중 8개 재벌이 파산했다. 이들 파산한 재벌들의 대부분은 부채비율이 500퍼센트를 넘었다. 정부가 이들을 구제하기 위해 취한 모든 교정 수단들은 소용이 없었다. 그들 정책들은 너무 늦거나 비효율적이거나 잘못된 정책들이었다. 재벌과 은행들의 신용 하락과 이에 따른 한국의 신용 추락은 마침내 대규모의 자금 이탈을 가져왔다. 1993년 문민정부 초기에 3억8천만 달러에 이르던 경상수지 흑자는 1994년에 45억 달러의 경상수지 적자, 1995년에는 89억 달러의 경상수지 적자를 기록하더니 IMF 외환위기 전해인 1996년에는 237억 달러의 적자를 기록했다. 1993년에 439억 달러에 불과하던 총외채가 1996년에는 1,045억 달러에 달했다. 1997년 12월 1일 현재 한국의 외환보유고는 30억 달러도 되지 못했다. 이에 따라 한국 정부는 IMF에 구제금융을 요청할 수밖에 없게 되었다.

따라서 1990년대 후반 한국의 경제위기는 이미 어느 정도 예견된 것이었다. 정부는 당연히 이러한 위기 조짐에 대해 올바로 인식하고 대비책을 강구해야 했다. 그러나 당시 정부는 차기 정권 재창출에 지나치게 집착한 나머지 정치게임에만 몰두했고 그 결과 경제문제는 상대적으로 경시하는 풍조가 만연했다. 이후 IMF 경제위기의 여러 원인 중 가장 큰 비판의 대상이 된 것은 금융 및 기업 체제의 취약성이나 이들의 방만한 경제운영에 대한 것보다 경제위기를 조기 진단하지 못하고 또 이에 대해 효율적으로 대처하지 못한 국가였다.

IMF 경제위기를 경험한지 벌써 20년이 넘는 시간이 흘렀다. IMF 경제위기를 슬기롭게 극복하고 2008년 미국발 경제침체를 잘 극복한 한국은 오늘날 경제 규모 세계 11위권으로 선진 경제 강국으로 자리 잡고 있다. 이 글에서 주장하는 바는 한국이 1960-70년대에 국가가 주도적으로 경제

성장을 주도하여 국제 경쟁력을 키워 자본주의 시장경제에 능동적으로 동참함으로써 오늘과 같은 경제적 성취를 이룩할 수 있었다는 것이다. 동아시아 발전국가들의 경제적 성공은 서구 경제학자들이 주장하는 서구 자본주의 시장원리에 피동적으로 따라가기 보다는 그들이 등한시 했던 국가가 강력한 추진력을 발휘하여 능동적으로 시장을 창출한 후 자본주의 시장경제에 동참함으로써 이룩한 결과라 보여진다.

참고문헌

강명세, 1998. "한국II: IMF 위기, 한국 모델의 파탄, 그리고 새로운 모색", 한국정치연구회(엮음), 『동아시아 발전모델은 실패했는가』. 삼인.

강삼모 들, 2002. 『일본경제의 장기침체와 한국경제』. 대외경제정책연구원.

강선주, 2009. "신국제질서 논의: '워싱턴 컨센서스'와 '베이징 컨센서스." 『주요국제 신문분석』. No. 2009-29.

국민호, 1995. 『동아시아 신흥공업국의 정치제도와 경제 성공』. 전남대학교출판부.

______, 1997. "사회주의 시장경제와 중국의 정치문화: 유교의 역할". 『비교사회』. 창간호.

______, 2006. "유교문화와 중국의 정치·경제." 손병해 외 『유교문화와 동아시아 경제』. 경북대학교출판부.

______, 2007. 『동아시아 발전과 유교문화』. 전남대학교출판부.

______, 2008. 발전국가 일본 시스템: 금융-산업 복합체의 융성과 한계." 『현상과 인식』 32권 4호.

______, 2011. "국가주도에서 기업주도로: IMF 외환위기 이후 국가와 재벌과의 관계 변화." 『현상과인식』 제35권 3호.

______, 2015, "대만의 민주화와 경제성장의 딜레마." 『현상과인식』 39권 3호.

______, 2016. "국민당의 친중국 정책 실패와 대만의 정권교체." 『디아스포라연구』 제10권 1호(제19집).

______, 2016, "전후 일본의 신자유주의 실험과 경제위기." 『현상과인식』 제40권 3호.

______, 2017. "중국모델의 세계화 가능성에 대한 탐구." 『사회사상과 문화』 20권 1호.

______, 2017. "중국 '사회주의 시장경제'의 보수주의적 성격과 유교 문화적 유산." 『아시아연구』 20권 3호.

권용옥, 2010. "중국 현대신유학의 연구동향과 과제." 『중국연구』 50권.
김경미, 2009. "진보와 보수, 좌파와 우파에 대한 이론적 좌표설정 모색." 『정치정보연구』 12권 1호.
김규판, 2014. "일본 경제 전망: 출구가 없는 아베노믹스." 『한국관광정책』 12권.
김기석, 2005. "일본형 금융 시스템의 현주소 -금융구조조정의 성과와 한계-", 한상일/김영작, 『일본형 시스템 -위기와 변화』. 일조각.
김도희, 2008. "워싱턴 컨센서스와 베이징 컨센서스: 비교 및 대안 가능성 탐구." 전성홍 편, 『중국모델론: 개혁과 발전의 비교 역사적 탐구』. 부키.
김민환·정현욱, 2014. "'양안서비스무역협정'의 쟁점과 대만 사회 갈등구조 변화." 『아태연구』 21권 3호.
김범석, 2002. "갈라지는 민주화의 길: 대만과 한국 비교연구." 『국제정치논총』 42권 2호.
김병곤, 2011. "한국 보수주의의 이념적 특징 - 근대화와의 관계를 중심으로." 『역사비평』 5권.
김성원, 2011. "일본의 정권교체와 복지개혁: 실업·빈곤대책을 중심으로." 『아세아연구』 54권 1호.
김시중, 2012. "중국 경제성장의 고유 모델은 존재하는가? 워싱턴 컨센서스 대 베이징 컨센서스 논란." 『CHINDIA PLUS』 67권 0호.
김애경, 2010. "세계금융위기와 베이징컨센서스의 대외적 확산?" 『동서연구』 22권 2호.
김예경·김민지, 2010. "마잉주 정권 출범이후 양안관계의 개선과 내재적 요인: 중국의 제한적 수용과 대만의 인식." 『중국연구』 50권.
김영근, 2014. "아베노믹스의 정치경제학: 미일통상교섭과 일본의 구조개혁을 중심으로." 『일본학보』 제98집.
김용민, 2007. "일본의 국채발행과 국채관리정책에 대한 고찰", 『아시아연구』 10권 1호.
김용복, 1998. "일본: 금융위기의 원인과 전망- '지연과 확산'의 위기 구조", 한국정치연구회(엮음), 『동아시아 발전모델은 실패했는가』. 삼인.
______, 2011. "1990년대 이후 일본 정치경제의 위기와 변화: 성과, 원인, 과제." 『국제정치논총』 51권 3호.

김용열, 2008. "일본기업의 소유구조와 고이즈미 정권의 친기업정책." 『일본연구논총』 28집.
김중섭, 2010. "리덩후이와 중화민국의 대만화 - 헌법 수정을 중심으로." 『중국연구』 49권.
김진열, 2015. "중국지도부의 체제유지를 위한 유교 부활의 정치적 함의 고찰." 『중국과 중국학』 24호.
김태만, 2015. "시진핑(習近平)의 문화정책과 '일대일로(一帶一路)'의 문화전략." 『동북아문화연구』 44집.
김태식, 2015. "일대일로 프로젝트 추진 배경 및 주요 난제에 관한 연구." 『대한정치학회보』 23집 4호.
레빈, 유벌/조미현 역, 2016. 『에드먼드 버크와 토머스 페인의 위대한 논쟁: 보수와 진보의 탄생』. 에코리브르.
로저 버클리/김은령 역, 1999. 『「오늘날의 일본: 1945년 패전에서 1998년 금융위기까지』 도서출판 끌리오.
루이링커 L./최평·김용권 역, 1995. 『중국을 보는 제3의 눈』. 소나무.
르 바르비에 외/공기두 역, 1982. 『中共 1949-1976』. 까치.
마크 블래치/전병곤·정한우 역, 2001. 『반조류의 중국』. 돌베개.
마이클 포터/신동욱 역, 2001, 『일본 경제위기 보고서』. 세종연구원.
문흥호, 2003. "대만의 정치민주화 과정의 평가와 전망," 『기억과 전망』 5권.
______, 2004. "2004년 대만의 총통 선거와 양안관계." 『중소연구』 28권 3호.
______, 2008. "중·미관계와 대만문제: 미국의 대 대만정책을 중심으로." 『중소연구』 117호.
______, 2010. "중국과 대만의 협상제도와 운영사례 연구: 해협양안관계협회와 해협교류기금회를 중심으로." 『중국연구』 48권.
______, 2012. "2012년 대만 대선과 마이주정부의 대내외정책 전망." 『국방연구』 55권 1호.
미와 료이치/권혁기 역, 2004. 『일본경제사: 근대와 현대』. 보고사.
박경열, 2005. "일본형 기업시스템의 동요와 새로운 모색", 한 상일/김 영작, 『일본형 시스템-위기와 변화』 일조각.
박광득, 2005 "'구이공식'에서 '호사점' 까지의 양안관계 연구." 『한국동북아연구』 35권.

______, 2009. “2008년 대만 총통선거와 양안관계.” 『한국정치학회보』 16권 3호.
______, 2012. “포스트 후진타오와 중국의 과제 및 전망에 관헌 연구.” 『정치·정보연구』 15권 2호.
______, 2013. “후진타오와 시진핑 체제의 비교와 향후 과제에 대한 연구.” 『대한정치학회보』 21권 1호.
______, 2013b. “시진핑(習近平)체제 등장 후 양안관계의 현황과 전망.” 『한국동북아논총』 69권.
박윤철, 2009. “대만 민주화 이후 사회운동의 변화와 재조직화.” 『국제지역연구』 13권 1호.
박정수, 2010. “마잉지우(馬英九)정부 출범이후 양안 경제교류의 현황과 전망.” 『중국연구』 49권.
박종규, 2013. “아베노믹스의 미래와 한국경제의 대응.” 『한국경제포럼』 6권 2호.
박철희, 2011. 『자민당 정권과 전후 체제의 변용』. 서울대출판부.
방려지, 1992. 『中國, 어디로 가고 있는가』. 예풍.
사이토 세이치로, 1999. 『「일본경제 왜 무너졌나』. 신한종합연구소.
서봉교, 2012. “글로벌 금융위기 이후 중국 금융 분야의 변화: 중미 관계에 대한 영향을 중심으로.” 『EAI 중국연구패널 보고서 No.6』. EAI 프로젝트 리포트21, 1-17.
서현섭, 2019. 『일본 극우의 탄생 메이지 유신 이야기』. 라의눈.
소에지마 다카히코/박선영 역, 2008. 『연쇄하는 대폭락: 숨죽이고 밀려오는 세계공황』. 예문.
손기섭, 2012. “일본 자민당의 전후 국가전략.” 『국제관계연구』 17권 2호.
손열, 1999. “일본 금융위기의 길”, 백광일/윤영관 (엮음), 『동아시아: 위기의 정치경제』 서울대학교출판부.
송영배, 1992. 『유교적 전통과 중국혁명 - 유교사상, 유교적 사회와 마르크스주의의 중국화』. 철학과 현실사.
송정현, 2014. “아베정권의 과거와 현재: 제1차 정권과 현 정권 간의 비교.” 『동북아 문화연구』 41권.
쑤치/지은주 역, 2017. 『대만과 중국 -양안 관계 20년의 기록』. 고려대학교출판문화원.
스크러튼 로저/박수철 역. 2016. 『합리적 보수를 찾습니다: 우리가 잃어버린 보수의 가치』. 더 퀘스트.

스테판 할퍼/권영근 역. 2011. 『베이징 컨센서스: 중국의 경제모델은 21세기를 어떻게 지배 할 것인가?』. 21세기북스.

신상진, 2002. “대만의 민주화: 과정과 시사점.” 『한국동북아논총』 23집.

신종호·이수행, 2013. “시진핑 시대의 중국: 새로운 도약인가, 위기의 시작인가,” 『이슈 & 진단 ‘91』. 경기개발연구원.

안승국, 2001. “대만의 민주화과정 분석: 정치행위자의 전략과 선택을 중심으로.” 『한국정치학회보』 35권 2호.

______, 2007. “대만의 체제변동과 선거민주주의.” 『비교민주주의연구』 3권 2호.

알렉스 커/이나경 역, 2001. 『치명적인 일본』. 홍익출판사.

야스다 고이치/이재우 역. 2019. 『일본 ‘우익’의 현대사』. 오월의봄.

얀배 유키오/호채훈 역. 2020. 『일본경제 30년사: 버블에서 아베노믹스까지』. 에이지21.

양갑용, “중국의 최고 정치엘리트 변화 연구: 18차 당대회 전망과 함의.” 『중국학연구』 57권.

양태근·구패훤, 2012. “민주화와 본토화의 이중주: 대만의식과 대만 사회운동의 성장 과정.” 『중국근현대사연구』 55권.

양평섭·이승신·문익준·여지나·노수연·정지현, 2012. 『중국-대만-홍콩의 경제통합과 정책적 시사점』 KIEP 대외경제정책연구원 연구보고서 12-18.

오룡, 1993. “14대 전대 이후 중국 정치 전망.” 『중국연구』 1993년 봄 창간호.

왕야난/한인희 역, 2002. 『관료의 나라 중국』. 지영사.

왕윤종/이형근, 2002. “일본 경제위기의 정치경제학”, 강 삼모 등, 『일본경제의 장기침체와 한국경제』. 대외경제정책연구원.

원영호, 2012. “현대 중국의 유학연구 동향과 전망 –유교부흥운동과 문화보수주의를 중심으로.” 『사회사상과 문화』 25집.

월간중앙, 1993. 신년별책부록 『중국의 비밀: 300문300답』. 중앙일보사.

유동원, 2006. “탈냉전시기 미국의 대 대만정책: 형성배경과 변화.” 『중국연구』 38권.

육정균, 1991. 『중국: 사회주의 건설이론』. 도서출판 주류.

윤경우, 2011. “중국 지식인 사회의 ‘중국모델’ 담론” 『중국지식 네트워크』 1권 0호. 국민대학교 중국지식네트워크.
윤상우, 2005. 『동아시아 발전의 사회학』. 나남출판.
______, 2014. “베이징 컨센서스 비판: 라모와 아리기의 논의를 중심으로.” 『유라시아연구』 11권 4호.
이권호, 2003. “‘일개중국’과 ‘일변일국’의 변증법.” 『사회과학연구』 9권.
이근 외, 2003. 『국가의 추격, 추월, 추락』. 서울대학교출판문화원.
이문기. 2015. “시진핑 시대 반부패 운동의 정치적 함의: 청렴정부 건설인가 강권정치 회귀인가?” 『현대중국연구』. 17권 1호.
이민자, 2008. “동아시아 발전모델과 중국모델.” 전성홍 편, 『중국모델론: 개혁과 발전의 비교 역사적 탐구』. 부키.
이성우, 2013, “아베노믹스의 기원: 일본의 경제성장을 위한 의도된 물가상승전략에 대한 연구.” 『평화연구』, 2013 가을.
이수행·정상은, 2010. “1990년대 이후 대만경제의 침체요인에 대한 연구.” 『한중사회과학연구』 8권 3호.
이와사키 이쿠오, 2002. 『아시아 국가와 시민사회』. 을유문화사.
이장원·전가림, 2012. “양안관계 개선의 정치경제적 의미 -ECFA를 중심으로-.” 『한국사회과학연구』 24권.
이재원·한영기, 2013. “아베 내각 경제정책의 효과 및 과제.” 『한국은행 동경사무소 업무참고자료』 2013-1.
이정구, 2009. “세계 경제위기하의 중국경제.” 『마르크스주의』 6권 3호.
______, 2011. “중국의 정치·경제적 위기와 계급갈등.” 『내일을 여는 역사』 47권.
______, 2012. “중국 발전국가론에 대한 비판적 검토.” 『아태연구』 19권 2호.
______, 2013. “중국 모델에 대한 비판적 고찰.” 『사회과학연구』 31권.
이정남, 2013. “시진핑 지도체제의 등장과 중국의 정치개혁과 정치변화 전망” 『아세아연구』 제56권 1호.
이정인, 2015. “‘중국의 꿈(中國夢)’ 이미지의 생산과 재현 - ‘중국의 꿈’ 관련 정치 선전물을 중심으로.” 『중국학연구』 73권.
이정태, 2005. “중국 후진타오정부의 신국가전략.” 『대한정치학회보』 13권 1호.
______, 2017. “중국 일대일로 전략의 정치적 의도와 실제 분석.” 『대한정치학회

보』 25권 1호.
이정환, 2013. "일본 민주당 정권의 소비세 인상으로의 정책전환과 분열."『한국정치학회보』 47권 2호.
______, 2014. "장기불황, 구조개혁, 생활보수주의."『일본비평』 10집.
이주형, 2015. "시진핑 시대 중국공무원 부패방지 정책 연구."『인문논총』 37권.
이춘복, 2014. "HK학술동향: 시진핑시대 개혁 2.0 전망: 18기 3중전회 분석."『성균차이나 브리프』 2권 1호.
이향철, 2005.『일본경제 잃어버린 10년의 사투 그리고 회생』. 제이앤씨.
이희옥, 2015. "시진핑 시기 반부패운동의 정치논리: 시장, 법치, 거버넌스의 관계."『중소연구』 39권 1호.
인민일보 평론부/김락준 역, 2016.『시진핑을 통해 진짜 중국을 만나다』. 가나출판사.
임혁백, 1990. "한국에서의 민주화 과정 분석 -전략적 선택이론을 중심으로-."『한국정치학회보』 24권 1호.
장성구·오희연/한인희 역, 1990.『대만 현대정치사』. 지영사.
장송자, 1993. "제8기 전인대 헌법의 특징."『중국연구』. 1권 2호.
장송자·박민순, 2010. "제7장 차세대 지도자와 중국공산당의 역할변화."『통일전략』. 10권 3호.
장윤미, 2011. "'중국모델'에 관한 담론 연구."『현대중국연구』, 13권 1호.
전가림, 2014a. "ECFA의 효과와 전망."『한국사회과학연구』. 32권.
______, 2014b. "중국의 대대만 정책의 변화와 그 특징: '개혁개방'부터 '16대' 까지의 양안관계를 중심으로."『국제지역연구』 18권 1호.
전성흥, 2004. "대만의 민주화: 과정과 요인."『동아연구』 40권.
______, 2008.『중국모델론: 개혁과 발전의 비교 역사적 탐구』. 부키.
전인강, 2013. "'중국몽(中國夢)'과 문화주의 전통."『철학과 현실』 9권.
전칭수, 2004.『1990년대 구조불황과 일본 정치경제시스템의 변화』. 한울 아카데미.
정동근, 2007.『후진타오와 화해사회』. 동아시아.
정미애, 2013. "일본 민주당의 '증세 없는 복지확대'를 둘러싼 정치과정",『국제정치논총』 53권 1호.

정성호, 1998. “한국 1: 재벌 체제와 좌절된 경제개혁”, 한국정치연구회(엮음), 『동아시아 발전모델은 실패했는가』. 삼인.

정환우, 2005. “소유제 개혁과 새로운 자산과리제의 모색.” 김재철 편, 『새로운 중국의 모색 I』. 폴리테이아.

조슈아 쿠퍼 레이모/김진공 역. 2009. “베이징 컨센서스.” 『아세아연구』, 52권 3호.

조영남, 2004. “중국 ‘후진타오(胡錦濤)-원쟈바오(溫家宝) 체제’의 등장과 정치개혁: 현황과 전망.” 『현대중국연구』 6권 1호.

조재욱, 2009. “고이즈미 정권의 개혁정치와 평가.” 『한국정치학회보』 43권 4호.

주용식, 2012. 『중국식 발전모델』. 통일연구원 기타간행물. 2012.12.

주장환, 2015. “시진핑 체제의 반부패 투쟁: 중국식 엘리트 정치는 어디로 나아갈까.” 『시민과 사회』 26권.

중국공산당문헌연구실/허원 역, 1990. 『정통중국현대사: 중국공산당의 역사문제에 대한 결의』. 사계절.

중국편람, 1992. 『중국편람』. 내외경제정책연구소(KIEF)부설 북방지역센터.

지은주, 2009. 『대만의 독립문제와 정당정치: 민주화 이후 정당체제의 재편성』. 나남.

______, 2012. “정체성과 경제적 이익의 동학: 2008년 대만 총통선거에서 유권자의 선택.” 『한국정치학회보』 46권 1호.

초효흠, 이양지/최윤수 역, 1989. 『중국혁명사3 –사회주의 건설기』. 거름.

최경식, 2014. “무엇이 중국몽(中國夢)인가?” 『군사논단』 78권.

최말순, 2008. “양안회담 재개와 대만 반중시위.” 『월간 말』 270호.

최여식, 2002. “중국적 사회주의의 모색: ‘强國夢’의 실현을 향한 문명변증의 여로.” 『동양정치사상사』 1권 1호.

최익만, 1995. “중국특색의 사회주의 시장경제 연구.” 『중국연구』. 3권 1호.

최희식, 2012. “나카소네 야스히로(中曾根康弘)의 정치리더십 연구.” 『한국정치학회보』 46권 5호.

______, 2013. “아베노믹스의 정치경제학: 정책과 ‘잠복된 갈등’ 『의정연구』 19권 3호.

코바야시 케이이치로, 카토 소타/전경련 아주협력팀 역. 2002. 『덫에 걸린 일본

경제』. FKI미디어.

프랜시스후쿠야마/박계영 역, 2016. “중국식 모델 수출하기.” 『CHINDIA PLUS』 113권 0호.

하가 겐이찌/김양희 역, 2009. “일본의 금융위기와 신자유주의.” 『창작과 비평』 37권 1호.

한국금융연구원, 2014a. “일본의 소비세 인상: ‘아베노믹스’인가? ‘아베게돈’인가?” 『주간금융비리프』 23(15).

한국금융연구원, 2014b. “일본 소비세 인상 연기: 아베노믹스의 실패인가?” 『주간금융비리프』 23(44).

한국금융연구원, 2015a. “아베노믹스 한계론 확산과 지향점.” 『주간금융비리프』 24(38).

한국금융연구원, 2015b. “아베노믹스 2탄(새로운 세 개의 화살) 발표 및 평가.” 『주간금융비리프』 24(44).

한종수, 2005. “미국의 대만정책과 미중 관계: 부시 행정부를 중심으로.” 『한국동북아논총』 35권.

한중사회과학연구회, 2003. 『현대 중국의 이해 2: 중공 16차 당대회와 중국 사회의 동향』. 한울아카데미.

함재봉, 1998. “유교 전통과 인권사상.” 한상진 편, 『현대사회와 인권』. 나남.

해양자료실, 2015. “아베노믹스 2년: 성과와 향후 전망.” 『한국해양』 3호.

허석재·김진용, 2014. “정체성 정치의 변화와 지속: 대만 천수이벤 시대를 중심으로.” 『동아연구』 66권.

현대경제연구원, 2013 “아베노믹스, 일본경제 살리고 있다 – 아베노믹스 평가와 전망.” 『경제주평』 562호. 2013.10.28.

호사카 유지, 2019. 『아베, 그는 왜 한국을 무너뜨리려 하는가』. 지식의숲.

홍건식, 2018. “시진핑의 중국몽과 정체성의 정치 – 일대일로, AIIB, 그리고 패권 정체성.” 『국제정치논총』 58권 1호.

홍만호, 1988. 『中國大陸』. 녹원출판사.

희전광의 외/편집부 역. 1992. 『中國 近現代史- 아편전쟁에서 1982까지』. 일월서각.

Callahan, Wiiliam A., 2015a. "Identity and Security in China: The Negative Soft Power of the China Dream." *Politics* 35(3-4): 216-229.

__________________, 2015b. "History, Tradition and the China Dream: socialist modernization in the world of Great History." *Journal of Contemporary China* 24(96): 983-1001.

__________________, 2017. "Dreaming as a critical discourse of national belonging: China Dream, American Dream and world dream." *Nations and Nationalism* 23(2): 248-270.

Eisuke, Sasakibara/Noguchi Yukio, 1988. "Organization for Economic Reconstruction", In Daniel I. Okimoto/Thomas P. Rohlen(엮음), *Inside the Japanese System: Readings on Contemporary Society and Political Economy* (Stanford, California: Stanford University Press, 1988), 43-54.

Flaherty, M. Therese/Itami Hiroyuki, 1988. "The Banking-Industrial Complex." In Daniel I. Okimoto/Thomas P. Rohlen(엮음), *Inside the Japanese System: Readings on Contemporary Society and Political Economy*(Stanford, California: Stanford University Press, 1988), 54-56.

John Williamson, 1990. "What Washington Means by Policy Reform." in John Williamson ed., Latin American Adjustment: *How Much has Happened?* (Washington: Institute for International Economics).

Johnson, Chalmers, 1982. *MITI and the Japanese Miracle*(Stanford, California: Stanford University Press.

__________________, 1987. "Political Institutions and Economic Performance: The Government-Business Relationship in Japan, South Korea, and Taiwan", In Frederic C. Deyo eds., *The Political Economy of the New Asian Industrialism*(Ithaca and London: Cornell University Press,1987), 136-164.

Joshua Cooper Ramo, 2004. *The Beijing Consensus* (London, The Foreign Policy Center.

Pye, Lucian W., 1985. *Asian Power Politics: The Cultural Dimensions of Autonomy.* The Belknap press of Harvard University Press. Cambridge, Massachusetts and London, England.

Nie, Wenjuan, 2016. "Xi Jinping's Foreign Policy Dilemma: One Belt, One Road or the South China Sea?" *Contemporary Southeast Asia* 38(3): 422-444.

Przeworski, Adam, 1986. "Some Problems in the Study of the Transition to Democracy." G. O'Donnell, P. Schmitter, and L. Whitehead, eds. *Transition from Authoritarian Rule: Comparative Perspective.* Baltimore: Johns Hopkins University Press.

Sharma, Shalendar D., 2014. "Abenomics Gamble and the Japanese Economy: The Risks and Opportunities." *Journal of International Economies* 5(2).

Weber. Max, 1951. *The Religion of China.* A Free Press Paperback, Macmillan Publishing Co., Inc.

__________, 1958. *The Religion of India.* A Free Press Paperback, Macmillan Publishing Co., Inc.

__________, 1958. *The Protestant Ethic and the Spirit of Capitalism.* Charles Scribner's Sons: New York.

동아일보, 2016. 1. 16.

동아일보, 2016. 1. 18.

동아일보, 2016. 1. 23.

동아일보, 2016. 10. 26.

동아일보, 2017. 4. 26.

동아일보, 2017. 10. 19. "'중국몽 실현 위해 분투' 샤오캉 사회 - 초일류 국가 달성 야심."

동아일보, 2018. 9. 21. "EU '유럽-아시아 연결에 393조 투자' … 中일대일로에 견제구."

동아일보, 2020. 5. 23. "美中갈등 새 뇌관 된 '홍콩 국가보안법."

동아일보, 2020. 5. 25. "美, 홍콩 특별지위 박탈땐 중처럼 보복관세 … '금융허브 역할 상실.'"

동아일보, 2020. 7. 27. "'15대 1'의 싸움에서 중국이 이긴다 한들."

매일경제, 2017. 10. 27. "시진핑의 꿈 '샤오캉 사회 - 2021년 소득 1만 달러 달성."

아시아경제, 2016. 10. 27.

연합뉴스, 2016. 10. 27.
한겨레신문, 2016. 1. 26.
한국경제, 2016. 1. 18.
한국경제, 2016. 4. 4.
한국경제, 2018. 1. 26. “中 ‘일대일로’는 빛 좋은 개살구 – 자국기업이 일감 90% 가져갔다.”
한국경제, 2018. 3. 8. “‘中國夢’에 말려든 저개발국 – 일대일로에 참여했다 빚더미 떠안아.”
한국경제, 2018. 5. 19. “돈 잘 빌려주는 ‘왕서방 외교’의 두 얼굴.”
한국경제, 2018. 8. 6. “트럼프의 ‘다이아몬드 안보동맹’(인도–태평양 전략) … 일본·인도·호주 손잡고 ‘中 포위.’”
한국경제, 2018. 8. 20. “트럼프의 거침없는 힘 … 에너지 독립·달러패권에서 나온다.”
한국경제, 2018. 8. 22. “중국 기업 디폴트 도미노 … ‘신용등급 AAA’까지 쓰러진다.”
한국경제, 2018. 8. 24. “‘아보카드’(대표적인 웰빙식품인 남미산 열대과일) 끊는 중국 중산층 … 내수시장 흔들린다.”
한국경제, 2018. 8. 29. “美·中 무역전쟁의 ‘암운’ … 中기업 이익증가율 3개월째 내리막.”
한국경제, 2018. 9. 10a. “월가가 경고한 뇌관은 … 신흥국發 위기·무역전쟁·中 부채.”
한국경제, 2018. 9. 10b. “통상전쟁에도 … 中, 對美 무역흑자 사상 최대.”
한국경제, 2018. 9. 12. “통상전쟁 밀리는 中 ‘인플레 위험’까지 … 시진핑 2기, 갈수록 암울.”
한국경제, 2020. 5. 25. “‘홍콩 보안법’ 충돌 … 美 ‘특별지위 박탈’ vs 中 ‘내장간섭 말라.’”
한국경제, 2020. 6. 27. “고리대금업 전락한 中 일대일로.”
한국경제, 2020. 7. 2. “무소불위 홍콩보안법 시행 첫날 … ‘독립’ 깃발 들었다고 체포.”
한국경제, 2020. 8.1. “거꾸로 가는 中 국유기업 개혁.”

네이버 블로그, 2014. 12. 9.
http://blog.naver.com/OpenMagazineViewer.nhn?blogId=kum_univ&logNo=220206 (검색일: 2015년 5월 13일).
뉴 데일리. 2018. 8. 21. "시진핑의 '중국몽', 일장춘몽 되나? 美와 무역전쟁 벌이며 '일대일로' 이탈국가 증가 … '슈퍼파워 차이나' 꿈 사라질 위기."
http://www.newsdaily.co.kr/svc/article_print.html?no=2018082100164 (검색일: 2018년 10월 7일).
양태근, 2014. "창비주간논평."
http://weekly.changbi.com/?p=5397&cat=5 (검색일: 2014년 12월 10일).
연합뉴스 2014. 3. 23.
http://app.yonhapnews.co.kr/YNA/Basic/Article/Print/YIBWshowArticlePrintView (검색일: 2015년 5월 13일).
연합뉴스 2015. 2. 2.
http://www.yonhapnews.co.kr/bulletin/2014/12/06/0200000000AKR2014120604740 (검색일: 2015년 2월 2일).
오마이뉴스, 2018. "혐오의 결정체 일본 재특회는 어떻게 성장했나."
http://www.ohmynews.com/NWS_Web/Articleview/article (검색일: 2020년 6월 2일).
오마이뉴스, 2018. "아베 내각 움직이는 종교 우익 … '일본회의'의 실체."
http://www.ohmynews.com/NWS_Web/Articleview/article_print.aspx?cntn_ed=A00… (검색일: 2020년 6월 2일).
일본의 우경화-나무위키, 2020. "일본의 우경화."
https: //namu.wiki/w/일본의%20우경화 (검색일: 2020년 6월 1일).
일본회의-나무위키, 2020. "일본회의."
https://namu.wiki/w/&EC%9D%BC%EB%B3%B8%ED%9A%8C%EC%9D%98 (검색일: 2020년 6월 2일).
혐한/일본-나무위키, 2020. "혐한/일본."
https://namu.wiki/w/%ED%98%90%ED%95%9C/%EC%9D%BC%EB%B3%B8 (검색일: 2020년 6월 1일).
주간조선, 2017. "일본에서 혐한 주도하는 250만명은 어떤 사람들인가?"

http://news.chosun.com/site/sata/htm_dir/2017/10/13/2017101302562.html
(검색일: 2020년 6월 1일).
하종문, 2018. "넷우익을 통해 본 일본 우경화의 정치 동학." 『일본비평』 18호.
http://doi.org/10.291514/ILBI.2018.18.256 (검색일: 2020년 6월 2일)
brunch, 2018. 3. 11. "중국몽은 과연 누구의 꿈일까? 중국대중과 유리된 중국몽의 미래."
http://brunch.co.kr/@vicotorlee/27 (검색일: 2018년 10월 7일).
Brunch, 2018. 3. 8. "조던의 생각: '중국몽'에 말려든 저개발국 … 일대일로 참여했다 빚더미."
http://brunch.co.kr/@jordan777/1585 (검색일: 2018년 10월 7일).
MK뉴스, 2014. "反中 취업난, 대만 집권당 참패 불렀다."
http://news.mk.co.kr/newsReadPrint_2013.phy?year=2014&no=1478548
(검색일: 2014년 11월 30일).

찾아보기

ㄴ

ㄷ

ㄹ

ㅈ

ㅊ

ㅋ

ㅌ